延安文化社团与马克思主义话语权构建

YAN'AN CULTURAL GROUPS AND
THE CONSTRUCTION OF MARXIST DISCOURSE POWER

曾荣 著

人民出版社

目　录

绪　论

一、选题缘起

作为延安时期中国共产党管理和组织文艺及科技工作者从事科学文化活动的特殊组织机构，延安文化社团承担起构建马克思主义话语权的政治责任和历史使命，为党在文化领域牢固建立马克思主义话语权的主导地位，以及赢得政治合法性发挥了重要作用。

一方面，延安文化社团在党的领导下，明确了以人民为中心的价值取向，坚持文化服务大众的原则和立场，为赢得话语权奠定了重要基础。20 世纪 30 年代末，革命圣地延安吸引了来自全国各地的进步人士，形成了数量众多、思想流派庞杂的文化社团。但是，延安文化社团存在脱离群众、轻视工农大众的现象，这与党的要求和立场存在一定差距。1942 年召开的延安文艺座谈会明确提出革命文艺为人民群众服务的宗旨，要求延安文化界人士站在人民群众的立场，坚持"从群众中来，到群众中去"，将人民群众看作文化创作的主体，真正代表人民群众的根本利益。《在延安文艺座谈会上的讲话》发表后，延安文化界人士的思想和行动发生了深刻转变，"鲁艺"及其下属的文化社团深入部队进行慰问演出，诗人艾青、作家丁玲等人深入基层，体验生活，蹲点创作，产生了大量反映人民群众利益诉求的优秀作品，使党在人民群众中树立威信，赢得话语权。

另一方面，延安文化社团将马克思主义理论与中国革命的实际相结合，为党在意识形态领域获得诠释中国革命的话语权作出了重要贡献。中国共产党自从诞生以来，就深刻认识到中国革命的主要矛盾和历史任务。在抗战建国的时代背景下，毛泽东在 1938 年党的六届六中全会上提出"马克思主义中国化"的时代课题，强调文艺作品和科学研究要反映社会现实、彰显革命主题，要体现中国作风、中国气派。对此，延安文化社团根据革命需要，深入结合中国实际，创作出《白毛女》《中国魂》《血泪仇》等一大批反映革命现实的优秀作品，获得广大人民群众的欢迎，为中国共产党牢固掌握话语权发挥了重要作用。

与此同时，延安文化社团以整风运动为契机构建马克思主义话语权，为党在文化领域牢固建立马克思主义话语权的主导地位，以及赢得政治合法性发挥了重要作用。1941 年 5 月整风运动开始后，延安文化社团深入贯彻实施中共中央有关文件和决定，彻底清除教条主义的影响，逐渐形成以"实事求是"为核心的话语主体。1942 年整风运动进入第二阶段，延安文化社团以"整顿三风"为抓手，掀起以马克思主义话语权建设为宗旨的学习热潮。1943 年 10 月整风运动进入第三阶段，延安文化社团以"思想改造"为核心，以话语模式建设为任务，大力推动马克思主义话语权建设，有力促进了党对意识形态话语权的掌握。

诚然，延安文化社团在中国共产党领导下构建马克思主义话语权的历史进程中积累了丰富的理论成果和实践经验，这一历史进程反映了以大众为中心的价值取向，形成了以实现认同感为目标的政治共识，确立了以文艺为载体的路径形态，揭示了以革命为主题的时代特色，彰显出党的意识形态工作路线、方针与政策既一脉相承又与时俱进的本质特征。从该研究的学术价值来看，考察延安文化社团在中国共产党领导下构建马克思主义话语权的理论成果、实践成就与基本经验，不仅有助于厘清马克思主义话语权构建的历史逻辑、实践路径与主要特点，深化党的意识形态话语权建设研究，还有助于探索中国共产党针对不同社会群体，通过制定和实施差异化的政策措施，在文化领域建立马克思主义话语权的主导地位，进而赢得政治合法性的历史，揭示马克思主义话语环境、话语主体、话语内容、话语载体的形成过程、基本内涵与重要影响。同时，本选题有助于总结毛泽东等中国共产党人创新话语方式、拓展话语能力和掌握话语权的历史经验，为不断增强党在意识形态领域的主导权和话语权提供学术支撑。深入考察延安文化社团与马克思主义话语权构建的历史，不仅有利于加强党的意识形态话语权建设，不断提升话语魅力、优化话语内容、整合话语载体，推动党的执政话语的完善和发展，促使党的执政水平与执政能力的提高，还有利于推动马克思主义话语的创新，拓展马克思主义话语的基本内涵与精神实质，不断加强我国哲学社会科学话语权建设，构建具有新时代中国特色的马克思主义话语体系。此外，这一选题在某种意义上有利于推动马克思主义中国化话语"世界意义"的实现，为世界各国应对重大挑战、抵御重大风险、解决重大问题提供中国经验，促使马克思主义话语体系在世界一体化进程中不断完善和发展。基于以上认识，确定了本书的选题。

二、学术史综述

（一）马克思主义话语权研究

马克思主义话语权构建问题是党的意识形态建设的重要内容，长期以来却并未引起学界重视，其研究散见于有关马克思主义中国化的论著之中。近年来，尤其是党的十八大以来，随着党对意识形态话语权建设的高度重视，马克思主义话语权问题逐渐成为国内学术研究的热点。学界关注的焦点有：

第一，马克思主义话语权的基本内涵。侯惠勤《意识形态话语权初探》一文认为，马克思主义话语权建立在理论观点、分析框架、特定视角等构成的基本话语方式之上，其基础是世界观、历史观、方法论，主要内容包括提问权、论断权、解释权和批判权等。而关注话语主题、分析话语框架、论证话语方式既是构建马克思主义话语权的重要前提，也是掌握意识形态领导权的根本路径。[①] 申文杰所著的《马克思主义意识形态话语权理论阐释与实践探索》一书，系统梳理了现代西方学者关于马克思主义意识形态话语权的理论阐释，并对马克思主义经典作家关于意识形态领导权理论作了阐述，指出当前经济、政治、文化、互联网等因素对意识形态话语权的功能、价值及其实现方式产生重要影响。[②] 甄红菊《马克思主义话语权理论内涵与实现路径探析——基于意识形态视角》一文从意识形态话语权构建的角度提出，马克思主义话语权呈现出科学、哲学与意识形态三种相互独立又彼此联系、相互贯通又归于统一的理论特征，而与讲好中国故事相结合，培育有理论造诣和传播能力的主体力量以及形成面向重点群体和重要场域的开放性路径，是构建意识形态视域下马克思主义话语权的根本路径。[③] 张杨乐《马克思主义话语权考辨及其实践路向》一文表示，尽管马克思主义话语权的理论谱系涉及不同的概念与范畴，但该命题的理论特质、基本定义、实践价值、现

---

① 侯惠勤：《意识形态话语权初探》，《马克思主义研究》2014 年第 12 期。

② 申文杰：《马克思主义意识形态话语权理论阐释与实践探索》，人民出版社 2017 年版。

③ 甄红菊：《马克思主义话语权理论内涵与实现路径探析——基于意识形态视角》，《中国特色社会主义研究》2015 年第 2 期。

实意义等有着清晰的内涵与外延，而认清起点问题、阐释本质内涵、把握实践价值、拓展外部空间，则是贯通马克思主义话语权的逻辑链条，以及构建马克思主义话语权的重要内容。①

第二，当前马克思主义话语权建设的特点与趋势。欧祝平《论马克思主义意识形态优势话语权的重建》一文认为，面对外来意识形态的强烈冲击，我国马克思主义话语权在国际格局变动和与世界各类思潮的复杂交锋中趋于弱化，坚持正确的价值取向，构建更具包容性和亲和力的马克思主义意识形态，以及实现马克思主义的理论创新，是重建我国马克思主义意识形态优势话语权的根本路径与未来方向。② 徐海波的著作《意识形态与大众文化》从马克思主义意识形态对传统意识形态的超越、国外大众文化理论的逻辑转向、马克思主义意识形态在大众文化中的转化途径三个维度，考察了当前我国马克思主义话语权逐渐弱化的根本原因和应对策略，认为以"大众文化"为载体，有效地发挥"中国特色社会主义意识形态"的作用机制，逐步构建应对中国文化多元化背景下人们思想观念、价值取向、话语方式复杂化的有效路径，是构建意识形态视域下我国马克思主义优势话语权的根本路径。③ 谢晓娟、刘世昱《当代马克思主义意识形态话语权建构的国际视角》一文借鉴西方学者葛兰西、福柯等有关话语权问题的研究，指出马克思主义话语权是马克思主义意识形态具有控制、引导和规范社会话语功能的一种权力，认为从国际视角构建马克思主义意识形态话语权，有助于应对西方国家对主流意识形态话语权的争夺、西方媒体

---

① 张杨乐：《马克思主义话语权考辨及其实践路向》，《南京师大学报》（社会科学版）2016年第1期。
② 欧祝平：《论马克思主义意识形态优势话语权的重建》，《求索》2014年第7期。
③ 徐海波：《意识形态与大众文化》，人民出版社2009年版。

传播优势而形成的优势话语地位、意识形态话语权争夺方式的复杂化和隐蔽化等诸多挑战。① 戈士国《合理性与合法性：意识形态的现代走向——兼论马克思主义话语权的当代重建》一文则提出，重建马克思主义话语权是时代的要求，只有排除"非意识形态化"的思想干扰，同时深刻理解意识形态的现代走向和正确运用意识形态方法，才能为马克思主义话语权的重建奠定坚实基础。②

第三，马克思主义话语权构建的方法和途径。邓纯东《努力构建以马克思主义为指导的哲学社会科学话语体系》一文指出，中国哲学社会科学本身的意识形态属性，决定了我国马克思主义话语权构建必须以马克思主义为指导，即体现马克思主义的立场、观点和方法。尤其是在新的历史条件下，以高度的理论自觉和理论自信，打造融通中外的新概念、新范畴、新表述，是增加我国哲学社会科学国际话语权和影响力的重要途径。③ 胡刚《当代中国马克思主义意识形态话语权的审视与建构》一文认为，当代中国社会思想观念和价值选择日趋多元，马克思主义话语权的构建必须以提升话语体系建设水平为前提，主动将马克思主义意识形态蕴含的价值理念和精神信仰融入社会生活并使之产生足够影响，进而寻求主流意识形态话语主动发声，确保发出准确而响亮的"中国声音"，借以增强"中国话语"的软实力，从而牢牢掌握意识形态领域的话语主导权。④ 王习胜《意识形态及其话语权审思》一文通过对世界社

---

① 谢晓娟、刘世昱：《当代中国马克思主义意识形态话语权建构的国际视角》，《河南师范大学学报》（哲学社会科学版）2016 年第 2 期。
② 戈士国：《合理性与合法性：意识形态的现代走向——兼论马克思主义话语权的当代重建》，《理论与改革》2005 年第 3 期。
③ 邓纯东：《努力构建以马克思主义为指导的哲学社会科学话语体系》，《马克思主义研究》2014 年第 6 期。
④ 胡刚：《当代中国马克思主义意识形态话语权的审视与建构》，《社会主义研究》2016 年第 5 期。

会主义运动的历史考察，指出马克思主义学说成为主导性话语的历史经验，对当今重塑马克思主义优势话语权具有重要的借鉴意义，而增强意识形态基础理论的真理性、注重灌输渠道的多样性和新颖性以及实践后果的可兑现性，则是当前我国构建马克思主义话语权的创新路径。① 李江静《新形势下建构马克思主义意识形态话语权的着力点》一文指出，面对信息技术日新月异、新旧媒体交汇融合发展的新形势，阐明制度发展与意识形态变革的互动式、渐进式演进，揭示马克思主义的真理性、中国特色社会主义的原创性和中国特色社会主义制度的正义性等特征，是构建马克思主义意识形态话语权的着力点。② 包天强《新媒体时代马克思主义意识形态话语权实现方式》一文认为，新媒体时代的意识形态话语权斗争日益激烈，表现出话语传播渠道多向度、传播主体多元化、传播模式碎片化和传播环境复杂化等特点，而构建新媒体与传统媒体有机融合的现代传播体系、创新马克思主义意识形态话语传播方式、完善新媒体舆情监管机制，增强马克思主义意识形态理论的现实关照力，是新媒体时代构建马克思主义意识形态话语权的有效方式。③ 吕峰《网络空间马克思主义话语权的生成逻辑》一文从网络空间马克思主义话语权的生成逻辑角度，探讨网络空间马克思主义话语权构建的基本策略，指出秉持"为何生成""何以生成""以何生成"的演进思路，是探索网络空间马克思主义话语权生成的必要性、可能性、过程性、策略性的重要前提和可行路径。④

---

① 　王习胜：《意识形态及其话语权审思》，《马克思主义研究》2007 年第 4 期。
② 　李江静：《新形势下建构马克思主义意识形态话语权的着力点》，《马克思主义研究》2017 年第 1 期。
③ 　包天强：《新媒体时代马克思主义意识形态话语权实现方式》，《思想政治教育研究》2017 年第 4 期。
④ 　吕峰：《网络空间马克思主义话语权的生成逻辑》，《思想教育研究》2020 年第 7 期。

（二）延安时期中国共产党构建马克思主义话语权研究

延安时期是马克思主义话语权构建的重要阶段，当前学界关于延安时期中国共产党构建马克思主义话语权的研究日益增多，现有研究主要聚焦于延安时期马克思主义话语权的构建、马克思主义中国化话语的表达、新民主主义话语的传播、毛泽东与中国革命话语体系的创新等方面。

首先，关于延安时期马克思主义话语的创新方式和马克思主义话语权的构建路径研究。陈金龙的著作《马克思主义中国化进程中的话语建构》从马克思主义中国化进程中话语建构的角度，对延安时期中国共产党构建马克思主义话语权的历程做了深入考察，指出马克思主义中国化的过程不仅是把马克思主义基本原理和中国具体实际、时代特征相结合的过程，也是通过话语建构掌握话语主动权的过程。[1] 荣敬本等的专著《论延安的民主模式：话语模式和体制的比较研究》考察了延安时期中国共产党构建新民主主义话语模式的创新意义，指出新民主主义话语模式的核心是把民族主义、民主主义和社会主义结合起来，毛泽东则是这一新话语模式的创造者。[2] 郭若平《概念史与中共党史研究的新视野》一文认为，延安时期马克思主义话语权的建构，表现了中共意识形态的理论意图，而从诸如"新民主主义"之类的关键概念的分析出发，借助史料语言叙述，回溯性地再造党史与中国近现代社会的关系，借以揭示革命运动中的大众心理、集体表象、意识归属、集体记忆以及中国革命的观念与思想，是揭示这一时期马克思主义话语权构建历程的重要途径。[3] 张富文《延安时期马克思主义意识形态的构建》以延安时期马克

---

① 陈金龙：《马克思主义中国化进程中的话语建构》，中山大学出版社2020年版。

② 荣敬本、罗燕明、叶道猛：《论延安的民主模式：话语模式和体制的比较研究》，西北大学出版社2004年版。

③ 郭若平：《概念史与中共党史研究的新视野》，《中共党史研究》2013年第5期。

思主义学习运动为中心，指出开展内容丰富、形式多样的学习运动，是构建马克思主义话语权的重要方式。其中，中共中央领导集体对马克思主义理论学习的重视是领导前提，马克思主义学习小组的成立奠定了组织基础，各种马克思主义理论学习文件的形成提供了理论支撑，一系列马克思主义理论学习制度的构建则提供了制度保障。①

其次，关于延安时期马克思主义中国化话语和新民主主义话语研究。一方面，有关延安时期马克思主义中国化话语的研究取得了较为丰硕的成果。王海军所著的《真理的追求——延安时期知识分子群体与马克思主义中国化研究》一书，从延安时期知识分子群体的形成概况、主要特点、重要作用等角度，考察其对马克思主义的研究、宣传及运用马克思主义对传统文化进行改造的历史过程，揭示了延安知识分子群体的理论研究与实践活动对马克思主义中国化历史进程的推动作用，为厘清马克思主义中国化话语形成的历史逻辑与理论逻辑提供了重要借鉴。②李亚彬《马克思主义中国化中的话语和话语权问题——以两次飞跃为例》一文指出，延安时期以毛泽东为代表的实事求是派与教条主义者围绕马克思主义话语权构建问题进行了激烈的思想斗争，逐渐使马克思主义话语体系发生根本转换，实现了马克思主义中国化话语的构建，确立了马克思主义话语权的重要地位，这不仅为毛泽东思想的形成提供了话语环境和话语平台，而且为深入推动马克思主义中国化奠定了重要基础。③陈红娟《译介、争竞与创新：马克思主义中国化话语表达史研究》一文

① 张富文：《延安时期马克思主义意识形态的构建——以马克思主义学习运动为中心的考察》，《科学社会主义》2012年第5期。
② 王海军：《真理的追求——延安时期知识分子群体与马克思主义中国化研究》，人民出版社2013年版。
③ 李亚彬：《马克思主义中国化中的话语和话语权问题——以两次飞跃为例》，《哲学研究》2015年第6期。

指出，延安时期中国共产党人从内容和形式两个层面开展话语中国化构建工作，通过话语主题的提炼、话语内容的扩展和话语形式的创新，逐渐形成了以"革命"为核心的话语体系，实现了马克思主义话语中国化的第一次理论飞跃。[①] 另一方面，关于延安时期新民主主义话语构建的研究日益增多。蒋积伟《抗战时期新民主主义话语的建构》一文指出，作为中国共产党的重要话语，新民主主义话语对外能向各界表达党的政治纲领，对内能使全党上下明确革命的基本问题，这为中国共产党在国共矛盾不断激化背景下赢得优势话语权奠定了重要基础。可以说，新民主主义话语的构建，既是中国共产党在长期革命实践中对未来国家政权不断思考和实践的结果，也是国共两党抗战的合作性和矛盾性交互发展的产物。[②] 李永进《国共三民主义之争与新民主主义革命话语的构建（1938—1940）》考察了国共两党在意识形态领域的较量和对中国革命话语权的激烈争夺，揭示了中国共产党通过论战构建马克思主义话语权的历史脉络，指出以毛泽东为代表的中国共产党人通过区分真假、新旧三民主义，完成了对三民主义的解释与重构，同时又以"新民主主义"为主题提出了一系列新概念新思想，并对中国革命的性质、任务、前途、步骤等重大问题作了科学阐述，由此初步建构了新民主主义革命的话语体系，这不仅实现了对三民主义话语的超越，还为逐步掌握中国民主革命话语权奠定了基础。[③] 陈先初、李野《1940 年代中国共产党人的思想批判和新民主主义话语权的确立》一文指出，中国共产党通过开展延安整风运动、批判国民党"假三民主义"和蒋介石的《中国之命运》以及

---

① 陈红娟：《译介、争竞与创新：马克思主义中国化话语表达史研究》，《社会主义研究》2015 年第 1 期。

② 蒋积伟：《抗战时期新民主主义话语的建构》，《党的文献》2015 年第 4 期。

③ 李永进：《国共三民主义之争与新民主主义革命话语的构建（1938—1940）》，《中共中央党校学报》2016 年第 4 期。

批判部分中间派人士宣扬的旧民主主义理念及其中间路线，逐渐构建了新民主主义话语在中国社会的主流政治话语地位，这为推翻国民党统治和建立新中国铸就了强大的思想武器。① 王悦《毛泽东新民主主义话语体系建构及当代启示》一文指出，新民主主义话语以毛泽东《新民主主义论》为理论基础，以解决当时社会存在的具体问题为指向，是一个具有理论性、实践性、大众性的科学话语体系。而延安时期以毛泽东为代表的中国共产党人围绕"新民主主义"概念开展话语建构工作，并用其解释中国革命和中国社会基本问题，逐步形成了以"新民主主义革命""新民主主义社会和新民主主义共和国""新民主主义的政治、经济、文化"为主要内容的新民主主义话语体系。②

最后，关于毛泽东与延安时期中国革命话语体系创新研究。陈锡喜、温美平在《毛泽东与马克思主义话语体系的中国化转化》一文中提出，毛泽东通过对中华民族传统文化中优秀元素的继承和发展，对中国民俗文化和社会心理的吸收融合，以及对人民群众喜闻乐见的话语素材的加工提炼，推动了马克思主义话语体系的中国化转化，从而创立了具有中国风格的马克思主义话语。③ 周连顺《中国共产党构建马克思主义话语权的实践与经验》一文表示，毛泽东在领导中国革命和社会建设的历史进程中，通过理论阐述和实践探索逐步建构起一整套引导和落实马克思主义中国化思想原则的实践话语，借以推动马克思主义中国化的意义在全社会的广泛传播，进而为中国共产党领导的革命和建设事业赢得

---

① 陈先初、李野：《1940 年代中国共产党人的思想批判和新民主主义话语权的确立》，《江汉论坛》2017 年第 10 期。
② 王悦：《毛泽东新民主主义话语体系建构及当代启示》，《毛泽东思想研究》2019 年第 6 期。
③ 陈锡喜、温美平：《毛泽东与马克思主义话语体系的中国化转化》，《毛泽东邓小平理论研究》2010 年第 8 期。

全国人民的普遍理解、认同和支持，奠定了重要基础。① 孙旭红、鞠琳在《毛泽东与新民主主义"革命"话语的形成》一文中提出，延安时期毛泽东创造性地将马克思主义与中国革命实际相结合，逐步形成了新民主主义"革命"话语，并且以延安整风运动为契机，从思想上整顿党的建设，借此逐渐掌握中国革命的话语权，从而为赢得全国人民对中国共产党的理解、认同和支持，以及最终取得执政地位，奠定了重要基础。②

（三）延安文化社团与马克思主义话语权构建研究

延安文化社团是延安时期中国共产党领导下构建马克思主义话语权的重要力量，近年来引起学界的关注。杨洪《延安时期文化社团的马克思主义话语权建构》一文以马克思主义经典作家关于意识形态话语权构建的观点为理论指导，以福柯关于话语权的阐述为理论支撑，指出延安时期的文化社团在中国共产党领导下，不仅承担起建构马克思主义话语权的历史使命，而且逐渐形成了以实现认同感为目标的政治共识；随着以大众为中心的价值取向的进一步明确，延安文化社团确立了以大众文艺为载体的马克思主义话语权的建构路径；在此基础上，延安文化社团正确回答和解决了马克思主义意识形态话语权的理论和实践问题，从而为中国共产党在文化领域牢固树立马克思主义话语权的主导地位，以及最终赢得政治合法性发挥了重要作用。③ 张苗苗的硕士学位论文《延安时期文化社团建设研究》考察了延安文化社团的组织、发展、活动及影

① 周连顺：《中国共产党构建马克思主义话语权的实践与经验》，《马克思主义研究》2021年第 5 期。
② 孙旭红、鞠琳：《毛泽东与新民主主义"革命"话语的形成》，《西部学刊》2020 年第 1 期。
③ 杨洪：《延安时期文化社团的马克思主义话语权建构》，《西北大学学报》（哲学社会科学版）2018 年第 4 期。

响，指出延安文化社团阵容庞大、流派众多、百家争鸣，尤其是文学社团、戏剧社团、音乐社团、美术社团、电影社团等竞相发展。他们在中国共产党领导下，深入开展为工农兵服务的文化实践，不仅促进了陕甘宁边区的文化建设，而且有力推动了马克思主义话语权的构建。① 段小莉的硕士学位论文《延安文化社团与陕甘宁边区建设问题研究》指出，延安文化社团作为陕甘宁边区建设时期管理和组织文艺及科技工作者从事科学文化活动的特殊组织机构，在中国共产党的领导、支持和发动下，运用诗歌、戏剧、美术、音乐等多种艺术形式来唤起陕甘宁边区群众的民族、民主意识，并且通过文学、艺术、科学技术的传播和普及工作来教化陕甘宁边区的民众。延安文化社团先后经历了开创、发展、繁荣、转折和发扬时期，不仅促进了陕甘宁边区各项建设事业，而且在抗战宣传和民众动员实践中推动了马克思主义话语的传播，为中国共产党掌握马克思主义话语权奠定了重要基础。②

（四）国外相关研究

与国内研究者关注马克思主义话语权构建的具体问题不同，以费正清（John King Fairbank）、史华慈（Benjamin Isadore Schwartz）、特里尔（Ross Terrill）等学者为代表的哈佛学派，以及美国学者魏斐德（Frederic Wakeman Jr.）、澳大利亚学者尼克·奈特（Nick Night）等西方学者，往往采取宏大的历史叙事手法，阐释中国共产党在马克思主义中国化历程中建构意识形态话语权的动机与策略。而美国左派学者罗尼·佩弗（Rodney G. Peffer）、莫里斯·迈斯纳（Maurice Meisner）等从美国对华

---

① 张苗苗：《延安时期文化社团建设研究》，西安工业大学硕士学位论文，2018 年，未刊。
② 段小莉：《延安文化社团与陕甘宁边区建设问题研究》，西安工业大学硕士学位论文，2018 年，未刊。

政策的现实需要出发，认为马克思主义话语权的构建和"毛泽东主义"的形成，造成了中国的马克思主义与传统的马克思主义相背离的结果。①

总之，马克思主义话语权构建及其相关问题已经成为国内外研究的新领域，围绕其构建的历史背景、主要方法与基本规律等问题，形成了一些研究成果，这为进一步开展相关研究提供了良好的基础，但存在的问题也非常明显：其一，研究视野有待拓展。马克思主义话语权问题是中国共产党历史发展的一条重要线索，但其构建问题却不局限于党内，以延安文化社团为代表的社会群体，在构建马克思主义话语权过程中发挥了重要作用；与此同时，中国共产党如何针对不同社会群体，制定和实施差异化的政策措施等问题，有待深入探究。其二，专题性研究有待加强。现有研究成果主要集中在探讨新时期马克思主义话语权面临的形势、构建的路径等问题，缺乏对包括延安时期在内的不同历史时期马克思主义话语权构建的专题考察，尤其是尚未厘清马克思主义话语权构建的话语环境、话语主体、话语内容、话语载体等重要问题。其三，资料文献亟须整理。目前系统研究马克思主义话语权的文献还没有出现，亟须结合延安时期文化社团构建马克思主义话语权的理论成果与实践经验，创建马克思主义话语权的资料文献数据库。

三、研究思路、方法与创新之处

基于上述认识，本书拟首先考察延安文化社团在党的领导下构建马

---

① 国外研究成果主要有：Stuart R.Schram, *Political Leaders of the Twentieth Century: Mao Tse-tung*, Harmondswroth: Penguin Books Inc.; John Bryan Starr, *Continuing the Revolution: The Political Thought of Mao*, Princeton: Princeton University Press, 1979; Benjamin I. Schwartz, "Marx and Lenin in China", *Far Eastern Survey*, Jul. 27, 1949; John King Fairbank, Merle Goldman, *China: A New History*, Harvard: Harvard University Press, 1992。

克思主义话语权的历史使命与理论资源，揭示其构建的基本方法、实践路径与主要特点，借以厘清马克思主义话语环境、话语主体、话语内容、话语载体的形成过程、基本内涵与重要影响，进而阐述延安文化社团构建马克思主义话语权的历史作用、基本经验与当代启示。通过深入研究，厘清延安文化社团在党的领导下重塑意识形态、吸纳创造新鲜话语、拓展话语传播能力的历史脉络，揭示党在文化领域牢固建立马克思主义话语权主导地位的历史过程。在此基础上，进一步考察延安文化社团在马克思主义中国化时代化大众化进程中，创新话语环境、形成话语主体、丰富话语内容、改造话语载体的历史状况，诠释马克思主义话语权构建的基本方法、实践路径与主要特点，进而厘清延安文化社团在中国共产党领导下构建马克思主义话语权的重要作用与基本经验，揭示话语创新与革命实际的契合性、经典理论与民族特色的融合性、话语权与领导权的内在统一性等理论特性。

在研究方法上，本书主要采用文献研究法、调查研究法和跨学科研究法，具体而言：其一，运用文献研究法，广泛搜集、鉴别、整理相关第一手文献资料，查阅相关档案，尤其注重对地方史料与民间文献的搜集、甄别与利用，力图多维度呈现历史事实。其二，注重调查研究的运用，通过调查走访延安文化社团所在地、成员及其后人，发掘历史细节，并通过定量和定性研究相结合方法，把握社会民众对课题所涉及某些问题的基本看法。其三，综合运用历史学、政治学、传播学与马克思主义理论等学科的研究方法与基本原理，把"马克思主义话语权构建"作为研究系统，对系统中各个要素（背景、特点、原因、影响等）之间的关系加以分析探讨。

最后，本书以延安文化社团在党的领导下构建马克思主义话语权的理论成果、实践成就与基本经验为研究对象，力求在研究视角、学术思想和研究资料上取得创新，概言之：首先，当前学界关于延安时期马克思主义话语权建设的研究，往往侧重于中国共产党的自身建设，缺乏对不同社会群体构建马克思主义话语权的考察。本书则以延安文化社团为全新视角，探索中国共产党针对不同社会群体，通过制定和实施差异化的政策措施，借以在文化领域掌握马克思主义话语权，进而赢得政治合法性的历史。其次，本书以马克思主义为指导，综合运用历史学、政治学、传播学等学科的研究方法，深入考察延安文化社团与马克思主义话语权构建的环境、主体、内容、载体的形成过程、基本内涵与重要影响，揭示话语创新与革命实际的契合性、经典理论与民族特色的融合性、话语权与领导权的内在统一性等理论特性，实现学术思想的创新。最后，本书首次以"马克思主义话语权构建"的专题形式，系统搜集、整理公开出版的档案文献，在研究中将其与报刊、地方档案以及中共党史人物的年谱、日记、文集等资料进行对比、参证，在充分掌握和挖掘史料的基础上，把握和贯通延安文化社团构建马克思主义话语权的历史脉络，凸显研究资料的创新价值。

第一章　文化社团的出现与马克思主义话语权的早期构建

　　早在马克思主义初入中国之时，一批信仰马克思主义的知识人士基于掌握话语权的需要，通过开展诸如"问题与主义"之争的学理对话，逐步形成深入结合中国实际构建马克思主义话语权的实践路径。五四运动爆发后，革命逐渐成为时代主题，早期马克思主义者与三民主义者不约而同地将中国国情纳入考察范畴，并视马克思主义理论能否具体地运用于中国革命实践为创新话语方式、扩展话语内涵、提升话语能力的重要标准。大革命时期，中国共产党逐渐将马克思主义理论与中国革命实践的结合统一到"社会革命"上来，并从国共第一次合作的背景出发，提出"革命的三民主义"话语主题，有力推动了中国革命的发展。

　　大革命失败后，以毛泽东同志为主要代表的中国共产党人将工作重心转移到农村。随着农村革命根据地的开辟，以及土地革命斗争的开展，现实的革命斗争面临着发动广大群众的需要。基于这种需要，以及基于加强意识形态建设的考虑，中国共产党领导创办了工农剧团、苏维埃剧团等文化社团，并通过组织开展丰富多彩的文艺活动，促使文艺为工农大众服务，进而推动党的政治话语向工农红军和苏区民众延伸。第五次反"围剿"失败后，工农剧团等文化社团随着中国工农红军长征，于 1935 年 10 月辗转到达延安。以列宁剧团并入工农剧团为标志，延安文化社团创办的热潮逐渐掀起。

第一节　马克思主义话语权的早期构建

在马克思主义中国化的历史进程中，话语权构建是一个无法回避的重要话题。五四运动爆发后，中国早期马克思主义者在接受、阐释和传播马克思主义理论之时，基于掌握革命话语权的现实需要，通过话语方式的创新、话语内涵的扩展和话语能力的提升，逐步构建起马克思主义话语权，推动了马克思主义中国化的历史进程。

既往研究多将"马克思主义中国化"这样一种运用马克思主义指导中国革命实践的方法，当成众所周知、不言而喻的理念，认为马克思主义理论一进入中国，就开启了中国化的历史进程。事实上，在马克思主义初入中国之时，关于如何运用马克思主义指导中国革命实践问题，持不同政见者或同一政党的不同派系之间，往往因其主张和目的之不同，表现出不同话语环境下话语内涵的丰富性与复杂性。

一、马克思主义话语权早期构建的实践路径

五四运动前后，随着形形色色的西方思潮、各类主义源源不断地输入中国，包括青年学生在内的社会大众的思想发生了巨大转变。尤其是知识界人士，展开了一场以学理对话为形式、以政治论争为特征的"问题与主义"之争。1919 年 8 月 17 日，"主义派"代表人物李大钊向"问题派"扛大旗者胡适致函，旨在阐明"问题与主义"之争的本质。在信

函中，李大钊结合五四新文化运动以来社会思想的变动情况，指出"适应实际"的特性是"主义的本性"，强调人们在运用"主义"指导中国革命"实际的运动"之时，必须"因时、因所、因事的性质情形生一种适应环境的变化"。尤其是作为"一个社会主义者，为使他的主义在世界上发生一些影响，必须要研究怎么可以把他的理想尽量应用于环绕着他的实境"。[①] 就此而言，"主义派"与"问题派"之间应是不相矛盾的，甚至是并行不悖、相辅相成的，而之所以存在争议，或源于双方对话语产生的具体环境理解上的分歧。

值得注意的是，在与以胡适为代表的"问题派"进行公开论战之时，李大钊对话语生成的具体环境颇为重视。1919 年底，李大钊在《新青年》刊发《我的马克思主义观》。作为马克思主义在中国早期传播的代表性文章，《我的马克思主义观》一文深入分析了中国革命的具体环境，借以阐释马克思主义在中国的需要程度。李大钊在文中指出："一个学说的成立，与其时代环境，有莫大的关系"。可以说，马克思主义是"一个时代的产物"，即：革命时代的特殊环境，造就了马克思主义学说，而这种革命时代环境下形成的学说，无疑具有特殊的性质，具有特定的适用范围和条件。随着时代的变迁和环境的变化，当前"固然不可拿这一个时代一种环境造成的学说，去解释一切历史，或者就那样整个拿来，应用于我们生存的社会"。为此，李大钊劝告"问题与主义"论战的对方："我们批评或采用一个人的学说，不要忘了他的时代环境和我们的时代环境"。[②]

---

① 《再论问题与主义》（1919 年 8 月 17 日），《李大钊全集》第 3 卷，人民出版社 2013 年版，第 51 页。

② 《我的马克思主义观》（1919 年 9 月、11 月），《李大钊全集》第 3 卷，人民出版社 2013 年版，第 23、24 页。

正是基于中国革命的时代背景、现实需要、环境特点的考察，"问题与主义"之争的政治歧见，逐渐演化成一场学理对话。随着五四后马克思主义在中国的广泛传播，马克思主义理论与中国现实问题对接的客观需要日益迫切，马克思主义话语权构建的历史进程亦不断深化。

1920 年，谭平山、谭植棠、陈公博等参加过五四运动的革命者从北京来到广州。他们集资创办《广东群报》来作为马克思主义话语表达的重要载体，并指导和推动广东地区的革命运动。是年 12 月，陈独秀应邀赴粤，旨在创建广州共产党早期组织，推动马克思主义在广东的传播。来粤后，陈独秀鉴于当时"许多青年只是把主义挂在口上不去做实际的努力"的革命现状，遂以探索中国革命"实际问题"的解决方案为导向，呼吁各界人士"讨论社会问题，要以实际问题为限；若是离开了实际问题，专门发空议论，就是天天谈政治，天天鼓吹无政府主义、社会主义，也无人来干涉你"。①

在从事马克思主义理论的阐释与宣传活动之时，陈独秀进一步将马克思主义理论演绎为"实际研究"和"实际活动"两大精神，借以鼓舞中国青年志士既"能以马克思实际研究的精神研究社会上各种情况"，又能发扬马克思实际活动的精神。对此，他强调说："实际研究"和"实际活动"两大精神"都是中国人最缺乏的"，但两者相比较，后者更为重要。换言之，广大青年志士以实际行动，将马克思主义理论具体地运用于中国革命。他甚至提出，我们"宁可以少研究点马克思的学说，不可不多干马克思革命的运动！"② 显然，在陈独秀看来，将马克思"实际

---

① 《随感录：主义与努力》，《陈独秀著作选编》第 2 卷，上海人民出版社 2009 年版，第 311、312 页；《讨论社会实际问题底引言》（1921 年 2 月 12 日），《广东群报》1921 年 2 月 12 日。

② 《中共中央执行委员会书记陈独秀给共产国际的报告》（1922 年），《陈独秀著作选编》第 2 卷，上海人民出版社 2009 年版，第 458、459 页。

研究"和"实际活动"精神转化为中国革命的实际行动，是运用马克思主义的迫切需要与尚佳途径。

与陈独秀将马克思主义如何运用问题纳入"革命行动"范畴不同，邓中夏以营造革命的良好氛围为旨归，致力于马克思主义在中国的传播和发展。需要指出的是，马克思主义话语权的构建离不开宽松的政治土壤。同样地，理论宣传需要良好的社会环境。然而，在五四新文化运动的起源地北京，却因北洋政府的舆论管控，导致马克思主义的宣传活动受到严重限制。对此，邓中夏指出，"北京是公认的所谓政治中心"，但"在茶馆或是饭馆里，常常碰到'莫谈国事'的告示。这种对国家政治问题的一切谈论都加以禁止的作法，好象是对下层阶级设置的社会监督"。① 为营造中国革命的良好氛围，推动马克思主义在中国的广泛传播，邓中夏等人在北京发起成立马克思学说研究会。他们广泛搜集和整理了德、英、法、日、中文版马克思主义书籍，举办了一系列讨论会、讲演会、宣传会等，深入研讨马克思主义理论与中国革命相结合的具体问题，并通过编译和刊印马克思主义经典文献，推动马克思主义在中国的传播和发展。②

邓中夏通过马克思主义的宣传，激起"工人和贫民阶级对政治感兴趣"，以及"唤起群众对政治事件的兴趣"，借以"促使群众从事革命工作"，从而营造中国革命的良好环境。③ 其话语环境建构的方式与路径，虽然与陈独秀存在差异，但就推动马克思主义大众化而言，二者可谓殊

---

① 《北京共产主义组织给中共一大的报告》（1921 年 6 月 26 日），《邓中夏全集》上，人民出版社 2014 年版，第 121、122 页。

② 《公开发起马克斯学说研究会启事》（1921 年 12 月 16 日），《邓中夏全集》上，人民出版社 2014 年版，第 160、161 页

③ 《北京共产主义组织给中共一大的报告》（1921 年 6 月 26 日），《邓中夏全集》上，人民出版社 2014 年版，第 121、122 页。

途同归，即：邓、陈二人均以实行（或从事）革命为旨归，深入阐释马克思主义理论的运用方法，有力推动了马克思主义在中国的传播。①

　　然而，对于身在法国、正在潜心研读马克思主义著作的蔡和森而言，马克思主义的运用应当有另一种阐释，即用于指导成立革命的政党——中国共产党。1920 年 7 月，蔡和森向从法国各地聚集到蒙达尼的新民学会会员提出"改造中国和世界"的方针。会后，蔡和森分别于8 月、9 月向在国内筹建共产党早期组织的毛泽东致信，信函的核心要义是组建中国共产党。他强调："以中国现在的情形看来，须先组织他，然后工团、合作社，才能发生有力的组织。革命运动、劳动运动，才有神经中枢。"② 值得一提的是，对于蔡和森运用马克思主义指导中国建党的提议，毛泽东曾回信表示"深切的赞同"，并指出此举将有助于推动中国"革命运动"，有助于"改造中国与世界"，因此"是赞成马克思的方法的"。③

　　可以说，五四新文化运动发生后，随着马克思主义在中国的广泛传播，中国早期马克思主义者基于对革命形势、背景与基本条件的整体认知，在考察主义如何运用问题时，往往将具体的、客观的实际情况作为

---

① 事实上，陈独秀非常重视从政治宣传的角度传播马克思主义，在 1922 年给共产国际的报告中，陈独秀指出当年 5 月 5 日全国共产党所在地都召开了马克思纪念会，发放马克思纪念册 2 万本，并印行《共产党宣言》等书籍。（参见《中共中央执行委员会书记陈独秀给共产国际的报告》(1922 年)，《陈独秀著作选编》第 2 卷，上海人民出版社 2009 年版，第 458、459 页。）

② 《蔡林彬给毛泽东》(1920 年 8 月 13 日)，《蔡和森文集》，人民出版社 2013 年版，第 57 页。另注：1925 年底蔡和森在中共旅莫支部作题为《中国共产党的发展（提纲）》报告时指出，"马克思主义列宁主义在世界各国共产党是一致的，但当应用到各国去，应用到实际上去才行的"，换言之，要"以马克思主义列宁主义的精神来定出适合客观情形的策略和组织才行"。（参见中共中央党史研究室、中央档案馆编：《中国共产党第一次全国代表大会档案文献选编》，中共党史出版社 2015 年版，第 56 页。）

③ 《致蔡和森等》(1920 年 12 月 1 日)，中共一大会址纪念馆编：《中共一大代表早期文稿选编（1917.11—1923.7)》上册，上海人民出版社 2011 年版，第 951 页。

重要因子，由此使得诸如中国革命的时代背景、现实需要、环境特点等成为时人言说的重要基础，彰显出深入结合中国实际构建马克思主义话语权的实践路径。

二、马克思主义话语权早期构建的理论逻辑

在话语权建构的历史背景下，以孙中山为代表的资产阶级革命派，将中国国情纳入考察范畴，并视马克思主义理论能否具体地运用于中国革命实践为创新话语方式、扩展话语内涵、提升话语能力的重要标准，有力推动了马克思主义中国化话语体系的早期构建，这反映了包括马克思主义在内的各种理论不能照搬，而应当根据具体的革命实践加以灵活运用的逻辑特征。

1916 年 5 月 1 日，孙中山抵达上海，由此开始了长达近 5 年的寓沪生涯。寓居上海的孙中山，虽然在政治上处于暂时的失势境地，但对中国革命形势的发展，尤其是五四运动后席卷全国的各类主义及其产生的思想潮流，予以密切关注。1920 年 1 月 29 日，孙中山在一封致海外国民党同志的信函中，高度称赞广大"爱国青年"和"热心青年"在中国革命中的重要作用，称"五四运动以来，一般爱国青年，无不以革命新思想，为将来革新事业之预备"，认为包括新文化运动在内的各类抗争，"在我国今日，诚思想界空前之大变动"，预言将来"吾党欲收革命之成功，必有赖于思想之变化"，借此鼓励海外国民党同志顺应时势，"激扬新文化之波浪，灌输新思想之萌蘖，树立新事业之基础，描绘新计划之雏形"。①

---

① 陈锡祺主编：《孙中山年谱长编》下册，中华书局 1991 年版，第 1223 页。

孙中山的上述信函，显示了他对五四运动以来青年学生日渐成熟的革命思想的高度重视，以及五四后中国民众日益迫切的革命需要的基本认识。而在撰写该信函的当月，孙中山与五四运动的学生领袖张国焘进行了一次颇具深意的谈话，内容摘录如下：

孙问：听说你喜欢研究马克思主义，是吧？

张答：是。

孙曰：社会主义派别很多，马克思主义不过是其中的一派。我在欧洲的时候，与社会主义各派领袖人物都有过接触，各派的理论也都研究过。我参酌了社会主义各派的理论，汲取它们的精华，并顾及中国的实际情形，才创立三民主义。

孙指着摆满了英文书籍的书架继续说：我这些书都是讲社会主义的，你都可以拿去看。①

孙中山与张国焘的上述谈话，至少透露出以下三个信息：一是孙中山具有接触并了解欧洲社会主义各流派代表人物的经历；二是孙中山曾研读了有关各派社会主义理论的书籍，其中包括英文原著；三是孙中山在"汲取"包括"马克思主义"在内的社会主义各流派理论的基础上，结合中国革命的实际创建了三民主义。关于孙中山接触并了解欧洲社会主义各流派代表人物的经历，及其学习和研究社会主义各流派理论的情况，已有学者做了专题研究，此不赘述。至于第三个方面，即孙中山结合中国革命的"实际情形"构建与阐释三民主义理论问题，则尚未引起学界重视，其中涉及马克思主义话语权的早期构建、形成与发展问题，堪称揭示马克思主义中国化话语体系构建的历史逻辑与理论逻辑的关键。

---

① 孙中山：《与张国焘的谈话》（1920 年 1 月），《孙中山全集续编》第 2 卷（1914—1920），中华书局 2017 年版，第 454 页。

众所周知，孙中山力倡民主革命思想，并且以三民主义为其纲领。可以说，三民主义是孙中山关于中国革命实践探索与基本经验的高度概括和理论总结。值得注意的是，在谈及三民主义与马克思主义的关系时，孙中山虽然高度评价马克思的伟大及其理论的科学性，称赞他是科学社会主义的"集大成者，是社会主义中的圣人"，但涉及是否接受或如何运用马克思主义问题时，孙中山却毫不讳饰地表示，"我们今日师马克思之意则可，用马克思之法则不可"①。不可否认的是，孙中山对马克思极为推崇，对于马克思主义的科学性也给予高度评价，但为何在面对如何运用马克思主义时，表现出"师其意不用其法"的态度呢？② 显然，关于这一问题的回答，需要从中国革命的现实性和具体性入手加以分析。

孙中山在构建三民主义理论体系之时，注意考察中国革命的"实际情形"，并且尝试将两者进行有机结合，这应当是有所本的，即基于对马克思经典作家关于马克思主义理论如何运用阐述的深入理解。一方面，作为马克思主义诞生重要标志的《共产党宣言》，贯穿了马克思主义的历史观与方法论。在《共产党宣言》1872 年德文版序言中，马克思恩格斯五次提及"革命"概念，并通过对革命环境、革命措施、革命影响等的深入考察，明确指出马克思主义基本原理的"实际运用"，"随时随地都要以当时的历史条件为转移"。③ 而在 1886 年 11 月 29 日恩格斯致友人的信函中，他批评了当时一些人陷入"教条主义"和"学理主

---

① 广东省社会科学院历史研究所编：《孙中山全集》第 9 卷，中华书局 1986 年版，第 391、392 页。

② 杨天石：《师其意不用其法——孙中山与马克思主义二题》，《广东社会科学》2011 年第 5 期。

③ 马克思、恩格斯：《〈共产党宣言〉1872 年德文版序言》（1872 年 6 月 24 日），《马克思恩格斯选集》第 1 卷，人民出版社 1995 年版，第 248 页。

义"的误区，不懂得正确运用马克思主义的基本原理，却走向了另一个极端，即：往往"用学理主义和教条主义的态度去对待它，认为只要把它背得烂熟，就足以应付一切"。为此，恩格斯郑重提出：马克思主义不是"教条"，而是革命"行动的指南"。① 显然，恩格斯批判这一错误倾向的目的，在于强调马克思主义理论应当与群众的革命斗争和革命实践密切地结合起来。

从 19 世纪末开始，以《共产党宣言》为代表的马克思主义经典著作开始被介绍到中国来。而早在 1896 年旅居伦敦之时，孙中山就在大英博物馆阅读了《共产党宣言》，由此成为最先读到这部不朽著作的中国人。随着中国知识人士以及来华传教士等的译介与传播，《共产党宣言》等马克思主义经典著作在中国各地逐渐传播开来。据统计，仅1899 年至 1919 年间，涉及《共产党宣言》译本的文章就有 17 篇。② 诚然，近代中国社会剧烈动荡，各类社会主义思潮竞相呈现，在此背景下，国内知识界对包括《共产党宣言》在内的马克思主义经典著作的理解尚属表浅，一些译作甚至出现错读误解的情况，但以孙中山为代表的中国进步人士已经意识到中国具有与欧美等西方国家不同的国情、历史与文化，因此在学习、接受和传播相关理论之时，注意结合中国革命的实际情况加以改造。

尤其是 19 世纪初，欧美各资本主义国家的社会矛盾与冲突日趋激烈，社会各阶层之间的贫富差距日益悬殊，种种情形使得中国进步人士在探索中国独立富强道路之时，将"防患于未然"作为倡导"民生主义"的重要前提。与此同时，由于当时中国资本主义的发展处于起步阶段，

---

① 《恩格斯致弗·阿·左尔格》（1886 年 11 月 29 日），《马克思恩格斯选集》第 4 卷，人民出版社 1995 年版，第 677 页。
② 陈红娟：《〈共产党宣言〉在中国的翻译与传播》，《马克思主义研究》2018 年第 4 期。

中国内部虽然存在着较为严重的社会问题，但工人阶级尚未成为革命的主导力量，因此并未出现欧美各国资本主义与产业工人激烈矛盾与冲突的情形。① 可以说，正是基于对中国国情的考量，孙中山在构建三民主义理论体系之时，能够从话语环境的变量出发，注意考察中国革命的外部环境与内在要求，并尝试将两者有机结合，这无疑是辩证地吸收马克思主义理论后作出的正确选择。

值得注意的是，持不同政见者虽然对马克思主义的态度各异，但在根据时代背景运用理论指导革命实践的方法论上，却得到时人的一致认同。作为孙中山的得力助手，胡汉民曾东渡日本，在日本法政大学系统研读包括马克思主义在内的政治学说，归国后不仅追随孙中山进行革命实践，还大力宣传与倡导三民主义。而当"问题与主义"论战愈演愈烈之时，胡汉民亦于 1919 年 8 月开宗明义地提出："拿欧洲近代社会主义的主张，也不能完全适合于中国"，并强调包括"马克思的社会主义"在内，各类社会主义学说均产生于特定的时代与环境，而特定时代与环境之下产生的学说，其"立脚点不同"，"所用的手段方法便也有不同"。②

显然，以孙中山为代表的资产阶级革命派从中国革命的实际出发，辩证地吸收马克思主义理论，并视马克思主义理论能否具体地运用于中国革命实践为创新话语方式、扩展话语内涵、提升话语能力的重要标

① 值得注意的是，三民主义的构建与马克思主义在中国的早期传播，两者是相互影响、相互推动的。中国知识人士在译介马克思主义学说时，注意从中国社会的具体情形出发，对相关理论与概念，进行符合中国国情的改造。如 1912 年广州《民生日报》刊载《共产党宣言》译文，把"资产阶级"翻译成"绅士"，尽管沿用了日译本的方法，但在一定程度上符合中国的现实状况，这反映了中国资本主义初步发展阶段产业工人并未形成的历史情形。（参见邱捷：《1912 年广州〈民生日报〉刊载的〈共产党宣言〉译文》，《中山大学学报》（社会科学版）2011 年第 6 期。）

② 《孟子与社会主义》（1919 年 8 月），《胡汉民先生文集》，（台北）中国国民党"中央"委员会党史委员会 1978 年版，第 104、105 页。

准，借以推动马克思主义中国化话语体系的早期构建，这反映了学习和运用马克思主义的理论逻辑，彰显出马克思主义话语权早期构建的基本特征。

三、马克思主义话语权早期构建的历史逻辑

革命运动需要革命话语的支配，同样地，革命话语也要通过革命运动的实践来加以丰富和完善。尤其是近代以来，中华民族面对生死存亡的考验，革命由此成为时代主题。与此同时，马克思主义话语权亦从概念提出和学理争论，逐渐过渡到革命运动的实践阶段，这标志着话语生成的历史条件逐步形成，革命的手段、方法、目标等要素亦逐渐明确。在此背景下，"社会革命"被纳入马克思主义话语权构建的历史进程，成为早期中国共产党人掌握马克思主义话语权的重要基础。

五四后中国革命声浪日益高涨，"中国向何处去"成为一个亟待回答的时代问题。作为中国早期传播马克思主义的第一人，李达认为无论是马克思主义还是社会主义，均是以"革命"为核心涵义的理论，而掌握革命的话语权，就是掌握了马克思主义话语权。1920年11月，李达在《第三国际党（即国际共产党）大会的缘起》中提出"革命的社会主义"概念，强调"马克思的共产主义，即革命的社会主义"，而实行革命的社会主义则是"国际共产党联盟的主旨"。[1] 事实上，对"社会革命"理论的考察是李达解答"革命"语境下"马克思主义是什么"问题的重要路径。12月，李达在《社会革命底商榷》中进一步指出：社会革命的核心要义在于"直接行动"。为此，他积极呼吁"在中国运动社会革命

---

[1] 《第三国际党（即国际共产党）大会的缘起》（1920年11月），《李达全集》第1卷，人民出版社2016年版，第30页。

的人，不必专受理论上的拘束，要努力在实行上去做"，即"结合工人农民士及他种属于无产阶级的人，组织一个大团体，利用机会，猛然地干起大规模的运动来，把那地方的政治力，夺在我们手中，凭着政治上的势力，实行我们社会主义的建设完全管理社会中经济的事业"。可以说，李达基于中国革命发展的客观需要，将这种直接行动视为"社会革命的唯一手段"，旨在掌握马克思主义话语权，实现中国革命建设的根本目标。①

李达关于"社会革命"问题的考察，为解答"马克思主义是什么"问题提供了重要途径。1920 年 12 月 26 日，李达《马克思还原》一文指出，马克思本人既"是理论家又是实行家，实具有二重资格"。该文论述的中心直指"马克思所述社会革命的原理、手段、方法"，所推导出的结论则是："马克思社会主义的性质，是革命的，是非妥协的，是国际的，是主张劳动专政的"。②

1921 年，远在法国求学的蔡和森就马克思学说与中国革命问题，向正在国内紧张筹备建立中国共产党早期组织的陈独秀致函。蔡和森认为，从学理上来看，马克思的唯物史观、资本论、阶级斗争说，"三者一以贯之，遂成为革命的马克思主义"，这无疑凸显了马克思主义的"革命"属性。另一方面，从话语环境上来说，革命时代产生的理论，必然具有革命性质，就此而言，"马克思的革命说完全立于客观的必然论之上"。③ 陈独秀在回信中赞成蔡和森的观点，认为"革命"性是"马克思主义的骨髓"之一。同时他指出，马克思固然主张革命说，但要防止

---

① 《社会革命底商榷》(1920 年 12 月)，《李达全集》第 1 卷，人民出版社 2016 年版，第 44 页。
② 《马克思还原》(1920 年 12 月 26 日)，《李达全集》第 1 卷，人民出版社 2016 年版，第 58、59 页。
③ 《马克思学说与中国无产阶级》(1921 年 2 月 11 日)，《蔡和森文集》上，人民出版社 2013 年版，第 78—81 页。

陷入"自然进化说"的矛盾境地，因为"若是把唯物史观看做一种挨板的自然进化说，那末，马克思主义便成了完全机械论的哲学"。①

蔡和森在论及马克思主义革命时，还注意到社会运动与社会革命之间的紧密联系，认为"社会运动为社会革命之起点，社会革命为社会运动之成熟"②。需要指出的是，蔡和森关于社会革命与社会运动关系的论述，应当与陈独秀的观点并不矛盾。尤其是陈独秀根据中国革命的任务和性质，指出"马克思主义为社会革命的原动力"，呼吁广大青年志士"以马克思实际活动的精神来干革命或马克思革命的运动"，其构建革命话语的实践路径，以及掌握马克思主义话语权的根本宗旨，应当与蔡和森并无二致。③ 与此同时，致力于农民运动的彭湃，则从构建"新社会"的角度，对社会革命与社会运动的关系加以阐发，提出"社会革命，社会运动，合社会人而运动，而革命之谓也。非个人或少数人，所能成就者。即使之成就，必不是真正之社会运动，社会革命也"，由此呼吁社会各阶层人士互相团结、互相联络、互相扶助，"有不得不实行社会革命之决心"，构建一个全新的社会和时代。④

时至 1923 年 5 月，中国共产党成立已有近两年时间。作为中国共产党第一次全国代表大会的代表，李达基于掌握马克思主义话语权的现实需要，以及对中国共产党的最高纲领与最低纲领的认识，提出"马克思学说与中国"的重要命题。李达认为，中国社会革命实际内涵是"应

---

① 《答蔡和森（马克思学说与中国无产阶级）》（1921 年 8 月 1 日），《陈独秀文集》第 2 卷，人民出版社 2013 年版，第 201、202 页。

② 《马克思学说与中国无产阶级》（1921 年 2 月 11 日），《蔡和森文集》上，人民出版社 2013 年版，第 82 页。

③ 《马克思的两大精神》（1922 年 5 月 5 日），《陈独秀文集》第 2 卷，人民出版社 2013 年版，第 249、250 页。

④ 《告同胞》（1921 年 9 月 1 日），《彭湃文集》，人民出版社 2013 年版，第 7 页。

用马克思学说改造社会",其前提则是明确"马克思所说的社会革命究竟是什么?究竟怎样实现的?究竟在什么时机实现?"①事实上,在李达看来,中国共产党的成立是中国社会革命时机成熟的重要标志。尽管当时一些反动派要求"不应提倡社会革命",但这在一定程度上表明掌握马克思主义话语权的重要意义,预示了中国革命新阶段的到来。对此,李达号召中国无产阶级人士抓住有利时机"实行政治革命",一举"夺取政权",实现马克思在《共产党宣言》中所说的"社会革命"。②换言之,如果说在中国共产党成立之前,马克思主义的译介和传播是革命的中心工作,那么中国共产党成立后,政治主张已正式公布,革命目标已基本明确,自然要"由介绍的时期而进到实行的时期了"。③

　　革命进入新阶段,必然面临新的形势、新的问题与新的挑战。尤其是国共两党关系的发展演变,使得马克思主义者与以孙中山为代表的资产阶级革命派,在推动中国革命发展的历史进程中,将"社会革命"纳入考察范畴,并通过革命话语的构建,实现理论的对接和政党的联合。概言之,中国共产党成立后,基于中国工人运动发展的现实需要,逐渐推动第一次国共合作,旨在建立强有力的同盟者。而第一次国共合作之所以能够实现,固然是中国革命形势发展的需要,同时也与三民主义的"革命"属性具有重要关联。对此,恽代英《论三民主义》一文认为,"三民主义为革命的主义"。一方面,"三民主义的革命"是因应于内忧外患的中国国情所产生的,这反映了中国革命的必然性和必要性,另一方面

---

① 《马克思学说与中国》(1923 年 5 月 13 日),《李达全集》第 3 卷,人民出版社 2016 年版,第 108、109 页。

② 中共一大会址纪念馆编:《中共一大代表早期文稿选编(1917.11—1923.7)》上册,上海人民出版社 2011 年版,第 193 页。

③ 《马克思学说与中国》(1923 年 5 月 13 日),《李达全集》第 3 卷,人民出版社 2016 年版,第 108、109 页。

倡导民族自强、民权、民生的三民主义"非革命是不能实现的"。因此，"三民主义的革命"或者说"革命的三民主义"，是"最切实合于国情的"主张。①

李达亦持类似观点。在《民生史观》一文中，李达对三民主义的革命属性表示认同，他强调"要解决中国的社会问题，必须实行三民主义的革命"，解决民族、民权、民生问题。该文还揭示了三民主义革命与中国社会革命的关系，即："三民主义是国民革命的理论，同时又是社会革命的理论，一方面适应现代中国的要求，一方面促进现代社会的进化。总括起来说，三民主义是用科学的方法研究中国历史的社会的事实发生出来的思想信仰和力量"。②

时至 1928 年，国共两党经历了第一次国共合作后，又因国民党蒋介石发动"四一二"反革命政变、汪精卫发动"七一五"反革命政变，国共同盟合作遭到严重破坏，中国革命的前途与命运变得更加难以预料。在此情形下，"革命"话语的内涵发生新的变化，中国共产党作为马克思主义政党，其革命的理念更加坚定；随着孙中山的去世，国民党人所信奉的三民主义，显然有了不一样的性质和色彩。在此情形下，李达基于中国革命现实的需要，对马克思主义革命与三民主义革命的关系重新予以审视，指出在追求世界大同这一革命最终目的上，两者是相同的，但却在革命的出发点与方法上存在差异。换言之，"三民主义革命是以中国的半封建式的社会做出发点的"，"马克思主义革命是以欧洲资本主义国家做出发点的"；与此同时，三民主义革命"是要由半封建式的社会达到未来的新社会"，马克思主义革命则"是直接要由资本主义

---

① 《论三民主义》（1923 年 11 月 20 日），《恽代英全集》第 5 卷，人民出版社 2014 年版，第 161、165—166、174 页。

② 《民生史观》（1928 年 5 月），《李达全集》第 4 卷，人民出版社 2016 年版，第 195 页。

社会达到未来的新社会"。①

　　显然，在李达看来，"革命的理论"是"革命的行动"的重要基础。这正如列宁所说："没有革命的理论，便没有革命的行动"。然而，由于马克思没有为中国革命提供现成的理论，中国共产党"对于应用马克思主义分析中国社会的事实的革命理论既没有建设起来"，"中国所需要的革命"究竟是什么呢？李达在理论探索中似乎找到了答案，即"革命的三民主义"。② 可见，"中国革命的性质及其前途"已经成为人们关注的重点，由此使得马克思主义者对三民主义重新予以审视，借以阻止"反革命化的三民主义"的倾向。③ 因此，中国革命的世界性和特殊性，是马克思主义话语权构建的前提和基础，亦使团结和联络各类文化社团人士的必要性得以凸显。

　　可以说，"三民主义革命"或"革命的三民主义"既是中国革命客观需要的产物，也是国共合作的重要基础，这反映了"社会革命"被纳入革命话语体系后产生的重要影响。直至中国人民抗日战争爆发，国共第二次合作的条件逐渐成熟，"革命的三民主义"再次被人们提及。如1937年董必武提出："中国共产党员可以而且应当拥护革命的三民主义的理论的基础"，认为只有坚持和发扬"三民主义的革命"精神，促成国共合作、共同抗日，才是符合中华民族根本利益的原则与要求。④ 毋庸置疑，这一原则与要求的提出，在某种意义上反映了在民族危亡之

① 《民生史观和唯物史观》（1928年6月），《李达全集》第4卷，人民出版社2016年版，第227页。
② 《中国所需要的革命》（1928年7月），《李达全集》第4卷，人民出版社2016年版，第274页。
③ 《中国革命的性质及其前途》（1928年11月1日），《蔡和森文集》上，人民出版社2013年版，第997页。
④ 《共产主义与三民主义》（1937年6月14日），《董必武选集》，人民出版社1985年版，第24、25页。

际，革命已经成为时代主题，"社会革命"也被纳入马克思主义革命话语构建的历史进程，并且成为早期中国共产党人掌握马克思主义话语权的重要基础。

　　总之，五四后中国早期马克思主义者在接受、阐释和传播马克思主义理论之时，基于掌握革命话语权的现实需要，通过话语方式的创新、话语内涵的扩展和话语能力的提升，逐步构建起马克思主义革命话语体系，推动了马克思主义革命学说的深化和发展。在"革命"话语构建的背景下，以孙中山为代表的资产阶级革命派与马克思主义者不约而同地将中国国情纳入考察范畴，并且视理论能否具体地运用于中国革命实践为创新话语方式、扩展话语内涵、提升话语能力的重要标准，这反映了理论创新与实践发展相互结合、相互促进的历史场景，揭示了早期中国共产党人掌握马克思主义话语权的现实需要，折射出早期马克思主义话语权构建的理论逻辑与历史逻辑。

第二节　中央苏区文化社团与政治话语传播

　　中国共产党的社会革命不是依靠简单的武力征服，而是基于富有针对性、组织性和建构性的宣传发动，通过话语主体的组织、话语主题的提炼、话语内涵的扩展，实现政治理念的渗透、领导权的掌握以及革命基础的确立。中国共产党通过文化社团的组织创办与政治领导，实现意识形态话语权构建的历史，肇始于局部执政时期的中央苏区。

　　为巩固工农红军的政治思想以及加强意识形态建设，在毛泽东、瞿秋白、张闻天等的支持和推动下，1931 年 11 月中央苏区在红军学校创办了第一个剧团"八一剧团"。在此基础上，中国工农红军第一军团创立了战士剧社、第三军团成立了火线剧社、第五军团创办了猛进剧社。
1932 年 7 月，苏区研究革命戏剧的组织工农剧社正式成立。作为中央
苏区最大的文艺团体，工农剧社在中共中央的号召下，不仅奔赴前线举
行演出，而且深入群众开展政治宣传活动，此举有力促进了工农群众的
思想引导、政治教育与文化发展，其卓有成效的工作被称为"工农大众
艺术的开端"。基于革命发展的客观需要，中央苏区在工农红军部队以
及革命根据地广泛成立俱乐部，马克思主义研究会、工农剧社各分社等
文化团体亦纷纷创办，逐渐形成苏区文化社团网络。苏维埃剧团成立
后，中央苏区也在蓝衫团基础上创办了第一所戏剧学校——高尔基戏剧
学校。以文化社团为话语传播载体，中国共产党酝酿和提出"创造工农
大众的艺术""建设马克思主义的文艺批评"等话语主题，并且在文化
社团的工作实践中贯彻了党的群众路线等原则，使党的政治口号成为工
农群众的口号，从而有力推动了党的政治话语的传播。

一、苏区政治宣传与社会动员

国民革命失败后，中共中央在共产国际的指导下，逐渐将工作重心
和主要力量向苏区转移，旨在从广大农村地区寻求新的生存空间和发展
机遇。作为苏区主要开创者，毛泽东高度重视意识形态话语权建设工
作。尤其是在工农红军发展和苏区革命实践中，他积极倡导意识形态话
语权建设，并通过政治话语主题的提出、话语环境的塑造、话语内涵的
扩展，不断推动马克思主义意识形态话语权的构建。

1929 年 1 月，毛泽东、朱德率领的中国工农红军第四军主力，从
井冈山革命根据地转战赣南、闽西地区，先后开辟了赣南、闽西革命根
据地。4 月，红四军取得龙源口战斗胜利，当时毛泽东结合革命根据地

斗争的需要，强调"文艺宣传"的重要作用，并以此为中心开展部队政治工作。据红四军第二十八团党代表何长工称，此役红军俘虏了大批国民党士兵，为使这批被俘士兵"明白些革命道理，提高他们的觉悟"，时任中共中央政治局候补委员毛泽东请他编一支具有思想政治教育意义的歌曲。于是，何长工连夜谱曲配词，第二天就带领被俘士兵传唱，演唱结束后，许多被俘士兵自愿"要求参加红军"，并纷纷表示要"调转枪口打反动派"，此举"果然取得很好的效果"。事实证明，"在红军时期一首歌常常可以起到很好的作用"。①

"文艺宣传"以其丰富的形式和较强的感染力，成为中国共产党开展军队"政治工作"的重要途径。为巩固和掌握意识形态话语权，毛泽东在苏区灵活运用文艺宣传开展工农群众的思想政治教育工作。众所周知，毛泽东在苏区开展了一系列调查研究，撰写了《兴国调查》等调查报告，并以此为依据深入开展土地革命。② 在兴国调研时，他多次赴"土地革命干部训练班"做政治形势报告。在报告前，毛泽东"首先领学员唱《国际歌》"，通过艺术的感染力促进思想政治教育。课间休息时，他还教"学员唱《工农革命》"。通过唱革命歌曲，良好的学习氛围得以营造和形成。③

---

① 南草：《"毛委员叫我编支歌"——访何长工同志》，江西省文化厅革命文化史料征集工作委员会、福建省文化厅革命文化史料征集工作委员会编：《中央苏区革命文化史料汇编》，江西人民出版社 1994 年版，第 463—466 页。另据何长工称，龙源口战斗胜利结束后，他奉命编写的这首歌曲名叫《二十唱》，歌词经朱德修改后，教给俘虏们唱，"当时对改造俘虏还起过很大作用"。（参见何长工：《何长工回忆录》，解放军出版社 1987 年版，第 173 页。）

② 据徐特立回忆称，毛泽东强调工农红军是"群众的军队"，认为苏区政府应当设法"改造群众的生活"，而工作突破口在于教育群众。尽管这在苏区革命生活中是一个小问题，但毛泽东发扬"实际精神"，开展调查研究，除"集中力量向群众调查外"，他还请徐特立开展苏区群众的"识字运动"。（参见湖南省长沙师范学校编：《徐特立文集》，湖南人民出版社 1980 年版，第 233、234 页。）

③ 蔡馥兰：《毛泽东同志在兴国主办土地革命干部训练班》，《中央苏区革命文化史料汇编》，江西人民出版社 1994 年版，第 442—444 页。

毛泽东运用文艺开展思想政治工作，给广大同志留下了深刻印象。而苏区宣传工作"群众化"与"具体化"要求的提出，则反映了中国共产党对宣传群众、组织群众和武装群众重要性，有了更为深刻的认识。根据《中共中央宣传工作决议案》，党的宣传工作应当力求"群众化""具体化"，即："一切宣传工作，仍应尽可能的群众化，与群众日常生活联系起来。使群众自觉的认识接受党的政治主张，决心为这种政治主张奋斗"。为实现上述目标，推动苏区宣传工作，不断"扩大党的政治影响"，决议案指出应当"尽量利用群众的宣传组织"，并大力组织"社会科学研究会，文学研究会，剧团，演说会，辩论会"等群众性文化团体，注重和加强对文化团体的政治建设，尤其是要"随时纠正同志因迁就客观环境降低或回避党的政治口号的错误"，在此基础上达到传播党的政治话语，进而构建马克思主义话语权的目的。[1]

1929 年 9 月 1 日，陈毅应中共中央政治局要求撰写《关于朱德、毛泽东红军的历史及其状况的报告》等 5 份材料。这些材料以报告的形式对红四军的"政治工作、政策策略、斗争艺术都作了准确的叙述"，被《中央军事通讯》称为"很值得我们宝贵的一个报告"，尤其是以政治宣传为中心的意识形态话语建设工作，"都是在中国'别开生面'"，具有开创意义和借鉴价值。[2] 值得注意的是，陈毅在报告中详细介绍了红四军宣传工作情况，指出部队以"政治教育"为主线的宣传工作，主要包括两个方面内容：一方面，部队积极参加群众集会，举办各种纪念会、追悼会、俱乐会，借以开展群众宣传工作；另一方面，红军部队每月均举行纪念会或联欢会等活动，所演出的节目大多为富有革命性的新

① 《宣传工作决议案》（1929 年 6 月 25 日），中央档案馆编：《中共中央文件选集》第 5 册，中共中央党校出版社 1990 年版，第 267—270 页。

② 陈树发主编：《陈毅年谱》上，人民出版社 1995 年版，第 137 页。

剧、京剧、双簧等，其中"有女同志跳舞，有魔术，这些多能引起士兵的快乐"，产生了较好的政治教育与革命宣传效果。①

显然，毛泽东、朱德率领的红四军在苏区开展的政治宣传工作颇具特色和成效。而在陈毅汇报政治宣传工作情况之时，红四军前委宣传科发布《宣传须知》，对开展政治宣传工作的意义、原则、方式等作了明确规定，指出：宣传工作的意义在于"提高群众的革命情绪"，"使广大群众起来参加革命"，进而掌握革命话语权，最终实现"夺取政权"的目的。《宣传须知》还提出：宣传方式要多样，除了口头宣传、标语、刊物、传单之外，还应当组织文艺团体编演新剧。②

1929年12月底，红四军第九次代表大会在古田召开。会议决议案进一步明确了政治宣传工作的主要任务、目的和意义，指出宣传工作的重要意义在于"扩大政治影响争取广大群众"，强调推动党的政治话语传播，对于实现"组织群众，武装群众，建立政权"起着重要作用。值得注意的是，上述决议案直言不讳地表示，红军宣传工作存在诸多缺点。例如："忽略对妇女群众的宣传"，"对青年群众的宣传不充分"，"革命歌谣简直没有"等。对此，决议案提出"征集并编制表现各种群众情绪的革命歌词"、建立"红军政治部宣传科艺术股"等机构，以及充实宣传队伍等举措。③

1930年3月，赣西南苏维埃政府和闽西苏维埃政府相继成立，这标志着赣西南、闽西苏区的正式形成。为加强群众宣传、群众组织与群

---

① 中共江西省委党史研究室编：《中央革命根据地历史资料文库·军事系统》第9册，中央文献出版社、江西人民出版社2015年版，第78、79页。

② 《宣传须知（四军前委宣传科编）》，《中央苏区革命文化史料汇编》，江西人民出版社1994年版，第18页。

③ 《红军宣传工作问题：中国共产党第四军第九次代表大会决议案（节录）》，《中央苏区革命文化史料汇编》，江西人民出版社1994年版，第23—27页。

众武装，推动苏区党的政治话语的广泛传播，中共闽西特委制定《关于宣传问题草案》，指出：宣传工作既是"组织群众的前提"，又是"鼓动群众斗争的利器"。为此，中共中央计划在闽西苏区各乡村设立俱乐部，以此作为"提高群众的斗争情绪和政治认识"的重要场所。草案提出俱乐部组织开展文化活动的要求，此类活动主要包括"讲有趣味的革命故事和唱革命的歌曲、演革命的剧"等。草案认为，"各种通俗演讲都是它的最好内容"，"只有经过宣传路线，党的一切任务才能很顺利的完成实际而无流弊"。①

闽西苏区设立俱乐部以开展苏区文化运动之举，得到中共中央的肯定。1931 年 4 月 21 日颁布的《中共中央关于苏区宣传鼓动工作决议》提出："在苏区内必须发展俱乐部游艺会晚会等工作"，各地俱乐部应普遍成立唱歌组、演剧组、足球组、拳术组等文化团体，并广泛吸收工农群众参加各类文化活动，借以推动基层政治宣传工作。

中共中央的文件要求，为推动苏区文化活动的开展注入了强大动力。以闽西苏区为例，在闽西苏维埃政府文化委员会的组织和发动下，闽西苏区成立的俱乐部、书报社、新剧团，积极地开展群众宣传工作，逐渐成为"农村中最有力量的文化团体"。此外，闽西苏区组织开展"红五月"系列活动，通过发起成立游艺会、演讲会、辩论会等各类文化团体，将党的政治口号与方针"迅速的广泛地传达到广大的群众"，此举为"确立无产阶级的领导权"奠定了重要基础。② 需要指出的是，由于苏区复杂的革命形势和迥异的主客观条件，各地开展政治宣传活动的方

---

① 《中共闽西特委关于宣传问题草案(节录)》(1930 年 8 月)，《中央苏区革命文化史料汇编》，江西人民出版社 1994 年版，第 138—140 页。

② 《中央关于红五月工作的决议（节选）》(1933 年 3 月 25 日)，中共中央宣传部办公厅、中央档案馆编研部编：《中国共产党宣传工作文献选编：1915—1937》，学习出版社 1996 年版，第 1116—1117 页。

式、内容存在较大差异。在此背景下，因时、因境、因地制宜地组织成立各类团体，成为中国共产党在苏区开展意识形态工作的重要原则。

随着苏区政治宣传工作的逐步开展，一些反映苏区军民生活的革命现代剧开始在大型集会上演。1931 年 11 月 7 日，中华工农兵苏维埃第一次全国代表大会在江西瑞金召开，会议宣布成立中华苏维埃共和国临时中央政府，选举毛泽东为临时中央政府主席。而在会议召开前，钱壮飞、胡底、李伯钊等人筹备会议文娱小组，由钱壮飞创作话剧《最后的晚餐》，李伯钊也改编和创作了话剧《农奴》。两部话剧先后在会议召开期间上演，受到与会代表和观众的欢迎。自此之后，将话剧这样一种富于表现力和感染力的艺术融入宣传工作，逐渐成为中国共产党开展群众工作的一项重要举措。

1931 年底，为了适应苏区革命形势发展的需要，以及发挥文艺在群众宣传中的作用，工农红军学校俱乐部主任赵品三与伍修权、李伯钊、危拱之等人发起成立八一剧团。作为中央苏区创办的第一个剧团，八一剧团汇集了崔音波、李伯钊、石联星、李建华、危拱之等一大批文艺人士。这些文艺人士在中国共产党的领导下，根据革命需要进行剧本创作，通过奔赴前线和深入农村，广泛开展文艺宣传活动，有力推动了红色文艺在中央革命根据地的发展。

对于高度重视思想政治工作的中国共产党来说，利用革命文艺宣传和发动各界民众，是一项需要长期坚持的举措。而在革命战争紧张的环境中，"文艺是战斗的武器"。尤其是处于国民党军队"围剿"和地方势力夹攻的中央苏区，事关生死存亡的战斗往往突如其来。因此，"往往紧跟着战斗任务而来的，就有文艺活动的协同动作"[1]。1931 年 12 月 14

---

① 汪木兰：《活跃在中央苏区的革命文艺家——李伯钊》，《中央苏区革命文化史料汇编》，江西人民出版社 1994 年版，第 584 页。

日，董振堂、赵博生、季振同率领国民党第二十六路军在宁都起义。为加强对起义将士的思想动员和政治宣传，八一剧团赵品三根据毛泽东的指示，组织宣传队向起义将士进行慰问演出。对此，钱壮飞、胡底、李伯钊等人联合创作话剧《为谁牺牲》，旨在"通过宣传鼓动让士兵都懂得为谁牺牲？为谁打仗？"24 日下午，话剧《为谁牺牲》在起义将士集结的瑞金九堡区上演。据李伯钊回忆称，这部话剧颇具针对性和感染力，当天台下观看演出的士兵们"传来饮泣声，或发出使人气闷的长叹"，直到落幕，"突然，从部队中迸发出一声：打倒蒋介石！打倒国民党！中国共产党万岁！"全场顿时沸腾起来。① 话剧《为谁牺牲》的演出，"大大地激发了起义将士的思想觉悟"，使得这场演出颇有成效。②

可以说，八一剧团富有针对性和感染力的演出，有效地宣传了党的政策，发挥了革命文艺在思想动员中的重要作用。而根据革命需要以及围绕中央苏区主要任务进行文艺创作的宣传路径，进一步促进了中央苏区文艺运动的发展。当时无论是前线还是后方，纷纷来信向八一剧团索要剧本，或邀请剧团进行公开演出，戏剧这一富于表现力和感染力的艺术形式受到广大军民的热烈欢迎，其在宣传工作中的分量和任务逐渐加重，这直接推动了中央苏区最大的文艺团体工农剧社的诞生。

二、"创造工农大众艺术"

中央苏区紧张的革命形势并未限制革命活动的开展，政治宣传与民

---

① 李伯钊：《岁月磨不去的记忆》，《中央苏区革命文化史料汇编》，江西人民出版社 1994 年版，第 481、484 页。
② 汪木兰：《活跃在中央苏区的革命文艺家——李伯钊》，《中央苏区革命文化史料汇编》，江西人民出版社 1994 年版，第 584 页。

众动员的客观需要反而使革命生活变得更加丰富多彩，产生了工农剧社、蓝衫团等直接面向群众、反映群众和服务群众的文艺团体。在中共中央"创造工农大众艺术"的口号提出后，马克思主义研究会正式成立，《红色中华》文艺副刊《赤焰》也得以创办，它们与中央苏区文化社团相互响应，通过话语主题的提出、话语内涵的扩展，不断推动党的政治话语的传播，从而有力增强了政治话语的渗透力和影响力，为推动形成工农大众艺术起到了重要作用。

1932 年 5 月，中央苏区在瑞金召开由红军学校俱乐部、中央俱乐部和瑞金三个区的俱乐部负责人参加的会议，研讨如何推动中央苏区戏剧运动的发展。会议决定以"八一剧团"为基础，筹建一个新的戏剧团体。7 月，少共中央局秘书长张爱萍等人组织召开工农剧社第一次筹备会。8 月 1 日，剧社第二次筹备会决定起草《工农剧社章程》。

9 月 2 日，工农剧社召开第三次全体社员大会。会议讨论通过了《工农剧社章程》，确定社址在瑞金沙洲坝，剧社隶属于工农红军学校政治部。根据章程，工农剧社的主要任务是开展文艺演出，进行戏剧研究以及剧本的编辑、出版、审查等工作，其根本宗旨为："提高工农劳苦群众政治和文化的水平，宣传鼓动和动员来积极参加民族革命战争，深入土地革命，反对帝国主义进攻苏联，武装保护苏联，推翻帝国主义国民党的统治，建立苏维埃新中国，激发群众革命的热情，介绍并发扬世界无产阶级的艺术"①。应当指出的是，此次会议受到中央苏区政府的高度重视，在其推动下，剧社原筹备委员会得以改组，章程草案中的问题得到有效解决，工作目标与宗旨进一步明确，一些错误得到及时纠正，社员的思想觉悟与政治素质有了显著提升。会后，剧社主持编辑的剧本和

---

① 《工农剧社章程》（1932 年 9 月 2 日），柯华主编：《中央苏区宣传工作史料选编》，中国发展出版社 2018 年版，第 481、482 页。

编演的新剧，"都能站在正确的政治立场上及阶级立场上而走向艺术化的道路"①。

工农剧社的改组与转变是一个风向标，它反映了中共中央对苏区政治领导的加强，折射出党的政治宣传与群众发动工作思路的重要调整。值得注意的是，当时全国文艺界正掀起一场关于"文艺大众化"问题的论争。针对左翼文艺批评家提出诸如文艺只是某一阶级"煽动的工具""政治的留声机"等错误观点，中共中央宣传部部长张闻天撰写《文艺战线上的关门主义》一文，指出持上述观点者犯了严重的"左"倾关门主义错误。张闻天认为，"无产阶级文艺批评家的任务，正是在以马克思主义的武器，去批评所有的文艺作品，正确的指出这些作品的阶级性与它们的艺术价值"，只有培养"真正的马克思主义的文艺批评家"，才能建立"马克思主义的文艺理论在革命文艺界中的领导作用"，才能真正掌握马克思主义话语权。②

诚然，文艺的批判不能代替批判的文艺，中央苏区时期中共政治话语的传播应当从话语观念、话语体系的建构方面加以审视。对于左翼文艺批评家热议的"如何使文艺大众化的问题"，张闻天以《论我们的宣传鼓动工作》为题进一步指出，必须打破宣传工作中的"传统的藩篱"，实现宣传观念意义上的创新。可以说，党的宣传理念蕴含着话语观念，而中央苏区政治话语的传播要求党对宣传对象、内容与方式进行根本调整。具体而言，在宣传对象上，一方面要坚持群众化的宣传理念，大力组织群众、宣传群众，发动群众运动，争取"广大的群众到我们的领导

---

① 《工农剧社略历》（1932 年 12 月），《中央苏区革命文化史料汇编》，江西人民出版社 1994 年版，第 204 页。

② 《文艺战线上的关门主义》（1932 年 10 月 31 日），《张闻天文集》第 1 卷，中共党史出版社 1990 年版，第 310 页。

之下";另一方面，左翼文艺家并非在宣传对象范畴之外，他们中间"有着不少图画家、音乐家与戏剧家"，应当对他们进行宣传和发动，"使他们的天才能够与群众的斗争密切的联系起来"，这是建立广泛的革命统一战线的内在要求。在宣传内容上，应当大力提倡撰写白话文著作、报告文学、连环图画等通俗作品，创作"真正大众文艺的著作"。在宣传方式上，则应着力"创造新的宣传鼓动的方式"，要广泛利用标语、图画、唱歌、戏剧等宣传方法，编写适合革命需要、反映苏区民众生活的新歌、新剧。事实上，这些新歌、新剧"已经证明更为群众所欢迎，更能吸引广大群众"，应该得到大力提倡。①

张闻天提出上述观点之时，尚未对中央苏区文艺运动情况进行实地调研，直到 1933 年 1 月中旬，他才由上海进入江西瑞金，任中央苏区宣传部部长。② 与张闻天同时进入中央苏区的杨尚昆，也被分配到中央苏区宣传部工作，担任张闻天的助手。③2 月 4 日，杨尚昆在中央苏区机关刊物《斗争》第一期刊发《转变我们的宣传鼓动工作》，提出政治宣传话语应当通俗化的主张，强调政治宣传话语只有"更通俗"，才更适合于"群众的需要"。杨尚昆还对政治宣传的方式、内容以及宣传队伍建设问题加以阐发，指出宣传方式应当地方化、多样化，要广泛采用戏剧、活报、化装讲演等"广大群众最能了解，最富兴趣的宣传方式"；宣传队伍应当组织化，即通过成立"各种小组(如唱歌、戏剧、美术等)，组织辩论会，讲演会"，广泛组织和发动群众。他还强调，只有通过创办各类形式的文化团体，开展丰富多彩的文化活动，才能"把党的一切

---

① 《论我们的宣传鼓动工作》(1932 年 11 月 18 日)，《张闻天文集》第 1 卷，中共党史出版社 1990 年版，第 316、317 页。

② 张培森主编：《张闻天年谱》上卷，中共党史出版社 2010 年版，第 190 页。

③ 中共中央党史研究室编：《杨尚昆年谱（1907—1998）》上卷，中共党史出版社 2007 年版，第 65 页。

决议，经过他们深入到广大群众中去"。①

　　据杨尚昆后来回忆称，上文发表前，"曾经送张闻天同志审阅"。换言之，这篇文章实际上是根据张闻天的意见，"再联系苏区的一些实际情况写成的"。而文中所称结合苏区情况的描述，显然是指工农剧社李伯钊等人"利用戏剧和歌咏等形式，到群众中去宣传党的中心工作"。值得注意的是，上述文章写作之时，杨尚昆因初到苏区，对工农革命情况并不熟悉，缺乏实际工作经验，所以他"撰写的社论和文章只能记录和表述临时中央的基本意图"，而这恰恰说明了一个事实，即：上述观点反映了文化团体创办和文化活动开展的基本情况，揭示出中国共产党构建政治话语传播路径的历史状况。②

　　政治宣传工作思路的调整和政治话语传播路径的构建，直接影响到文化社团活动的内容与成效。1933 年 3 月 5 日，工农剧社召开第四次全体社员大会。会议根据中央苏区的指示精神，讨论了今后工作的方针和宗旨，并且"热烈的提出了戏剧的内容与形式问题"，认为应当对苏区所有的剧本、唱本等材料等予以收集和整理。为此，剧社成立编审委员会，作为剧本、唱本等的创作、编辑与审查机关。同时，剧社成立导演、舞台、音乐、歌舞等部门，旨在通过"积极开展苏区的戏剧运动"，推动工农大众艺术的发展。③

　　值得注意的是，作为中央苏区机关刊物，《红色中华》对工农剧社第四次全体社员大会进行了专题报道。这篇报道从政治宣传话语传播的角度，提出"工农大众艺术"的新口号，并称赞剧社此举是"创造

① 杨尚昆：《转变我们的宣传鼓动工作》（1933 年 2 月 4 日），中共中央宣传部办公厅、中央档案馆编研部编：《中国共产党宣传工作文献选编：1915—1937》，学习出版社 1996 年版，第 1100 页。
② 杨尚昆：《杨尚昆回忆录》，中央文献出版社 2001 年版，第 75、76 页。
③ 《工农剧社四次大会》，《红色中华》1933 年 3 月 9 日，第 59 期第 4 版。

工农大众艺术的开始"。① 而在工农剧社召开会议之时，少共中央局书记凯丰、宣传部长陆定一、少先队总队长张爱萍等人决定"运用活的宣传方式"推动苏区的文化运动。他们以工农剧社为基础创办"蓝衫团"学校，并从共青团征调 40 名团员作为首批学员。这 40 名团员来自苏区兴国、瑞金、博生、公略、赣县、永丰、胜利、汀州、上杭、长汀、新泉、武平等 12 个县，团员来源的广泛性既体现了共青团在中央苏区发展的普遍性，也为今后广泛开展文化运动奠定了基础。显然，少共中央局以工农剧社为大本营，通过"蓝衫团"这一新的文化组织形式，培养团员在歌舞、游艺、音乐、新剧、活报等方面的技能，通过"开展文化战线上的突击"，为创造工农大众艺术注入新的动力。②

以"创造工农大众艺术"为主题的话语一经提出，便在苏区文化界产生影响，由此促进了政治宣传与文化创新的深层次结合。其中，大型话剧《我——红军》的创作与公演，堪称中央苏区时期"工农大众艺术的开端"③。4 月 4 日，蓝衫团学校举行开学典礼。当天，由中华苏维埃大学副校长沙可夫创作的七幕大型话剧《我——红军》在工农剧社上演，此举被称为"工农剧社公演的第一声炮"④。该剧主要反映苏区工农兵战斗与生活的场景，描述工农红军的积极进攻，配合着地方工农群众的暴动与国民党军队的哗变，最后战斗获得了全面胜利。演出的最后一幕，还将红军俘虏的国民党军队师长"请"上舞台，这种将革命现实与文艺演出相结合的场景，"更大的提高了观众情绪"，给大家留下了"不可磨

① 《工农剧社四次大会》，《红色中华》1933 年 3 月 9 日，第 59 期第 4 版。
② 汪木兰、邓家琪编：《苏区文艺运动资料》，上海文艺出版社 1985 年版，第 56 页。
③ 《苏维埃文化建设开端：工农剧社公演巨剧，蓝衫剧团同时开学》，《中央苏区革命文化史料汇编》，江西人民出版社 1994 年版，第 264 页。
④ 《工农剧社第一声炮》，《红色中华》1933 年 3 月 20 日，第 65 期第 5 版。

灭的印象"。①

话剧《我——红军》的成功并非偶然，它一改旧剧的陈词滥调和迂腐拖沓的弊端，换之以反映工农群众革命生活和工农红军战斗场景的新内容，彰显了"工农大众艺术"话语主题的独特魅力，这样的演出自然更具时代感和现实性。据工农剧社李伯钊回忆称，《我——红军》是当时"比较有名和影响较大"的话剧，其创作与演出为发展革命戏剧"起了示范作用"，有力推动了"当时的群众文艺"，这在苏区文艺史上具有重要意义。②

工农剧社话剧《我——红军》的演出获得成功之时，首批蓝衫团学员也结业了。这些学员结业后，纷纷前往于都、兴国、博生等地举办文艺活动，逐渐在工农群众中间产生广泛影响。当时他们所开展的文艺活动丰富多彩，演出"获得了极大成功"，这使得文化社团"真正的成为了群众中文化教育的有力武器"。③ 在此背景下，工农剧社适时地提出"创造工农大众的艺术"口号，并广泛吸收各地"俱乐部或一般工农群众来组织分社"，促使剧社的组织规模和人员队伍不断发展壮大。截至1933 年 4 月底，工农剧社在兴国、博生、汀州、叶坪、红军学校、江西军区等地设立 6 所分社，社员多达六七百人。④

随着"创造工农大众艺术"话语主题由酝酿提出步入开展文艺运动实践阶段，马克思主义理论与工农大众艺术也在党的政治话语的传播和

---

① 《苏维埃文化建设开端：工农剧社公演巨剧，蓝衫剧团同时开学》，《中央苏区革命文化史料汇编》，江西人民出版社 1994 年版，第 264 页。

② 《中央苏区文艺丛书》编委会编：《中央苏区文艺史料集》，长江文艺出版社 2017 年版，第 338—340 页。

③ 《工农剧社成立各地分社》，《中央苏区革命文化史料汇编》，江西人民出版社 1994 年版，第 265 页；周济：《蓝衫团来江西》（1933 年 5 月 21 日），《中央苏区革命文化史料汇编》，江西人民出版社 1994 年版，第 266 页。

④ 《工农剧社成立各地分社》，《红色中华》1933 年 5 月 20 日，第 81 期第 4 版。

影响下不断融合，马克思主义研究会即在这种融合中诞生。4 月 9 日，张闻天在马克思共产主义学校举行的大会上，提议组织马克思主义研究会。此议得到全体与会者一致赞同，大家推选张闻天为书记，并当场宣告马克思主义研究会正式成立。① 该会以"在思想上为共产国际与中共中央的总路线而斗争"为宗旨，广泛吸收"研究理论与实际问题"者，通过举办学术演讲、编译马克思主义文献等活动，促进对马克思主义理论和革命实际问题的研究，推动马克思主义理论与工农大众艺术的融合，以及促使马克思主义文艺理论的形成与发展。②

在马克思主义文艺理论逐渐形成之时，《赤焰》作为《红色中华》的文艺副刊正式创办。该刊以"创造工农大众艺术"为宗旨，主要刊载反映苏区民众革命生活的诗歌、散文、话剧、曲目和宣传画，强调"以正确的政治观点的立场"，将"苏区工农群众的苏维埃生活的实际"以及"为苏维埃政权而英勇的斗争的光荣的历史事迹"刊发出来。文化界人士沙可夫、李一氓、李伯钊等人均在该刊发表文艺作品，由此使该刊成为中国共产党表达政治话语，以及向苏区民众传播革命思想的重要载体。③

如果说工农剧社筹备前后，"工农大众艺术"这一话语主题尚处于酝酿提出阶段，那么随着一系列新社团的成立、新剧目的创作、新刊物的创办以及大量工农群众加入文化社团，党的政治话语的渗透力不断增加，其"政治影响"亦不断彰显。可以说，苏区的宣传活动形式多样，内容丰富多彩，苏区的文艺呈现出"大众化、普遍化、深入群众"的特

---

① 《马克思主义研究会成立》，《红色中华》1933 年 4 月 14 日，第 69 期第 3 版。
② 张友南、肖居孝、罗庆宏编著：《中央苏区的红色文化》，中国发展出版社 2015 年版，第 259 页。
③ 《〈红色中华〉文艺副刊〈赤焰〉发刊词》，《中央苏区革命文化史料汇编》，江西人民出版社 1994 年版，第 381 页。

点。在时人看来，"虽是在印刷业不发达的苏区，而文艺的花朵，纵是一些很小的野花也好，却是遍地的浮映着，如同海上的白鸥，显得亲切而可爱"。[1] 有论者指出，传统社会中，民众娱乐活动十分欠缺，看戏、读报等几乎是他们最高的精神享受。[2] 而中国共产党将富有政治性的口号和话语注入文艺活动，借以加强对群众的政治宣传，推动形成广泛而深刻的政治影响，为掌握马克思主义话语权奠定了重要基础。

三、"建设马克思主义的文艺批评"

中国共产党是一个懂得并善于进行批评与自我批评的政党，其批评范围自然包括政治领域与文化领域，而马克思主义话语权的构建，正是建立在这种不断地进行批评与自我批评基础之上。从中央苏区政治宣传话语表达与话语权构建的历程来看，文化领域的批评涉及政界、舆论界、文化界人士，讨论话题集中，但涉及范围较广。具体来说，随着工农剧社、蓝衫团、俱乐部等文艺团体的活动范围不断向工农群众延伸，中央苏区各界人士开展了以"建设马克思主义的文艺批评"为目标的活动，旨在扩大政治影响，促使文艺活动"与党的中心任务联系起来"。与此同时，党的中心任务往往随着革命客观形势的发展而发生转移，但文化服务于党的中心任务，不断发挥和扩大党的政治影响，是苏区时期政治宣传工作始终坚持的一项原则。在此原则的指引下，文化社团的工作重心逐渐由开展文艺活动的实践，转变到以党的政治话语传播为主体的意识形态话语权构建上来。

---

① 丁玲：《通讯：文艺在苏区》，《解放周刊》1937 年 5 月 11 日，第 1 卷第 3 期。
② 黄道炫：《张力与限界：中央苏区的革命（1933—1934）》，社会科学文献出版社 2011 年版，第 135 页。

　　1933 年 6 月 5 日，中央苏区教育部部长徐特立发布《关于建立和健全俱乐部的组织和工作》的通知，要求在苏区各乡村、城镇、机关、部队中广泛组织成立俱乐部，并决定利用俱乐部"吸收群众，动员群众"。值得注意的是，通知对俱乐部的工作进行了批评性总结，称：作为对群众进行教育、宣传和发动的"政治文化的中心"，俱乐部却存在偏重娱乐、"忽略政治"的问题，即使有娱乐活动也多为"演封建式的旧戏"，没有组织创作或编演反映革命生活、具有时代感、现实性和教育意义的戏剧。尤其是在广大农村地区，俱乐部"墙报很少看见，读报、政治讲演、政治讨论，差不多完全没有"，其"政治动员"功能亟待完善。①

　　应当指出的是，徐特立从苏区群众教育的角度批评俱乐部工作的不足，与其担任中央苏区教育部部长颇有关联。而在发布上述训令的同时，中央苏区教育部还主持编纂了《俱乐部的组织和工作纲要》，要求各地俱乐部基于教育群众、动员群众的宗旨，广泛开展演讲、游戏、集会、出版、展览活动，为此决定在俱乐部之下设立管理委员会及分委会，通过各分委会的组织和发动，健全俱乐部在"政治动员"方面的作用。与此同时，中央苏区教育部还要求各级苏维埃教育机关组织成立列宁室，强调它是"党教育群众提高群众政治文化水平，扩大党的政治影响的重要工具之一"②。诚然，无论是教育部通知，还是俱乐部工作纲

---

① 《中华苏维埃共和国中央教育人民委员部训令（第二号）——关于建立和健全俱乐部的组织和工作》（1933 年 6 月 5 日），《中央苏区革命文化史料汇编》，江西人民出版社 1994 年版，第 51、52 页；湖南省长沙师范学校编：《徐特立文集》，湖南人民出版社 1980 年版，第 59、60 页。

② 《怎样去领导俱乐部、列宁室工作》（1933 年 7 月 12 日），《中央苏区革命文化史料汇编》，江西人民出版社 1994 年版，第 54 页。另：建立列宁室之议或由徐特立倡议发起，有关资料显示，1930 年底徐特立到达中央苏区后，推动建立了列宁小学、列宁师范等教育机构。（参见《徐特立年谱》编纂委员会编：《徐特立年谱》，人民出版社 2017 年版，第 96、97 页。）

要，文件制定出台固然重要，但更为重要是的贯彻与落实，这对于注重理论与实践相统一的中国共产党而言尤其关键。为此，中央苏区教育部、宣传部联合制定了"红五月"宣传工作方案，通过建立宣传队，发动广大群众尤其是青年人士参加文艺工作。为了确保工作的成效，中央苏区宣传部还联合各级苏维埃教育机关开展"红五月""红六月"的督促检查，旨在加强对俱乐部工作的领导，然而检查结果却并不理想。其中最大的问题是列宁室的工作"不能与党的中心任务联系起来"，党的领导在列宁室建设当中缺位、"政治化"建设现状与"扩大党的政治影响"的要求存在明显差距。①

为了弥补这种差距，避免革命文艺工作偏离革命意识形态的正常轨道，中央苏区政府明确提出加强对列宁室工作领导的要求，指出创作和编演"真正有革命意义的新剧和歌曲"，以及"根据当地实际情形编些活报表演"，是推动列宁室工作的"政治化"建设的重要举措，也是确保革命文艺发展的关键。诚然，创作和收集符合工农群众需求，以及反映革命现实生活的剧本，是实现上述目标的题中应有之义。对此中央苏区明确提出加强对剧本的搜集、创作与审查的要求，强调"晚会表演的新戏活报，除根据工农剧社编印的外，地方党部亦可搜集当地实际材料，编为新戏活报拿来表演"，至于俱乐部内部创作的剧本，则"必须经过上级党部或苏维埃教育部审查批准后才能表演"。②

利用各种纪念活动开展文艺活动，是中国共产党进行政治宣传和群众宣传的重要途径。需要强调的是，教育部刊发上文之时，正值中央苏

---

① 《中央苏区文艺丛书》编委会编：《中央苏区文艺史料集》，长江文艺出版社 2017 年版，第 67 页。
② 《怎样去领导俱乐部列宁室工作》（1933 年 7 月 12 日），《中央苏区革命文化史料汇编》，江西人民出版社 1994 年版，第 54—57 页。

区紧张筹备"八一"纪念活动，为此要求在"八一"纪念节开始前，各地应当选择合适的剧本，"在群众中举行晚会"①。7 月 30 日，工农剧社举行盛大晚会，隆重纪念"八一"南昌起义。在晚会召开前，《红色中华》以专题报道形式做了预告，称晚会不仅有新剧上演，而且将有中央苏区政府重要人士参加。② 当晚，中央苏区政府主席毛泽东出席纪念会。会上，毛泽东以"讲故事"的形式向与会人士介绍了"工农红军产生的背景"，使大家明白了"红军的历史"。他还利用此次机会进行思想政治教育，指出"每一次战争的胜利，是全国党的正确路线克服了一切左右倾的机会主义的动摇与空谈"③。

毛泽东出席纪念晚会进一步提高了广大群众的参会热情，这从与会"观众的踊跃"程度可以看出。而他以讲故事的方式精彩讲述红军的历史，引起现场观众"无限的兴趣"。毛泽东在讲述时将党的政策、政治路线贯穿其中，从而进行了一次成功的思想政治教育活动。然而，与此形成鲜明对比的，却是当晚上演话剧"《谁的罪恶》的失败"。据《红色中华》新闻报道，话剧《谁的罪恶》演出之所以失败，是因为"剧本的结构与那晚演员的配置失当"④。然而此则报道刊出后，工农剧社编剧沙可夫、少共中央宣传部副部长魏挺群以及《红色中华》主编等众多人士参与了这场苏区文艺界的批评活动，批评的焦点则从表演者的失误，转至剧本内容的错误，再转到关乎意识形态话语的思想政治觉悟上来，形

---

① 《怎样去领导俱乐部列宁室工作》（1933 年 7 月 12 日），《中央苏区革命文化史料汇编》，江西人民出版社 1994 年版，第 56 页。
② 《工农剧社纪念"八一"卅晚举行盛大晚会》，《红色中华》1933 年 7 月 29 日，第 97 期第 4 版。
③ 《中央苏区文艺丛书》编委会编：《中央苏区文艺史料集》，长江文艺出版社 2017 年版，第 152 页。
④ 《工农剧社举行纪念"八一"的晚会》，《红色中华》1933 年 8 月 4 日，第 99 期第 8 版。

成"马克思主义文化批评"的舆论热潮。

"八一"纪念晚会的演出结束后,话剧《谁的罪恶》编剧者、时任工农剧社编剧沙可夫撰写一篇自我批评文章。[①] 在该文中,沙可夫对话剧演出的失败做了批评性总结,认为剧本内容的缺陷固然是失败的原因之一,但根本问题却"不在乎结构上,也不是在乎取材上",而是在于演员"对话"和表演效果上。不过,沙可夫的自我批评显然没有得到人们的认同,《红色中华》编辑在刊发此文的附记中,明确提出沙可夫"对于脚本缺点的指出,还不及批评演出的效果那样深刻",因此呼吁有更多人"能够热烈的参加这一讨论",以期获得对话剧《谁的罪恶》"更确切的批评"。[②]

9 月 15 日、18 日,《红色中华》连续刊发了少共中央宣传部副部长魏挺群措辞严厉的评论。[③] 该评论从意识形态话语构建的角度,对沙可夫的自我批评加以批评,指出作为"一个马克思列宁主义者","我们的戏剧作家,应该利用舞台来解析列宁的反战争观点"。然而在话剧《谁的罪恶》中,沙可夫"并没有把握住反对战争的列宁观点"。因此,"我们有极大的必要,来开展戏剧运动的思想斗争,首先是深刻的揭发'谁的罪恶'剧本的是错误,把戏剧运动提高到列宁的阶段"。[④] 显然,魏挺群对沙可夫的自我批评之辞表示不满,尤其是沙可夫将话剧《谁的罪恶》的失败归因于演员人选"配置失当"的观点颇不认同,指出这无异

---

① 沙可夫后以"微明"为笔名,将该文在《红色中华》上刊出。

② 《〈谁的罪恶〉的演出及其脚本》,《红色中华》1933 年 8 月 19 日,第 103 期第 4 版。

③ 魏挺群(1909—1934),字伯英,广东梅州人。在《红色中华》发文时,他以"阿伪"为笔名。他曾协助共青团中央宣传部部长陆定一主编共青团团刊《青年实话》,先后担任该刊总编辑部负责人、总编等职务。(参见政协五华县文史研究委员会、五华县地方志编纂委员会办公室编:《五华人物》,2019 年,第 217 页。)

④ 阿伪:《提高戏剧运动到列宁的阶段》,《红色中华》1933 年 9 月 15 日,第 109 期第 4 版。

于将责任"卸在演者的身上",至于"自我检讨是没有的"。可以说,这种自我批评"显然是不深刻的"。①

需要强调的是,《红色中华》连载魏挺群评论之时,还在文章之后加了一段篇幅颇长的"编者后记",指出"文化战线（特别是文艺战线）上的思想斗争,确是我们最弱的一环",因为这是"建设马克思主义的文艺批评"的客观需要,也是形成"马克思主义的文艺理论",以及通过"马克思主义文艺批评"来构建和掌握马克思主义话语权的重要前提。为此,文艺工作者应当"用马克思主义的见解来理解艺术,建设马克思主义的文艺批评","我们只有从开展文艺上的思想斗争中,提出正确的马克思主义的文艺理论,方能把我们的文艺（包括戏剧运动）提高到列宁的阶段"。②

"建设马克思主义的文艺批评"的要求提出后,主管中央苏区宣传工作的张闻天以《论苏维埃政权的文化教育政策》为题撰文,指出:"不站在马克思列宁主义的立场上来提高工农群众的文化程度与政治水平,使他们能够运用各种科学,技术及管理的工具,苏维埃社会的建设是不可能的。"事实证明,马克思主义话语权的掌握是建立在工农群众对"马克思列宁主义的信仰"之上,但现实情况却对如何构建马克思主义话语权提出了更高的要求,即如何"经过有系统的宣传,把马克思主义列宁主义的基本原则与方法深入于广大群众的意识中"。③需要说明的是,中央苏区文艺批评在一定程度上受到"左"倾思想的影响,如博古在报告中提出"在文化战线,特别在戏剧运动中,对偷运敌对阶段思想的缺乏

① 阿伪:《提高戏剧运动到列宁的阶段》,《红色中华》1933年9月18日,第110期第4版。
② 汪木兰、邓家琪编:《苏区文艺运动资料》,上海文艺出版社1985年版,第219页。
③ 《论苏维埃政权的文化教育政策》（1933年9月9日）,《张闻天文集》第1卷,中共党史出版社1990年版,第405页。

警觉性",即是这种"左"倾思想的反映,但不可否认的是,意识形态话语的构建是革命文艺运动的精神内核。[①] 随着工农剧社、俱乐部、蓝衫团等文化团体网络的形成,党的政治话语传播的范围逐渐向苏区基层社会延伸,政治话语力量也不断向工农群众渗透。

1933 年 9 月,国民党政府主席蒋介石不顾民族危亡,推行"攘外必先安内"的政策,调集约 50 万兵力,围攻中央革命根据地。工农红军仓促应战,被迫发起第五次反"围剿"行动。正当第五次反"围剿"战争打响之时,9 月 14 日,工农剧社蓝衫团的学员毕业。在当天举行的毕业典礼上,工农剧社社长赵品三在报告时"批判地抨击了忽视政治教育的错误",鼓励学员们毕业后在党的领导下积极开展宣传群众、发动群众工作,努力"把艺术的武器带到广大群众中去"。当晚剧社还用文艺会演的形式对毕业生进行检阅,上演的节目内容颇为丰富,既有舞蹈、歌曲,也有话剧、哑剧等。其中,国际歌舞蹈"显示出集体主义艺术更进一步的开展",革命山歌和俄国歌曲独唱则表现出革命文艺的战斗气息,反映了蓝衫团剧校推动马克思主义文艺发展的宗旨与目标。[②]

然而,正如《红色中华》公开报道所指出的,蓝衫团汇报表演总体成功的背后,存在着节目内容和表演题材不能反映日新月异的革命生活的实际问题,尤其是哑剧《武装保护秋收》,其"脚本有很大缺点"。10月 3 日,《红色中华》以评论的形式刊发《提高我们在文艺思想上的政治警觉性》,该文从"马克思主义文艺观点的检讨"角度,对《武装保

---

① 孙家骅、刘云主编:《江西苏区文化研究》,江西省文化厅革命文化史料征集工作委员会办公室 2001 年版,第 371 页。另:此处引文为魏挺群在《提高戏剧运动到列宁的阶段》一文中转述博古报告的观点。(参见阿伪:《提高戏剧运动到列宁的阶段》,《红色中华》1933 年 9 月 15 日,第 109 期第 4 版。)

② 《工农剧社蓝衫团毕业:把艺术的武器带到广大群众中去》,《红色中华》1933 年 9 月 24 日,第 112 期第 5 版。

护秋收》剧本内容进行了批评，并在深入剖析剧本的话语背景和话语内涵基础上，指出该剧背景脱离了苏区革命生活实际，表现出话语背景的不合理性，其话语内涵则缺乏政治性、革命性、斗争性。这些问题的出现表明，文艺界联系群众、深入群众还相当不够，因此在今后实际工作中，必须"提高剧社在文艺思想上的政治警觉性"，"在戏剧运动上为党中央的路线而斗争"。① 应当指出的是，上述批评尽管受到王明"左"倾路线的影响，但在一定意义上反映了文化界人士不能深入苏区革命生活实际的问题，折射出群众路线这一党的根本路线在马克思主义话语权构建中的重要地位。时任中共中央妇女运动委员会委员庄东晓指出，中央苏区文化界人士，在党的领导下，要始终坚持"从群众中来，又到群众中去"的根本路线。而这一根本路线在剧团工作中的体现，即一切剧本或节目必须"根据当前的方针政策和主要任务而创作"②。

从中央苏区革命工作的实际情况来看，无论是文化社团还是党政机关，均将组织群众、发动群众、服务群众视为巩固革命政权的重要前提，强调"苏维埃工作只有依靠广大群众才能得到圆满的成功"，这反映了马克思主义文化批评有力推动了文化社团发展路线与党的群众路线的接轨。③ 而在党的群众路线方针和政策的指引下，中央苏区文化社团着力转变工作方法，创作反映革命生活的剧本，编演适合革命斗争需要的剧目，并组织文艺团体奔赴前线、深入部队、深入工农群众演出，通过实际行动把党的正确主张变为群众的自觉行动。

工农剧社蓝衫团的青年学员们率先行动起来，他们积极组织"扩大

---

① 《提高我们在文艺思想上的政治警觉性》，《红色中华》1933年10月3日，第115期第4版。
② 庄东晓：《瞿秋白同志在中央苏区》，《中央苏区革命文化史料汇编》，江西人民出版社1994年版，第449页。
③ 《大会重要发言的一瞥》，《红色中华》（第二次全苏大会特刊）1934年1月31日，第5期第3版。

红军活报慰劳队"，奔赴前线为红军战士表演《战斗的夏天》等新剧，从而用"新鲜活泼的艺术，激发了杀敌的精神"。据蓝衫团团长李伯钊称："我们去慰劳了红军，我们实际的看见了苏维埃内的捍卫者，他们——红色的战士，他们手中拿的都是在血战中，从敌人手里夺取的新式武器武装了自己，他们的政治认识水平有极大的提高，用马克思列宁主义武装了自己的头脑"[①]。可见，文艺战线与党的群众路线的接轨，不仅有利于党的政治话语向基层群众和部队官兵传播，还有助于提升文艺工作者自身的思想政治觉悟。

如果说蓝衫团奔赴前线进行慰问演出，推动了中共政治话语的传播，那么工农剧社深入苏区工农群众的演出，则是以贯彻党的群众路线来发扬工农大众艺术的典范。需要指出的是，传统中国基层社会具有浓厚的"乡土性"和"地方性"，基层群众"在区域间接触少，生活隔离，各自保持着孤立的社会圈子"[②]。而这种乡土本色在某种意义上束缚了民众的思想解放和革命文化发展，封建旧戏与迷信思想在乡村的盛行即是典型表现。在中央苏区于都县，地主富农曾请人在当地"胡公庙"演出封建戏剧达数日之久，中共于都县委闻讯后，立即开展"反封建戏的斗争"，但却遭到抵制。一些受到地主蛊惑的群众甚至认为，"胡公菩萨是有灵的，能保人口平安的，这次唱戏是叫胡公菩萨（叫老爷）自己去请的戏班子"。在西江县令泉乡，地主富农们请人演唱旧戏时，在戏台前摆设"许仙真君"木偶，企图以"复活封建迷信来麻醉工农群众"，类似情况在中央苏区以及国民党统治地区不断上演，严重影响了革命思想的传播和革命文化的发展。为了革除民众陋习、促进党的政治话语在农

---

①　戈丽：《蓝衫团出发前方慰劳红军》，《中央苏区革命文化史料汇编》，江西人民出版社1994年版，第280—284页。

②　费孝通：《乡土中国》（修订版），上海人民出版社2013年版，第9页。

村基层的传播，中央苏区广泛发动工农剧社各地分社"表演新戏"，通过富有现实感染力和政治渗透力的革命戏剧，"实际地和封建旧戏作肉搏的斗争"，此举得到各地群众的广泛支持，"一般工农群众才很高兴地来看新戏"。① 可见，中央苏区时期广大农村的话语权争夺异常激烈，中国共产党构建话语权的历程也面临重重困难，而通过党的群众路线的深入贯彻，以及随着工农大众艺术的不断发展，中国共产党顺利地将工农群众从地主富农的束缚之中解放出来、争取过来，这不仅使其在广大农村地区赢得了话语权，而且展现出革命文艺在话语权构建中的强大力量。

随着文化社团各项活动的深入开展，文化战线上的群众路线话语范围不断扩大，话语内涵亦随着党的中心任务的转移以及苏区革命文化的发展而日益丰富。尤其是在春耕时节，为了促进"春耕运动"，由蓝衫团改组的苏维埃剧团走出"中央机关所在地"，走向广大农村、不断"接近群众"。从 1934 年 3 月初开始，苏维埃剧团携带大量创作的"新的戏剧、活报、歌舞等"，奔赴广大农村地区进行演出，他们"用艺术的力量去开展生产战线的全线进攻"，并通过深入群众、服务群众来推动革命艺术与工农群众的融合，深入践行群众路线的宗旨和使命。

值得注意的是，在"建设马克思主义的文艺批评"话语背景下，文化社团工作的开展与成效的提升，往往离不开对文艺表现形式与实际效果的"批评"和"自我批评"。尽管苏维埃剧团的巡回演出有力推动了苏区的"春耕运动"，并使文化社团"在新环境中"，运用"新的工作方式"，不断走近群众、"深入群众"，并使"工农大众的艺术特征鲜明的标志更显著了"，但正如苏维埃剧团团长李伯钊在"自我批评"中所言，

---

① 《艺术领域内的阶级斗争——展开反封建旧戏的斗争》，《苏区文艺运动资料》，上海文艺出版社 1985 年版，第 92 页。

当时社团成员仍"不能针对着各区春耕的实况，用艺术的方法，作更动人的更有力的宣传鼓动"，而各文化社团普遍存在的一个"重大的缺点"，则是"宣传与组织欠缺联系"。①

诚然，文化社团是发挥话语力量的主体，它囊括群众性、部队性的文艺团体，但绝不仅限于此，随着中央苏区俱乐部的大规模发展，苏维埃剧团、高尔基戏剧学校等的创建，以及马克思主义研究会文化组的成立，文化社团的规模与活动范围不断扩大，马克思主义的文艺批评亦逐渐发展为"马克思主义文化批评"，并且在话语逻辑的形成中实现与意识形态话语权构建的对接。可以说，话语权建构是一项系统工程，而中央苏区广泛开展的"马克思主义文化批评"，则是话语环境形成的催化剂，它有力提升了政治话语的传播效果，促进了文化社团组织网络的形成及互动，并为中央苏区文化社团的转型发展奠定了基础。

四、话语传播的张力与限度

在"群众的革命的艺术"逐渐形成之时，党的政治话语的传播范围不断扩大、传播效度也逐渐增强。中央苏区各类报刊的出现及其发行量的迅速扩大，即是重要标志之一。据统计，截至 1934 年初，中央苏区的各类报纸多达 34 种，其中，由苏区政府主持的报刊发行量往往多达上万份，如中国工农红军总政治部机关报《红星》的发行量为 17300 份，中央苏区的机关刊物《斗争》发行量达 27100 份，共青团苏区中央局的机关刊物《青年实话》发行量为 28000 份，而中央苏区另一份机关刊物

---

① 戈丽：《苏维埃剧团春耕巡回表演纪事》，《中央苏区革命文化史料汇编》，江西人民出版社 1994 年版，第 307 页。

《红色中华》的发行量，由最初的 3000 份增至 40000 份。①

报刊是话语表达的重要载体，其发行量的扩大，在某种意义上反映了"群众的文化水平是迅速的提高了"。② 而中央苏区报刊的种类与发行数量的激增，极大地丰富了群众的"政治文化生活"，当时《红色中华》《青年实话》一到，群众都一窝蜂围上来说：'快读来听！快读来听！'"③ 在红军部队里，一些油印或铅印的小报受到部队官兵的热烈欢迎。尽管小报里面的文章"很少没有错字，很少写得清清楚楚，但因为是真实的表现了自己，所以他们爱着这些纸张，如同那些写得更幼稚的连上的墙报一样"。另外，在苏区群众团体中，"如妇女会、工会、农会、工厂、学校等小报及列宁室的墙报上，也一样排列着各种不同生活的写照"。④

苏区群众对中共政策、社会舆论、时事报道的热切关注，强化了其对政治理论的学习和马克思主义理论的研究，逐渐营造了苏区干部群众共同学习和研究马克思主义理论的良好氛围。在此背景下，1933 年 11 月 15 日，马克思主义研究会文化研究组正式成立。当天召开的成立会议，推举《青年实话》总编魏挺群、胡底为正副组长，张闻天、凯丰为指导员。会议决定，文化组研究方向为马克思主义文艺理论与文艺创作，目的是培养"工农大众自己的文艺作家"，并当场吸收会员 18 人。⑤ 马克思主义研究会文化研究组的成立，标志着马克思主义理论与革命文化的融合，这将进一步促进中央苏区马克思主义文化的发展，增强党的

---

① 《苏维埃文化教育的方针和任务》（1934 年 1 月），《毛泽东新闻工作文选》，新华出版社 1983 年版，第 34 页。

② 《中华苏维埃共和国中央执行委员会与人民委员会对第二次全国苏维埃代表大会的报告》，《红色中华》1934 年 1 月 26 日，第 3 期第 9 版。

③ 戈丽：《苏维埃剧团春耕巡回表演纪事》，《中央苏区革命文化史料汇编》，江西人民出版社 1994 年版，第 304 页。

④ 丁玲：《通讯：文艺在苏区》，《解放周刊》1937 年 5 月 11 日，第 1 卷第 3 期。

⑤ 《马克思主义研究会成立文化研究组》，《红色中华》1933 年 11 月 20 日，第 127 期第 4 版。

政治话语的文化内涵。

随着马克思主义研究会文化研究组的成立，中央苏区的文化社团也进入创办和改组的关键期。1934 年 2 月，中央苏区政府委员兼教育部部长瞿秋白提议将蓝衫团改名为苏维埃剧团。根据《苏维埃剧团组织法》，剧团主要任务是创作和表演革命戏剧，借以推动"革命的戏剧运动，争取无产阶级意识在戏剧运动之中的领导权"。为适应苏区革命形势和"政治斗争"的需要，发扬马克思主义"文艺意识"，剧团在各地演出时注意考察当地情形及群众的生活状况，并以此为题材创作、改编剧本内容，促进党的政治话语与工农群众革命生活的融合，进而"适应文化战线上的战斗任务"。[①] 与此同时，蓝衫团学校改名为高尔基戏剧学校，旨在为各地俱乐部、剧社、剧团等文化社团培养和输送艺术人才，推动苏区大众文艺的发展。[②]

作为"集体的娱乐、学习、交换经验和学识"的文化团体，中央苏区俱乐部广泛分布在部队、机关和乡村，是党的政治话语向基层传播的重要网络。据统计，截至 1934 年初，江西、福建、粤赣及瑞金共有俱乐部 1917 个，参加俱乐部固定文化活动的会员达 9.3 万余人，"文化生活"成为各机关团体工作人员日常生活的重要部分。[③]1934 年 4 月，中央苏区政府制定《俱乐部纲要》，要求各地俱乐部以村庄为单位成立列宁室，由列宁室领导开展"政治动员和社会工作"，并强调今后工作应

---

① 《苏维埃剧团组织法》（1934 年 4 月），《中央苏区宣传工作史料选编》，中国发展出版社 2018 年版，第 497—499 页。

② 《高尔基戏剧学校简章》，《中央苏区革命文化史料汇编》，江西人民出版社 1994 年版，第 237 页。另：高尔基学校校长李伯钊在《回忆瞿秋白同志》一文中称，"当时瞿秋白同志提议学校的名称应以高尔基来命名。他说：'高尔基的文艺是为大众的文艺，应该是我们的戏剧学校的方向！'"（参见李伯钊：《回忆瞿秋白同志》，《中央苏区革命文化史料汇编》，江西人民出版社 1994 年版，第 572 页。）

③ 《苏区教育的发展》，《红色中华》1934 年 9 月 29 日，第 239 期第 4 版。

转变为"动员群众来响应共产党和苏维埃政府每一号召",借以"发扬革命情绪,赞助苏维埃革命战争",推动马克思主义革命意识的形成与发展。①

与此同时,工农剧社颁布《工农剧社简章》,规定剧社以"发展戏剧战线上的文化革命斗争,帮助苏维埃战争的艺术运动为宗旨"。作为中央苏区最大的剧社,工农剧社广泛吸收苏区工厂、工会、合作社、学校、部队、各级苏维埃机关及革命团体的文艺人士,剧社的组织规模不断扩大,其影响力也不断向苏区基层社会延伸。此外,工农剧社总社及各地分社积极与各地俱乐部、苏维埃剧团等文化社团联系,协同演出、分享剧本、共同进行理论与实际问题的研讨,逐渐形成中央苏区文化社团交流互动的良好氛围。

诚然,《工农剧社简章》的颁布为剧社工作宗旨与方法的根本转变提供了遵循,而《工农剧社社歌》则进一步融合了"工农革命""创造工农大众的艺术"等政治话语,其创作和传唱对社员及普通群众具有积极的教育意义。例如,工农红军开展反"围剿"战斗时,曾俘虏国民党军队的一些文化层次较高且擅长文艺的士兵。经过教育引导,这些士兵愿意担任苏区文化社团的教员,协助开展苏区文化建设工作。但工农剧社一些社员对此产生抵触情绪,借口听不懂方言不愿意配合。对此,瞿秋白以社歌为例劝告大家道:"'你们天天在唱工农剧社的社歌:"我们是工农革命的战士,艺术是我们的武器,为苏维埃而斗争!"我问你们大家一个问题:艺术这个武器你们究竟拿到手没有?'学生整齐而干脆的答道:'没有!'青年团员们被瞿秋白同志说服了。"②

---

① 《俱乐部纲要》,《中央苏区革命文化史料汇编》,江西人民出版社 1994 年版,第 218 页。
② 李伯钊:《回忆瞿秋白同志》,《中央苏区革命文化史料汇编》,江西人民出版社 1994 年版,第 573 页。

党的政治话语主题的提出以及话语内涵的不断丰富，有力推动了苏区工农群众意识形态的构建，尤其是改组后的文化社团，强化了政治理论学习和马克思主义理论研究，营造出苏区干部和工农群众共同学习和研究马克思主义理论的良好氛围。1934 年 7 月，马克思主义研究会制定《马克思主义研究会的组织和工作大纲》，提出进一步"加强一般干部的马克思列宁主义理论"，以及提高文化社团和工农群众的"政治水平"的要求。① 需要指出的是，中央苏区文化社团的改组以及规章制度的出台，均与党的政治话语传播和影响有着重要关联，而政治话语的渗透力与影响力，从中共中央发出"为三个月超过五万新的红军而斗争"号召后的文化社团执行效度上得以检验。

随着第五次反"围剿"战争的持续进行，中央苏区军民歼灭了大量国民党军队，但其自身也遭受巨大损失，苏区战略资源在内外挤迫中消耗严重。从 1934 年初开始，国民党军队对广昌、石城、瑞金等中央苏区的核心区域发起大规模军事进攻，致使红军伤亡人数不断激增。其中，仅广昌保卫战红军伤亡高达 5000 余人，占参战总兵力的五分之一。尤其是参与作战的红三军团，伤亡 2700 余人，占军团总人数的这四分之一。② 为发动苏区青年参加红军，壮大革命武装力量，中共中央决定大力开展扩大红军运动，并于 1934 年 5 月 12 日致函各级党政机关和社会团体，呼吁一切宣传机构、文化团体均

---

① 《马克思主义研究会的组织和工作大纲》，《中央苏区革命文化史料汇编》，江西人民出版社 1994 年版，第 239—241 页。值得注意的是，《马克思主义研究会的组织和工作大纲》提出广泛吸收中央苏区文化社团成员入会的要求，而入会的标准之一，是能否阅读中央苏区政府机关刊物《红色中华》，或共青团中央苏区主办的《青年实话》等报刊。
② 《南昌行营第二厅至汪精卫等电（1934 年 4 月 29 日）》，《中央革命根据地革命与反革命斗争史料》下册，中国社会科学院近代史研究所藏，转引自黄道炫：《张力与限界：中央苏区的革命（1933—1934）》，社会科学文献出版社 2011 年版，第 433 页。

应迅速行动、广泛动员起来，特别是"城市的和乡村的俱乐部学校工农剧社等组织，应该立即活跃起来"，通过文艺宣传和舆论动员，发动广大工农群众参加红军，共同"为三个月超过五万新的红军而斗争"。①

中共中央扩大红军队伍的号召发出后，各地俱乐部、工农剧社、苏维埃剧团、猛进剧社以及各地文化社团积极行动起来。他们根据社团自身特点，利用各种形式创作或改编大量鼓励民众参加红军的新剧，其中话剧《送夫当红军》《欢迎逃兵归队》《一起抗日去》《我们的队伍来了》《武装上前线》《当红军光荣》，歌剧《送郎当红军》《扩大红军》《志愿当红军》《快快归队当红军》《十送郎当红军》，活报《当红军去》《扩大红军》，以及木偶戏《扩大红军》等。

随着这些新编话剧、活报、歌剧、木偶戏等在各地的演出，各地群众颇为触动，纷纷奔向红军队伍，表示志愿参加工农红军。如工农剧社在濯田上坊村表演新戏时，当场有17名观众报名参加红军。俱乐部在长汀二拨乡表演新剧后，27名观众报名参军。同时，一些在战斗中逃亡的人，也因受到新剧的感化而迅速归队。如宁德县青田乡有11名逃兵尚未归队，而当新戏在该乡上演时，这些逃兵折返回来看戏，他们"当场摩拳擦掌，勇敢的报名归队了，并说：'这次报名归队，我们决心在前线杀敌人'"②。而俱乐部在长汀县河田区表演新剧《欢送逃兵归队》后，当场就有青年报名归队。闽西木偶艺术家邱必书则利用"通俗易懂、流畅明快的方言、快板说唱等"，编演《扩大红军》《打土豪》等新节目，

---

① 《中共中央给各级党部党团和动员机关的信——为三个月超过五万新的红军而斗争!》（1934年5月12日），《中共中央文件选集》第10册，中共中央党校出版社1991年版，第295—297页。

② 《艺术战线上的动员》，《中央苏区革命文化史料汇编》，江西人民出版社1994年版，第302页。

受到苏区民众的热烈欢迎。[①] 这些新剧、新戏、新歌真实地反映了革命生活和斗争场景，为宣传和发动广大群众起来参加红军、走向革命起到了重要的舆论先导作用。

工农剧社、俱乐部、猛进剧社等在扩大红军运动中行动迅速、成效显著，这反映了改组后的文化社团执行力和影响力的提升，折射出党的政治话语传播效度的增强。1934 年 7 月 8 日，博古在马克思主义研究会演讲会上提出，作为代表工农群众根本利益的政党，中国共产党"不仅能够正确的提出总的路线与总的口号，而且能用具体的灵活的战术的方法，使群众在自己的政治经验上相信党的口号，使党的口号成为广大群众的口号，以保证党的基本路线之实践"。他还强调：只有"使党的口号变为群众的口号"，才能使党领导的革命"成为真正的民众的革命"。[②] 可以说，正是在党的政治话语的影响和推动之下，中央苏区文化社团进行改组，制定和颁布了社团纲要、简章，明确了工作宗旨和革命目标，提升了社团成员的思想觉悟和政治素养。就此而言，博古的此番讲话，可谓是为中国共产党通过政治话语的传播实现对工农群众话语的领导以及掌握革命话语权的实践路径，做了很好的注脚。

然而，作为中央苏区主要负责人，博古与李德积极推行"左"倾教条主义路线，视国民党第十九路军为"军阀"势力，认为其发动的抗日反蒋事件是"企图借助于'左'的假革命的口号与纲领，以阻止群众更进的革命化"。他们错误地以为，十九路军虽然"公开的与南京政府对抗，口头上讲着一切革命的词句，并且以口头上的应允苏维埃的三个条

---

① 苏剑：《木偶艺术家邱必书》，《中央苏区革命文化史料汇编》，江西人民出版社 1994 年版，第 617 页。

② 博古：《为着实现武装民众的民族革命战争，中国共产党做了什么和将做些什么?》，《中共中央文件选集》第 10 册，中共中央党校出版社 1990 年版，第 692—694 页。

件而要求订立反日反蒋的作战协定，事实上对于我们——马克思主义者是很清楚的，这些屠杀工农兵与革命士兵的刽子手，不会执行任何与南京国民党有原则上不同的政策的"。① 由于对福建事变建立的革命政权采取敌视政策，以及在反"围剿"战斗中错误推行进攻中的冒险主义、防御中的保守主义策略，导致第五次反"围剿"最终失败。

毛泽东在《中国革命战争的战略问题》一文中指出，福建事变爆发后，"红军主力无疑地应该突进到以浙江为中心的苏浙皖赣地区去，纵横驰骋于杭州、苏州、南京、芜湖、南昌、福州之间，将战略防御转变为战略进攻"②。事实上，毛泽东根据革命新形势，提出了红军应变内线作战为外线作战的新战略，强调只有突破苏区，主动出击，打到敌人后方去，才能从根本上破坏对手的部署。毛泽东此言揭示了党的政治话语传播成效背后的局限，即：尽管中共中央通过文化社团对苏区内部进行了广泛的动员，取得了话语传播的积极成效，为党的政治方针和战略决策的实施提供了重要支撑，但随着革命形势的变化，话语传播的范围、方式、对象等也应当进行调整，即由内线传播转变为内外线兼行的传播路径，才能突破话语传播的界限，赢得中国广大民众的支持，形成广泛的革命统一战线。可以说，中央苏区革命有着巨大的张力，但也无可避免地存在局限，而革命战斗的局限决定了政治话语传播的限度，制约了话语力量的持续发挥。

1934 年 9 月 19 日，由于工农红军第五次反"围剿"的失败，中华苏维埃共和国人民执行委员会主席张闻天发出调整苏维埃机构、销毁苏

---

① 博古：《为着实现武装民众的民族革命战争，中国共产党做了什么和将做些什么?》，《中共中央文件选集》第 10 册，中共中央党校出版社 1990 年版，第 709、710 页。
② 毛泽东：《中国革命战争的战略问题》，《毛泽东选集》第 1 卷，人民出版社 1991 年版，第 236 页。

维埃机关有关文件的指示信。而在 29 日公开发表的《一切为了保卫苏维埃》一文中，他明确表示中共中央不得不"放弃某些苏区和城市"，准备实行战略转移，"创造新的红军主力和新的苏区"。① 革命文化因革命政权的推动而产生，亦将随着革命政权的转移而发生改变。可以说，中央苏区的失陷给正在蓬勃兴起的文化社团带来巨大冲击，各地俱乐部、马克思主义研究会、苏维埃剧团等自动宣告解散。长征开始后，根据中共中央开展游击战斗的指示，留守的社团成员改组成三个剧团，包括由刘月华、施月娥等领导的红旗剧团，由赵品三、宋发明领导的战号剧团，以及由石联星、王普青领导的火星剧团。② 三个剧团共 60 余人，均为各文化社团的成员。最初，他们分散到农村或游击队伍中开展活动，但随着国民党军队占领中央苏区，他们中绝大多数人失散、失踪或牺牲了。

　　10 月 10 日，中央红军实行战略转移，红一军团的战士剧社开始长征，工农剧社李伯钊、危拱之等人也跟随部队出发。在长征的艰险环境中，李伯钊以坚强的革命意志和战斗精神"开展文艺宣传活动"。③ 危拱之在长征中"负有文艺宣传任务"，她用自己擅长的凤阳花鼓，改编成长征歌曲唱给行军的战士们听，大家"听了都鼓掌、喝彩，而且兴致勃勃地学唱着，就连担架上的伤病员，也忘却了疼痛，轻轻地跟着哼起来"。在饥寒和疲劳交迫之中，战士们"一听到她的歌声和凤阳花鼓调，就浑身是劲"，大家仿佛感觉"行军的速度也快了，路途好像也缩

① 张闻天：《一切为了保卫苏维埃》（1934 年 9 月 26 日），《张闻天文集》，中共党史出版社 1990 年版，第 517 页。
② 石联星：《难忘的日子》，《中央苏区革命文化史料汇编》，江西人民出版社 1994 年版，第 505 页。
③ 汪木兰：《活跃在中央苏区的革命文艺家——李伯钊》，《中央苏区革命文化史料汇编》，江西人民出版社 1994 年版，第 583 页。

短了"。① 战士剧社陆定一改编的《过金沙江》成为长征路上"唱得最普遍的歌曲"②。这些中央苏区文化社团的随行人员以及战士剧社的文艺工作者们,克服了长征路上的艰难险阻,保留了革命文化的"火种"。红军胜利到达陕北后,他们不断推动延安文化社团的创办和发展,使革命文化的"星星之火"继续熊熊燃烧。

第三节　陕北苏区文化社团与抗战话语表达

建立于革命基础之上的文化组织,其命运往往随着革命基础的转移而发生转变。在中国共产党的领导下,中央苏区文化社团致力于政治话语的传播,为局部执政时期的中国共产党初步构建马克思主义话语权奠定了重要基础。中央苏区文化社团构建话语权的努力固然初见成效,但终究难逃第五次反"围剿"失败后走向终结的命运。不过,中国共产党构建马克思主义话语权历史并未就此终结,由于中国工农红军长征,马克思主义文艺的"星星之火",随着工农剧社、战士剧社等中央苏区文化社团及文化工作者们"来了一个大游击和大流动",到达陕北苏区,为日后形成星火燎原之势积蓄了力量。③

意识形态话语权是加强和巩固"党的领导权"的重要基础,而话语权构建往往始于话语主题的提出。1935 年华北事变发生后,内外环境

---

① 钱希均:《一个百折不挠的先行者——忆红军"八一"剧团创建人之一危拱之同志》,《中央苏区革命文化史料汇编》,江西人民出版社 1994 年版,第 592、593 页。

② 刘毅然:《原战士剧社部分红军老战士座谈侧记》,《中央苏区革命文化史料汇编》,江西人民出版社 1994 年版,第 527 页。

③ 毛泽东:《中国革命战争的战略问题》,《毛泽东选集》第 1 卷,人民出版社 1991 年版,第 231 页。

促使"抗日"逐渐成为时代主题。只有紧紧抓住有利时机，提出符合时代背景与现实需要的话语主题，进而掌握抗战话语权，才能在陕北苏区艰险环境中取得稳固领导地位。那么，中国共产党是如何提出抗战话语主题、表达话语内容、扩大话语影响的呢？显然，陕北苏区的文化社团作为话语传播主体，有力促进了话语内涵的扩展、话语力量的发挥，是推动话语权构建的重要因素，并在打通话语权与领导权之间的关节方面发挥了重要作用。

一、抗日文艺与"领导权"的构建

1935 年 8 月 4 日至 6 日，中共中央政治局在毛儿盖以南的沙窝举行会议，决定促使张国焘执行中央的北上方针。此次会议针对当时的形势及今后的任务，做了深入分析与具体部署，认为应当根据国内外形势的发展，"正确的提出党的任务与口号"，这是构建马克思主义话语权的重要前提，为此"必须拿马克思列宁主义来教育我们的党员与红军指战员"，进一步巩固和增强"党的领导"。[1] 就在沙窝会议结束的第二天，王明出席共产国际第七次代表大会并发表讲话。在题为《论殖民地半殖民地国家的革命运动与共产党的策略》的发言中，王明强调了掌握无产阶级领导权的重要性，称"无产阶级领导权"的掌握，一个重要前提是实现"思想上、政治上和组织上的领导"，为此他呼吁全体"共产党员应当进行有系统的，不顾牺牲的实际斗争，去夺取这种领导权"。[2]

---

[1]　《中央关于一、四方面军会合后的政治形势与任务的决议》（1935 年 8 月 5 日），《中共中央文件选集》第 10 册，中共中央党校出版社 1991 年版，第 540 页。

[2]　《论殖民地半殖民地国家的革命运动与共产党的策略》（1935 年 8 月 7 日），《中共中央文件选集》第 10 册，中共中央党校出版社 1991 年版，第 766 页。

诚然，领导权的掌握并非一朝一夕即可实现，而是一个长期的、斗争的过程。尤其是经历了第五次反"围剿"的失败、中央苏区的撤离以及长征的巨大考验，中共中央对于领导权构建的实现路径与基本逻辑有了新的认识，即意识形态话语权构建与"党的领导权"掌握具有内在统一性。在此背景下，中共中央对"党的领导权"问题作了系统阐述，指出"党的领导权是党的主张策略和决议在广大群众中得到了信仰，拥护与执行"①。具体而言，包括以下几个方面。

第一，要采用群众的工作路线，给群众高度的民主权，大胆的吸收各种党派，有群众的领袖，领导到机关中来，尽量帮助和发展他们反日反蒋活动的天才和能力。

第二，善于根据各地不同的情形，提出各地不同的斗争任务和纲领与工作任务，要在全体群众大会中讨论和通过。

第三，把总的抗日讨蒋的纲领与各地各阶级群众的生活联系起来。要灵活的利用小的事变(如日本对华的新政策，日驱华侨回国，新生事件等) 来启发群众斗争的情绪和勇气。

第四，要尽量保存和巩固各群众的力量（特别要有法定意义的群众组织），切勿做不成熟的斗争，勿乱费自己的精力，领导斗争要善于估计斗争的前途，是否可能胜利；倘胜利的可能很少，必须加紧准备工作，暂时停止，免做无意义的牺牲；在斗争失败时，要善于组织退却，从事整理阵容，以免受到敌人大的打击。

第五，把公开工作与秘密工作密切的联系起来，一方面要利用各种公开活动的可能，另方面要严密党的组织，提高党员独立工作

---

① 《中央为目前反日讨蒋的秘密指示信》(1935 年 10 月)，《中共中央文件选集》第 10 册，中共中央党校出版社 1991 年版，第 569 页。

的能力，以避免敌人追究与破获。

第六，经党根据各种事实在群众面前解释，指出党对于反日反蒋主张及策略的正确，及其实际工作中的成绩，把同组织内各党派错误的见解作友谊的批评，指出这些错误前途的危险性以教育群众。

第七，要大胆的培养与提拔大批群众的积极分子，在工作中经常亲近他们，帮助他们，教育他们，使他们造成良好的干部。[1]

毋庸置疑，中国共产党是一个善于将理论应用于革命具体实践的政党。而根据上述加强和巩固"党的领导权"的基本要求，以及结合意识形态话语权构建与"党的领导权"掌握具有内在统一性原则，中国共产党以陕北苏区的文化社团为话语传播主体，以"抗日"为话语主题，结合"文艺"这一富于感染力的表达方式，开启了构建抗战话语权的历史进程。

早在工农红军到达陕北前，中共西北工作委员会根据抗战形势的发展，组建了一支宣传队伍，旨在开展群众宣传和发动工作。1935 年春，列宁剧团正式成立。剧团由中共西北工委宣传部领导，拥有演员十余名。7 月，随着清涧剧团并入列宁剧团，剧团人数增加到 20 多人。当时剧团主要演出三部话剧，即：《今日之农民》《一二八抗战》《穷人的出路》。三者"从不同角度反映了广大群众在新民主主义革命时期反帝、反封建、反官僚资本的斗争场面"，但这三部话剧的剧本并非自编，而是从外地流传到陕北苏区。[2] 受客观条件影响，剧团工作并未以演出为主，而是分散到延安、子长、延川、清涧等地开展群众宣传和发动工作。

---

① 《中央为目前反日讨蒋的秘密指示信》（1935 年 10 月），《中共中央文件选集》第 10 册，中共中央党校出版社 1991 年版，第 569、570 页。

② 艾克恩编著：《延安文艺史》上册，河北教育出版社 2009 年版，第 11 页。

1935 年 9 月 15 日，红二十五军经过长征到达陕西延川永坪镇，与陕北红二十六、二十七军胜利会师，并合编为红十五军团。为了欢迎远道而来的红二十五军以及庆祝红十五军团的成立，列宁剧团举行文艺演出。当天，"永坪镇的露天剧场上，挤满了近万名群众和列队整齐的数千名红军战士"，上演的剧目有《查路条》《活捉汉奸》《送军鞋》等，"演出是非常成功的，会场内经常报以雷鸣般的掌声"。①

10 月 19 日，中央红军结束长征，胜利抵达陕北革命根据地吴起镇。为了迎接中央红军的到来，时任中共西北革命军事委员会主席刘志丹向列宁剧团下令："赴吴起镇迎接中央红军！"列宁剧团到达吴起镇后，立即以跳舞、唱歌等形式，开展了为期三天的欢迎中央红军的演出活动。② 中央红军的到来，不仅奠定了陕北苏区在革命根据地的重要地位，而且为陕北根据地的文化发展注入了新鲜血液，并揭开了中国共产党局部执政时期文化发展的新序幕。

11 月 7 日，张闻天、博古、董必武、刘少奇等率中共中央直属机关抵达瓦窑堡。当天，在瓦窑堡中山广场举行了一场热闹的联欢会。列宁剧团在联欢会上表演了富有地方特色的节目。演出受到军民的热烈欢迎，而在被时人称为"文化沙漠"的陕北苏区"竟然还有专业搞宣传的剧团"，并且"宣传效果是有成效的，是很受群众的欢迎和认可"，这引起时任中共中央总书记张闻天的关注和重视。演出结束后，他召集列宁剧团团长杨醉乡、原工农剧社总社副社长危拱之，以及中央宣传部部长吴亮平、教育部部长徐特立、中央党校教务主任成仿吾等人开会，讨论

---

① 张季夫：《一个活跃在陕北的红军剧团》，延安市政协文史与学习委员会编：《延安岁月》上册，2006 年，第 436 页；任葆琦主编：《戏剧改革发展史》上册，中央文献出版社 2016 年版，第 5 页。

② 湘戈：《她是斯诺镜头下的红小鬼》，袁永生、姚晶晶主编：《红星闪烁长征路》，电子科技大学出版社 2016 年版，第 302 页。

列宁剧团与红军剧社合并事宜。在会上，张闻天提出剧团合并的想法，认为合并后"既可以加强宣传力量，又能互相学习，提高宣传质量"①。此议得到与会者的一致赞同。根据张闻天的意见，重组后的剧团名称为"工农剧社"，由中央宣传部和教育部直接领导。颇有意思的是，"工农剧社"之名称，与中央苏区时期的名称一致，工农剧社主任亦由跟随长征部队而来的、原工农剧社总社副社长危拱之担任。

　　"华北事变"爆发后，国内形势发生新的变化。12 月 17 日至 25 日，中共中央在瓦窑堡召开政治局扩大会议。此次会议分析了国内政治形势的变化，通过了《中共中央关于目前政治形势与党的任务决议》，提出应当"指导自己的党员从各方面努力去推动一切爱国的分子，团体，阶层，阶级，党派，生产的与商业的，文化的与教育的，学生的与教员的，工农的与小资产阶级民族资产阶级的，城市与乡村的，新式的与旧式的，社会的与政治的，武装的等等力量"，去反对当前主要敌人日本帝国主义。②为推动广大群众联合起来共同抗击日本侵略者，中共中央以"抗日"为主题，以文化社团为话语传播载体，大力开展形式生动、内容丰富的文艺活动，深入发动各界群众团结抗日，逐渐形成具有时代意义的"抗日文艺"话语。而"抗日文艺"构建的标志，则是人民抗日剧社的成立。

　　1936 年 1 月，工农剧社改名为人民抗日剧社③，其工作重心由协

---

① 任葆琦主编：《戏剧改革发展史》上册，中央文献出版社 2016 年版，第 7 页。

② 《中央关于目前政治形势与党的任务决议》（1935 年 12 月 25 日），《中共中央文件选集》第 10 册，中共中央党校出版社 1991 年版，第 607、608 页。

③ 李琦在回忆人民抗日剧社时称：人民抗日剧社于"一九三五年冬在陕北瓦窑堡成立"。此说有误。经查，李琦于 1937 年 8 月抵达延安，当时"人民抗日剧社"已改名为"抗战剧团"。（参见延童：《回忆女红军危拱之领导的人民抗日剧社》，《中央苏区文艺史料集》，长江文艺出版社 2017 年版，第 429 页。）

助地方工作转变为举办以抗日为主题的演出活动。当时，在中央机关驻地瓦窑堡举行过多次"反日讨蒋示威大会"，而每逢开会人民抗日剧社均表演以团结抗日为主题的戏剧，其中影响较大的有《出卖华北》《誓死不做亡国奴》等。① 随着 1936 年 2 月 17 日《东征宣言》的发表，红军发起巩固根据地的东渡黄河战斗。为鼓舞东征官兵士气，推动"当红军的光荣"观念向广大群众传播，人民抗日剧社在红军家属联欢大会上表演歌剧《扩大红军》，演出"得着了广大群众的鼓掌与称赞"，尤其是红军家属，观剧后为能成为红军家属而倍感自豪。②

随着抗日动员工作深入开展，人民抗日剧社的演出活动越来越多，符合抗日主题、宣传和推动团结抗战的剧本成为剧社的迫切需要。对此，中国共产党基于"抗日文艺"话语表达的客观需要，不仅指派教育部长徐特立和中央宣传部长吴亮平到剧社"指导排练"，借以彰显对文艺工作的高度重视。时任中央党校校长董必武了解到剧社缺少合适的剧本时，立即"敦促教务主任成仿吾、教员冯雪峰为剧社编写剧本"，不久中央军委王世荣、中央粮食部长雷经天等人也加入剧本创作的队伍，分别编写出《三姊妹》《苏维埃活报剧》《军事活报剧》《统一战线活报》《战场上的婚礼》等反映苏区群众在党的领导下团结抗战的新剧本。③ 同时，人民抗日剧社主任危拱之在《红色中华》刊登《征求剧本》广告，呼吁各界人士向剧社寄送剧本，并表示"一律给以酬报"。其中话剧、歌剧剧本每出为大洋两元，活报每出五角，土调、双簧和小品

---

① 程中原：《张闻天与中央苏区文艺运动》，《中央苏区革命文化史料汇编》，江西人民出版社 1994 年版，第 538 页。

② 《红属联欢会盛况》，《红色中华》1936 年 4 月 29 日，第 272 期第 2 版。

③ 孙国林、曹桂芳编著：《毛泽东文艺思想指引下的延安文艺》，花山文艺出版社 1992 年版，第 331 页。

每出两角。① 剧本征求活动得到各界人士的积极响应，广告刊出后，剧社陆续收到来自各方编写的抗日剧本，这为剧社举行巡回演出，以及进一步扩大团结抗战力量奠定了基础。

剧本数量与质量的提升促使剧社演出效果的增强，人民抗日剧社的影响也日益扩大，美国记者埃德加·斯诺访问陕北苏区时就对此印象深刻。1936 年 6 月，中共中央驻地由瓦窑堡迁至保安。当时斯诺也来到陕北苏区，并在保安"中国抗日红军大学"驻地的荒滩上观看了文艺演出。作为采访陕北苏区的第一名外国记者，斯诺见证了中国共产党"宣传教育活动中起着一个带头作用的是许多叫作人民抗日剧社的青年组成的剧团"。而在观看"红军剧社"的演出后，斯诺感叹道："他们在苏区不断地巡回旅行，宣传抗战，在农民中唤起尚在沉睡中的民族主义意识。"②

斯诺所说的"红军剧社"，正是人民抗日剧社。而在那场演出开始前，斯诺以一名新闻记者所特有的洞察力，注意到剧社非常简陋，尤其是利用古庙临时搭建的露天戏台、简单的道具、简陋的服装、微薄的报酬等等。而与之形成鲜明对比的，却是倾城而出的热情观众、鲜活的演出题材、中共党政军干部与各界群众其乐融融的民主氛围。当天上演的第一个剧目为《侵略》，随后剧社表演了《亡国恨》《丰收舞》《红色机器舞》等，活动主题非常鲜明，即"抗日和革命"。演出结束后的第二天，意犹未尽的斯诺访问了人民抗日剧社社长危拱之，了解到在陕北苏区当时

---

① 《征求剧本》，《红色中华》1936 年 6 月 3 日，第 281 期第 2 版。另：由于剧团演出任务日趋繁重，剧社多次在中共中央机关报《红色中华》《新中华报》刊登征求剧本和演员的启事。（参见《人民抗日剧社启事》，《新中华报》1937 年 2 月 16 日，第 330 期第 4 版；《征求剧本启事》，《新中华报》1937 年 3 月 19 日，第 339 期第 3 版。）

② ［美］埃德加·斯诺：《西行漫记》，董乐山译，生活·读书·新知三联书店 1979 年版，第 93 页。

"一共约有三十个这样的巡回剧社",并且"每个军都有自己的剧团,几乎每个县也都有"。尽管危拱之所述内容与实际情况有一定的差距,但这足以使斯诺相信:"在共产主义运动中,没有比红军剧社更有力的宣传武器了,也没有更巧妙的武器了。"特别是在充分了解中国共产党的宣传思想和实践活动后,斯诺认为在某种意义上"可以把整个中国共产主义运动史看成是一个盛大的巡回宣传演出,与其说是为了保卫某种思想的绝对正确,不如说是为了保卫这种思想的存在权利"。因为在苏区"艺术搞成了宣传",传播了革命思想的种子,催生了中国的马克思主义者,并且使得"千百万年轻的农民听到了这些嘴上无毛的青年所宣传的马克思主义福音"。①

斯诺笔下的人民抗日剧社以及战士剧社、火星剧社等陕北苏区红军剧社的情况,无疑是中国共产党以"抗日"为主题的宣传工作宗旨的真实写照。据人民抗日剧社党支部书记杨醉乡回忆称,当时"演出正在进行,不少观众突然把目光集中到与毛主席坐在一起的一个外国人身上"。随着第一个剧目《侵略》上演,当演到日本侵略军强占民舍,甚至"把中国人当椅子坐,喝醉了酒还侮辱女主人时,斯诺先生竟与大家一起高喊'打死日本强盗!'、'打倒杀害中国人民的凶手!'等口号"②。需要指出的是,斯诺在采访中所述红军剧社"巡回宣传演出"之事并非虚言,人民抗日剧社即是众多文化社团中开展巡回演出的典型。据中共中央机关刊物《红色中华》报道称,人民抗日剧社"在各地组织巡回表演,得着很大的收获,每到一地,即进行表演",这种流动的、频繁的巡回演

---

① [美]埃德加·斯诺:《西行漫记》,董乐山译,生活·读书·新知三联书店 1979 年版,第 99、100 页。
② 杨醉乡:《人民抗日剧社的战斗风姿》,《陕西文史资料》第 12 辑,陕西人民出版社 1982 年版,第 205、206 页。

出，扩大了抗日宣传、传播了革命思想，"取得了广大群众的欢迎与拥护"。而剧社在与内蒙古交界的三断地演出时，当地牧民纷纷骑马、赶车或牵着骆驼从几十里外的地方来观看演出，观众多达数百人，"当表演到日本强盗压迫中国人民的情形时，有许多观众均为之流泪"。尤其是《复仇》上演时，当表演到"群众积极起来抗日的节目时，大家均热血沸腾地摩拳擦掌好像真正马上要去参加抗战似的"。剧中富有感染力的抗战情节深深地打动了现场观众。他们观看演出后还积极向"该地蒙人到处传播"，许多蒙古族民众闻讯而来，剧社因此举办了数场演出，"抗日文艺"逐渐在蒙民中传播开来。剧社的演出活动结束后，"蒙民仍然要挽留着不放"，可见剧社的演出深受广大民众喜爱。①

随着演出场次的增加以及影响的扩大，人民抗日剧社的规模也不断发展。需要强调的是，人民抗日剧社结合"抗日"这一时代主题开展文艺工作的情况并非个案，当时铁拳剧团（又称"战号剧团"）、鲁迅剧社等均以宣传"抗日"为工作宗旨，纷纷响应中共中央"唱戏的也要抗日"的号召，"到处去表演以帮助抗日宣传工作"，受到广大群众的热烈欢迎，而这"更提高了他们表演抗日新剧的兴趣"，产生了一种"抗日"主题与"文艺"活动相互推动、相互促进的良性循环。②

中国共产党以文化社团为话语主体，结合革命的客观需要，将文艺与"抗日"话语主题有效融合起来，推动宣传工作的深入开展。而"抗日文艺"话语的正式表达，则始于 1936 年中国文艺工作者协会的正式成立。1936 年底，以丁玲为代表的一大批知识青年冒着战火奔赴陕北苏区，使得苏区文化界逐渐活跃起来。由于在"抗日的民族革命战争中，新的文学成为一支号筒，成为战争的力量"，为了团结和联络各地文艺

---

① 《人民剧社巡回表演记》，《红色中华》1936 年 11 月 23 日，第 312 期第 3 版。
② 《唱戏的也要抗日》，《新中华报》1937 年 4 月 6 日，第 344 期第 3 版。

工作者，使大家在"抗日"这一时代主题下共同推动"抗日文艺"的发展，1936 年 11 月 15 日，丁玲、成仿吾、伍修权、陆定一、徐特立、李克农等人联名发起中国文艺工作者协会。①22 日，中国文艺工作者协会召开成立大会，毛泽东、张闻天、秦邦宪、林伯渠、徐特立等出席会议并相继讲话。

　　毛泽东在中国文艺工作协会成立大会讲话中，明确提出"发扬民族革命战争的抗日文艺"的要求，这标志着"抗日文艺"话语主题的正式提出。需要强调的是，陕北苏区"抗日文艺"话语并未完全替代中央苏区时期的"工农大众文艺"，这正如毛泽东所指出的，文艺界要根据目前的抗日形势和党的任务开展工作，"文学家也要到前线上去鼓励战士，打败那些不愿停止内战者。所以在促成停止内战、一致抗日的运动中，不管在文艺协会都有很重大的任务"②。张闻天则从发动群众、武装群众的角度，在大会讲话中提出：革命文艺是工农大众的文艺，要"表现苏维埃为抗日的核心"，发挥抗日斗争中"群众的伟大力量"。③博古在大会讲话中对此做了回应，称"在抗日民族革命战争中，中国的文艺有了新的倾向，这需要新成立的苏区的文艺协会从基本的路线上去影响推动团结起来，成为抗日民族革命战争中战斗力量，用正确的文艺来反映伟大的英勇斗争的现实，使广大群众更从斗争中来学习"。可以说，中国文艺工作者协会已经"成为民族革命战争中战斗力量"，而基于对文化界人士在抗日战争中重要作用的认识，博古进一步提出："拿笔的比拿

---

① 《文艺工作者协会召开第一次筹备会议》，《红色中华》1936 年 11 月 23 日，第 312 期第 3 版。

② 《在中国文艺协会成立大会上的讲话》（1936 年 11 月 22 日），《毛泽东文艺论集》，中央文献出版社 2002 年版，第 3、4 页。

③ 《作家要同工农群众相融合》（1936 年 11 月 22 日），《张闻天文集》第 2 卷，中共党史出版社 1993 年版，第 196、197 页。

枪的更重要了"。①

在 23 日召开的中国文艺工作者协会第一次干事会上，丁玲被推选为主任。当天会议决定，以中共中央机关报《红色中华》为依托出版《红中副刊》，作为中国文艺工作者协会机关报。11 月 30 日，《红中副刊》创刊号正式出版，丁玲在《刊尾随笔》中以"一枝笔是战斗的武器"为切入点，呼吁文化界人士团结抗日，称：面对日本帝国主义的侵略，"我们要从各方面发动使用笔，用各种形式，那些最被人欢迎的诗词，图画故事等等，去打进全中国人民的心的阵地，夺取他们来占（站）在一个阵线上，一条争取民族解放统一抗日的战线上，革命的健儿们，拿起了你的枪，也要拿起你的那一枝笔。"可以说，丁玲此言将"抗日"的时代主题与"文艺"的重要价值进行了有效结合，这既是抗日的宣言书，也是向文化界人士发出的抗日檄文，更是对"抗日文艺"话语的崭新诠释。② 而以毛泽东同志为主要代表的中国共产党人提出"抗日文艺"话语，倡导和推动文化社团建设，进一步反映了意识形态话语权构建与"党的领导权"建设的内在统一性。

二、抗日民族统一战线话语

1935 年日本侵略军制造"华北事变"，企图侵占中国华北广大地区。国民党政府迫于日方压力，继续实行"攘外必先安内"政策，先后与日本签订"秦土协定"和"何梅协定"，实际上把包括北平、天津在内的河北、察哈尔两省大部分主权送给日本，使得华北和中华民族产生了空前严重的危机。为发动各界群众联合抗日，构建起抗日民族统一战线，

① 《博古主席讲演略词》，《红中副刊》1936 年 11 月 30 日，第 1 期第 2 版。
② 《刊尾随笔（丁玲）》，《红中副刊》1936 年 11 月 30 日，第 1 期第 2 版。

中共中央发出《为目前反日讨蒋的秘密指示信》，指出当前的主要任务是"抗日反蒋"，而总的策略则是构建"广泛的统一战线"。指示信还就统一战线的形式、条件、领导方法等问题进行了深入分析，认为统一战线工作宜采取"上下层统一并用"的形式，即"在上层统一基础上来开辟与扩展其下层的联合工作；又在下层统一基础上，以加强和巩固上层的统一"。① 值得注意的是，尽管这是一个原则性的工作形式，但中国共产党在继续执行"反蒋"或"讨蒋"方针的同时，认识到"一些国民党的将军们，他们一面不愿当亡国奴和日本的走狗"，具有强烈的抗日救国愿望，尤其是"国民党在朝在野的派别或政党，他们或因不满蒋贼之独裁而共谋倒蒋运动，或因日本侵略不满，而愿参加反日工作"，这为构建"抗日民族统一战线"提供了有利条件。②

"抗日民族统一战线"的正式提出并产生广泛影响，应当始于 1935 年 12 月召开的中共瓦窑堡会议。③ 毛泽东在会上作《论反对日本帝国主义的策略》的报告，指出"建立广泛的民族革命统一战线"是当前中国共产党的一项基本策略和任务。④ 根据 12 月 25 日中共中央政治局通过的《中央关于目前政治形势与党的任务决议》，由于日本帝国主义侵

---

① 需要指出的是，当时中共所采用的"上下层统一并用"的统战工作方式，应当形成了共识。1935 年 6 月 3 日，王明等在写给中共吉东特委的信件中，强调"要实行全民的统一战线"，就必须"普遍的与各种反日武装队伍建立下层与上层统一战线，团结一切反日武装，共同抗日"。（参见周全全、郭德宏编：《王明年谱》，安徽人民出版社 1991 年版，第 76 页。）

② 《中央为目前反日讨蒋的秘密指示信》（1935 年 10 月），《中共中央文件选集》第 10 册，中共中央党校出版社 1991 年版，第 567 页。

③ 据张国焘称，"抗日民族统一战线"政策是中共驻赤色职工国际代表林育英于 1936 年初从莫斯科带回陕北，同时他将共产国际第七次代表大会决议的要旨传达给中共。（参见张国焘：《我的回忆》，东方出版社 1991 年版，第 292 页。）但早在 1935 年 12 月瓦窑堡会议召开时，中共就正式提出抗日民族统一战线政策，故张氏回忆或有误。

④ 中共中央文献研究室编：《毛泽东年谱（1893—1949）》上卷，中央文献出版社 2013 年版，第 498、499 页。

略的加剧，中国"进入全国性的大革命，在世界是战争与革命的前夜"，因此党的总体策略和路线是组织和发动"全中国全民族一切革命力量去反对当前主要的敌人"，促使"国内战争与民族战争结合起来"，以及构建最广泛的抗日民族统一战线。值得注意的是，此次大会不仅正式提出"抗日民族统一战线"话语，而且将其与"党的领导权"建设问题进行了有效结合，强调"争取党的领导权"，就取得了"革命领导权"。而在构建"抗日民族统一战线"的工作中，"共产党员必须深入到群众中去，参加与领导一切群众的，民族的与阶级的斗争"，"从斗争中去学习领导群众的艺术"，进而"去取得自己在反日战线中的领导权"。[①]

"抗日民族统一战线"话语的提出，及其与"党的领导权"建设的有效结合，在某种意义上反映了意识形态话语权构建与"党的领导权"建设的内在统一性。这促使以毛泽东同志为主要代表的中国共产党人根据话语环境与革命形势，采取"上下层统一并用"的工作方式，推动和领导抗日民族统一战线的构建，进而掌握抗战话语权。1936 年 1 月 25 日，毛泽东、周恩来、彭德怀等联名向东北军致函，呼吁"东北军的敌人是日本帝国主义强盗，是卖国头子蒋介石。所以抗日反蒋才是东北军唯一的出路"[②]。经过中国共产党的积极宣传和政治引导，东北军一些官兵逐渐产生强烈的抗日爱国思想。在此背景下，中共中央制定《关于东北军工作的指导原则》，指出"要使东北军转变为抗日的军队，就依靠于我们的争取工作"，其目标是构建共同抗日的统一战线，并且强调"在东北军中的统一战线应该是上层的与下层的同时并进"，而"下层的统

---

① 《中央关于目前政治形势与党的任务决议》（1935 年 12 月 25 日），《中共中央文件选集》第 10 册，中共中央党校出版社 1991 年版，第 598—623 页。

② 《红军为愿意同东北军联合抗日致东北军全体将士书》（1936 年 1 月 25 日），《中共中央文件选集》第 11 册，中共中央党校出版社 1991 年版，第 6 页。

一战线"的构建是工作重点，需要"采取各种各样的形式"。①

随着"抗日民族统一战线"话语的提出，陕北苏区文化社团承担起团结和发动各界群众共同抗日的重任。而在中国共产党关于"下层的统一战线"工作原则与指导意见出台后，人民抗日剧社率先开展了针对东北军的文艺统战工作。需要指出的是，人民抗日剧社此举与时任中共中央副主席周恩来的意见有着直接关联。据曾在剧社工作的张季夫回忆称，剧社全体成员得到周恩来的亲切接见。当时，周恩来对剧社成员们说：人民抗日剧社是为团结和发动广大群众抗日而"搞文艺宣传的，建立广泛的抗日民族统一战线，实现我党提出的'停止内战，一致抗日'的主张"，是党领导下的文艺工作的一项中心任务。他强调，"根据国际和国内形势的变化，迅速建立广泛的抗日民族统一战线的任务，已经提到了全国人民的面前"，而"建立广泛的抗日民族统一战线，首先要把争取东北军的工作做好"，因为东北军表现出抗日的高度热情，并对党的政治主张"表现了极高的政治热情"，所以是"开展统战工作的直接对象"。②

根据周恩来的上述要求，人民抗日剧社立即奔赴东北军驻地安寨区杨家沟，并随即开展"争取东北军的工作"：一是张贴宣传抗日和建立抗日民族统一战线的标语，二是通过与东北军私下接触传递共同抗日主张，三是开展具有针对性和政治性的宣传活动。③应当指出的是，在人民抗日剧社开展的诸项工作中，举办以构建"抗日民族统一战线"为主

---

① 《中央关于东北军工作的指导原则》（1936 年 6 月 20 日），《中共中央文件选集》第 11 册，中共中央党校出版社 1991 年版，第 31—34 页。

② 张季夫：《一个活跃在陕北的红军剧团》，延安市政协文史与学习委员会编：《延安岁月》上册，2006 年，第 440 页。

③ 杨醉乡：《人民抗日剧社的战斗风姿》，《陕西文史资料》第 12 辑，陕西人民出版社 1982 年版，第 207 页。

题的演出成效最为显著。人民抗日剧社以戏剧、歌舞、活报等形式，于
1936 年 7 月、8 月间进行演出，共演出 10 场。① 上演的节目内容丰富、
针对性强，包括《亡国恨》《义勇军进行曲》《打倒日本狗强盗》《松花江上》
《活捉汉奸》《扩大抗日军》《统一战线舞》《抗日舞》等。

　　由于驻守安塞区的东北军官兵大多来自沦陷的东北三省，他们的家
乡惨遭日军侵略，如今被迫背井离乡，因此要求抗日的愿望非常迫切。
根据这一情况，结合宣传和构建"抗日民族统一战线"工作的现实需
要，人民抗日剧社首先选取《亡国恨》这一剧本作为演出内容。《亡国
恨》是一部具有鲜明的"抗日"特色的歌剧，内容描写东北沦陷后民众
在日本侵略者的残暴统治下"过着亡国奴的生活"②。当台下的东北军官
兵在《亡国恨》一剧中看到日本侵略军"蹂躏东北，杀人放火，奸污妇
女，抢夺我国资源的滔天罪行后，有的人泣不成声；有的人激动得站起
来接连高喊：'打回老家去，收复东三省！'这时，红军战士和苏区群众
就趁热打铁，高呼：'中国人不打中国人！''欢迎友军一致抗日'等口
号"。顿时，演出现场形成"台上演抗日戏，台下呼抗日口号的动人场
面"，有力推动了党的抗日政策的宣传以及"抗日民族统一战线"话语
的传播。③

　　1936 年 10 月，人民抗日剧社根据中共中央的指示，赴吴起镇、定
边、盐池、河连湾、三断地一带进行巡回演出，表演了《抓汉奸》《除
恶霸》《复仇》等反映苏区民众团结一致、支持抗战的新剧。在盐池，"由
于这里长期受官僚、地主老财的欺负，穷苦人民对革命文艺感到十分新

---

① 刘青戈：《刘青戈文集》第 10 卷，上海音乐出版社 2013 年版，第 195 页。
② 雷铁鸣：《戏剧运动在陕北》，《解放周刊》1937 年 6 月 28 日，第 1 卷第 8 期。
③ 杨醉乡：《人民抗日剧社的战斗风姿》，《陕西文史资料》第 12 辑，陕西人民出版社 1982
　年版，第 207 页。

鲜，每次演出都人山人海。许多贫雇农看了演出后默默流下了热泪"。而通过抗战文艺的宣传，抗战话语进一步向基层社会延伸，使得广大群众"激发了对共产党、对红军的深厚阶级感情"，演出达到了预期效果。① 在中国共产党推动下，盐池成立了人民剧社分社，并通过招募青年演员，排练"劳动舞""大联合舞"及活报节目，进一步发挥文艺统战的重要作用。②

　　人民抗日剧社富有成效地开展文艺统战工作，是中国共产党通过文化社团表达抗战话语，进而构建马克思主义话语权的一个缩影。当时新成立的鲁迅剧社、铁拳剧团（又称"战号剧团"）等均通过戏剧节目宣传抗战，推动"抗日民族统一战线"话语的传播，有力促进了党的文艺统战工作的发展。随着中国抗日救亡运动的深入发展，各界群众抗日救亡的热情持续高涨，"抗日民族统一战线"工作也步入"新的阶段"：一方面，党的"抗日救国主张"得到广大群众的拥护和支持，一部分民族资产阶级"开始转向抗战战线"；另一方面，国民党军队中支持抗日的情绪不断增长，尤其是东北军和西北军官兵，抗战的要求和愿望颇为强烈，在此基础上，"国民党及其南京政府分化与动摇"。基于对上述形势的判断，中共中央于 1936 年 9 月 17 日作出《关于抗日救亡运动的新形势与民主共和国的决议》，指出"抗日民族统一战线的政治路线，基本上是正确的"，强调中国共产党虽然"在全国的政治影响是扩大了，向各党各派各界各军进行统一战线的工作是进步了"，但是"抗日民族统一战线"话语权的掌握，必须建立在"具体的运用统一战线的策略"之上。具体而言，针对"每一个人，每一个派别，每一个社会团体，每一个武装队伍，

---

① 张季夫：《一个活跃在陕北的红军剧团》，延安市政协文史与学习委员会编：《延安岁月》上册，2006 年，第 443 页。

② 《人民剧社分社成立了！》，《红色中华》1936 年 11 月 9 日，第 310 期第 1 版。

每一个阶级与阶层",开展深入调查研究,并在此基础上"根据他们不同的情况,不同的需要与要求",制定和实施相应的统战策略。①

抗日救亡运动进入新阶段后,建立一个领导和推动文艺统战工作的全国性文艺团体,充分发挥文艺界人士在巩固和发展"抗日民族统一战线"中的作用,成为中国共产党掌握抗战话语权的题中应有之义。早在中国文艺工作者协会发起筹备之时,中共中央机关报《红色中华》就阐述了这一机构对于构建"抗日民族统一战线"的重要意义,称广大文艺工作者"在抗日民族统一战线目标下共同推动新的文艺工作,结成统一战线中新的战斗力量,所以我们组成文艺工作者协会"②。而在11月22日中国文艺工作者协会成立大会的讲话中,毛泽东深刻指出"现在中国有两条战线,一条是抗日战线,一条是内战",强调文协的重要任务是"结成抗日民族统一战线",为此要发动全国广大文艺界人士"从文的方面去说服那些不愿停止内战者,从文的方面去宣传教育全国民众团结抗日"。③ 张闻天则在会议讲话中,就如何"以文艺的方法具体的表现去影响推动全国人民促成巩固的统一战线"作了专题阐述,认为在当前"停止内战、一致抗日的抗日统一战线运动中",中国文艺工作者协会要积极联络和广泛发动全国文艺界人士团结抗战,尤其是要用"具体的表现,去影响推动全国的作家、文艺工作者及一切有文艺兴趣的人们,促成巩固的统一战线"。④

---

① 《中央关于抗日救亡运动的新形势与民主共和国的决议》(1936年9月17日),《中共中央文件选集》第11册,中共中央党校出版社1991年版,第96页。
② 《文艺工作者协会召开第一次筹备会议》,《红色中华》1936年11月23日,第312期第3版。
③ 《在中国文艺协会成立大会上的讲话》(1936年11月22日),《毛泽东文集》第1卷,人民出版社1993年版,第461页。
④ 《作家要同工农群众相融合》(1936年11月22日),《张闻天文集》第2卷,中共党史出版社1992年版,第197页。

从上述讲话内容来看，构建"抗日民族统一战线"显然是大会的一项核心议题。① 而与会者关于构建"抗日民族统一战线"基本方法与实践路径的讨论，初步奠定了文协的工作宗旨与方向。1936 年 11 月 30 日，文协机关报《红中副刊》正式创刊。创刊号对文协成立的情况做了详细报道，并呼吁文协全体成员"在现时全国进行抗日统一战线的民族革命战争中，把全国各种政治派别，各种创作倾向的文艺团体，文艺工作者团结起来，以无产阶级的文学思想来推动领导，扩大巩固在抗日统一战线中的力量"②。而在创刊号两个版面的内容中，有关"团结起来""一致抗日"等与构建"抗日民族统一战线"有关的语句比比皆是，"抗日战线""统一战线""抗日统一战线""抗日民族统一战线"等词语亦出现十余次，这进一步凸显了"抗日民族统一战线"话语主题的重要意义。

需要指出的是，中国共产党积极领导和推动文化社团开展"下层的"文艺统战工作之时，毛泽东、周恩来、叶剑英、潘汉年、刘鼎、张金吾等人也在西安等地向国民党高层或部队将领做"上层的"政治统战工作。尤其是毛泽东，自 1936 年初分别向张学良、杨虎城、阎锡山、宋哲元、傅作义、宋子文等国民党高层或军队将领致函，表达团结抗战的诚意和决心，并通过信件向宋庆龄、章乃器、陶行知、沈钧儒、邹韬奋等教育界、新闻界或民主人士，宣传党的"抗日统一战线的方针与实际行动"，

---

① 值得注意的是，1936 年前后，文学界曾发生过一场关于"国防文学"和"民族革命战争的大众文学"问题的争论。而在 1936 年 6 月 7 日召开的中国文艺家协会成立大会上，艾思奇注意到此次会议始终弥漫着一种"非常融洽的气氛"，即文艺界人士对构建抗日民族统一战线问题，"表现出一致的愿望和情绪"，大家都认为"只有大众联合起来，才能够争取民族的生存"，文艺工作者亦不例外，也要"在这图存运动中联合起来"。（参见艾思奇：《文艺家协会成立之日的感想》（1936 年 6 月），《艾思奇全书》第 1 卷，人民出版社 2006 年版，第 698 页。）

② 《"中国文艺协会"的发起》，《红中副刊》1936 年 11 月 30 日，第 1 期第 1 版。

推动抗战话语的广泛传播。①（见表1-1）

表1-1　1936年毛泽东致各方信函中有关"抗日民族统一战线"内容统计表

致函时间	收函者	收函者身份	涉及相关内容	出处
5月25日	阎锡山	国民党政府军事委员会副委员长	"停止内战""共同抗日""联合一致""共同战线"	第29页
8月13日	杜斌丞	国民党军第十七路军总参议	"全国不分党派，一致团结御侮""联合战线"	第31页
8月13日	杨虎城	国民党军第十七路军总指挥	"联合战线""抗日战线""坚持联合政策"	第33页
8月14日	宋哲元	国民党冀察政务委员会委员长、国民党军第二十九军军长	"统一战线""共组北方联合战线"	第35、36页
8月14日	傅作义	国民党绥远省政府主席、国民党军第三十五军军长	"全国各界一致联合""共同抗日""抗日联军"	第37页
8月14日	宋子文	国民党政府全国经济委员会主席	"联合战线""联合抗日"	第39页
8月14日	易礼容	国民党上海工会人员	"非抗日无以图存，非合作无以抗日""统一战线""建立统一战线"	第40页
8月底	王以哲	国民党军第六十七军军长	"救亡阵线""组成和平与救国的阵线""联合一致""联俄联共抗日救亡""东北军与红军的联合力量"	第42、43页

① 《致章乃器、陶行知、沈钧儒、邹韬奋》（1936年9月18日），中央文献研究室编：《毛泽东书信选集》，中央文献出版社2003年版，第55页。

致函时间	收函者	收函者身份	涉及相关内容	出处
9月8日	邵力子	国民党陕西省政府主席	"国共两党实无不能合作之理""分久必合"	第47页
9月8日	王均	国民党军第三军军长	"共同抗日""全国一致"	第49页
9月8日	朱绍良	国民党政府驻甘绥靖公署主任	"同舟共济""对付共同之敌""统一战线"	第50页
9月18日	宋庆龄	爱国民主人士	"停止内战联合抗日""组织统一战线"	第53页
9月18日	章乃器、陶行知、沈钧儒、邹韬奋	上海文化界救国会和全国各界救国联合会领导人	"停止内战一致抗日""更亲密的合作""团结一切民主分子""抗日统一战线的方针与实际行动"	第55页
9月22日	蔡元培	中国民权保障同盟副主席	"抗日统一战线""国共两党合作""统一对外"	第57、58页
9月22日	李济深、李宗仁、白崇禧	桂系军阀首脑	"停止内战一致对日""抗日统一战线"	第60页
9月22日	蒋光鼐、蔡廷锴	蒋光鼐曾任国民党军第十九路军总指挥，蔡廷锴曾任国民党军第十九路军军长	"抗日救亡的统一战线""联合一致""从事统一战线之伟业"	第62、63页
9月22日	于学忠	国民党甘肃省政府主席、国民党军第五十一军军长	"对日抗战早具同心""联合救国""抗日合作"	第65页
10月15日	张学良	国民党西北"剿总"副司令	"抗日民族统一战线""停止内战一致抗日""停战抗日"	第66页

续表

致函时间	收函者	收函者身份	涉及相关内容	出处
10月25日	傅作义	国民党绥远省政府主席、国民党军第三十五军军长	"抗日统一战线""国内统一战线"	第70页
11月2日	许德珩	北平文化界救国会发起人	"团结全国出兵抗日""共同的旗帜"	第72页
11月4日	陈公培	曾任十九路军与红军联络代表	"各方统一战线""一致之抗日"	第76页
12月1日	蒋介石	国民党总裁	"停止内战，一致抗日""抗日阵线""化敌为友，共同抗日"	第77、78页
12月5日	冯玉祥	国民党政府军事委员会副委员长	"合作救亡"	第80页
12月22日	阎锡山	国民党政府军事委员会副委员长	"统一战线""一致抗日""亲密团结，联成一气""抗日统一战线政策"	第84、85页
1936年	高桂滋	国民党军第八十四师师长	"抗日讨卖国贼之革命联合战线""居今日而言，抗日讨卖国贼，非有广大之联合战线不为功""在国际则联合一切与日本为敌之国家与民族，实为抗日讨卖国贼之重要纲领之一"	第26、27页

注：该表资料来源均为：中共中央文献研究室编：《毛泽东书信选集》，中央文献出版社2003年版。

　　如上表所示，短短数月间，毛泽东向各方发出的有关构建抗日民族统一战线的信件多达31封，信件内容均涉及"抗日民族统一战线"构建问题，这种"上层的"统战工作无疑有助于抗战话语的传播。需要补充的是，8 月 14 日，毛泽东还分别向韩复榘、张自忠、刘汝明致函，呼吁组成"抗日联合战线"①。而在 9 月 22 日写给蔡元培的信中，毛泽东明确指出"共产党创议抗日统一战线，国人皆曰可行"这一事实，并强调中国共产党提出"抗日民族统一战线"话语的首创意义。②

中国共产党构建抗战话语权之时，不仅倡导"上下层统一并用"的工作方式，还致力于"抗日民族统一战线"话语的对外传播。1936 年 7 月 16 日，毛泽东借美国记者埃德加·斯诺来访的契机，阐述了抗日战争的持续时间和未来走向问题。当斯诺问及中国抗日战争到底要打多久时，毛泽东指出："这要看中国人民的民族统一战线的力量"，"如果中国人民的民族统一战线是极其一致的，如果上下左右都是有效地组织起来的"，那么抗战很快就能胜利结束。9 月 23 日，斯诺再度访问毛泽东。此访使斯诺更加坚定地认为，中国共产党已逐步构建"实践中的统一战线"，这使中国共产党领导下的军队"日益变成了一支政治宣传部"。③

随着斯诺所撰写的一系列通讯在英美报刊发表，以及《西行漫记》（又名《红星照耀中国》）不断再版和发行，包括"抗日民族统一战线"在内的抗战话语得到了广泛传播。④1938 年 1 月 24 日，斯诺为《西行漫记》撰写序言时指出，"自从这本书在英国第一次出版之后，远东政

---

① 中共中央文献研究室编：《毛泽东年谱（1893—1949）》上卷，中央文献出版社 2013 年版，第 570 页。

② 《致蔡元培》（1936 年 9 月 22 日），《毛泽东书信选集》，中央文献出版社 2003 年版，第 57 页。

③ ［美］埃德加·斯诺：《西行漫记》，董乐山译，生活·读书·新知三联书店 1979 年版，第 79、304 页。

④ 斯诺的相关报道及《西行漫记》（又名《红星照耀中国》）的公开出版，不仅推动了中共抗战话语的传播，也促进了国际社会对中共政策以及毛泽东形象的真正了解。有关《西行漫记》（又名《红星照耀中国》）各种版本在美国、苏联、日本等的传播情况，参见石川祯浩的系列研究：《〈红星照耀中国〉各国版本考略》，《中共党史研究》2016 年第 5 期；《〈红星照耀中国〉各国版本考略（续）》，《中共党史研究》2016 年第 6 期。

治舞台上发生了许多重大的变化。统一战线已经成为事实了。可是当这一本书的大部分写着的时候，国共积极合作这一件事，大部分人们还认为非常遥远"①。可以说，斯诺的所见所闻所感再次证明，中国共产党提出的"抗日民族统一战线"话语已经向海内外各界人士广泛传播。伴随着中国共产党对上联络与文化社团对下发动工作的深入开展，建立"抗日民族统一战线"的主张逐渐成为各界共识。

总之，中国共产党基于中央苏区时期领导文化社团传播政治话语的实践，逐渐意识到话语权的掌握，必须建立在提出和表达话语主题、传播和扩大话语内涵、形成和发展话语力量的基础之上。长征胜利结束后，中共中央在陕北苏区开启了艰难而崭新的建设历程。其中，"党的领导权"构建是根据地建设诸多事务中的一项重要内容，其构建过程虽然颇为曲折和复杂，但通过抗战话语的构建，中国共产党以文化社团为依托，打通了构建话语权与掌握领导权之间的关节，实现了意识形态话语权与"党的领导权"的双重构建。

诚然，基于掌握话语权的需要，中国共产党以陕北苏区文化社团为载体，以"抗日"为话语主题，通过举办丰富多彩的文艺活动，推动了"抗日文艺"的形成与发展。美国记者埃德加·斯诺访问延安时，就被以人民抗日剧社为代表的"红军剧社"文艺演出所吸引，认为中国共产党"把'艺术搞成宣传'到了极端的程度"，这反映了延安文化社团已经成为"有力的宣传武器"，折射出中共通过"抗日文艺"的话语表达，初步掌握中国抗战话语权的实践路径。

由于日本侵略的加剧以及国内政治形势的变化，团结和联合最广大的力量共同抗日成为一项迫切需求，"抗日民族统一战线"话语即在这

---

① ［美］埃德加·斯诺：《西行漫记》，胡仲持译，上海复社 1938 年版，第 12 页。

一时代背景下产生。瓦窑堡会议的召开，标志着"抗日民族统一战线"话语的正式提出。在中共中央"上下层统一并用"的统一战线工作方针的指导下，延安文化社团的"文艺统战"工作在东北军官兵中深入开展并取得了良好效果，这有力推动了抗战话语的传播，促进了意识形态话语权构建与"党的领导权"建设的有效结合。随着抗战话语的逐步建构，中国共产党在全面抗战爆发前，已初步掌握了抗战话语的领导权，这为其后开展国共合作以及应对全面抗战爆发局面奠定了重要基础。

第二章　延安文化社团兴起与
抗战话语权的构建

　　1937 年 1 月，中共中央领导机关迁至延安，由此开始了长达十年的局部执政时期。延安相对稳定的社会局势以及"西安事变"后抗日民族统一战线由倡议到全面实施方向的发展，使得"华北事变"以来日本侵略者给中华民族造成的危急局面出现了新的转机。然而，随着侵华日军的疯狂进攻，转"危"为"机"的中国共产党既面临局部执政能力的巨大考验，又需要巩固和发展抗战力量，推动中国抗战由局部抗战向全面抗战过渡，并为即将到来的战略防御阶段做好政治上、思想上的准备。在此背景下，如何取得抗战"领导权"，成为中国共产党面临的一项核心课题，而领导和发动文化社团的全民族抗战宣传，进而构建党在农村、部队以及社会各界的抗战话语权，成为有效解决这一课题的题中应有之义。

第一节　全面抗战爆发前抗战话语的表达

一、抗战"领导权"问题的提出

1937 年 1 月 13 日，中共中央领导机关由保安迁驻延安。而在十天前，即 1 月 3 日，中共中央制定《关于统一战线区域内党的工作的基本原则草案》，确定了中国共产党在统一战线区域内应当成为"民族革命领导的核心"的基本原则，指出在"教育群众、动员群众与组织群众"的过程中，"共产党在任何环境下，应保持自己的政治面目与组织上的独立性"，并强调"共产党在统一战线中，应实现自己是唯一组织者与领导者的任务"。① 这份文件及其提出的原则要求由中共中央传达到各地党政机关，对于领导和推动文化社团开展抗战宣传和群众运动发动工作，进而构建中国共产党在抗战中的话语权和影响力，具有重要的意义。

伴随着中共中央领导机关的搬迁，中国文艺工作者协会、人民抗日剧社等文化社团也迁至延安。而西安事变和平解决以及国共合作新局面的到来，为延安文化社团的发展提供了一个相对有利的环境。据张国焘称，"延安自从中共中央迁入以后，就一天天热闹起来"，尤其是进步青年，"他们都把延安作为革命圣地"。进步青年的到来，不仅为延安文化发展增添了新鲜血液，而且增强了抗日文艺宣传力量。当时延安举办了许多宣传抗战的"文艺晚会"，中国共产党领导人也经常参加这些晚

---

① 《中共中央关于统一战线区域内党的工作的基本原则草案》（1937 年 1 月 3 日），中共中央文献研究室、中央档案馆编：《建党以来重要文献选编（1921—1949）》第 14 册，中央文献出版社 2011 年版，第 3、5 页。

会，他们"欣赏抗日歌曲和各种表演，也曾参观那些年青人的体育活动等等"。① 随着延安文化氛围日渐浓厚，中国文艺工作者协会在召开第二次会员大会的基础上，进一步制定了关于文学创作与出版、文化社团组织与联络等"新的具体决定"②。人民抗日剧社则公开发布征求会员启事，其中仅口琴演奏者就一次性招募 50 名。③ 为扩大剧本数量以及丰富演出内容，剧社发布有偿征求剧本的启事，剧本价格"自二元起至十元止"，显然酬金较之前有大幅增长。④ 值得注意的是，人民抗日剧社发布的《征求剧本启事》中提及，剧社正在开展"戏剧运动"。而事实上，当时中央剧团、平凡剧团、铁拳剧团、青年剧团等延安戏剧团体，正联合举行"大规模的公演"，使得启事中所称的"戏剧运动"如火如荼地开展起来。⑤

延安戏剧运动的开展，反映了以戏剧团体为代表的延安文化社团组织规模及其影响力的日益扩大。而作为延安戏剧运动"领导机关"，人民抗日剧社总社的成立显示了中共中央通过对文化社团的统一领导，构建其在基层文化中的话语权和领导权的实践路径。1937 年 3 月 7 日，中共中央根据抗战形势的发展，结合延安文化社团工作开展的需要，设立人民抗日剧社总社，将其作为延安戏剧运动的"中心组织"，统筹协调中央剧团、平凡剧团、青年剧团以及红军大学的铁拳剧团等团体的工作，并强调"总社就是总的领导机关"。⑥

人民抗日剧社总社的成立，及其作为延安戏剧团体"领导机关"地

---

① 张国焘：《我的回忆》，东方出版社 1991 年版，第 343 页。
② 《文艺开第二次会员大会》，《新中华副刊》1937 年 1 月 19 日，第 5 期第 2 版。
③ 《人民抗日剧社启事》，《新中华报》1937 年 2 月 16 日，第 330 期第 4 版。
④ 《征求剧本启事》，《新中华报》1937 年 3 月 19 日，第 339 期第 3 版。
⑤ 《戏剧运动蓬勃开展》，《新中华报》1937 年 3 月 19 日，第 339 期第 3 版。
⑥ 《戏剧运动蓬勃开展》，《新中华报》1937 年 3 月 19 日，第 339 期第 3 版。

位的确立，无疑有助于发挥戏剧团体集中力量开展戏剧运动的优势。与此同时，中国共产党通过行政管理、业务指导和组织建设等手段，加强对人民抗日总社的领导。首先，在行政管理方面，中共中央直接任命人民抗日剧社总社的领导人员，如剧社主任危拱之，以及继任者黄植，均由中共中央指派。其次，在业务指导方面，中国共产党通过设立编审、剧舞等部门，强化对剧本的编辑、审查与出版，并在舞台效果、装饰风格等方面，对戏剧表演进行具体指导。其三，在组织建设方面，中国共产党在总社以及各剧团设立党支部，并委派原工农剧社社长杨醉乡为党支部书记，借以加强剧团的组织建设。① 此外，中国共产党借助行政力量，推动人民抗日剧社在农村、工厂、学校、部队和机关中设立分社，这不仅有助于实现剧社组织机构的发展，而且有力促进了党对基层社会的领导。

中国共产党对延安文化社团的直接领导，是构建抗战"领导权"的题中应有之义。尤其是在侵华日军逼迫和国民党势力挤压的内外紧张局势下，能否推动局部抗战向全面抗战转变，以及构建抗日民族统一战线，直接关乎中国共产党的生存与发展，乃至整个国家与民族的存亡。在此背景下，毛泽东、张闻天等以中共中央委员会名义，向国民党三中全会致电，提出包括停止内战、一致对外等"和平统一团结御侮之方针"，并作出"坚决执行抗日民族统一战线之共同纲领"的承诺。② 而在国民党五届三中全会上，宋庆龄、何香凝、冯玉祥等为响应中国共产党的建议，向大会提交关于恢复孙中山联俄、联共、恢复农工"三大政

---

① 《人民抗日剧社总社成立》，杨立川、高字民编著：《延安文艺档案·延安戏剧组织》第 4 册，太白文艺出版社 2015 年版，第 4 页。
② 《中共中央给中国国民党三中全会电》（1937 年 2 月 10 日），《中共中央文件选集》第 11 册，中共中央党校出版社 1991 年版，第 157、158 页。

策"的提案。经过激烈争论，与会者终于接受了上述提案。2 月 22 日发布的会议宣言，则进一步提出"对内，则和平统一"，对外"超过忍耐限度，而决然出于抗战"的方针。[①] 次日《中央日报》刊发的会议公开报道也明确提出，国民党将在对日政策上倾向抗战。[②]

种种迹象表明，国民党的基本政策已经开始走向抗战。基于这一判断，中共中央制定《国民党三中全会后的形势与我党任务》，认为在"实际抗战"新阶段到来之前，"一个重要的问题就是争取领导权的问题"，即在执行抗日民族统一战线政策的同时，中国共产党必须保持对红军和革命根据地的绝对领导权，这一原则关乎党的命运，绝不可轻言让步。[③] 而针对"怎样取得领导权"问题，上述文件提出了五项基本要求：

（一）坚持民族统一战线政策，坚持抗日救国的方针。民主与群众生活等问题的处理都要环绕于抗日问题。这一方针是不能改变的。（二）善于应用一切适用的斗争方式，从武器的批判转到批判的武器。现在使用的斗争方式不是与国民党对立的方式。过去的方式是革命的，现在则适用一些改良的方式，当然这种改良是革命主义的改良。此外，还要利用从上而下、从下而上的联系，利用公开的、合法的斗争方式，利用旧的形式为新的内容服务，等等。斗争形式很复杂，各种形式相互交叉。（三）要加强白区党的领导，建

---

① 荣孟源主编：《中国国民党历次代表大会及中央全会资料》下册，光明日报出版社 1985 年版，第 428 页。另：2 月 22 日，即国民党三中全会宣言发表的当天，蒋介石在其日记中称："本日以内政外交形势险恶为虑，惟有抗战到底而已。"（参见《蒋介石日记》，1938 年 2 月 22 日条，未刊。）

② 《三中全会宣言》，《中央日报》1937 年 2 月 23 日，第 1 张第 3 版。

③ 《国民党三中全会后的形势与我党任务》（1937 年 3 月 23 日），《张闻天文集》第 2 卷，中共党史出版社 1993 年版，第 226 页。

立全国范围的工作，每个中心地区要有坚强的能独立工作的干部。
（四）苏区、红军中要特别加强党的领导。以后在苏维埃中、红
军中实现领导，要靠我们的政治斗争，要使我们的同志有高度的
觉悟。在苏区内要大大的发展党内民主，要向党员做报告，实行
选举，开代表大会等。苏区改特区后，加强党的作用将更加重要。
（五）要重新教育干部，培养干部，使他们懂得新的政策，适合于
新的要求。①

　　从上述五项基本要求的内容来看，中国共产党紧紧抓住抗战这一中
心议题的同时，实现了诸多转变。具体而言，一方面，根据国民党已开
始走向抗日以及国共第二次合作或将实现的判断，中国共产党及时调整
工作思路与斗争策略，"从武器的批判转到批判的武器"，即放弃过去军
事上、武力上逼迫国民党抗战的策略，改为从思想政治上、社会舆论上
的宣传和鼓动方针。另一方面，中国共产党在谋划抗战前途、着手抗战
准备工作的同时，提出在"苏区、红军中要特别加强党的领导"的要求，
强调只有巩固和发展中国共产党在苏区的领导权，才能实现对抗日民族
统一战线的领导。②4月3日，上述文件以《中央宣传部宣传大纲》形式
公开发表时，再次强调了中国共产党宣传工作方针"由武器的批评转到
批评的武器"，从而为群众宣传和发动工作的有效开展提供了重要指南。③
　　从某种意义上来说，抗战形势的变化推动中共中央宣传工作方针的

---

① 《国民党三中全会后的形势与我党任务》（1937 年 3 月 23 日），《张闻天文集》第 2 卷，
　中共党史出版社 1993 年版，第 227、228 页。
② 《国民党三中全会后的形势与我党任务》（1937 年 3 月 23 日），《张闻天文集》第 2 卷，
　中共党史出版社 1993 年版，第 227、228 页。
③ 《国民党三中全会后我们的任务——中央宣传部宣传大纲》（1937 年 4 月 3 日），《中共中
　央文件选集》第 11 册，中共中央党校出版社 1991 年版，第 174 页。

转变，反映了话语环境变动后，话语构建方式及话语内容的相应调整。由于西安事变和平解决以及国民党三中全会召开后，国共合作抗战日趋明朗，中国革命形势也进入新的阶段，中共中央敏锐地捕捉到抗战话语环境的变动及其趋向，遂根据掌握抗战话语权的现实需要，以"全民族的总动员"为工作重点，将"取得的国内和平，争取民主权利与实现对日抗战"作为阶段性工作目标。①

二、抗战话语传播路径的形成

抗战形势的多变性与革命内涵的丰富性，要求中国共产党构建抗战话语权时，必须根据话语环境的复杂变化，及时调整话语构建方式、提炼话语主题、丰富话语内涵、彰显话语影响。尤其是话语主题的提炼，表现出"每一发展阶段和每一重大事变中的动员口号"的相应特点，这正如毛泽东在《中国共产党在抗日时期的任务》中所指出的，"抗日民族统一战线""统一的民主共和国""停止内战""争取民主""实现抗战"等，均为中国共产党根据抗战阶段性任务提出的富有宣传鼓动性的"政治口号"。② 可以说，中国共产党通过话语主题的提炼，不仅推动了抗战话语权的构建，还为"实现对于全国各革命阶级的政治领导"奠定了重要基础。与此同时，中国共产党根据自身特点与抗战形势的发展，就话语建构的方式、原则与基本路径做了新的调整。

首先，在话语构建方式上，中国共产党提出将马克思主义理论与中

---

① 《中国共产党中央执行委员会告全党同志书——为巩固国内和平，争取民主权利实现对日抗战而斗争》（1937 年 4 月 15 日），《中共中央文件选集》第 11 册，中共中央党校出版社 1991 年版，第 193 页。

② 《中国共产党在抗日时期的任务》（1937 年 5 月 3 日），《毛泽东选集》第 1 卷，人民出版社 1991 年版，第 262 页。

国"具体环境"相结合的要求，强调要在"理论与实际斗争中努力学习"，并通过富有成效的学习行动构建抗战话语。① 毋庸置疑，中国共产党作为一个善于学习的政党，不仅始终坚持将马克思主义理论置于学习的首要位置，而且强调在理论学习中探索革命的前进道路。为此，中共中央致力于如何"使全党同志了解学习马克思列宁主义的重要"以及"养成学习理论的兴趣"，并且强调"在思想上用马克思列宁主义的武器武装全党同志，是党目前争取民族统一战线中的领导权的最主要的任务"。②

然而，马克思主义理论学习和革命实践的结合并非是一劳永逸的，抗战本身也充满了曲折和艰辛，革命道路中的曲折和反复往往难以避免，教条主义和经验主义倾向的出现即是重要表现之一。为防止出现这一错误倾向，中共中央执行委员会发布告全党同志书，明确要求全党同志"学习以马克思列宁斯大林的方法去细心的分析当时当地的具体环境"，强调"马克思列宁史（斯）大林主义的原则必须使之具体化，成为具体行动的指南针"，才能使学习富于创新性，并"适合于目前的新环境"。

其次，将党的"群众路线"应用于话语建构工作，并以改变"群众工作方式"带动话语建构方式的转变。话语建构是一个系统性的复杂工程，它既需要话语实施主体发挥主观能动性，也离不开话语表达对象的积极回应和广泛支持。就抗日民族统一战线形成背景下的抗战话语建构而言，能否领导和发动广大群众团结抗战，是决定抗战话语权建构成败的一个关键因素，而将"群众路线"与抗战话语建构相结合，遂成为中

---

① 《中国共产党中央执行委员会告全党同志书——为巩固国内和平，争取民主权利实现对日抗战而斗争》（1937 年 4 月 15 日），《中共中央文件选集》第 11 册，中共中央党校出版社 1991 年版，第 202、203 页。

② 洛甫：《白区党目前的中心任务》（1937 年 6 月 6 日），《中共中央文件选集》第 11 册，中共中央党校出版社 1991 年版，第 257 页。

国共产党取得抗战领导权的核心议题。可以说，当时"取得共产党在民族革命运动中的领导权"，已经成为中国共产党"一切工作的中心"。为此，中共中央在部署苏区工作时，明确要求党员干部"彻底转变党的工作方式与群众工作方式"，强调只有"坚持党的正确路线，善于依靠群众与领导群众"，才能实现全面组织和发动群众的目标，才能"在民族统一战线中取得自己的领导权"。①

作为中国共产党宣传工作的负责人，张闻天在领导和发动抗战宣传工作的实践中，对转变群众工作方式以及深入开展群众组织、宣传和发动工作的重要意义，有着更为深刻的体会。尤其是在侵华日军和国民党势力的内外挤迫下，中国共产党不仅要巩固和发展苏区的群众基础，还应当通过抗战话语的表达，取得包括白区（国民党统治区）群众在内的最广大群众的支持和响应。对此，张闻天在白区代表会议报告中指出："群众愿意接受共产党的领导，只是因为共产党真能代表他们的利益，真是他们自己的领袖，而不是因为他能够高谈马克司列宁主义的教条，与他的那副'领导者'的架子。从领导者的架子到领导者，这中间还相差十万八千里！"他强调，工作的关键在于"以共产主义的精神教育群众"，其要义是"共产党员在群众中，应该以马克司列宁主义的方法去分析与解释各种最平凡的问题"，而其精髓则为"完全不用马克司列宁的一句话，然而这种分析与解释仍然是马克司列宁主义的"。② 可以说，"群众路线"作为抗战时期中国共产党的根本工作路线，其提出既是延安时期抗战话语权建构的一项重要原则，也是抗战形势转变和革命形势

① 《中国共产党苏区代表会议的任务》（1937年5月2日），《张闻天选集》，人民出版社1985年版，第148页。
② 洛甫：《白区党目前的中心任务》（1937年6月6日），《中共中央文件选集》第11册，中共中央党校出版社1991年版，第240、241页。

发展的客观需要。

最后，抗战话语构建方式必须随着抗战环境的变化而加以调整，这是由抗战局势的复杂多变性所决定的，中国共产党则根据西安事变和平解决以及国民党三中全会召开的背景，适时提出"从武器的批评转变到批评的武器"这一根本性要求，并且确立"使自下而上的工作方式，同自上而下的工作方法，适当配合起来"的原则要求，旨在通过党员干部的话语引导，充分发挥文化社团的话语载体作用，在抗战话语表达与传播过程中，采取"在旧形式中灌输新内容，旧躯壳中注入新生命"的方式，不断发挥社会舆论的作用和力量，从而形成抗战话语建构的新路径。①

抗战话语构建方式、原则和基本路径的调整，必然会带来话语传播效果的改观。以戏剧表演者群体为例，在中国传统社会，戏剧从业者处于社会的底层，社会地位较低、标签化的形象往往导致身份认同的危机。然而，随着延安时期中国共产党话语构建方式、原则与基本路径的确立，戏剧表演者群体成为推动抗战话语向广大基层民众深入传播的重要载体。1937 年 4 月 6 日，中共中央机关报《新中华报》刊发一则题为《唱戏的也要抗日》的报道，称中国共产党在农村开展基层工作时，遇到一个表演秦腔、晋腔、迷糊调的戏班，其表演能力和演出效果俱佳，但演出内容大多为封建旧戏，对此中国共产党有关干部主动与戏班联络，向他们阐明"抗日救亡的民族统一战线的道理"，并且组织力量帮助戏班编写宣传抗战思想、反映抗战内容的剧本。随着编写的"抗日新剧"在各地上演，前来观剧的民众越来越多，戏班的影响力也不断扩大。尤其

---

① 《中国共产党中央执行委员会告全党同志书——为巩固国内和平，争取民主权利实现对日抗战而斗争》（1937 年 4 月 15 日），《中共中央文件选集》第 11 册，中共中央党校出版社 1991 年版，第 203 页。

是一部名为《国破家亡身何在》的新编抗日剧，完全是"旧形式的新内容的剧"，通过在旧戏的基调上，改编和加入有关抗战的内容，使得戏剧的感染力大大增强，戏班"表演该剧的时候在人山人海的观众中已博到热烈的赞赏喝彩，这更提高了他们表演抗日新剧的兴趣"，为此戏班主动将名字由"聚乐会"改为"抗日聚乐会"。①

"抗日聚乐会"戏班的出现，是中国共产党表达和传播抗战话语的一个缩影，而"旧形式的新内容的剧"的产生并获得群众广泛认可，则进一步增强了抗战话语的影响力，折射出中国共产党"在旧形式中灌输新内容""旧躯壳中注入新生命"话语构建路径的内在张力。5月3日，毛泽东在延安召开的大会上提出，"共产党对于全国人民的政治领导"是革命取得胜利的根本保证，为此"共产党员应该作到最有远见，最富于牺牲精神，最坚定，而又最能虚心体会情况，依靠群众的多数，得到群众的拥护"。② 而在大会总结报告中，毛泽东进一步指出：中国共产党"正确的政治方针和坚固的团结，是为着争取千百万群众进入抗日民族统一战线这个目的"，呼吁各地党委机关加强对群众的"宣传、鼓动和组织的工作"，强调"把党的方针变为群众的方针，还须要我们长期坚持的、百折不挠的、艰苦卓绝的、耐心而不怕麻烦的努力"。③

三、抗战话语传播的基本特点

在全民族抗战爆发前，中国共产党以文化社团为话语传播载体，

---

① 《唱戏的也要抗日》，《新中华报》1937年4月6日，第344期第3版。
② 《中国共产党在抗日时期的任务》（1937年5月3日），《毛泽东选集》第1卷，人民出版社1991年版，第263页。
③ 《为争取千百万群众进入抗日民族统一战线而斗争》（1937年5月7日），《毛泽东选集》第1卷，人民出版社1991年版，第278、279页。

所开展的群众宣传和发动的工作颇具成效。如中共陕北省委组织成立的锄头剧社，虽然成立时间不长，但在剧社主任杨竺萍的带领下，剧社上下利用"歌舞及戏剧表演"进行抗战宣传，演出节目"极为群众所赞赏"。5月5日，中共陕北省委召集宣传、教育、财政等部门，与锄头剧社负责人举行会议，当场决定联合成立"剧社管理委员会"，旨在通过强有力的组织和领导，促使剧社成员在工作中"精益求精"，进而发挥戏剧的抗战宣传和民众动员作用。当天，与会者根据剧社主任杨竺萍的报告，结合抗战宣传的根本宗旨，研究制定了剧社工作要点，即：（一）编写抗战新剧，创新演出内容；（二）"加紧教育以求深造"，提升演员思想政治素质；（三）扩大"演剧范围"，增强抗战宣传力度；（四）提供经费支持，改善演出条件。① 上述诸项工作中，剧本创作与演员素质提高是基础，财政经费支持是保障，而扩大演剧范围堪称剧社首要任务。根据演出计划，锄头剧社打破过去围于蟠龙一地表演的局限，准备赴延安各县进行"巡回表演"，而其第一站则为革命重镇瓦窑堡。②

锄头剧社举行巡回表演之时，人民抗日剧社也开展了历时一个半月的陕北苏区巡回演出活动。人民抗日剧社此次巡演有一个重要主题，即"选举运动宣传"③。作为民主政治制度的重要内容和必要前提，选举是体现民主的根本性举措，它决定了民主政治的范围和程度，具有调节各阶级矛盾、实现多元利益的特殊功能。在某种意义上，苏区选举运动的开展，是中国共产党加强政治民主化建设的重要标志，它以转变政治工作方式和领导方式为表征，反映了抗战话语权构建背景下党的领导权建

---

① 《锄头剧社今后工作计划》，《新中华报》1937年5月6日，第354期第3版。
② 《锄头剧社出发巡回表演》，《新中华报》1937年5月26日，第360期第5版。
③ 《人民抗日剧社出发表演》，《新中华报》1937年6月16日，第366期第2版。

设与"新的形势要求"的统一性。①6 月 22 日，人民抗日剧社从延安出发，前往陕北各县进行巡回表演。在出发前，剧社以推动选举运动为目的，组织编写了十余部有关选举宣传的剧本。而为了排演新编剧本，剧社巡回表演的出发日期一再推迟。② 需要强调的是，在苏区选举运动的宣传工作中，人民抗日剧社的积极行动并非个案，当时在苏区政府的领导下，各地分别组织了宣传队、歌咏团，并派往苏区各县开展群众宣传和发动活动，由此使文化社团承载了抗战宣传与民主政治构建的双重任务，这无疑反映了抗战时局演变背景下民主政治建设、社会动员与舆论宣传交织互动的历史场景。

毋庸讳言，这一时期戏剧社团的活动在延安文化社团中较具代表性。尽管中国文艺工作者协会举行了诸如"高尔基逝世周年纪念会"，但戏剧表演无疑是延安文化活动的主体，以致中国文艺工作者协会召开时，也无一例外地"表演新剧"。③ 可以说，在抗战宣传与群众发动工作中，"戏剧的强有力的作用是不能否认的"。④ 从抗战话语构建的角度来看，当时延安文化社团的工作主要表现出以下特点：

第一，抗战宣传是文化社团工作的主旋律。面对日本侵略者所造成的中华民族空前的危机，文化社团在中国共产党的组织与发动下，将工作重心转向揭露侵华日军残暴行径，宣传中国共产党抗日民族统一战线

---

① 《苏区党代表会议组织问题报告提要》(1937 年 5 月 10 日)，《中共中央文件选集》第 11 册，中共中央党校出版社 1991 年版，第 215 页。

② 《边区新闻：选举工作在各地已开始　人民抗日剧社出发陕北》，《新中华报》1937 年 6 月 23 日，第 368 期第 1 版。

③ 中共中央文献研究室编：《毛泽东年谱（1893—1949）》上卷，中央文献出版社 2013 年版，第 682 页；《苏区文艺协会召开高尔基逝世周年纪念会》，《新中华报》1937 年 6 月 23 日，第 368 期第 2 版。

④ 《红色档案——延安时期文献档案汇编》编委会：《红色档案——延安时期文献档案汇编》第 1 卷，陕西人民出版社 2013 年版，第 240 页。

政策，旨在推动形成团结抗战、一致对外的局面。从人民抗日剧社、中央剧团等巡演的情况来看，他们所表演的剧目大多为抗日新剧，如《亡国恨》《察东之夜》《古庙钟声》等，由于他们所演的戏剧"充满抗日的内容"，既充分揭露了"日本帝国主义恶毒的阴谋、狰狞的面孔"，又形象地刻画了"中国同胞的受压迫和屠杀，过着暗无天日的日子"，随着这些富有感染力的戏剧的上演，广大群众的抗日热情高涨，"抗日的力量在群众中滋长着"。①

　　第二，走进群众是延安文化社团工作的根本原则。随着人民抗日剧社、中央剧团等巡回演出的深入开展，广大群众观剧热情不断高涨，人民抗日剧社演出后，观众评论称"表演的技术都很好"②。中央剧团演出时，"有一千多人参加，大大的受到群众的赞扬"③。而剧团在永坪进行表演时，群众的观剧热情非常高，尽管当时突降大雨，但观众不愿意离开，演出亦不停止，"到晚上群众更多，妇女儿童都围坐在戏台边，演完了不肯走，大家喊着'再来一个'！"④富有感染力的场面、通俗易懂的对话、贴近现实的情节、群众熟悉的曲调，使得"每个戏都能深入群众，抓住了群众的心坎和脉搏，使群众得到深刻不忘的印象，使群众的紧张、悲哀、兴奋、愤懑和舞台上所演的融化在一片"。据雷铁鸣《戏剧运动在陕北》一文称，文化社团所表演的戏剧表现出"群众化"的特点，简言之，"他们演的戏无论什么人也听得懂，能够了解；即使是一个刚从乡村里出来的农夫，他看了一出戏以后回去能够从头至尾的说给家人或邻舍听，即使一个八九岁的小孩子当他看到汉奸卖国贼鬼鬼祟祟

---

① 《红色档案——延安时期文献档案汇编》编委会：《红色档案——延安时期文献档案汇编》第1卷，陕西人民出版社2013年版，第240页。
② 《人民剧社在蟠龙表演》，《新中华报》1937年7月9日，第368期第2版。
③ 《中央剧团在蟠龙》，《新中华报》1937年7月9日，第373期第4版。
④ 《中央剧团在延川受到群众热烈的欢迎》，《新中华报》1937年7月23日，第377期第5版。

的上台，或者日本军阀拿着枪来杀中国同胞时，他也会愤怒激昂地举起小拳头喊着：'打倒这个汉奸卖国贼！''打倒日本鬼！'"①

第三，以构建抗战话语权推动中共抗战"领导权"建设是延安文化社团工作的基本路径。面对日军侵略和国民党势力的内外压力，中国共产党唯有提出通过话语权的构建，才能取得广大群众的支持，进而推动形成抗战"领导权"。在抗战话语权构建的过程中，延安文化社团成为抗战话语传播的重要载体，因此文化社团的工作得到中国共产党领导人的高度重视。毛泽东、周恩来、张闻天等人，或亲自参与文化社团建设，或直接主导文化社团活动，或通过制定相关政策推动文化社团的发展。如西安事变发生后，毛泽东曾就西安事变后的宣传工作，向人民抗日剧社做了专题讲话。他在讲话中旗帜鲜明地指出，人民抗日剧社"是党领导下的文艺组织"，并称：

> 红色的文艺战士同志们，蒋介石被扣你们一定很高兴吧！该杀头，对不对？我们几乎一齐回答：就是该杀头。毛主席接着话语一转说：蒋介石的头杀不得。杀了头，日本鬼子高兴，亲日派高兴。中国就要发生大规模的内战，给日本帝国主义大兴入侵中国以可乘之机。我们的主张是他答应我们提出的条件而放之，叫作逼蒋抗日嘛！他不抗日，共产党不答应，全国人民不答应，全世界同情中国人民的国际反法西斯阵营不答应。②

毛泽东的上述讲话，使剧社上下统一了思想，尤其是对宣传口号由

---

① 雷铁鸣：《戏剧运动在陕北》，《解放周刊》1937 年 6 月 28 日，第 1 卷第 8 期。
② 任文主编：《延安时期的社团活动》，陕西师范大学出版总社有限公司 2014 年版，第 80、81 页。

"反蒋抗日"改为"逼蒋抗日",大家有了新的认识,而这无疑对人民抗日剧社的工作产生了重要影响。他们在创作《西安事变》等抗战新剧时,主动调整剧本内容,旨在宣传中国共产党"逼蒋抗日"的新方针。同时,廖承志、赵平山等中共领导人亲自参与戏剧的创作与演出活动,如 1937年初《阿 Q 正传》一剧上演时,"毛主席和中央其他领导同志不时地为演员喝彩鼓掌"①。6 月 20 日,中国文艺工作者协会举办高尔基逝世周年纪念会时,毛泽东、朱德、周恩来、张闻天等人出席纪念活动并发表讲话。毛泽东在讲话中阐述了高尔基"实际斗争精神和远大的政治眼光",认为高尔基"不但是一位革命的文学家,并且是个很好的政治家"。②

　　需要强调的是,中国共产党抗战"领导权"问题提出后,由于抗战局势处于不断发展与变动过程之中,延安初期中国共产党构建抗战话语权的过程虽然表现出上述特征,但话语权构建的基本路径与原则必须随着客观形势的变化而加以调整,这反映了话语环境变动背景下话语观念、话语内涵等的转变,折射出抗战话语权构建的复杂历史面相。

第二节　全面抗战爆发后大众化话语的传播

一、大众化话语的提出

　　1937 年 7 月 7 日,侵华日军向驻守在北平西南卢沟桥附近的中国

---

① 　任文主编:《延安时期的社团活动》,陕西师范大学出版总社有限公司 2014 年版,第 80、81 页。
② 　中共中央文献研究室编:《毛泽东年谱（1893—1949）》上卷,中央文献出版社 2013 年版,第 682 页;《苏区文艺协会召开高尔基逝世周年纪念会》,《新中华报》1937 年 6 月 23 日,第 368 期第 2 版。

守军第二十九军发动进攻，第二十九军奋起抵抗，就此揭开中国全面抗战的序幕。次日，中国共产党中央委员会发出《中国共产党为日军进攻卢沟桥通电》，向全国人民呼吁"平津危急！华北危急！中华民族危急！只有全民族实行抗战，才是我们的出路！"① 全面抗战爆发后，中国抗战"领导权"问题成为亟待解决的重大问题，而掌握抗战话语权无疑是破解这一问题的关键。对此，中国共产党以延安文化社团为话语载体，致力于抗战话语向广大群众的表达与传播，从而构建起马克思主义意识形态话语权。诚然，抗战话语只有向广大群众传播，才能形成话语力量，而大众化话语的提出与构建，遂成为党的文化领导权建设的题中应有之义。

毋庸置疑，由于日本侵略者的大肆进攻，中华民族已经面临生死存亡的考验。而对于偏居一隅的延安中共来说，虽然经历了长征和革命斗争的严峻考验，但如此深重的危机，无疑预示着空前的巨大挑战。如何转"危"为"机"，即：化生死存亡的挑战为革命的新契机，成为中国共产党亟待解决的迫切问题。8 月 1 日，中共中央向各地发布多项工作指示，就抗战进入新阶段后党的建设、马克思主义教育和党的领导权构建等问题进行具体部署。首先，关于党的建设，其工作重点是"健全政治工作制度"，发展"党的组织"，以及"提高党员的质量"；其次，关于马克思主义教育，其重要举措是"有组织有计划的以马克思列宁主义重新训练党的干部与党员"，使各级党员干部"了解党的新政策"和"懂得党的策略"；最后，关于党的领导权构建，其关键在于转变"党的领导方式与工作方法"，尤其是开展群众宣传和群众发动工作时，要注意在组织和发展群众团体的基础上，尽快在"群众团体中应当广泛实行民

① 《中国共产党为日军进攻卢沟桥通电》（1937 年 7 月 8 日），《中共中央文件选集》第 11 册，中共中央党校出版社 1991 年版，第 274 页。

主制度",借以巩固"共产党的绝对领导",尤其是在部队中,必须"保证党在红军中的绝对领导"。① 可以说,党的建设、马克思主义教育、党的领导权构建三者既相互联系又互相促进,是全面抗战爆发后中国共产党审时度势后作出的重大决策。

中国共产党的上述决策为构建文化领导权提供了重要指导。8 月 12日,中共中央发出《中央关于抗战中地方工作的原则指示》,明确提出全面抗战局势下地方工作应当"更加群众化"的要求,强调各地政府及军队立足于"抗日民族统一战线"原则,尽量吸收各党派及"人民团体"加入抗战队伍,使抗战队伍更加"群众化",并认为"可以发起各种吸收群众参加的活动与组织",同时加强对"国防文艺团体"等文化团体的领导。② 上述指示文件的出台及其贯彻落实,无疑为推动话语力量的形成,促进话语构建重心向广大群众倾斜提供了重要遵循。而在利用延安文化社团这一话语构建的重要载体方面,中国共产党基于人民抗日剧社、中央剧团等巡回演出的话语构建实践,积累了有关抗战话语传播的宝贵经验。尤其是中央剧团在陕北各地的巡回表演,因其"通俗简单明了的活泼方式使群众看了以后都能懂",富有感染力的演出极大激发了群众抗战热情,他们对党的抗战主张和所做的努力予以高度评价,剧团也因此获得了群众的热烈欢迎。③

---

① 《中央关于南方各游击区域工作的指示》(1937 年 8 月 1 日),《中共中央文件选集》第 11 册,中共中央党校出版社 1991 年版,第 301—304 页;《总政治部关于新阶段的部队政治工作的决定》(1937 年 8 月 1 日),《中共中央文件选集》第 11 册,中共中央党校出版社 1991年版,第 305—311 页。

② 《中央关于抗战中地方工作的原则指示》(1937 年 8 月 12 日),《中共中央文件选集》第 11 册,中共中央党校出版社 1991 年版,第 318、319 页。

③ 如中央剧团在延长县举行演出活动时,"各界举行热烈的慰劳,他们在延长数天中每天都有慰劳品的收入如猪肉蔬菜手巾袜子肥皂等等,还有延长卫戍区政治部赠送了一面很美丽的旗子"。(参见《中央剧团在延长》,《新中华报》1937 年 8 月 9 日,第 382 期第 3 版。)

面对侵华日军的不断逼迫，全国抗日救亡的声浪日益高涨。而在中国共产党的积极推动下，国共合作抗战的局面逐渐形成。8月14日，国民政府外交部发表声明，宣称侵华日军对北平、天津的进攻，已充分暴露日本"对于中国怀有野心，实行领土之侵略"，对此国民政府"惟有实行天赋之自卫权以应之"。[①]次日，中共中央委员会发布《中国共产党抗日救国十大纲领》，提出"在国共两党合作的基础上，建立全国各党各派各界各军的抗日民族统一战线"，呼吁"为动员一切力量争取抗战胜利而斗争"。尽管这份文件对抗战领导权问题未作明确阐述，而是以"领导抗日战争"之辞简单概括，但事实上，中国共产党通过延安文化社团这一话语载体，广泛构建文化领导权的行动已经深入开展。[②]

抗战剧团的改组成立，无疑是中国共产党领导和发动延安文化社团传播抗战话语的一项重要举措。是年8月，中国共产党因应于抗战新形势的需要，将延安最大的文艺团体人民抗日剧社更名为抗战剧团，由中共中央宣传部、教育部领导。[③]需要指出的是，直接以"抗战"作为剧团的名称，此举既显示了中国共产党组织和发动广大群众团结抗战的宗旨，又旗帜鲜明地推动抗战话语的传播。据抗战剧团副主任杨醉乡称，剧团成立后，根据中共中央指示要求，剧社目标是推动"抗日民族统一战线"工作，"活动的范围转向地方"，服务对象亦直接面向广大群

---

① 《国民党政府自卫抗战声明书》（1937年8月14日），《中国近代对外关系史资料选辑（1840—1949）下》第2册，上海人民出版社1977年版，第14页。

② 《中国共产党抗日救国十大纲领——为动员一切力量争取抗战胜利而斗争》（1937年8月25日），《中共中央文件选集》第11册，中共中央党校出版社1991年版，第330页。

③ 抗战剧团虽由人民抗日剧社改名成立，但在中共领导和推动下，剧团组织机构进行了较大调整：剧团设总部，下设剧务、宣教、交际、总务四科，分别负责剧本的审查和节目的编排、团员思想教育和理论学习、对外联络以及团内事务的管理。（参见孙国林、曹桂芳编著：《毛泽东文艺思想指引下的延安文艺》，花山文艺出版社1992年版，第339页。）

众。①8 月 12 日，西北战地服务团（简称"西战团"）在延安召开成立大会。作为全面抗战爆发后延安第一个综合性文艺团体，西战团主要宗旨是充分发挥文艺工作者的作用，推动抗战话语的广泛传播。根据中共中央宣传部的任命，西战团主任由著名作家丁玲担任，副主任为吴奚如。西战团下设通讯、宣传、秘书三个部门，其中宣传部门下设歌咏、戏剧、演讲、张灯四个小组。② 其成立宣言称，西战团全体成员将奔赴抗战前线，发扬"一切贡献于抗日前线"精神，发挥文艺界在抗战中的作用，"提高前线战士的民族自信心和民族牺牲精神"，以及推动全国各界民众支援抗战。③ 为加强对西战团的统一领导，中共中央宣传部派专人到会，当天还在西战团设立党支部，由抗日军政大学第一期政治教员吴奚如担任支部书记，丁玲、陈克寒分别担任宣传干事和组织干事。15 日，西战团在延安大礼堂举行赴抗日前线欢迎会。毛泽东在会议发言时，鼓励西战团全体文艺工作者发挥文艺抗战的重要作用，在前线"努力扩大党的影响，宣传党的抗日救国主张，争取抗战胜利"④。中共中央宣传部以及毛泽东等领导和推动西战团的创建、活动开展等工作，在某种意义上反映出中国共产党发挥文化社团的话语传播载体功能，扩大党的文化领导权的历史面相。

延安欢送会后，西北战地服务团从加强政治学习、提升马克思主义理论水平、提高政治宣传能力、编排文艺节目等方面，做了历时 40 天的准备工作。根据西北战地服务团行动纲领，西战团前线工作主要包括

---

① 杨醉乡：《回忆抗战剧团的演出活动》，《延安文艺档案·延安戏剧：延安戏剧组织》第 4 册，太白文艺出版社 2015 年版，第 72 页。

② 《组织系统表》，《战地》1937 年 8 月 19 日，创刊号。

③ 《西北战地服务团成立宣言》，《战地》1937 年 8 月 19 日，创刊号。

④ 王荣等编著：《延安文艺档案·延安文学：延安文学组织》第 31 册，太白文艺出版社 2015 年版，第 87 页。

对内发动和对外宣传两个方面：一方面，西战团"以戏剧、音乐、讲演壁报、标语、口号各种方式"，向前线作战的抗日将士以及战区民众进行鼓舞和发动工作，旨在"使能彻底明了民族革命战争之意义与目标，借以唤起中华民族之儿女们的斗争情绪与求生存的牺牲精神"。另一方面，西战团充分发挥文艺工作者的特长，"以电报、战地通讯、报告文学等诸种方式"开展对外宣传工作，旨在将中国人民抗战的英勇事迹和不屈精神"传达国内外"，进而"争取国际间之正义同情与援助"。① 为宣传报道西战团的前线之行，中共中央机关报《新中华报》不仅对相关活动进行专题报告，而且开辟《战地》副刊，借以发表西战团成员所撰写的报告文学、短小精悍的杂文等，这从一个侧面揭示了中国共产党通过文化社团向前线将士及战区民众传播抗战话语的实践路径。

9 月 22 日，西战团由丁玲率领奔赴抗战前线。出发前，西战团向包括"文化界各团体"在内的社会各界人士致电，宣告"西北战地服务团已开始赴前线去服务"，呼吁各界民众组织团体，"参加到抗日战争中去"。② 出发后，他们沿途开展宣传活动，历时近一年。其中，在山西前线，西战团"历时五月有余，辗转 16 座县城，60 多个村镇，演出 113 场，观众达 20 多万；创作剧本 20 个，歌曲 30 首，杂耍 30 个；写标语 1200 余条；绘漫画 60 余幅；教 30 万人唱会 30 多首抗战歌曲；出版《战地》3 期、壁报 20 期；采写新闻通讯对外发稿 70 余篇"③。可见，西战团以形式多样、内容丰富的文艺手段，在前线做了大量的宣传和发动工作。他们的到来不仅鼓舞了前线抗日官兵们的士气，还通过表演抗战题

---

① 《本团行动纲领》，《战地》1937 年 8 月 19 日，创刊号；《作家丁玲史沫特莱等组织西北战地服务团出发前线》，《新中华报》1937 年 8 月 19 日，第 385 期第 2 版。

② 《西北战地服务团出发前线致全国爱国人士电》，《战地》1937 年 8 月 19 日，创刊号。

③ 冯希哲、敬晓庆编著：《延安文艺档案·延安音乐：延安音乐组织》第 15 册，太白文艺出版社 2015 年版，第 4 页。

材的戏剧，将党的抗战政策和方针向基层民众传播。

需要指出的是，西战团赴前线之举，既是全面抗战爆发后客观形势发展的需要，又深刻揭示了党的群众路线在话语表达与话语权构建中的重要地位。以西战团主任丁玲为例，她从上海辗转来到延安，不久就跟随工农红军前方政治部出发赴抗战前线。毛泽东曾作《临江仙·给丁玲同志》，称"纤笔一枝谁与似？三千毛瑟精兵"，借此表达对文艺工作者在抗战中重要作用的高度评价。同时，他以"昨天文小姐，今日武将军"之语句，称赞丁玲赴前线之举。而当时丁玲因尚在前线，未能读到此词，直到从前线返回延安才得见。在毛泽东以及中国共产党的影响下，丁玲通过深入前线，深切感受到走向群众的必要性。在西战团创建之时，丁玲在日记中亦表示："不要怕群众，不要怕群众知道你的弱点。要到群众中去学习，要在群众的监视之下纠正那致命的缺点。"她还强调，再次赴前线，应当"多听大众的意见，多派大众一些工作，不独断独行，不包而不办，是最好的领导方式"①。显然，丁玲根据奔赴前线的重要经历，总结出掌握领导权的宝贵经验，即不断地走向大众、走进群众。

丁玲通过奔赴前线走向大众的亲身经历和宝贵经验，无疑与中国共产党通过群众路线原则提出大众化话语的话语权构建路径，有着相似之处。1937 年 8 月 22 日至 25 日，中共中央在洛川召开会议。毛泽东在大会所做《为动员一切力量争取抗战胜利而斗争》报告中，深入分析了卢沟桥事变后中国抗战形势与党的政治任务问题，指出中国共产党抗日民族统一战线政策得到全国民众的广泛支持，这使得国民党当局"开始转变到实行抗战的政策"。随着中国共产党抗日救国十大纲领的提出，

---

① 丁玲：《西北战地服务团成立之前》，《延安文艺档案·延安文学：延安文学组织》第 31 册，太白文艺出版社 2015 年版，第 96 页。

抗战领导权问题已经成为一个亟待解决的重大问题。①

　　张闻天在大会发言时，对抗战领导权问题做了深刻阐述。他指出，抗战领导权问题是当前和今后一个时期的根本问题，必须"用一切方法宣传我们的主张、口号以及我们的行动，用事实来证明我们是对的"。可以说，"指出胜利道路的问题是争取领导权的基础，而新的抗日十大纲领，就是争取胜利的具体道路"②。在大会报告中，张闻天认为"只有中共在抗战中取得领导权时，抗战胜利才能得到保障，才能使抗战胜利后完成民主共和国的任务"，而当前"如何组织群众是目前严重的问题"，尽管"随着群众抗日运动的发展，党的影响是增加了，党所说的话也都已证实了"，但只有将党的抗战方针和政策向广大群众传播，才能进一步增强党的抗战领导权。③

　　中国共产党群众路线的制定和实施，为推动构建抗战话语权起到了重要作用，并逐渐形成全国民众团结抗战的舆论声浪。当时，人民抗日剧社、锄头剧社以及其他文化社团的抗战宣传活动开展得颇为热烈。尤其是锄头剧社，于 8 月赴安塞、靖边、诉城、赤丹等县进行巡回演出，他们的演出内容丰富、主题鲜明，尤其是揭露侵华日军暴行和反映中国人民团结抗战的新编戏剧、活报、歌舞剧等，"引起广大群众与各机关同志的兴奋，悲愤，同情，凡在每幕剧闭幕时总是接受无数人的热烈拍手欢迎，呼喊再来一个"。在演出之余，剧社人员"还不怕艰苦的深入群众进行广泛的宣传教育工作"，他们所到之处，"群众非常拥护和爱

---

① 《为动员一切力量争取抗战胜利而斗争》（1937 年 8 月 25 日），《毛泽东选集》第 2 卷，人民出版社 1991 年版，第 354 页。

② 《在洛川会议上的发言》（1937 年 8 月 22 日），《张闻天文集》第 2 卷，中共党史出版社 1993 年版，第 339 页。

③ 《在洛川会议上的报告》（1937 年 8 月 24 日），《张闻天文集》第 2 卷，中共党史出版社 1993 年版，第 346、349 页。

护"，可以说剧社已经成为中国共产党领导下"教育群众的有力宣传艺术武器"。① 在延安文化社团的带动下，文化界人士逐渐掀起团结抗战、一致对外的舆论浪潮。当时，包括各地书店、各界民众抗战救国团体等也加入到抗战宣传的队伍。其中西北青救会编印"救亡歌集"，并通过光华书店广泛发行之举，即是文化界宣传抗战的典型案例。②

尽管中国共产党通过延安文化社团这一重要话语载体，推动抗战话语的表达与传播，为构建抗战领导权奠定了重要基础，但话语只有得到民众的支持才能产生力量，抗战话语权的构建也必须建立在最广大的群众基础之上。这正如毛泽东在《目前抗战形势与党的任务报告提纲》中所指出的，中国共产党在全面抗战爆发后，"指出了争取抗战胜利的具体纲领，进行了广泛的宣传"，从而抓住了宣传抗战和领导抗战的有利时机，"共产党的组织半公开与公开地位的取得——这些成绩大大地提高了党的影响与威信"，但要"建立全中国的强固的共产党"，必须广泛而深入地动员全国民众，而目前"动员群众的力量还薄弱，党员不能深入群众中去"，以及"组织力量的薄弱，落后于政治影响"等问题的存在，直接影响了党的方针和政策向基层群众延伸。因此，只有不断地走向大众、走进群众，才能掌握抗战话语权，从而"使党能在抗战中起决定的作用"。③

为推动上述方针、政策的贯彻实施，确保抗战话语权的构建工作"取得舆论的同情与群众的拥护"，10 月 17 日，中共中央书记处作出《中央关于开展全国救亡运动的指示草案》，明确提出"共产党在任何时

---

① 《锄头剧社工作的活跃》，《新中华报》1937 年 8 月 29 日，第 388 期第 4 版。

② 《西北青救编印之救亡歌集出版了》，《新中华报》1937 年 10 月 9 日，第 386 期第 2 版。

③ 《目前抗战形势与党的任务报告提纲》（1937 年 10 月），《毛泽东文集》第 2 卷，人民出版社 1993 年版，第 59 页。

候，决不放弃动员群众、组织群众与教育群众的完全自由"，为此要求各地在组织和领导抗战过程中，"应该用一切方法力争各种群众的救亡团体的公开存在与公开活动，力争救亡运动中共产党的主动性。在受国民党当局压迫时，应该动员社会舆论与群众力量与之斗争"，并强调"没有群众，共产党就没有力量"。① 随着上述指示精神在各地的贯彻落实，中国共产党利用延安文化社团向广大群众传播抗战话语的条件也日趋成熟。尤其是大批具有自由理想的进步知识分子奔赴"圣地"延安，为筹建一个既面向大众又传播抗战文化与思想的文化组织，奠定了重要基础。

1937 年 11 月 14 日，在周扬、成仿吾、艾思奇、柯仲平等人的发动下，陕甘宁边区文化界抗日救亡协会（简称"边区文协"）在延安成立。作为陕甘宁边区文化工作的组织和领导中心，边区文协将新文字研究会、新哲学会、社会科学部、自然科学部、战歌社、海燕社等各类文化社团组织起来，为推动文化社团集中力量构建抗战话语权起到了重要作用。而在当天的成立大会上，张闻天作题为《十年来文化运动的检讨及目前文化运动的任务》的报告，创造性地提出"今天文化界的任务：第一要适应抗战，第二要大众化、中国化"，并呼吁"每一个文化人都到群众中、斗争中，以及到前线去生活、去锻炼"，由此将抗战背景下的大众化话语正式提了出来。②

大众化话语的提出，既是中国共产党群众路线原则的内在要求，也是抗战形势复杂演进背景下抗战话语深化发展的客观要求。诚然，大众

① 《中央关于开展全国救亡运动的指示草案》（1937 年 10 月 17 日），《中共中央文件选集》第 11 册，中共中央党校出版社 1991 年版，第 371 页。
② 张培森主编：《张闻天年谱》上卷，中共党史出版社 2010 年版，第 523、524 页；徐行白：《特区"文协"成立大会记：十一月十四日在"陕公"大礼堂》，《特区文艺》1937 年 11 月 26 日，第 2 期。

化问题并非抗战时期才产生的，但大众化话语的提出却离不开抗战特殊的时空背景。这正如胡风在《大众化问题在今天》一文中所述："今天我们来提起大众化问题，不仅仅由于主观上的要求，一方面也由于客观上的比任何时期都优越的可能的条件"，换言之，大众化问题的中心点应当是"文艺活动和大众生活的有机的融合"，而抗日战争这场"民族革命战争恰恰造成了这个融合的条件"。① 尤其是全面抗战爆发后，在国共合作抗战局面即将到来之际，抗战领导权究竟由谁掌握的问题成为关系中国共产党前途和命运的重大问题，并且直接影响到抗日民族统一战线之巩固，从而使得大众化话语的构建成为中国共产党掌握抗战话语权的题中应有之义。

二、延安文化运动与大众化话语的传播

大众化话语的构建涉及话语环境的塑造、话语主体的引导、话语载体的建设、话语内涵的阐释与传播等，这既离不开中国共产党的领导和发动，又需要延安文化社团的创造性工作的开展。早在 1936 年前后，中国文学界曾掀起一场关于"国防文学"和"民族革命战争的大众文学"之争。在这场争论中，"国防文学"作为推动构建抗日民族统一战线的口号率先提出后，得到周扬、郭沫若、徐懋庸等人的响应。6 月 10 日，鲁迅在《论现在我们的文学运动》中，旗帜鲜明地提出"民族革命战争的大众文学"口号，由此使"大众文学"与"国防文学""救亡文学""抗日文艺"等口号并驾齐驱，逐渐形成革命作家关于如何建立文艺界的抗日民族统一战线的理论之争，这使"大众文学"在文学界奠定了良好基

---

① 胡风：《大众化问题在今天——提付商讨的纲要》，徐迺翔主编：《中国新文艺大系（1937—1949，理论史料集）》，中国文联出版公司 1998 年版，第 8 页。

础，为大众化的提出奠定了重要基础。①

　　随着《中共中央为公布国共合作宣言》的发表，以及 1937 年 9 月 23 日蒋介石发表实际上承认中国共产党合法地位的谈话，国共两党重新合作，中国抗日民族统一战线宣告正式形成，这为大众化话语的构建提供了重要条件；中共中央委员会、宣传部、教育部以及毛泽东、张闻天等领导人关于抗战方针、政策等的发布与实施，为大众化话语的构建提供了重要引导；抗战剧社、西北战地服务团、边区文协等延安文化社团的成立，则为大众化话语的构建提供了重要载体。从当时的情况来看，大众化话语构建的基本条件似已具备。而在党的领导和推动下，延安文化社团根据话语传播的要求，结合自身的特点，分别倡导"诗歌大众化""戏剧大众化"等，推动延安文艺运动、戏剧运动的广泛开展，逐渐形成以文化运动推动"抗战的政治意义"传播，进而促进大众化话语构建的新路径。②

　　诚然，中国抗战不断向纵深发展之际，延安文化社团面临着两个亟待解决且非常棘手的问题。一方面，关于文艺与抗战的关系问题。由于抗战能否取得胜利关涉中华民族存亡，而在这场生死攸关的战争中，文化界人士应当有何作为以及如何作为，这些问题成为延安文化社团必须妥善解决的重要问题。事实上，关于文艺界在抗战中具有什么地位以及如何发挥文艺在抗战中的作用问题，自全面抗战爆发以来便一直在延安

---

① 鲁迅：《论现在我们的文学运动》，中国社会科学院文学研究所现代文学研究室编：《"两个口号"论争资料选编》上册，人民文学出版社 1982 年版，第 389、340 页。

② 刘巍在《抗战时期的戏剧运动》一文中指出，抗战时期中国共产党领导和组织戏剧运动的一项重要使命，就是促进抗战政治意义的表达与传播。他强调，"大众对抗战的政治意义有了透彻的认识，才会激发热烈的爱国情绪"，故主张抗战时期的戏剧运动"要通过演剧的形式来传达抗战的政治意义"。（参见刘巍：《抗战时期的戏剧运动》，《抗战戏剧》1937 年 11 月 16 日，创刊号。）

文化界人士中讨论开来，经过对抗战的深入观察，以及随着群众宣传和发动工作的广泛开展，延安文化社团主动"从文学方面来努力"，充分发挥文艺的"感动"功能，并且"用这战争的经验来教育人民"，推动全国各界人士团结抗战，彰显出文艺在抗战中的独特价值和作用。另一方面，延安抗战与全国抗战的关系问题。1937 年 9 月 6 日，根据国共合作协议，中国共产党将陕甘苏区改名为陕甘宁边区，成立了边区政府。延安作为陕甘宁边区的首府，成为敌后抗日战争的政治指导中心和总后方。在中国共产党的领导和推动下，延安成为进步知识人士向往的"圣地"。伴随着陕甘宁边区政治、经济、文化建设步伐的加快，边区逐渐发展成为"全国的模范"①。为发挥延安在"民主"和"抗战"方面的模范作用，使全国各地民众发扬民主、团结抗战，就必须借助延安文化社团的话语传播功能，发挥"文艺"在群众中宣传和发动的重要作用。

边区文协率先行动起来。作为延安文化运动和文艺活动总的领导机关，边区文协以"建立中华民族新文化"为宗旨，充分发挥延安文化社团数量众多、活动丰富、影响广泛的特点，"团结全边区文化工作者，并与全国文化工作者通力合作"，在文学创作、文艺演出、抗战宣传等方面起到了重要作用，并且积极推动边区文艺刊物的编辑出版。② 其中，《特区文艺》（后改为《边区文艺》）作为中共中央机关报《新中华报》的文艺副刊，创刊后即广泛号召工农群众积极撰写报告、墙头小说、速写、特写、通讯等文学作品，旨在提高工农群众的文化水平和写作能力，激发广大群众的文学兴趣和创作热情，从而"将生活在几百几万人民心中的'特区'变为生活在四万万五千万人民心中的

---

① 《为征求文学通讯员号召》，《特区文艺》1937 年 11 月 26 日，第 2 期。
② 《陕甘宁边区文化协会简章》，《延安文艺档案·延安文学：延安文学组织》第 31 册，太白文艺出版社 2015 年版，第 20 页。

特区！"①

抗战宣传与文学大众化的双重任务，使得延安文化社团的文学创作具有浓厚的抗战色彩。与此同时，全面抗战爆发后的动荡局势，使文化界人士走出关注自身文艺创作的"象牙塔"，抗战的现实任务要求文化界人士面向群众并不断地走进群众，能够利用诗歌、小说、通讯、报告等文学创作以及戏剧、歌曲、美术等文艺演出，"到群众中、上前线去宣传鼓动"，这是抗战特殊时代赋予延安文化社团的使命和责任，也是延安文化发展的独特之处。② 在此背景下，"诗歌大众化"的口号跃然而出，诗歌创作和朗诵成为延安文化社团构建大众化话语的重要举措，由此引发柯仲平、沙可夫、林山、刘雪苇等延安文化界人士的热议。

"诗歌大众化"问题的热议，涉及诗歌创作和朗诵两个方面。一方面，关于诗歌创作问题，边区文协秘书林山提出，大众化的诗歌应当是"用新文字写的大众诗歌"。《边区文艺》编辑刘雪苇则认为，"明朗的风格、大众熟悉的口语和韵律的节拍性（音乐性）"是大众化诗歌的重要前提。他强调，所谓"明朗"，即感情的"自然"流露，而"大众化"绝非"口水话"，而是要将诗歌创作者的情感由内而外地、深沉地、含蓄地表达出来，达到"感动"读者的效果。③

另一方面，针对诗歌朗诵中存在的问题，延安文化界人士通过开展诗歌朗诵运动，激发群众对诗歌的兴趣，并且在实践中总结经验，借以促进诗歌大众化。1937 年 12 月，为纪念"一二·九"运动爆发两周年，陕北公学举行了盛大的纪念活动。晚会上，诗歌朗诵作为演出内容之

---

① 《为征求文学通讯员号召》，《特区文艺》1937 年 11 月 26 日，第 2 期。
② 王泽龙、王海燕编：《延安文艺档案·延安文艺作品诗歌》第 32 册，太白文艺出版社 2015 年版，第 1 页。
③ 《关于诗的朗诵问题》，《新中华报》1938 年 1 月 25 日，第 415 期第 4 版。

一，引起了与会人士的强烈反响。对于陕北公学通过"大众化"活动促进文化抗战工作的举措，《群众》周刊主编许涤新发表《文化人到民间去》一文予以高度评价，他还呼吁文化界人士有组织地到民间"动员更广大的民众，特别是内地的农村的民众"，尤其是擅长"唱歌的，演剧的，讲演的，书画的，写稿的，以至于懂军事的"文化人，组织团体到广大农村地区，通过"访问、谈话、唱歌、演戏、演讲、壁报"等方式，开展抗战宣传和群众发动工作。①

需要强调的是，尽管陕北公学的诗歌朗诵活动"博得了好评"，但关于朗诵的内容和效果等并非完美无缺。② 会后，沙可夫即指出，柯仲平当晚所作的朗诵表演，总体上"有极大的意义"，但存在着三个缺点：一是所朗诵的诗歌缺乏"旋律和音韵"，"以致朗诵起来使人听了以为不是诗，而是一篇什么演讲"；二是朗诵诗歌时的情感运用不当，具体而言，"朗诵时的情感似乎超越了诗中的表现"；三是朗诵诗歌时的身体语言表达不到位，尤其是用"那种指手画足的姿态配合着他高亢颤动的声诵"，身体语言与诗歌内容极不协调，结果将诗歌朗诵误演成了西方歌剧表演。③

对于沙可夫的上述批评，时任边区文协副主任柯仲平并未矢口否认，相反却公开承认晚会上的朗诵"实在是失败的"，并且深刻认识到"内容是真实的""言语是大众化的"以及"富于律动的组织"是一篇优秀诗歌作品的基本条件。基于上述认识，柯仲平毫不讳饰地表示，来自延安文学界的批评，"可以促进朗诵运动的发展"。平心而论，当晚的诗歌朗诵并非如柯仲平所述如此"失败"，而是获得了热烈的反响，甚至

---

① 许涤新：《文化人到民间去》，《群众》1937 年 12 月 25 日，第 1 卷第 3 号。
② 孙国林：《延安时期的文学社团》，《河北师范大学学报》1986 年第 3 期。
③ 《关于诗的朗诵问题》，《新中华报》1938 年 1 月 25 日，第 415 期第 4 版。

是晚会活动中颇为突出的亮点。①"一二·九"运动纪念会后，在陕北公学校长成仿吾、边区文协柯仲平等人的支持下，延安创办了一个以诗歌创作和诗歌朗诵为主要工作的战歌社。作为延安具有群众性的诗歌组织，战歌社成立后举办诗歌朗诵会，组建诗歌朗诵队，主办《战歌》诗墙报，并且积极开展街头诗运动。

1938 年 1 月 26 日，战歌社举行第一次新诗朗诵会，毛泽东出席活动并"一直坐到散会"。当晚，为了增强朗诵会的丰富性，战歌社将一些地方性的民歌和小调节目列入节目单，此举旨在"指出诗歌大众化的路径"，而此次朗诵会集诗歌、民谣于一体，被视为当时的一项"创举"，在某种意义上证明"新诗朗诵运动是有光明的前途"的活动，因此被延安文化界人士寄以厚望。然而演出效果却令人大失所望。据黄一修在《新华日报》的报道称，当天的晚会共散发门票 300 张，到会 200 余人，但到将近散会时，只剩下 100 余人。②正如参与此次朗诵表演的骆方所称，"我们一致承认，我们是失败了。"失败的表现之一，便是会场观众随着演出的进行，却"陆陆续续散去，到末了仅剩不足一百人"。这一情况出现，导致演出现场的氛围颇为尴尬，结果几乎成了当时"延安最惨的一次晚会"。③

演出结束后，战歌社社长柯仲平做了自我批评性总结，并且于 30 日召开会议进行"检讨"。值得注意的是，此次会议本着"自我批评"的精神总结经验，目的在于找出诗歌大众化的基本问题，借以探寻大众化话语建构的根本路径。首先，关于大众化话语环境，在延安尚未完全

①　柯仲平：《关于诗的朗诵问题》，《延安文艺档案·延安文学：延安文学组织》第 31 册，太白文艺出版社 2015 年版，第 235、236 页。
②　黄一修：《诗歌朗诵运动》，《新华日报》1938 年 3 月 6 日，第 4 版。
③　骆方：《诗歌民歌演唱晚会记》，《战地》1938 年 4 月 20 日，第 3 期。

形成。"人民对诗歌及民歌都冷淡"即是话语环境尚不成熟的典型表现，而从延安社会客观情况来看，当时新诗歌"未能唤起普遍的注意，多数人还只把诗歌看作个人的事，不承认它（诗歌）可以与今日的救亡运动有密切的联系"。其次，大众化话语的表达方式存在缺陷，具体而言，"诗的语言，不够大众化——偶有大众化的语言，但又未能使它成为'诗的'"，同时诗歌"旋律"单调、"声音艺术"缺失、"动作和表情""不和谐"，使得朗诵效果大打折扣，诗歌的感染力难以彰显。此外，大众化话语的理论建设滞后、实践经验不足，导致以新诗歌朗诵为代表的演出并不具备理论与实践的互动性。[1]

　　需要指出的是，战歌社的此次活动并非彻底失败，而是在表达形式方面进行了富有创新意义的尝试。尤其是将歌谣与诗歌一同搬上舞台，两者同台竞技、相得益彰，此举无疑"指示了提高歌谣的研究及运用，与诗歌大众化的方向"[2]。而战歌社社长柯仲平自我批评之辞，显然有过谦之嫌。据战歌社成员胡征称，"柯老在延安的诗朗诵是很有名气的。"此外，与第一次诗歌会相类似的活动，在延安经常可以见到。当时"战歌社在延安颇有影响，活动频繁，差不多每星期都有集会"，在战歌社的组织和发动下，陕北公学、延安中央大礼堂的演出中几乎"都有诗歌朗诵这一项节目"。诗歌朗诵逐渐向大众延伸，甚至成为"那个时代的特点，用以鼓舞士气，号召人民起来进行

---

① 柯仲平：《诗歌民歌演唱晚会自我批评》，《延安文艺档案·延安文学：延安文学组织》第31 册，太白文艺出版社 2015 年版，第 234、235 页。黄一修认为，当天晚会失败的主要原因，在于诗歌的重要性尚未得到大众认可。尤其是诗歌朗诵这项艺术形式，一时难以引起普通民众的兴趣。这一事实表明，诗歌运动作为一项时兴的艺术实践，尚未在"理论上说服大众"，而这显然是当天活动失败的"一个主要的原因"，揭示出"大众化的问题"的客观性与紧迫性。（参见黄一修：《诗歌朗诵运动》，《新华日报》1938 年 3 月 6 日，第 4 版。）

② 柯仲平：《诗歌民歌演唱晚会自我批判》，《战地》1938 年 4 月 20 日，第 3 期。

抗战"①。

诚然，富于时代感、反映现实性的诗歌作品的创作，是开展诗歌朗诵运动的前提，而在 1938 年前后延安文化界人士结合抗战现实，创作了大量宣扬爱国、团结、救亡等抗战精神的诗歌，如：成仿吾《爱国犯》（1937 年 1 月 3 日）、丁玲《七月的延安》（1937 年 7 月 10 日）、田间《"自由"向我们来了》（1937 年 11 月 14 日）、《给战斗者》（1937 年 12 月 24 日）、严辰《铁马在召唤》（1937 年 2 月）、《街头诗一束》（1938 年）等。

与此同时，边区文协结合文学创作实践推动大众化话语构建。尤其是在创作形式上，边区文协经过实践探索，深刻认识到歌谣是一种"大众的生活和大众的艺术"，因此倡导"利用歌谣的旧形式武装进新的内容，或多少采用歌谣的格调和特点，来创造新诗歌"。②1938 年 2 月 10 日，边区文协在《新中华报》刊登关于征求歌谣的启事，并且组织力量收集、整理与研究歌谣，借以丰富诗歌的内容、增强诗歌的韵律以及促进诗歌的创作和朗诵活动的开展。值得注意的是，由于各地征集来的诗歌，内容上主要是反映地方民间的生活，格调上具有浓厚的地方特色，可以说完全是地方民众的格调和特点，因此，诗歌与民间歌谣的创造性融合，无疑"对抗战和新诗歌的大众化都有很大的作用"③。在广泛征集歌谣的基础上，边区文协从中挑选出 40 余首小调歌谣，将这些歌谣谱成简谱、添以新词，并以此为基础"公开举行了新诗歌的朗诵"，旨在"采用'旧瓶新酒'的形式而建立抗战期间的民间艺术"，促进大众化运动的深入开展。④

延安诗歌朗诵运动开展得如火如荼之际，以"戏剧大众化"为宗旨

---

① 任文主编：《延安时期的社团活动》，陕西师范大学出版总社有限公司 2014 年版，第 2、3 页。

② 《边区文协征求歌谣启事》，《新中华报》1938 年 2 月 10 日，第 418 期第 3 版。

③ 《边区文协征求歌谣启事》，《新中华报》1938 年 2 月 10 日，第 418 期第 3 版。

④ 之东：《抗战文艺工作在边区》，《抗战文艺》1938 年 6 月 5 日，第 1 卷第 7 期。

的延安戏剧运动也热烈地开展起来了。戏剧由于其民众动员方面的特殊作用，在抗战宣传工作中具有不可替代性。正如中华全国文艺界抗敌协会穆木天所述：抗战时期，戏剧运动"在一切的文艺运动中，占有最重要的地位"，尤其是戏剧作为"一种综合的文艺样式"，具有"综合性"与"多样性"的特点，在演绎时能够把"诗歌、图画和报告文学的三种文艺样式"综合起来，从而"广泛地、更普遍地、深入群众"，因此，"戏剧'大众化'的先天性"决定了这一艺术形式更符合抗战宣传工作的实际需要。[1] 而在延安，作为延安文艺组织的中心，边区文协充分发挥其在延安文艺大众化方面的组织协调作用，通过与陕北公学联合举办戏剧训练班培养戏剧人才。为扩大戏剧运动的规模，边区文协还在《新中华报》公开发布招生启事，呼吁"对戏剧有素养或兴趣者"，均可从速报名学习，并明确告知学员毕业后将"分赴各个战线工作"。[2]

戏剧人才的培养无疑是持久抗战宣传工作的客观需要，而剧本创作则是促进抗战戏剧运动发展的重要基础。随着全民族抗战宣传工作的展开，包括陕甘宁边区在内的全国各地戏剧团体，却面临严重的抗战剧本缺乏问题，一个剧本往往被不同剧团反复使用即是这一问题的表现。对此，沈西苓用"卖狗皮膏药"比喻这种尴尬局面，指出那种"不顾到对象是何等人"，都用同一个剧本演出，恰如卖狗皮膏药者无论什么病都用一张膏药来贴，结果往往产生相反的作用。[3] 需要指出的是，戏剧运动中的"卖狗皮膏药"现象所反映的是抗战宣传中的"剧本荒"问题，而这一问题在全国均较为普遍。为了打破抗战戏剧的剧本荒，廖沫沙提议让"广大的群众直接间接来参加剧本的创作"，他认为普通群众虽然

---

① 穆木天：《我对抗战戏剧所要求的三点》，《抗战戏剧》1937 年 11 月 16 日，创刊号。

② 《文协陕公合办戏剧训练班》，《新中华报》1938 年 1 月 5 日，第 411 期第 2 版。

③ 沈西苓：《目前戏剧运动上几个待决的问题》，《抗战戏剧》1937 年 11 月 16 日，创刊号。

"不一定懂得新式的话剧剧作的作法"，但他们对于民间艺术形式是熟知理解的；普通群众虽然不一定能执笔创作，但他们拥有"丰富的生活经验，有的是创作天才"，文艺工作者从群众的一言一动中就可以"充实我们剧本"。可以说，让群众参与创作的过程，其本身就是"与群众取得密切的关系"，是"真正去动员群众，组织群众"。①

1938 年 2 月 1 日，陕甘宁边区政府教育厅在《新华日报》刊登《悬赏征求剧本》启事，提出"戏剧为一切艺术中最民主最大众的形式，她是影响并打动千百万观众情绪的最有力的手段。在目前全面抗战中，我们有极大的必要运用这艺术来发动和教育群众到战争中去，并以娱乐前线抗战的战士们，使他们在和敌人肉搏的疲劳中得到暂时的舒畅"，呼吁广大文艺工作者"用民族的革命的观点，写出当前抗战中许多可歌可泣的现实"，通过戏剧大众化，推动抗战宣传和群众发动工作。②

经过一段时间的"政治文化的学习"之后，抗战剧团将全团人员编为三个大队，深入陕甘宁边区各县开展"戏剧运动"。其中，第一大队由杨醉乡担任队长，负责关中地区的抗战宣传工作。1938 年 2 月，第一大队戏剧班和舞蹈班 70 余人到达关中地区的三原县，上演《放下你的鞭子》《亡国恨》《消灭汉奸》等剧，获得当地群众的热烈欢迎。第二大队由叶石率队，赴延安直属区进行文艺演出；墨一平带领的第三大队则北上绥德地区开展历时两个月的演出。第二、三大队还根据戏剧运动发展的需要，组成二、三混合队赴绥德进行历时两个月的演出，受到当地群众热烈欢迎。其间，他们还在绥德组建了一个有四五十人参加的冲

① 易庸：《专论：怎样打破抗战戏剧的剧本荒》，《抗战戏剧》1937 年 11 月 16 日，第 2 期。另注：廖沫沙，笔名易庸，曾任《抗战日报》（湖南）、《救亡日报》（桂林）、《新华日报》（重庆）编辑。

② 《来件一：悬赏征求剧本》，《新华日报》1938 年 2 月 1 日，第 4 版。

锋剧团。① 至 1938 年 3 月，混合队分别在山西碛口、陕西榆林、神木等地以戏剧、演讲、标语等形式进行抗战宣传。据杨醉乡回忆称，当时抗战剧团以"戏剧大众化"为宗旨，在陕甘宁根据地开展戏剧运动，"活动的影响非常大"，剧团"每到一处后，气氛大变，街头巷尾尽是我们宣传抗日的漫画、标语，救亡歌声四起，当地戏剧活动也展开了"。②

与抗战剧团在陕甘宁根据地发展戏剧运动不同，西北战地服务团在丁玲的率领下远赴潼关、西安等地开展工作。对于此次外出演剧活动，西战团主任丁玲在出发宣言中明确表示：以大众化话语构建为目标的戏剧运动，是"保卫边区"和"粉碎日寇进攻边区"的有力武器，过去黄河和万里长城是中华民族自我保卫的天险，而当前，延安文化社团及其开展的抗战宣传"才是我们最可靠的力量，是我们黄河外的黄河，长城外的长城"。③

毛泽东对西战团的抗战宣传工作颇为重视。他多次向西战团主任丁玲表达对该团赴前线"接近群众，宣传党的政策，扩大党的影响"的期望，指出"宣传上要做到群众喜闻乐见，要大众化"，强调在艺术形式与内容上，无论是"新瓶新酒"，还是"旧瓶新酒"，"只要对抗战有利"都可以。④ 出发前，西战团以话剧为例发表宣言，对"大众化"的内涵做了进一步阐述，称"真正大众化的话剧，那不但群众能接受，而且群众还会爱好它"。可以说，只有在为群众服务过程中"向民众学习，才能很好的教育民众，提高民众的文化力"。而对于以抗战救亡为主题的"救亡音乐"，尽管一些群众最初听不懂这些救亡歌曲的内容，但只要坚

---

① 《抗战剧团分赴各地公演》，《新中华报》1938 年 2 月 10 日，第 418 期第 3 版。
② 杨醉乡：《回忆抗战剧团的演出活动》，《延安文艺档案·延安戏剧：延安戏剧组织》第 4 册，太白文艺出版社 2015 年版，第 73 页。
③ 《送边区战地服务团出发》，《边区文化》1938 年 3 月 15 日，第 2 期。
④ 陈明：《西北战地服务团第一年纪实》，《延安时期的社团活动》，陕西师范大学出版总社有限公司 2014 年版，第 130、131 页。

持唱给他们听，并且适当加入陕北流行的民歌、民谣、小调、秦腔、道情、迷胡子等适合当地"民众习惯"并为大家喜闻乐见的风格和元素，就一定能够得到广大群众的欢迎和接受，甚至能"打动你爱好的情感，吸收你的意志"，由此使得"宣传鼓动工作会更有效率"。①

　　3月4日，西战团一行40余人到达西安，其中有塞克、端木蕻良、萧红、戈矛、聂绀弩、田间等人。②经过短期休整和准备，西战团立即举行公演。"为扩大抗战宣传起见"，西战团演出的首场戏剧，即为由剧作家塞克、萧红、聂绀弩等人集体创作的抗战剧《突击》。16日，该剧在西安上演后，因其鲜明的抗战主题，"感人甚深"的剧情，以及"逼真"的演出效果，获得观众的热烈欢迎。尤其是在侵华日军的紧逼下，西安面临沦为战区的风险，而该剧的上演，深刻教育群众团结抗战，对侵略者施以"突击"，因此该剧的演出对于宣传抗战"实具有绝大意义"。③至20日，《突击》连续演出五天后闭幕，据观看此剧者称，"该剧剧情之深刻、演员技巧之熟练、典型人物之表现，可谓得到成功之出"④。一位观众还写信给《新华日报》，称他看过西战团表演的《突击》后，对该剧反映的"中国现时代的重要的伟大的主题"印象深刻，特别是演出中"一切对话都是民间的，真实的"，甚至"每个演员都能传达真实的感情"，这促使他情不自禁地要把"感想写出来"。⑤作为西战团主任以及此次活动的负责人，丁玲也感叹道：在西安演出时，"场场客满，掌声雷动，轰动了战时的古都。"尽管当时侵华日军逼近潼关，西安城几乎每天都响起敌机空袭

---

① 《送边区战地服务团出发》，《边区文化》1938年3月15日，第2期。
② 《西北战地服务团全体抵省，不日将公演》，《西北文化日报》1938年3月5日，第2版。
③ 《西北战地服务团抗战剧"突击"继续热烈演出》，《工商日报》（西安）1938年3月17日，第2版。
④ 《西北战地服务团公演闭幕》，《西北文化日报》1938年3月21日，第2版。
⑤ 《西北战地服务团的"突击"》，《新华日报》1938年3月30日，第4版。

的警报声，但这"阻止不住潮水般涌来的观众"。而西战团此次活动的重要意义在于："我们共产党领导下的宣传队，第一次在国民党统治的大城市里，冲破了国民党反动派的限制、阻挠，用艺术武器胜利地宣传了党的抗战纲领。"① 与此同时，西战团演出的成功不仅深刻教育了大众，还被当地的大风剧团、正声剧团、实验剧团、铁血剧团等戏剧团体"互相称道"，抗战救亡的宣传触角由此进一步向基层群众延伸。②

延安戏剧运动的广泛开展，为从实践中总结戏剧大众化经验提供了基础。赵映华以《谈谈边区的群众戏剧运动》为题，对陕甘宁边区戏剧运动的基本特点和存在问题做了总结，认为抗战剧团、西北战地服务团等文化社团的创建及其活动，有力促进了戏剧运动的发展。尤其是在群众组织和发动方面，以抗战剧团为代表的戏剧团体在深入边区各地演出时，组织当地群众创建冲锋剧团等戏剧团体，经过一段时间的指导和训练，"各地群众也能根据自己的生活编排表演自己的剧本了"，这无疑扩大了戏剧群众的影响和范围。③ 而就陕甘宁边区戏剧运动的特点来说，主要体现为群众性、通俗化和教育宣传性三个方面。

第一，戏剧运动的群众性。由于各剧团的成员是从边区群众中招募的，剧本的取材"完全采自大众的实际生活，与大众的生活融洽在一起"，剧中的人物、故事情节等均反映边区群众现实生活，甚至演员的台词、动作、表情等"完全是群众生活的一页"，因此所上演的戏剧能够获得群众的认同，剧本、剧情和剧中人物往往为群众所喜闻乐道。第二，戏剧运动的通俗化。由于普通群众的文化层次和知识水平不高，他

---

① 丁玲：《易俗社与西北战地服务团》，《延安时期的社团活动》，陕西师范大学出版总社有限公司 2014 年版，第 149、150 页。

② 《西北战地服务团公演闭幕》，《西北文化日报》1938 年 3 月 21 日，第 2 版。

③ 映华：《戏剧问题专刊：谈谈边区的群众戏剧运动》，《新中华报》1938 年 2 月 10 日，第418 期第 3 版。

们难以理解传统剧本中晦涩的台词和艰深的对话，通俗化的剧本才更适合广大群众观看，故在剧本创作时，需要从题材、台词、语言等方面做到"通俗化"。具体来说，"编写剧本时，取材完全是站在观众一方面，把群众生活的题材用群众自己的言语写出来，要他们看得懂也听得懂"，可以说，"题材和对话的通俗化"是促进戏剧大众化的前提和基础。第三，戏剧的教育宣传性。在抗战时代背景下，中华民族到了最危险的时候，利用戏剧教育和引导广大群众团结抗战，以及将中国共产党抗战的方针和政策传递到民众中去，进而构建抗战话语权，无疑是戏剧运动开展的重要方向。而作为延安文艺中最具感染力和宣传鼓动性的戏剧，显然是教育群众和宣传抗战的重要"武器"。①

应当指出的是，陕甘宁边区戏剧运动的上述特点并非是孤立的，而是相互联系、相互影响。如一些剧本的取材"欠通俗化"，观众往往因"看不懂"而离场，导致戏剧"宣传鼓动的作用"难以发挥。而局势的动荡、物资的匮乏、经验的欠缺等，使得这一时期的戏剧运动存在诸多问题。以戏剧运动的组织领导为例，尽管这一时期的戏剧运动如火如荼地进行着，抗战戏剧在边区民众中间产生了一定影响，但各剧团的自发活动表现出零散无序的状态。可以说，"没健全的组织，缺乏中心的领导"是造成这一状况的根本原因。②

针对戏剧运动的上述问题，赵映华从戏剧人才培养、戏剧运动的组织与管理、戏剧表演的形式与方法、剧本的取材与创作等方面，对推动戏剧大众化问题做了理论探讨，认为应当通过剧团组织规模的扩大化推

---

① 映华：《戏剧问题专刊：谈谈边区的群众戏剧运动》，《新中华报》1938年2月10日，第418期第3版。
② 映华：《戏剧问题专刊：谈谈边区的群众戏剧运动》，《新中华报》1938年2月10日，第418期第3版。

动戏剧运动的大众化，为此应当在边区各县广泛创建剧团，并且成立中央及各县剧团委员会，负责对剧团各项工作的指导、检查和管理工作。关于戏剧表演的形式与方法问题，赵映华提出以演出形式多样化促进戏剧运动大众化的理念，即在各地演出时，广泛采用街头剧与舞台剧相结合的方式，将戏剧与歌唱等结合，通过表演方式多样化，"吸引广大的群众来看"。而在剧本的取材与创作上，赵映华不仅呼吁根据当地群众的特点和抗战宣传需要进行创作、演出，还提出"采用旧的形式而渗入新的内容的剧本"的观点，并强调这种以旧形式为基础加入新内容的剧本，"更会受边区群众欢迎"。①

应当指出的是，赵映华所提出以演出形式多样化促进戏剧运动大众化的理念，与 1938 年 2 月到达延安的剧作家崔嵬创作和推行街头剧的做法不谋而合。在从事抗战宣传工作时，崔嵬根据群众生活的特点，改编了著名的街头剧《放下你的鞭子》，并把演出的舞台搬到街头、广场，使整场演出置身于群众之中，"演员就在观众中间，思想感情与观众融为一体"，从而能以"更大众化、更新颖的艺术形式，在更大的范围内，向人民群众形象地宣传"，达到走进群众、感动群众的效果。② 街头剧

---

① 映华：《戏剧问题专刊：谈谈边区的群众戏剧运动》，《新中华报》1938 年 2 月 10 日，第 418 期第 3 版。

② 雒社扬、甄亮编著：《延安文艺档案·延安戏剧：延安戏剧家（一）》第 1 册，太白文艺出版社 2015 年版，第 100 页。另注：在全民族抗战背景下，崔嵬改编的戏剧《放下你的鞭子》受到各地民众的喜爱。据量才剧团团长程远称：该剧团在武汉各地演出时，《放下你的鞭子》是节目单上必演的几部戏剧之一，演出时，"每次观众至少在四五百以上，多至三四千人"，尤其是"纪念'七七'抗战建国周年"演出，"配合歌咏、讲演，并先在街头游行歌咏，号召群众，因此观众特多，至少在四千人以上"。对此国民党军委会政治部辛汉文在给政治部第三厅厅长郭沫若的呈文中，称赞该剧团"抗敌情绪甚高，于抗敌工作极努力，做事肯吃苦"，并且"极受一般军民欢迎"，有力推动了"抗敌宣传"工作。〔参见《量才剧团报送工作报告、计划等并申请补助经费致军委会政治部呈及有关文件》（1938 年 7—10 月），中国第二历史档案馆编：《中华民国史档案资料汇编》第 5 辑第 2 编《文化》（二），江苏古籍出版社 1998 年版，第 38、45 页。〕

的产生堪称延安戏剧运动的一项创举，而有关抗战戏剧形式与内容问题的讨论引发延安文艺界人士的广泛关注。

白岑基于"抗战高于一切"的认识，以"关于戏剧的旧形式与新内容——问题的提起"为主题，从如何运用戏剧这一"有力的宣传武器"发动群众抗战的角度，阐述了大众化话语构建背景下戏剧"旧形式"与"新内容"的辩证关系问题。

首先，该文从"形式与内容的互相转化与关联"的内在逻辑出发，提出戏剧内容应当"合于现实"的根本要求。一方面，从剧本内容来看，在"抗战高于一切的今天"，反映抗战、宣传抗战和服务抗战是戏剧内容"合于现实"需要的必然要求。另一方面，就戏剧表现形式而言，传统中国戏剧发展出京戏、川戏、汉戏、秦腔等各种类型，鲜明的"地方色彩"造就了戏剧形式的差异性，而在戏剧大众化背景下，只有利用戏剧这一"有力的宣传武器"，将全民族抗战救国理念"普遍的宣传到民间"，才能使抗战救国思想"深入到民间"。[①]

其次，该文从抗战话语权构建的现实需要出发，认为"提高民众抗战的政治觉悟"是形成话语力量的重要前提。如果说，"切合民众需要"是"大众化"的根本宗旨，那么，形成话语力量是大众化话语构建的根本目标。日本发动侵华战争以后，中国共产党以全民族抗战的倡导者和坚定推动者的姿态出现，为其赢得广大民众支持以及得到南京国民政府当局的认可，奠定了重要基础。然而，在战略防御阶段，国共合作的基础尚不稳固，中国抗战领导权的争取异常激烈。在此背景下，只有向广大民众进行政治宣传，通过创作和表演抗战戏剧，向广大群众宣传党的基本方针和政策，并通过革命思想和抗战救国思想的宣传，"把观众的

---

① 白岑：《关于戏剧的旧形式与新内容——问题的提起》，《新中华报》1938 年 2 月 10 日，第 418 期第 3 版。

水准逐步的提高，政治觉悟逐步加深"，才能形成掌握抗战话语权的稳固基础。①

最后，该文提出运用"辩证"的观点和方法，正确处理"旧形式"和"新内容"两对矛盾的意见。时代的变迁、社会的发展，使得新生事物和固有的艺术表现形式之间产生内在张力。"旧瓶装新酒"虽是处理这种矛盾与张力的一个重要举措，但这并不意味着"凡是旧形式皆可装新内容"。可以说，杜绝"机械的运用"，是解决这一矛盾与张力的关键。而合理性则是取决"采纳与扬弃"的一个重要指标，即，坚决"扬弃不合理的、腐旧的、不适宜的旧形式"。②

值得注意的是，白岑在阐述"旧形式"与"新内容"的辩证关系之时，提及西北战地服务团演出情况，称该团在延安大礼堂演出京戏《逃难团》时，存在演出"形式"与"内容"上的不协调。尤其是表现形式方面，"没有胡子在弄胡子，哭的时候却在唱"，甚至语言、台词、动作均不到位，演出效果大打折扣，"只以当时观众的情绪说，首先哄走的是后面一批，其次便是中间的一部分学生。没有走的，恐怕只有前面几排外宾而已"，场面颇为尴尬。客观地说，此次演出之所以沦于"失败"，表面上是没有解决好"形式"与"内容"的辩证关系所致，实际上则在于没有深入群众，不了解大众所需。③ 就此而言，不断走向大众、走进群众，才是解决形式与内容问题的根本之道。

事实上，西北战地服务团在戏剧运动中遭遇的尴尬局面并非个案。

---

① 白岑：《关于戏剧的旧形式与新内容——问题的提起》，《新中华报》1938 年 2 月 10 日，第 418 期第 3 版。

② 白岑：《关于戏剧的旧形式与新内容——问题的提起》，《新中华报》1938 年 2 月 10 日，第 418 期第 3 版。

③ 白岑：《关于戏剧的旧形式与新内容——问题的提起》，《新中华报》1938 年 2 月 10 日，第 418 期第 3 版。

1938 年 2 月 10 日，《新中华报》一篇题为《我对延安话剧界的一点意见》的文章指出，剧本创作的"草率"和排演的"粗忽"是制约戏剧大众化的重要因素，"无论抗大、陕公或抗战剧团、战地服务团，有时都不免于草率从事。星期六要开晚会，星期一还不晓得剧本在哪里，于是，赶紧创作，星期三写成功，不及修改就送去审查，星期四拿走，星期五星期六排一下或两下就去上演；这种情形是太多了。因此写既写得粗忽，排也排得草草"①。

在指出抗战剧团、西北战地服务团等延安文化社团戏剧运动中的上述问题的同时，该文进一步提出，创作和演出"农民剧"是促进"延安的剧运"以及推动戏剧大众化的重要举措。可以说，在中国广大的农村地区，农民是群众的最大多数，戏剧大众化的客观要求决定，必须将戏剧运动开展到广大农村中去，将舞台搬到农民群众当中。因此，创作和演出"农民剧"，不断"增加农民剧的数量，提高的农民剧的水准"，是促进戏剧运动发展所"迫切需要的"。与此同时，"农民剧"也面临"形式"与"内容"上的问题，即一方面要创作"新形式新内容的作品"，另一方面要注意"利用旧形式装新内容"，尤其是要注意，"不是任何旧形式都可采取，必须能扬弃不合理、要不得的旧形式，才是真正能够利用旧形式装新内容的。要能够把许多旧形式加以改造，集纳许多好的旧形式，创出真正新形式新内容的东西来，才是我们今天所需要的"。②

进一步走向大众，既是破解形式与内容关系问题的根本之道，也是推动戏剧大众化的重要途径。在此理念的引导下，西战团积极奔赴西安等地，并本着"通俗化艺术深入大众"的宗旨，将形式多样、内容丰富、主题鲜明的新剧搬到农村广大地区，"扩大抗日宣传"的规模和影响。

---

① 少川：《我对延安话剧界的一点意见》，《新中华报》1938 年 2 月 10 日，第 418 期第 3 版。
② 少川：《我对延安话剧界的一点意见》，《新中华报》1938 年 2 月 10 日，第 418 期第 3 版。

继西安连续五天的公演获得成功后，西战团又筹划开展"二次公演"，演出形式均为当地民众喜闻乐见的大鼓书、小调、相声、快板、秧歌舞、话剧等，节目内容均为反映地方民众抗战、宣传中国共产党抗战的剧本，"旧瓶装新酒"无疑是西战团演出活动的真实写照。[①]

需要强调的是，西北战地服务团将公演活动视为"文化的战斗"，尤其是这种"旧瓶装新酒"式的表演形式，将侵华日军的暴行和残忍"具体的在舞台上现出来，呈现在大众面前，给与以时代的充分认识"，由此使得身处西北偏远地区的农村群众，"能够认识目前的时代，知道国家的危急，能了解自身的利害关系"，从而奋起参与"救亡运动"。可以说，在全民族抗战的时局下，戏剧是抗战宣传的重要武器，而"戏剧工作者是抗战宣传的先锋队"，因此西战团"深入农村"、走进农民群众，大力开展"抗战宣传"工作，以及推动抗战话语向农村传播之举，被当地报刊媒体称为"向西安大众来一下他们在农村的《工作报告》"，其"发生宣传的效果"得到社会各界的广泛称赞，无怪乎舆论称西战团"已真真的做到'戏剧大众化'的阶段"。[②] 伴随着戏剧大众化阶段的到来，中国共产党通过领导和组织文化运动来传播大众化话语的实践路径逐渐形成。

三、大众化话语与抗战话语的融合

在大众化话语构建的历程中，抗战始终是一条不可回避的主线。一切为了抗战、一切服务抗战是延安文化社团进行群众发动和宣传时的共

---

① 《西北战地服务团二次公演》，《西北文化日报》1938年4月3日，第2版；《西北战地服务团公演成绩甚佳》，《工商日报》（西安）1938年4月6日，第2版。

② 《从抗战时期剧运说到西北战地服务团》，《国风日报》1938年4月8日，第2版。

识。而在抗战话语构建的背景下，大众化话语与这一共识相互交织、互相促进，共同推动了抗战话语权的形成与发展。

延安戏剧大众化运动是大众化话语构建的一个重要推动因素，而大众化话语的形成与发展，不断促使戏剧运动中心由城市向农村转移。这正如欧阳红樱所称，戏剧运动应当以"组织大众化的剧团"为工作重心，以"民族抗战的剧本"为演出内容，以"深入农村去宣传"为发展方向。①孙强则发表《戏剧到农村去》一文，旗帜鲜明地指出："以目前形势来说，戏剧运动尤应当以农村为中心。"尽管历史经验表明，都市曾经是戏剧的中心，但"现在是特别需要'穷乡僻壤'的广大农民群众起来参加抗战的时候"。因此，一方面戏剧创作者应当去广大农村地区体验生活，在创作过程中将群众的生活与抗战斗争紧密联系起来，"应当以写实的、平易的手法反映一些抗战的激烈、为民族解放而牺牲的、英勇战士们的精神、反映日本帝国主义的残暴、奸淫辱掠的情形、汉奸的阴谋"，从而以一种"具体的现实"创作手法，编写出广大农村群众能理解并且喜闻乐见的"大众化戏剧"，真正使戏剧成为"抗战宣传工作"中"有力的工具"。另一方面，戏剧演员们应当将演出的舞台搬到农村地区，因为"抗战要得到最后的胜利是依靠广大群众的力量"，而农民是群众的最大多数，也是最受压迫的阶层之一，因此必须明确"我们宣传的对象就是广大的群众，尤其是农村里的劳苦大众"。②

"戏剧大众化"与"抗战宣传"之间的密切关联，在某种意义上反映了大众化话语与抗战话语的融合与发展，揭示了抗战话语权构建的新动向。对此，孙强结合抗战宣传工作的需要，就如何推动戏剧运动大众化，提出五项要求。

① 欧阳红樱：《抗战期中之戏剧运动》，《抗战戏剧》1937年11月16日，第1卷第2期。
② 孙强：《戏剧到农村去》，《新中华报》1938年2月25日，第420期第4版。

一、希望各地的戏剧运动者应当更广泛的组织移动性的救亡演剧队（如上海救亡演剧队）深入到农村去，深入到最偏僻的角落里，使偏僻的角落里也发起了抗日的火焰。

二、剧作者应当集中起来，产生一些具体的反映现实的有力的剧本。为了适合客观环境的需要，也可以改变用当地"方言"演出，使戏剧由过去都市的阵地战而变为农村的游击战，去组织群众、领导群众。

三、扩大戏剧组织，使戏剧运动更广泛的分布在农村里，利用当地的土戏小调加以充实或改良。

四、在上演的剧本里不仅是刺激着群众，而要切实的指示了群众的出路。如发动群众武装起来、缴纳救国公粮、消灭汉奸土匪等，与目前的政治形势配合起来反映在舞台上。

五、到农村去的剧团，应当多写街头剧。因为物质缺乏的农村里没有那些优秀条件的合适的舞台，那么麦场、街上、庙前，都是农村优秀的舞台，演街头剧更来得适合些。①

上文提及戏剧运动向农村发展之时，强调这一新趋向正如中国抗战的持久性、长期性一样，"戏剧由过去都市的阵地战而变为农村的游击战"。而将抗战的时代背景与中国革命发展的"政治形势"结合起来，创作"反映现实"的剧本，以及利用当地"方言"进行演出，无疑是"组织群众、领导群众"的重要前提。值得注意的是，该文注意到文化社团在推动农村地区抗战宣传和群众发动工作中的重要作用，建议广泛组织"救亡演剧队"之类的戏剧团体，并且提到"上海救亡演剧队"赴农村进

---

① 孙强：《戏剧到农村去》，《新中华报》1938 年 2 月 25 日，第 420 期第 4 版。

行抗战宣传的案例。① 该团体创建于"八一三"抗战之际，由业余实验剧团、上海话剧界救亡协会等组织而成；其中，徐方修、陈鲤庭等分别组成上海救亡演剧队第三、四队，应云卫等组成演剧队"抗敌剧团"，他们从上海出发，分赴南京、武汉、延安等地进行抗战救亡演出。②

据曾跟随"上海救亡演剧队"赴延安采访的《大公报》记者陆诒称，他们一路唱着"各种各样的救亡歌曲"来到延安。途中夜宿陕西耀县时，当晚上海救亡演剧队左明等人进行表演，青年音乐家郑立平则在演奏《桃花恨》中的情歌后感慨地说："唱情歌，只有今晚是最后一次了！我学音乐已八年，最近始觉得我的头脑中亟有待武装的必要"，尤其是抗战救亡时不我待，"今后我要运用我原有的嗓音，高唱出雄壮有力的救亡歌曲！"③

到达延安后，陆诒被延安浓厚的文化气息和强烈的进取精神所震撼，而他以一名记者所特有的敏锐洞察力，在对徐冰等延安文化界人士采访时，深刻感受到中国共产党"对国内文化人研究和分析的清楚"④。在延安访问时，陆诒分别采访了毛泽东和时任中共中央宣传部代部长凯丰。而在采访的当天晚上，陆诒等人欣赏了上海救亡剧队在延安表演的话剧。演出结束后，一名观看此剧的八路军士兵向他坦言道："上海来的剧人，虽然技术上比我们要好一点。可是没有我们这里的戏剧那么的富于创造性、大众化，虽不高深，却能深入群众，而为群众所喜爱。"⑤可以说，这番话使陆诒作为一名造访者，深刻感受到延安大众化话语的

---

① 孙强：《戏剧到农村去》，《新中华报》1938 年 2 月 25 日，第 420 期第 4 版。
② 《上海救亡演剧队组织沿革及抗敌剧团第二期工作意见书》，《中华民国史档案资料汇编》第 5 辑第 2 编《文化》（二），江苏古籍出版社 1998 年版，第 90、91 页。
③ 鲁平编：《生活在延安》，新华书社 1938 年版，第 23 页。
④ 鲁平编：《生活在延安》，新华书社 1938 年版，第 24 页。
⑤ 鲁平编：《生活在延安》，新华书社 1938 年版，第 28 页。

强大力量，而离开延安时陕北公学一百多名学生与他们共同合唱《在火线上再会吧!》等救亡歌曲，使他对抗战话语表达的方式和感染力有了更深刻的认识。

陆诒对于延安生活的深刻感受，从一个侧面反映了全面抗战背景下延安大众化话语和抗战话语不断融合和发展的历史趋势，而这种趋势显然离不开中国共产党的领导和推动。1938 年 2 月 11 日，毛泽东在延安举行的反侵略大会上发表演说，宣称"反侵略是今天世界政治的总方向"，"中国的统一战线"与"世界的统一战线"联合起来，"保卫世界的和平"，而在世界各国爱好和平人士的援助下，"中国一定能战胜日本侵略者"。①13 日，边区文协召开反侵略运动大会。此次会议旨在响应 12 日在英国伦敦召开的国际反侵略大会，陕甘宁边区音乐界救亡协会、陕甘宁边区国防教育总会、国防科学社、战歌社、海燕社等延安文化社团纷纷与会，周扬、艾思奇、何干之、吕骥等人以"文化工作者"身份出席会议。与会者决定向国际反侵略大会、全国文化界救亡协会分别致电，表达延安文化界人士团结抗战的意志和决心。会后，各文化社团立即行动起来，纷纷"向民众宣传，作街头歌咏，张贴漫画，及墙头诗"，掀起新的抗战宣传浪潮。②

上述会议的召开，不仅标志着延安文化界人士已经团结起来，他们通过组织和发动文化社团推动文化界统一战线的构建，而且在某种意义上表明，延安文化社团逐渐形成了以边区文协为中心，以促进大众化话语与抗战话语融合发展为宗旨的新趋向。在当天的会议演讲中，陕甘宁边区教育厅厅长周扬旗帜鲜明地提出"反侵略运动就是保卫文化运动"的

---

① 　中共中央文献研究室编：《毛泽东年谱（1893—1949）》中卷，中央文献出版社 2013 年版，第 50、51 页。

② 　《边区文化界举行反侵略运动大会》，《新中华报》1938 年 2 月 20 日，第 419 期第 3 版。

口号，由此将全民族抗战与文化大众化运动深入结合起来。① 值得注意的是，周扬在演讲中提到马克思以及德国文化的情况，称马克思深刻指出，"压迫他民族是没有自由的"，而德国文化在法西斯主义的高压政策下失去了自由，"没有自由，文化就会消灭，因为文化是思想自由的结果"。②

艾思奇则以"抗战文艺的动向"为主题，在当天演讲时对话语融合发展新趋向的主要特点、形成原因及延安社团面临的任务等做了理论诠释。首先，关于抗战话语与大众化话语融合的主要特点。一方面，表现为文化社团与抗战宣传、抗战发动工作紧密结合的新特点。在延安文化社团的推动下，以全民族抗战为核心的抗战话语向边区群众广泛传播，促进文化与抗战的紧密结合，文化工作者也与抗战宣传、抗战动员事业密不可分。尤其是来自各文化社团的文艺界人士，"在思想上、创作上都是向着一个共同的方向，都不约而同地要面向着抗战的现实"，在演出时、生活中都"密切地联系于这抗战的时代环境来发展它的特性和特殊的任务"，并且不断扩大活动的范围、广泛团结和发动全国各文化机关和团体，由此使得"文艺界在抗战的任务上的全国团结形成了"。另一方面，表现为群众性文艺活动深入开展背景下抗战宣传与大众文艺的新发展。全面抗战爆发是大众文艺发展的分水岭。在抗战爆发前，大众文艺发展大多为理论上的空谈，并未"实际上去推动群众的文艺活动"。如何"真正地把文艺拿到群众里去"问题，尚未付诸"实践和尝试"，具体表现为文化工作者生活于上海一类的大都市，他们活动范围狭窄，交流对象只是大都市的文化圈，不仅距离普通群众遥远，甚至"脱离群

---

① 据张国焘称，时任陕甘宁边区教育厅厅长周扬非常热衷于延安"文艺思想"发展问题，并且"对演讲写文章甚有兴趣"。（参见张国焘：《我的回忆》，东方出版社 1991 年版，第 400 页。）

② 周扬：《反侵略运动就是保卫文化运动》，《边区文化》1938 年 3 月 15 日，第 2 期。

众"、排斥群众。全面抗战爆发后，这一情况发生根本性转变，文化社团与文化工作者开展了诗歌大众化、戏剧大众化等"实际的行动"，而在这种大众化运动的推动下，文化社团进一步"走向群众"，这在一定程度上推动了"朗诵诗、街头诗、说书等的发展，更重要的是，群众自己的创作活动的开展，各刊物的通讯报告的提倡，各地文艺团体中的群众创作小组的组织，文艺通讯网的号召，都刺激了广大的群众的创作欲望"。可以说，包括延安文化界在内的"知识分子已大多数是抗战工作中的知识分子，而不是以都市的学生群众为主的过去的知识层了，他们现在已经和一般抗战的群众打成一片，能把握着实际的题材"，反映抗战、宣传抗战，深入推动抗战话语的传播。①

其次，关于抗战话语与大众化话语融合发展新趋向产生的原因。一是民主自由的政治环境推动了抗战文化的发展，有力促进了抗战话语的构建。延安时期抗战话语主题的提出、话语内涵的表达、话语力量的产生，往往离不开党的政治领导。随着抗日民族统一战线话语的构建，抗日民族统一战线逐步形成，这无疑是"文化一般向着新的方向发展的政治基础，也是文艺上的新的发展的基础"。与此同时，中国共产党大力倡导和推动各民族团结抗战，塑造了良好的政治环境，使得中国各界民众在政治思想上统一起来，"政治上的全国团结"不仅增强了文化界人士的凝聚力和向心力，还"给一般文化及文艺造成了一个比较民主的环境"，而在民主和自由的政治环境下，抗战文艺活动"迅速开展"，文化界人士也对抗战进行了浓墨重彩的渲染，产生了大量为群众所喜闻乐见的抗战文艺作品，形成了抗战话语构建的重要媒介。二是抗战局势的演变生成了文艺发展的新方向。"抗战中的激烈的社会变动"造成了文化

---

① 《抗战文艺的动向》（1938年2月），《艾思奇全书》第2卷，人民出版社2006年版，第465—479页。

创作环境的巨大变化，随着一批批文化工作者被卷入"抗战的漩涡"，文化发展方向与文艺创作的路径也随之发生变动。而抗战局势的演进，"却有着非常丰富生动的内容，那是艺术创作活动的非常丰盛的养料"，为新的抗战文艺作品的诞生与新的话语载体的产生，提供了重要基础。三是全民族抗战促成了中华民族"普遍的空前觉醒"，这为抗战话语与大众化话语的融合发展提供了思想基础。如果说文化发展进步之程度可以"表现这个民族的精神和生命的进步的前途"，那么，随着中华民族意识的不断觉醒，中国文化发展程度也将"表现中国民族争取胜利和生存的前途"。诚然，思想是话语观念产生的重要基础。而在日本帝国主义侵略的强大压力下，中华民族面临着生死存亡的考验。在此背景下，中国共产党始终坚持团结抗战，广泛教育群众、发动群众、武装群众，尤其是在延安文化社团大众化运动的推动下，广大农民群众也被动员起来，由此使得广大群众迫切需要科学文化知识的武装，可以说，随着"抗战中全国人民普遍的空前觉醒"，"中国人再没有比现在对于科学理论知识的要求更迫切的时候，也再没有比现在对于艺术、文艺的热爱更普遍的时候了"。无怪乎艾思奇在边区文协的大会上旗帜鲜明地提出："从中国的现实环境的特点上来把今后的文艺称做抗战文艺或抗战期间的文艺"，而全民族抗战意识的觉醒无疑是中国大众文化发展的"一个最大的动力和源泉"。①

再次，关于抗战话语与大众化话语融合发展新趋向，与延安大众文化的表现形式、基本内容与理论建构方面的内在矛盾。其一，抗战文化的"小形式"造成了宏大叙事的缺失，反映了大众化话语的张力和局限。全面抗战爆发后，抗战剧团的创建、西战团奔赴前线、边区文协的组织

---

① 《抗战文艺的动向》（1938 年 2 月），《艾思奇全书》第 2 卷，人民出版社 2006 年版，第 465—479 页。

和发动，有力促进了大众化运动的开展，推动了大众化话语的构建。但这一时期的文化成果，大多为战地报告、前线通讯、农村速写之类的作品，而街头诗、街头剧等艺术形式，均表现出"小形式"的特点。虽然"小形式"的产生，是因为在一定程度上受到动荡局势及物资匮乏的制约，但其根本原因在于文化工作者"没有能够深入群众"，这使得大众化的程度尚不充分，反映了大众化话语构建过程中面临的诸多困境，折射出大众化话语的张力与局限。其二，全民族抗战造成中国社会大变动的现实，与文化作品内容"片断"特征形成鲜明对比，反映出文化发展落后于现实变动的弊端。"从抗战这样一个中国有史以来空前大变动的反映上来说，小形式都是不够的。多少动人的抗战英雄故事，多少骇人的敌军暴行，多少悲惨的灾祸，多少壮烈的战斗，多少失败和成功的教训，多少复杂而互相联系的政治、经济、文化等等方面的变动都在抗战中出现着，而且已经出现过，都需要相当大的篇幅来记载，片断的作品是不够充分包含那丰富的内容的。"可以说，抗战大环境、大时代、大变动的特征，决定了文化作品内容上宏大叙事的特性。其三，延安大众文化理论构建尚不健全。其表现之一，即是延安文化界"理论的活动，也是很不够"，尽管当时开展了一些理论研究工作，但往往是"零碎个别的问题的讨论研究"。与此同时，延安文化界还存在另外一种偏向，即"常常把大众化之类的大问题拿来做空洞的争论"。理论研究的碎片化与大众化问题的空洞化，导致人们疏于对抗战文化进行总结，并且"对于整个文艺运动的展望比较忽视"，从而使得延安大众文化的理论构建远远落后于文化发展实践。①

最后，抗战话语与大众化话语融合发展背景下，延安文化社团面临

① 《抗战文艺的动向》（1938年2月），《艾思奇全书》第2卷，人民出版社2006年版，第465—479页。

着转型发展的新任务。一方面，继承和发扬五四运动传统，倡导大众的、现实的、民族的抗战文艺。五四以来，在各类文化社团的推动下，产生了"大众文学和现实主义的萌芽"，逐渐形成了具有"大众的、现实的、民族的文学"传统，而在抗战救亡的时代背景下，"大众化的需要更觉迫切"，延安文化社团应当深入农村，奔赴抗战前线，在理论和实践上不断"接近群众"。既要继承五四运动的传统，又能"表现民族抗战的生动的力量，发扬民族的自信心、坚决心，写出一切抗战中最优秀的民族的典型人物"。因此，"抗战文艺"是一个重要的主题，它反映了抗战话语与大众化话语融合发展的新趋势和新要求。而这一新趋势和新要求，促使延安文化社团"尽量走向大众"，"具体地走向大众"，即通过与"各种各样阶级的人民结合成的具体的大众"，进一步实现抗战文艺的"大众化"。另一方面，根据抗战文艺运动的新发展，推动延安文化社团组织机构的转型，是实现抗战话语与大众化话语融合发展的客观要求。抗战文艺运动的兴起与发展，需要"适于抗战的客观情况的切实的组织形式和工作"，延安文化社团作为抗战话语传播的重要载体，固然起到了重要作用，但在抗战话语与大众化话语融合发展的新趋势下，延安文化社团的组织结构、性质等与这些新趋势、新要求相比较，仍然产生了不相适应问题。特别是"在组织的本身，目前文艺团体的主要的性质还是很旧式的，它只是大都市里做号召用的机关，而不适宜于做推动各地实际工作的机关"，因此包括文艺团体在内的延安文化社团需要调整组织形式，促进"地方的组织的发展"，实现社团组织结构与发展方向的调整。①

　　周扬、艾思奇等人在边区文协大会上的演讲，阐述了抗战话语与大

---

① 《抗战文艺的动向》（1938 年 2 月），《艾思奇全书》第 2 卷，人民出版社 2006 年版，第 465—479 页。

众化话语融合发展的新趋势，为推动延安文化社团转型提供了理论指导。随着 1938 年 3 月 5 日《边区文化》的创刊，"文化与抗战的现实要紧密联系起来"已经成为延安文化界的一个共识。而抗战文化的大众化发展，也必然要求"文化界"的范围扩大，使得抗战文化突破"所谓的'文化人'的圈子"，不断向广大群众延伸和发展。

值得注意的是，《边区文化》创刊时，毛泽东曾亲自为该刊题词，以示对推动边区文化发展的高度重视。而在抗战话语与大众化话语融合发展趋势的推动下，延安文化界呈现出新的发展面貌。据艾思奇在《谈谈边区的文化》一文中所称，"边区文化的这样飞速的发展，是和它的抗战时期的性质分不开的"。1937 年底，他刚到延安时发现，当时"除听到了《义勇军进行曲》之外不容易听到其他新的抗战歌曲"，伴随着抗战话语的传播以及大众化运动的开展，延安的诗歌、朗诵、戏剧、绘画、木刻等蓬勃发展起来，其内容均与"抗战的任务有着密切的关联，学校进行的是抗战的教育。歌咏队唱的是抗战的歌曲，戏剧的内容也是针对着抗战"，可以说，"边区文化是在和抗战的联系当中空前地提高了"。①

艾思奇来延安后的所见所闻，反映了抗战文化发展背景下延安社会生活的巨大变迁。尤其是在文学创作方面，为激发边区群众的阅读兴趣、提高边区群众的文化水平和写作能力，边区文协组织开展了群众性自述、通讯或报告文学的集体创作活动，创作了《五月的延安》《我怎样到陕北来》等。而这些反映延安生活新风尚的文章，从一个侧面提示了抗战话语与大众化话语融合发展所带来的人们思想观念的改变。与此同时，在中国共产党的领导和组织下，延安文化发展与抗战宣传工作、群众路线工作有机结合起来。在延安文化工作者看来，"文化要尽力于

---

① 艾思奇：《谈谈边区的文化》，《边区文化》1938 年 3 月 5 日，创刊号。

它的抗战任务，也得要向民众深入，才能够达到它的最后的目的"。如果"不能到民众中间去充分发挥它的动员作用的文化，即使它有抗战的内容，也是空洞无益的"①。

而在"抗战的动员"客观要求下，边区文协、战歌社、国防科学社等文化社团积极行动起来，广泛开展对广大群众的"指导，教育，改善"工作，通过"加入抗战的内容"，使群众文化水平的提高，与抗战宣传和发动的任务密切配合起来。② 以国防科学社为例，该社团以"抗战高于一切，一切服从抗战"为宗旨，提出"科学家的研究，当然也应该服从抗战，每个科学专门家，都应该拿出他的专长，来为抗战服务"，为此通过发动社团成员为"保证抗战"服务，积极投身于国防工业建设、医药卫生改进、农业技术改良、机械化部队建立等工作。③ 同时，针对广大群众缺乏科学知识的状况，国防科学社结合抗战知识普及的需要，"经常在民众教育馆演讲科学常识"，有力促进了民众科学知识水平的提升。

第三节　抗战文化领导权构建的政治逻辑

一、"政治领导"与文艺统一战线的形成

1938 年是中国抗战由战略防御向战略相持阶段过渡的重要时期。

---

① 《谈谈边区的文化》（1938 年 4 月），《艾思奇全书》第二卷，人民出版社 2006 年版，第511 页。
② 艾思奇：《谈谈边区的文化》，《边区文化》1938 年 3 月 5 日，创刊号。
③ 董纯才：《科学与抗战》，《边区文化》（国防科学特辑）1938 年 4 月 5 日，第 3 期。

以抗战剧团、西北战地服务团、边区文协、战歌社、边区国防科学社为代表的延安文化社团在中国共产党的领导下,通过诗歌大众化、朗诵大众化、戏剧大众化等运动,推动文化界人士参与抗战宣传和社会动员,促使抗战文艺的形成和发展,大众化话语亦逐渐由话语主题的提出步入话语传播的实践阶段。随着大众化话语的提出、表达与传播,抗战救亡的宣传触角逐渐向广大群众延伸。

在全民族抗日救亡的感召下,中国共产党领导下的延安文化社团进行文化抗战并非个案。事实上,随着抗日民族统一战线的形成,以及国共合作抗战新局面的到来,北京、上海、武汉、广州等地的文化社团纷纷成立,并积极加入抗战宣传与政治动员的队伍。继中华全国戏剧界抗敌协会①成立后,1938 年 2 月 28 日,由阳翰笙、罗刚等人发起的中华全国电影界抗敌协会在汉口成立,该团体旨在团结和发动全国电影界人士,通过开展"电影文化运动",使"电影片成为抗战底有力的武器",从而"以电影底话语""以集体的行动来服务抗战底宣传"。②3 月 27 日,中华全国文艺界抗敌协会正式成立,这标志着"政治上的抗日民族统一战线"的进一步形成。全民族抗战催生了民族文化和抗战文化的发展,而周恩来等人参与中华全国文艺界抗敌协会的筹建,并领导和推动抗战文艺宣传工作的开展。在此背景下,延安鲁

---

① 中华全国戏剧界抗敌协会于 1937 年 12 月 31 日在武汉成立,田汉、张道藩、方治等为理事。该会以团结和发动全国戏剧界人士抗敌为宗旨,下设话剧、歌剧、杂剧、编译、总务五个部门。其中,话剧部门设话剧、新剧两个小组,歌剧部门设新歌剧、昆剧、汉剧、平剧、徽剧、川剧、秦剧、楚剧、湘剧、桂剧、粤剧、评剧及其他各地方戏组,杂剧部门设大鼓、双簧、相声、滑稽戏、评书五个小组,编译部门设编译、出版、征集三个小组。[参见《中华全国戏剧界抗敌协会会章》,《中华民国史档案资料汇编》第 5 辑第 2 编《文化》(一),江苏古籍出版社 1998 年版,第 233、234 页。]
② 阳翰笙:《今后的一点希望》,《新华日报》1938 年 1 月 29 日,第 4 版;《中华全国电影界抗敌协会成立大会宣言》,《新华日报》1938 年 1 月 29 日,第 4 版。

艺戏剧系主任张庚与中华全国戏剧界抗敌协会常务理事马彦祥,抗敌演剧队(隶属于武汉国民政府军事委员会)许之乔,上海救亡演剧队第三、四队总队长应云卫,上海救亡演剧队第四队导演吕复,抗敌剧团(隶属于武汉国民政府政治部)副团长郑君里等共同召开抗战戏剧座谈会,这在某种意义上表明延安文化界抗战与全国抗战已联结起来,反映了"文艺工作和政治是分不开的"历史状况,折射出中国共产党通过文化社团的话语媒介作用掌握抗战文化领导权的实践路径,彰显出抗战文化领导权构建的政治逻辑。

抗战文化领导权的提出具有客观性与紧迫性,然而中国共产党构建抗战文化领导权的实践却面临着一系列主、客观因素的制约。其中,延安文化社团的组织与领导、文化干部队伍建设、抗战文艺的发展、抗战政治动员的开展等,无疑是掌握文化领导权的重要前提。而鲁迅艺术学院的成立,以及"鲁艺"下属各类文艺团体的创办,则为延安文化干部队伍建设、抗战文艺与政治动员工作的深入开展、抗战话语权构建等奠定了重要基础。

需要指出的是,随着抗战形势的发展,包括文化抗战、政治动员在内的中国共产党领导下的边区各项工作亟须深入开展。一方面,陕甘宁边区、晋察冀边区等中国共产党领导下的边区的意识形态工作"需要党积极去领导";另一方面,党员干部和文化工作者的政治水平亟待进一步提高。"确定正确的方针,在理论上教育每一个同志,用马克思列宁史太林主义来武装每一个同志,提高党的政治水平",由此成为工作的重点。①

全民族抗日统一战线的形成,促使抗战文化与民族文化的融合,

---

① 《创刊语》,《战线》1938年2月20日,创刊号。

"抗战文艺首先是民族的东西"成为文化界的一项共识。周扬则从抗战
文艺的宣传和教育功能角度出发，提出抗战文艺应该具有大众的、现实
的、民族的特性，尤其是在全民族抗战背景下，"文艺还有它的更实际
的任务，进步的文艺要作为认识和教育的一种工具，配合抗战，帮助实
践，表现民族的活力，提高民族的自信"。①3 月 15 日，边区文协在《新
中华报·边区文化》专刊发表《确立全国文化界统一战线》一文，建议
尽快召集各地文化界救亡团体代表大会，成立全国文协总会，建立全国
文化界的抗战统一战线。②吴敏则从战区"文化政治"工作发展的需要
出发，呼吁文化社团和后方文化界人士成立各种前方服务团体，通过赴
战区建立"适合各地需要文化的堡垒"，促进"地方性质的小型报纸、
小丛书、剧团、歌咏队、图书馆、俱乐部"等的发展，借以提高前线和
战区军民的"文化政治水准"。③

早在 1938 年 3 月，周恩来正式出任国民政府军事委员会政治部副
部长。④而基于团结抗战和政治动员的考虑，全国救亡团体由军事委员
会政治部统一领导。此举既能联合"前方政治工作人员"，共同"推进
前方的文化工作"，又可以发动"聚集在后方城市的文化工作者和知识
青年们"，通过文化社团的创办及其活动，"创造出新的文化堡垒"，从
而为团结和发动抗战救亡运动凝聚力量。⑤作为一名军队政治工作的资
深人士，周恩来重视文艺工作对部队凝聚力、战斗力的提升作用，早在

---

① 《抗战文艺的动向》（1938 年 2 月），《艾思奇全书》第 2 卷，人民出版社 2006 年版，第
465—479 页。
② 《确立全国文化界统一战线》，《边区文化》1938 年 3 月 15 日，第 2 期。
③ 吴敏：《论战区的文化工作》，《群众》1938 年 3 月 26 日，第 1 卷第 15 期。
④ 中共中央文献研究室编：《周恩来年谱（1898—1949）》，中央文献出版社 1998 年版，第
415 页。
⑤ 《社论：前方文化工作问题》，《新华日报》1938 年 3 月 21 日，第 1 版。

黄埔军校时期他就主持创办部队的文艺工作团体。而在担任国民政府军事委员会政治部副部长后不久，他被推举为中华全国文艺界抗敌协会筹备会名誉主席团成员。3月27日，中华全国文艺界抗敌协会召开成立大会。周恩来与蔡元培、宋庆龄等共同担任名誉理事。[①]

在会议当天的演说中，周恩来从全民族抗战的视角，高度称赞中华全国文艺界抗敌协会成立的重要意义，认为"在全民族面前，空前的团结起来。这种伟大的团结，不仅仅是在最近，即在中国历史上，在全世界上，如此团结，也是少有的!"同时，周恩来以促进"民族文艺"和"抗战文艺"融合发展为宗旨，呼吁全国文化界人士既要继承中国"优秀文艺传统"，也要从抗战"全民族动员"的现实需要出发，"多多取材前线将士的英勇奋斗"，真正负起文化界人士抗日救亡的重大责任。[②]值得注意的是，周恩来作为国民政府军事委员会政治部副部长参与成立大会，应属职责范围内之事，而丁玲等延安文化界人士被与会者推选为理事，则在某种意义上说明延安文化界人士与全国文化界人士联结起来，这标志着"文艺界抗日民族统一战线的形成"[③]。

全国文艺界抗日民族统一战线的形成，无疑是由全民族抗战的时代要求所决定的。而"全民族的抗战"推动了"中国的新文艺运动"的发展，促使"政治上的抗日民族统一战线的坚决的执行"。抗战文艺与民族文艺由此成为"新时代的文艺"代名词，"民族"与"大众"则成为"时代的文艺"最显著的标签。在《新华日报》当天题为《全国文艺界抗敌协会成立大会》的社论中，"民族"一词出现15次，"大众"

---

① 中共中央文献研究室编：《周恩来年谱（1898—1949）》，中央文献出版社1998年版，第417页。

② 《全国文艺界空前大团结》，《新华日报》1938年3月28日，第3版。

③ 中共中央文献研究室编：《周恩来年谱（1898—1949）》，中央文献出版社1998年版，第417页。

则出现 17 次之多,"政治上的抗日民族统一战线"则成为两个标签的共同指向。在这一指向之下,"文艺大众化"遂成为中华全国文艺界抗敌协会的最主要的任务之一。应当指出的是,"大众化问题"再度被提及,自然反映了文化界人士与广大民众"因抗战而有打成一片之势",而抗战宣传和政治动员的客观需要则是"大众化问题"产生的直接原因。① 对此,邵力子在会上演讲时,呼吁全国文艺工作者创作"一般民众所急切需要的作品"②。吴组缃则从发扬"全民族的抗战精神"的角度出发,指出"作品的是否伟大,在目前我觉得不是重要的问题;作品的是否能为一般大众所接受,才是目前最可注意之点"。而在这篇题为《我对于全国文艺界统一战线的几点管见》的文章中,吴组缃提出两个自认为"极其重要"的问题,其中之一是文化界人士要"加强对于政治方面的认识",因为在全民族抗战的时代背景下,"文艺工作和政治是分不开的"。③

客观而言,"政治"与"文艺"关系问题的提出,反映了抗战宣传和政治动员的现实需要。而事实上,"政治"是当时除"民族"和"大众"之外的第三个重要标签,这一标签和口号得到与会者的热烈响应。抗日民主运动人士陈铭枢在大会发言时明确指出:"文艺家最无政治色彩而对政治的推动力则最大。"④ 吴奚如则将"抗日救国"视为全国文化界人士"一个总的政治目标",呼吁各党派、政团与地方团体摈弃政治偏见,一致团结抗战。⑤ 艾思奇亦视这种"广泛的范围内团结"之举为

---

① 《社论:全国文艺界抗敌协会成立大会》,《新华日报》1938 年 3 月 27 日,第 1 版。
② 邵力子:《敬告全国文艺界》,《新华日报》1938 年 3 月 27 日,第 4 版。
③ 吴组缃:《我对于全国文艺界统一战线的几点管见》,《新华日报》1938 年 3 月 27 日,第 4 版。
④ 《全国文艺界空前大团结》,《新华日报》1938 年 3 月 28 日,第 3 版。
⑤ 奚如:《我的祝贺》,《新华日报》1938 年 3 月 27 日,第 4 版。

一种"密切地政治联系"，认为"文艺人在过去曾经有一部分对政治取着敌视的态度，这是由于把进步的政治实践误认作政客活动。今日中国文艺人的团结，也就是为着抗日胜利的需要，而且就为着文艺本身的发展，这样的政治的实践行动，也是极需要的"。而在对比抗战前后文化界人士政治联系的差异之时，艾思奇毫不犹豫地指出，"抗日民族统一战线"是文化界"政治联系"与"政治实践"的根源，由此他断定抗战救亡背景下"文艺界的个人主义时代"已宣告终结，"文艺人的自由主义时代"亦告结束，代之而起的将是文化人"集体战争的时代"，以及"共同为民族为国家而尽其所能的时代"。①

中华全国文艺界抗敌联合会成立大会召开前后关于"政治"与"文艺"相互关系的探讨，在某种意义上反映了文化领导权问题的突出性，而在中共中央所在地延安，对文化社团的政治领导已经成为一种常态，抗敌电影社政治顾问的设置，即是在这种新常态下产生的。1938年3月28日，沙可夫、赵品山、雷经天等人"为了抗战的迫切需要"，召开抗敌电影社筹备会议。会议确定了以抗日电影推动抗战宣传和群众发动的"工作总方向"，推举沙可夫、高朗山、王若飞、赵品山等人为筹备委员。值得注意的是，为了强化抗敌电影社全体成员的政治意识，在29日、30日召开的筹备会上，该社专门聘请沙可夫等人为政治顾问。②

随着政治领导在延安文化社团中的地位日益突出，民族文艺与抗战文艺也逐渐形成融合趋势，并推动大量有关抗日文艺作品的产生。据陕甘宁边区教育厅厅长周扬称，当时文艺作品几乎"全部集中于反日的主题"，尤其是战时随笔、前线通讯、报告文学、墙头小说、街头剧等，

---

① 艾思奇：《祝全国文艺界抗敌协会的成立》，《边区文化》1938年4月20日，第4期。
② 《本市成立抗敌电影社》，《边区文化》1938年4月10日，第3期。

具有迅速及时和"宣传鼓动的性质",能够"极有效率地把民族革命的精神和思想广播在读者大众的脑中",因此逐渐成为抗战时期中国文艺作品的主流。显然,抗战文艺的这一潮流和趋势促使"文艺和抗战密切结合",进一步推动"革命文学"的发展。值得注意的是,抗战时期"革命文学"的发展离不开"文化大众化"的背景,尤其是当文艺成为"抗战中教育群众的武器",其本身便承担了宣传抗战和发动群众的使命,"把民族的革命的思想普遍到最广泛的群众中间去",由此成为"文化大众化"的题中应有之义。①

"文化大众化"有力推动了抗战时期民族革命思想的传播,促进了抗战文艺的发展及其宣传、动员功能的发挥。在延安,随着上海救亡演剧队等剧团的到来,延安文化社团的队伍不断发展壮大,以抗战为主题的文艺活动相继开展,尤其是抗战戏剧的剧本和演出,已经成为延安文艺界的主流与特色,得到中国共产党领导人的高度称赞以及延安群众的热烈欢迎。抗战文艺队伍的壮大、延安文艺事业的蓬勃发展无疑推动了宣传与动员工作的开展,但文化领导权的构建需要进一步凝聚抗战力量,"抗战急需的干部培养问题"遂成为当时一个亟待解决的难题。② 尽管全面抗战爆发以来,中国共产党领导下的延安教育事业有所推进,中国抗日军政大学、陕北公学等政治、军事干部学校也相继创办,但培养抗战文艺领导干部的院校尚未成立。可以说,"培养抗战的艺术工作干部已是不容稍缓的工作"③。基于对艺术是"宣传鼓动与组织群众最有力的武器"的认识,以及在"干部决定一切"的时代感

---

① 周扬:《抗战时期的文学》,《自由中国》1938 年 4 月 1 日,创刊号。

② 《鲁迅艺术学院创立缘起》,《延安文艺档案·延安文学:延安文学组织》第 31 册,太白文艺出版社 2015 年版,第 580 页。

③ 中共中央文献研究室编:《毛泽东年谱(1893—1949)》中卷,中央文献出版社 2013 年版,第 54 页。

召下，1938 年 2 月，毛泽东、周恩来、林伯渠、徐特立、成仿吾、艾思奇、周扬等人联名发布《创立缘起》，倡议在延安成立一所以鲁迅命名的综合性艺术院校。①3 月 7 日，鲁迅艺术学院公布了院系机构和人员名单，其中机构方面分为戏剧、音乐和美术三个系。14 日，学院正式开始上课。

鲁迅艺术学院的发起筹备，不仅得到延安文艺青年的热烈响应，还引起远在汉口的《新华日报》的关注。该报一篇题为《鲁迅艺术学院访问记》的报道记载了邓友民采访鲁艺负责人沙可夫、吕骥、张庚、丁里的对话。从对话的内容来看，至少包括以下三个信息。

第一，关于鲁艺创办的宗旨与理念，应当与中国共产党掌握文化领导权的目标有着重要关联。在当天的采访中，沙可夫坦率地表示，延安文化的兴盛与"艺术干部的缺乏"之间的矛盾日益突出，"抗战艺术干部"培养成为中国共产党掌握文化领导权的一个关键问题。根据中国共产党组织和领导延安文化社团开展抗战宣传工作的客观要求，以及结合抗战文艺发展的客观需要，中共中央领导创办了鲁迅艺术学院，并且将"培养抗战艺术干部""研究正确的艺术理论""整理中国艺术遗产""建立中国新的艺术"四项任务作为鲁艺办校的宗旨。基于上述宗旨和理念，鲁艺在院系课程设置时，注重学员政治素质和政治能力的提升，为此开设了"社会主义""辩证法""中国问题""中国文艺运动""苏联文艺"

---

① 《鲁迅艺术学院创立缘起》，《延安文艺档案·延安文学：延安文学组织》第 31 册，太白文艺出版社 2015 年版，第 580 页。另外，据莫耶 1941 年回忆称，毛泽东是最早提议成立鲁迅艺术学院的人。早在 1937 年秋上海救亡演剧第五队到达延安时，毛泽东和部分中共领导同志接见了全体人员。而在致欢迎辞时，毛泽东强调了"革命文艺对革命事业的重要性"，遂提议创办鲁迅艺术学院以"培养无产阶级的艺术人才"，此议得到与会中共领导同志的一致赞同。（参见莫耶：《延安鲁艺生活散记》，《红旗飘飘画丛》第 3 册，天津人民美术出版社 1991 年版，第 119 页。）

等必修科目。①

第二，通过走向广大农村、走进群众实现对群众的领导，是中国共产党进行文化领导权建设的基本路径。根据这一路径，鲁艺在工作方法上注意借鉴过去的经验，在开展抗战宣传和民众动员工作时，提前"研究当地特殊的问题"，并根据当地民众的喜好与特点，开展民众喜闻乐见的文艺活动。此举旨在通过抗战宣传活动，"给当地民众一个很明白的观念"，借此教育和引导广大民众团结抗战，达到演出之后"民众会马上在领导之下开始工作起来"的效果。②

第三，将延安文化社团与全国文化团体联合起来，是实现文化领导权的一个必要前提。全民族抗战的客观形势，决定了抗日民族统一战线形成的必要性。结合当时抗战宣传与民众动员工作的需要，鲁艺及其下属文艺团体的工作中心显然不在北京、上海、武汉、广州等城市，"而在广大的农村"。与此同时，抗战话语权的构建不仅在于团结和发动延安民众，还应当"把边区的剧运同全国联系起来"，并且根据抗战形势发展的动态变化，调整工作的重心和思路。③

1938年4月10日，鲁迅艺术学院开学典礼在延安中央大礼堂隆重举行，毛泽东等中国共产党领导人出席大会并讲话。毛泽东在讲话中指出：鲁艺文化干部的远期目标是"要在民族解放的大时代去发展广大的艺术运动"，而在当前全民族抗战的新形势下，掌握文化领导权是一项

---

① 邓友民：《鲁迅艺术学院访问记》，《新华日报》1938年4月19日，第4版。另外，鲁迅艺术学院戏剧系负责人张庚亦称，为了"训练救亡的艺术干部"，学生课程颇为"注重基本知识和技能的培养"，而在基础课程学习之外，师生经常"开讨论会"，因此鲁艺的"学习和生活方面都很紧张"，尤其是生活上，实行"军队化"管理。（参见张庚：《关于鲁迅艺术学院的戏剧系》，《抗战戏剧》1938年5月25日，第2卷第1期。）
② 邓友民：《鲁迅艺术学院访问记》，《新华日报》1938年4月19日，第4版。
③ 邓友民：《鲁迅艺术学院访问记》，《新华日报》1938年4月19日，第4版。

紧迫任务，因此我们的近期目标是"在抗日民族统一战线方针指导下，实现文学艺术在今天中国的使命和作用"。值得注意的是，毛泽东在阐述革命文艺与抗战文艺的新动向时，将革命文艺分为"亭子间"和"山顶上"两种类型，指出"亭子间的人弄出来的东西有时不大好吃，山顶上的人弄出来的东西有时不大好看"，他强调革命文艺"既然是艺术，就要又好看又好吃，不切实、不好吃是不好的"。显然，毛泽东针对当时文艺界存在的"自大主义"倾向，以及一些文艺干部混淆"功利主义"[①]与"现实主义"区别的弊端，运用比喻手法加以纠正，旨在使从"亭子间"来的与从"山顶上"来的文化工作者，在政治上的"抗日民族统一战线"中联合起来。[②]

陕甘宁边区文艺界救亡协会主任柯仲平在鲁艺成立大会演讲时，则对毛泽东的讲话做了进一步阐发，指出鲁艺文化干部肩负掌握抗战文化领导权的重任，尽管当前鲁艺中一部分人是从"亭子间火线"来的，也有一部分人是从"山顶上火线"来的，但现在大家都是为了一个共同的目的，"团结在统一战线上一道工作了"。柯仲平指出，继承鲁迅先生的革命文艺精神，发扬"鲁迅主义"，使"文艺大众化""创造大众文艺"等口号"由实践逐渐具体地实现起来"，这既是"文艺在抗日民族统一战线中的任务"所决定的，也是掌握和巩固抗战文化领导权的必要举措。值得注意的是，

---

① 姚蓬子认为，抗战文艺"功利主义"（或"功利性"）应当与"抗战文艺的大众化"问题有关。在《文艺"功利性"与抗战文艺的大众化》一文中，他明确提出：所谓的"功利性"，即"作品的大众化"。在中国全民族抗战的背景下，"功利性"的产生并非偶然，而是为了"动员更多的民众力量参加到抗战的队伍中来"，而这种文艺作品的群众动员功能与"宣传教育"作用，与其说是"功利主义"，还不如说是一种"现实主义"。显然，姚蓬子的这一说法与毛泽东的上述观点不谋而合。（参见蓬子：《文艺"功利性"与抗战文艺的大众化》，《抗战文艺》1938 年 6 月 11 日，第 1 卷第 8 期。）

② 中共中央文献研究室编：《毛泽东年谱（1893—1949）》中卷，中央文献出版社 2013 年版，第 64、65 页。

在当天演说中柯仲平从掌握抗战文化领导权的角度，阐释了延安鲁艺创办旨趣以及工作方向，并引述毛泽东的一段话称："毛泽东先生的讲演中有以下这样的一段话，还是应该随时想起的：山顶上的人弄出来的东西不大好吃。有些亭子间的人以为，'老子是天下第一。至少是天下第二'。山顶上的人也有摆老粗架子的，动不动，'老子是二万五千里'。"通过引述毛泽东的话语，柯仲平阐释了延安鲁艺创办的旨趣，即：为掌握和巩固党的抗战文化领导权，"训练起千万的文化干部"①。

与此同时，柯氏还从抗战文艺作家、作品和作用三个方面，就鲁艺工作方向问题作了深刻阐述，称：其一，关于抗战文艺作家，无论是"有特殊修养的作家"还是普通大众作家，都应当以抗战文艺为发展方向，承担起"文艺在抗日民族统一战线中的任务"，努力成为"战士间的文艺家"。其二，关于抗战文艺作品，全民族抗战的时代背景产生了抗战文艺，而只有那些具有"全国总动员的抗战的性格""有血有肉的""强有力的大作品"才是为时代、为人民、为抗战所需要的作品。伴随着抗战进入战略防御的关键时期，广大文艺工作者应当"从实际的抗战工作中，分出时间来写通信，特写，报告文学，活报，独幕剧，街头画报，诗歌朗诵等。到将来就可以在这大时代的某一主题下，选择典型的环境，创造典型"，创作出真正的经典作品。而从掌握抗战文化领导权的意义上来说，抗战文艺作品应当兼具"真"与"美"的特性，即反映中国人民英勇抗战的"现实的内容"才是"真"，"在正确的政治方向上被创造出来的东西"才叫"美"。其三，关于抗战文艺的作用，即促进抗日民族统一战线建设。团结和发动全国民众，建立最广泛的抗日

---

① 柯仲平：《是鲁迅主义之发展的鲁迅艺术学院》，《边区文化》1938 年 4 月 20 日，第 4 期；柯仲平著，赵金主编：《柯仲平文集》第 3 册（文论卷），云南人民出版社 2002 年版，第 69—71 页。

民族统一战线，不断壮大中国共产党领导的人民革命力量，赢得抗战的彻底胜利，这既是一名人民文艺家的根本职责，也是一部优秀文艺作品所应当发挥的作用。总之，抗战文艺作用"应该是统一战线"，"统一战线同时是艺术的指导方向"。①

可以说，柯仲平的演讲不仅深刻阐释了毛泽东发言的核心要义，而且指出了中国共产党"文化政策"的基本内容，揭示出抗战的"文艺方向"，这为延安文艺界如何"纠正'自大主义'"问题，以及解决抗战话语权构建问题提供了重要指导。② 对此，曾任鲁迅艺术学院戏剧系主任的张庚在《回忆延安鲁艺的戏剧活动》时称：当时大批青年人之所以不畏艰险来到延安，"最主要的还是在政治上、思想上寻求指导，而鲁艺那时候在党的领导之下的确给了他们以很大的启发"。③ 张氏此语可谓是对柯仲平的上述演讲，以及毛泽东在鲁艺开学典礼致辞的要旨做了一个很好的注解。而基于对党的文化政策、抗战文艺方向的认识，以及对抗战文艺作家作品作用的阐释，《鲁迅艺术学院成立宣言》明确提出其成立宗旨"就是要培养抗战艺术的干部，提高抗战艺术的技术水平，加强这方面的工作，使得艺术这武器，在抗战中发挥它最大的效能"，为了"唤起民众""组织民众""武装民众"，掌握中国抗战文化领导权，一方面，鲁艺着重培养大批文艺干部，并且组织文艺干部到抗战最需要的部门、前线、农村甚至敌占区开展工作；另一方面，发动和号召全国文化

① 柯仲平：《是鲁迅主义之发展的鲁迅艺术学院》，《边区文化》1938 年 4 月 20 日，第 4 期；柯仲平著，赵金主编：《柯仲平文集》第 3 册（文论卷），云南人民出版社 2002 年版，第 69—71 页。

② 柯仲平：《是鲁迅主义之发展的鲁迅艺术学院》，《边区文化》1938 年 4 月 20 日，第 4 期；柯仲平著，赵金主编：《柯仲平文集》第 3 册（文论卷），云南人民出版社 2002 年版，第 69—71 页。

③ 张庚：《回忆延安鲁艺的戏剧活动》，刘增杰、赵明、王文金等编：《抗日战争时期延安及各抗日民主根据地文学运动资料》上册，山西人民出版社 1983 年版，第 453、454 页。

团体，形成稳固的文化界抗战统一战线，"为寻求最有利于抗战的艺术道路而努力"。可以说，鲁艺成立宣言不仅是一份工作指南，更是一篇战斗檄文，它不仅说明鲁艺文化干部的"一切工作是为了抗战"，而且要"在这些工作中创造新中国的艺术"，使中华民族文化在抗战文化的激荡中不断创新发展。①

二、"政治动员"与"大众文艺"的衍生

抗战全面爆发后，随着抗战局势的演进，毛泽东通过对抗日战争的深入观察和研究，认为这将是一场持续时间较长的作战，并且提出持久战的战略战术。是年5月，毛泽东发表《抗日游击战争的战略问题》，初步阐发了"持久战"理论，指出"整个的抗日战争，由于日寇是强国，是进攻的，我们是弱国，是防御的，而因决定了我们是战略上的防御和持久战"。②5月26日至6月3日，毛泽东在延安抗日战争研究会作《论持久战》的长篇演讲。③ 在演讲中，他运用马克思主义理论深入分析了中日战争所处的时代和中国抗战的基本特点，深刻阐述了中国抗日战争的持久战总方针，为坚持人民的战争路线以及组织和动员群众实行全面

① 《鲁迅艺术学院成立宣言》，《延安文艺档案·延安文学：延安文学组织》第31册，太白文艺出版社2015年版，第581、582页。
② 毛泽东：《抗日游击战争的战略问题》，人民出版社1952年版，第5页。
③ 何平主编的《毛泽东大辞典》、廖盖隆等编的《毛泽东百科全书》以及张子申所著的《毛泽东和杨成武》均提出，毛泽东在延安讲演《论持久战》的地点是中国人民抗日军政大学；孟艾芳《军事思想与国防建设》一书则提出，《论持久战》是毛泽东在中国人民抗日军政大学的讲义。上述说法均有误。（参见何平主编：《毛泽东大辞典》，中国国际广播出版社1992年版，第655页；廖盖隆等编：《毛泽东百科全书》，光明日报出版社1993年版，第740页；孟艾芳主编：《军事思想与国防建设》，山西教育出版社2013年版，第48页；张子申：《毛泽东和杨成武》，解放军文艺出版社2014年版，第102页。）

抗战，提供了正确的政治路线和军事路线。①

　　毛泽东关于人民战争的思想及其对持久战的阐述，建立在"普遍和深入的政治动员"的基础之上。而在《论持久战》中，毛泽东从抗战话语权构建的主、客观因素出发，对开展"政治动员"的必要性、紧迫性与可行性做了充分论证，为组织和动员包括延安文化社团在内的各界力量进行抗战提供了重要遵循。②

　　首先，中日战争的基本特点与中国共产党掌握抗战话语权的主观需要，决定了开展"普遍和深入的政治动员"的必要性。毛泽东在《论持久战》系列演讲中，客观、全面地分析了中日战争的特点和规律，深刻揭示了中国抗战的持续性和艰苦性，指出全民族抗战的基本特点决定了"政治动员"的必要性。可以说，进行广泛的、全面的、积极的政治动员，是关系中国抗战成败的重要因素。而从掌握抗战话语权的角度来看，政治动员就是"把战争的政治目的告诉军队和人民"，"使每个士兵每个人民都明白为什么要打仗，打仗和他们有什么关系"，因此是中国共产党通过团结和领导民众抗战掌握抗战话语权的重要途径。同时，政治动员也是将抗战和建国有效结合起来的重要契机。中国共产党必须通过抗日战争的政治动员，把"驱逐日本帝国主义，建立自由平等的新中国"这一抗战建国的新理念、新话语向广大军民传播，"方能造成抗日的热潮，使几万万人齐心一致，贡献一切给战争"，也只有如此，才能真正将话语转化成权力，实现抗战话语权与领导权的双重构建。③

　　其次，日本帝国主义侵略不断加剧的危急时局，以及国共合作背景

① 中共中央文献研究室编：《毛泽东年谱（1893—1949）》中卷，中央文献出版社 2013 年版，第 74 页。
② 《论持久战》（1938 年 5 月），《毛泽东选集》第 2 卷，人民出版社 1991 年版，第 480 页。
③ 《论持久战》（1938 年 5 月），《毛泽东选集》第 2 卷，人民出版社 1991 年版，第 481 页。

下抗战由战略防御向战略反攻转换的客观形势,彰显出中国共产党开展政治动员工作的紧迫性。从全面抗战爆发前的情况来看,由于"没有抗日的政治动员",未能构筑起全民族抗日战争的统一战线,导致侵华日军的势力范围不断扩大,中国人民承受的苦痛和灾难异常深重,中华民族的前途与命运陷入严重危机。全面抗战爆发后,局部的政治动员工作虽然已经开始,但其范围之狭小、程度之低下、态度之消极与全面抗战的现实需要之间,显然存在着较大差距。可以说,当时中国共产党领导下的抗战前途面临两种选择,即:如何选择领导开展广泛而深入的政治动员,"就造成了陷敌于灭顶之灾的汪洋大海,造成了弥补武器等等缺陷的补救条件,造成了克服一切战争困难的前提";反之若"忽视政治动员",则不仅所有努力付之一炬,甚至产生"南其辕而北其辙"结果,而最终"必然取消了胜利"。显然,在中国抗战主客观因素压迫之下,中国共产党选择了前者,即:开展"普遍和深入的政治动员"。与此同时,尽管国共第二次合作局面已经形成,但基础并不稳固,国共合作的前途也随着抗战形势的发展充满着许多不确定性。而这种内外挤迫的客观形势,形成了一条从"政治动员"到"统一战线",再到"持久战",直到最终胜利的逻辑线条,这无疑是抗战时期特殊历史背景下中国共产党构建抗战话语权的内在逻辑。[①]

再次,中国共产党领导下延安大众文化的持续发展,以及延安文化社团与全国文化团体之间的紧密联合,使得开展"普遍和深入的政治动员"具备切实可行性。延安大众化运动的深入开展,为延安文化的发展注入了强大动力,由此使抗战宣传的方式与途径日趋多元。当时,党的政治话语的表达与传播,可以"靠口说,靠传单布告,靠报纸书册,靠

---

① 《论持久战》(1938年5月),《毛泽东选集》第2卷,人民出版社1991年版,第480—481页。

戏剧电影，靠学校，靠民众团体，靠干部人员"。而在抗战话语的引领下，政治动员工作的重要性逐渐获得民众的广泛认同，由此使得"抗日战争的政治动员是经常的"。伴随着政治动员的日趋常态化，其动员的理念与效度也发生了根本转变，广大军民普遍认为政治动员工作必须改变过去那种"方法不合民众口味，神气和民众隔膜"的弊端。在宣传抗战政策和传播党的政治话语过程中，"不是将政治纲领背诵给老百姓听，这样的背诵是没有人听的；要联系战争发展的情况，联系士兵和老百姓的生活，把战争的政治动员，变成经常的运动"。与此同时，延安文化社团与上海、汉口、广州等的文化团体之间已经建立起越来越多的联系。尤其是在抗日救亡的时代感召下，包括延安在内的全国文化界人士在群众宣传、群众发动、群众组织方面的目标与愿望渐趋一致，这使得开展"普遍和深入的政治动员"的条件日益成熟，从而为扩大抗战话语的影响力提供了重要基础。①

可以说，毛泽东的《论持久战》不仅是一部关于中国抗日战争战略战术的重要著作，而且为包括延安文化社团在内的各界人士开展广泛而深入的政治动员提供了重要遵循，"政治为革命服务"由此成为抗战时期文艺家进行文艺创作和开展文艺活动的一个重要理念。正如毛泽东所指出的，全面抗战爆发前后，政治动员工作虽然已经开展，但其动员的程度及效果，与抗战救亡的艰巨性、紧迫性相比，仍然存在较大差距。对此，姚雪垠亦持相同观点。在《论现阶段的文学主题》一文中，姚氏从文学服务于抗战的角度出发，认为即使是在和平时期，"艺术尚且应该配合着政治为革命服务"，更何况到了民族危机存亡之时，全国文学界人士更应当挺身而出，以笔为枪参与抗战，利用文学这一"最好的文

---

① 《论持久战》（1938 年 5 月），《毛泽东选集》第 2 卷，人民出版社 1991 年版，第 481 页。

化武器"为抗战服务。在号召文学界人士围绕抗战这一时代主题进行文学创作之时，姚雪垠根据自己从事抗日救亡的亲身经历与细致观察，发现一些文艺工作者由于"政治和哲学的修养不够"，导致文艺创作的失败，出现诸如"写战地生活，往往看见了游击队而看不见民众；纵然写了民众，这些可怜的民众也往往被作家剥去了他们的战斗性和乡土气味"的不良现象，使得以抗敌救亡为主题的文艺创作工作"犯了与抗战形势脱节的严重现象"。而关于这种现象的本质及其产生的根本原因，姚雪垠一针见血地指出，是由于"文学与政治脱节"。尽管全面抗战爆发以来，尤其是"八一三"事变发生后，"强化统一战线"和"实现民主政治"已经成为时代所需、民众所盼，但"文学同政治的脱节"问题却日益突出，成为影响中国人民抗战的一个普遍性问题。为此，姚雪垠以苏联革命文学创始人高尔基创作《母亲》的案例旗帜鲜明地提出，抗战文艺的主题应当"以组织性和教育性"为旨归，既要"把握住对社会、对政治、和对当前斗争形势的正确理解"，又能以一种"革命的精神"开展政治动员，使文学真正地为革命服务、为抗战服务。①

从某种意义上来说，革命与抗战是一个不可分割的整体。中国共产党则将两者共同置于"统一战线原则之下"，既通过团结和发动群众来构建广泛的抗日民族统一战线，又能够在统一战线中坚持独立自主原则，强调"不能丧失自己的立场"，为此通过延安文化社团这一文化载体推动抗战文化领导权的构建。诚然，文艺家的政治觉悟、政治立场、政治水平，往往决定了文艺作品的主题、内容和属性。而从团结和发动民众的客观要求来看，政治动员与大众化话语构建是相辅相成的两个有机体。对此，毛泽东在鲁迅艺术学院成立大会讲话时，亦谈及苏联革命

---

① 姚雪垠：《论现阶段的文学主题》，《抗战文艺》1938 年 5 月 7 日，第 1 卷第 2 期。

文学奠基人高尔基结合"群众的生活和语言"从事文学创作的事实，旨在阐述抗战文艺既要"适合时代的要求"，符合抗战的时代主题，又要满足"大众的要求"，才能更广泛地组织和动员民众抗战的理念。如果说毛泽东所指称的"时代的要求"包含着"抗日"和"建国"双重任务，即"不但要抗日，还要在抗战过程中为建立新的民主共和国而努力，不但要为民主共和国，还要有实现社会主义以至共产主义的理想"，那么大众化话语的根本内涵就是运用"大众语言"表达和传播革命精神、革命理念、革命思想。

需要指出的是，毛泽东将政治动员与大众化话语有机结合起来的话语权构建路径，在某种意义上反映了马克思主义理论与实际相结合的理论特征，而在讲话中，毛泽东不仅宣称"我们在艺术论上是马克思主义者，不是艺术至上主义者"，而且指出"我们主张艺术上的现实主义，但这并不是那种一味模仿自然的记流水账式的'写实'主义者，因为艺术不能只是自然的简单再现"。可以说，中国共产党从中国革命和抗战的实践中构建革命话语，这一实践路径推动了以抗战文艺为主题的全国性文艺大众化运动的深入发展，彰显出政治动员与大众化话语构建之间的内在逻辑。正如中华全国文艺界抗敌协会机关刊物《抗战文艺》的发刊词所宣称，"我们要把整个的文艺运动，作为文艺的大众化的运动，使文艺的影响突破过去的狭窄的知识分子的圈子，深入于广大的抗战大众中去！"而包括中华全国文艺界抗敌协会在内的文化界人士或团体，均有责任去"反映这一运动，推动这一运动，沟通这一运动，发扬这一运动"，从而使全国文艺工作者真正利用好"文艺这一坚强的武器"，发挥文艺界人士在抗战中应有的职责和作用。[1]

---

[1] 《发刊词》，《抗战文艺》1938 年 5 月 4 日，第 1 卷第 1 期。

在以抗战文艺为主题的全国性文艺大众化运动深入发展的背景下，一些文艺理论者、文艺批评家根据抗战文艺大众化运动的实践特点，以文艺刊物为平台表达对抗战文艺大众化运动的不同观点，逐渐形成了大众化话语构建的舆论浪潮。

中华全国文艺界抗敌协会组织部干事叶以群，通过对抗战爆发以来中国文艺界活动情况的考察，指出尽管文艺界人士自抗战以来积极"参加大众的斗争"，倡导并践行与"大众生活在一起"，但这种改变还只是"开始"，文艺工作者与大众之间仍然存在着一堵"无形的墙垣"，导致文艺工作者在"生活上还保持着旁观的地位，未能突进大众生活的内层，抓着大众生活的核心"。具体来说，文艺工作者在从事抗战宣传和群众发动工作时，虽然"可以看见大众哭，也可以看见大众笑，也容易明白大众为什么哭，为什么笑；然而，在他没有和大众一起哭，一起笑之前，却决不能了解大众怎样地哭或怎样地笑"，以致未能通过与大众的共同生活获得一种"同感"，自然难以真正把握"大众生活的核心"。对此，茅盾曾感叹道："自抗战以来，我们有抗战文艺作品，然而没有抗战文艺运动。"而只有将"大众化"作为"一切文艺工作的总原则"，引导和推动文艺工作者沿着"大众化"的路线和方向前进，才能彻底推倒文艺工作者与大众之间的"无形的墙垣"，从而把握住大众生活的核心，真正实现走进大众。[1]

1938年5月4日，《抗战文艺》以纪念五四新文化运动为主题刊载两篇宣扬大众文化的文章。中华全国文艺界抗敌协会宣传部部长楼适夷在《纪念"五四"——为大众的文化而战斗》一文中称，"文化抗战"与"政治上的统一和团结"是发展抗战大众文化的重要前提，尤其是抗战救亡

---

[1]　以群：《关于抗战文艺活动》，《文艺阵地》1938年5月1日，第1卷第2期。

到了最关键的时刻，"没有普遍的大众的基础，决不能有真实崇高的文化"。而从抗战救亡的时代要求来看，"为大众的文化而战斗"的口号，一方面反映了中国文化界人士已"深刻地觉醒"，他们纷纷通过文化的力量推动抗战宣传和民众动员工作；另一方面，抗战的大众文化发展，将有利于"民众运动的开展和扩大，国际间同情和援助的积极争取"。① 穆木天则从"大众的话语"构建角度，指出五四新文化运动的一个重要意义，在于"把文艺作为一种战斗的武器而提出来"，强调文艺作为中国抗战的武器，必须要"深入到大众"，只有这样才能建立抗战的"大众文艺"，才能建立抗战的"战斗的语言"，以及构建"大众的话语"。②

　　与楼适夷、穆木天从五四新文化运动纪念角度立论不同，时任中共中央宣传部部长凯丰结合抗战以来宣传工作的实践，从如何"使宣传工作能够发生动员民众组织民众的力量"的现实需要出发，呼吁"用民族解放的思想来教育全中国的人民"，旨在"提高民族的觉醒，提高民族的信心，坚固民族的团结"，使文化界人士在抗战宣传与民众动员工作中推动中华民族的政治觉醒。与此同时，凯丰从抗战宣传工作的特点与需要出发，对抗战文艺工作的范围、方式与类型作了专门阐述。一是从抗战文艺工作的范围来看，全民族抗战的客观事实决定了抗战宣传工作应当是"对千百万群众说话"，并且中国抗战是世界反法西斯战争的重要组成部分，得到世界爱好和平人士的广泛援助，因此抗战文艺的话语表达"不但是对国内的而且是对全世界的人民说话"。而这种抗战表达话语向国内外延伸的客观性，要求文艺工作范围的具有广泛性和普遍性。二是从抗战文艺工作的方式来看，多样性与灵活性是文艺工作者需

---

① 适夷：《纪念"五四"——为大众的文化而战斗》，《抗战文艺》1938 年 5 月 4 日，第 1 卷第 1 期。

② 穆木天：《五四文艺的战斗》，《抗战文艺》1938 年 5 月 4 日，第 1 卷第 1 期。

要妥善解决的两个重要问题。抗战宣传工作的扩大，表明工作对象将越来越向大众倾斜，这就要求文艺工作者"学习对千百万人民说话的态度"，以及灵活运用向广大民众进行宣传的方式。尤其是在政治动员过程中，政治话语的表达与传播往往需要借助诗歌、戏剧、美术等民众喜闻乐见的形式，由于文化的多样性"能抓住广大群众的心理"，这使得抗战宣传"能够收到更大的效果"，有利于促进大众化运动的深入开展。三是从抗战文艺工作的类型来看，既包括面向广大民众的"通俗的群众鼓动"，又有关于文艺"理论的加深研究"，两者"相辅相成"。换言之，"只有通俗的群众鼓动工作做得好，才能为理论的加深研究推广和扩大基础；只有加深理论的研究做得好，才能使群众的鼓动工作更正确的进行，收到更完满的结果"。可以说，凯丰以其作为中共中央宣传部部长所特有的眼光，注意到全民族抗战的性质和特点，由此在进行理论构建时，打通了民族战争到民众动员之间的关节，这为战时宣传工作"唤起全国民众，发扬民族觉醒，提高民族信心"提供了重要指引。①

循着凯丰所揭示的"民族解放运动"的抗战文艺大众化路径，凌鹤从抗战话剧大众化实践的角度，指出"中国话剧是配合着抗战发展的客观要求而发展着的"。尤其是随着日本帝国主义侵略的加剧，中华民族的危机不断加深，在此背景下，抗战话剧符合"全中国大众最普遍的要求"，其内容本身便是"大众自己要求的表现"，反映了"大众自己的文化形象"，彰显出中国话剧运动与民族解放运动之间的内在逻辑，并使"话语大众化"成为抗战"新演剧运动"的独特属性与发展方向。从某种意义上来说，大众化的根本目的是使抗战戏剧真正地深入大众。诚然，在大众化话语构建和发展之时，有关大众化与通俗化之间的异同，逐渐成为人们关注

---

① 凯丰：《抗战中的宣传工作》，《群众》1938 年 5 月 21 日，第 1 卷第 23 期。

的焦点。凌鹤则以抗战戏剧的发展为例，指出"所谓大众化，固然就是通俗化广义的解释，不过通俗和庸俗大不相同"。质言之，全民族抗战背景下的大众化运动，承担着政治动员的特殊任务，它既要表现"大众自己的生活和意志"，也要实现群众组织和"大众动员"作用，甚至可以说，只有"组织工作做得好，才发挥了演剧最真实的力量"。①

　　凌鹤关于"大众化"与"通俗化"关系问题的阐述颇具代表性，尤其是"通俗非庸俗"之语，道出了通俗化与大众化之间的内在联系，为从新的视角剖析抗战文艺大众化问题提供了解决方案。对此，欧阳凡海在《抗战后的中国文艺运动及其现状》中指出，一方面，通俗化问题直接来源于"文艺大众化"，而"文艺大众化"问题则派生出"大众语"和"旧形式的问题"，三者（通俗化问题、大众化问题、旧形式问题）共同推动了战时中国文艺运动，使得"建设中国新文艺"成为一个时代课题。另一方面，作为抗战时期"政治的应急手段"，宣传工作和艺术大众化均发挥了"政治动员"功能，而文艺"内容与形式的发展"，又是通过"大众化运动去丰富它底大众性"，因此抗战宣传与大众化运动两者性质"不必有什么根本的不同"，而是相互促进、相辅相成的。② 与欧阳凡海理论阐述所不同的是，刚刚加入抗敌文艺工作团不久的刘白羽，根据他在华北各抗日根据地进行文化抗战的实践经验，撰写《对于文艺工作的一个建议》一文。该文从"重建民族文化"的高度，指出中国抗战"目前的形势是万分严重的，文化工作也正是如此"，呼吁文化界人士"要在抗战的火焰中树立新的民族文化"，强调文艺大众化就是要"把文化的根

---

① 凌鹤：《抗战演剧之大众化的实践问题》，《抗战戏剧》1938 年 5 月 25 日，第 2 卷第 1 期。
② 欧阳凡海：《抗战后的中国文艺运动及其现状》，《七月》1938 年第 4 期；林志浩、李葆琰主编：《中国新文艺大系（1937—1949，评论集）》，中国文联出版公司 1998 年版，第 7、8 页。

苗深入到大众的心里去"。而当前所迫切需要的，无疑是"从理论运动走到作品的实践"。① 需要指出的是，刘白羽从抗战文艺工作实践推动民族文化建设的论述，应当与欧阳凡海关于"文艺大众化"问题的理论阐述并不矛盾，而两者均与凯丰关于抗战文艺理论与实践工作"相辅相成"的观点颇为契合，这从某种意义上反映了马克思主义理论与实际相结合的理论特征，折射出抗战文化话语权构建的理论逻辑与实践逻辑。

随着抗战文化话语权的逐步构建，大众化话语、全民族抗战话语、统一战线话语等不同主题和内涵的话语，在延安文化社团这一文化载体的推动下逐渐形成融合发展的态势，由此衍生了"抗战民族大众文艺"。1938 年 5 月 23 日，陕甘宁边区民众娱乐改进会在延安正式成立。柯仲平担任主席，马健翎、张季纯、吕骥、钟敬之、崔嵬等为干事。作为一个群众性戏剧团体，该会以研究和推动旧戏改革为主要任务，旨在"利用旧形式"表现民族抗战的新内容。② 在柯仲平的主持下，《陕甘宁边区民众娱乐改进会宣言》表达了对于创造"抗战民族大众文艺"的宗旨和理念。

首先，创造"抗战民族大众文艺"既是民众娱乐改进会的工作宗旨，也在某种意义上反映了中国文艺的发展方向。全面抗战爆发后，中国共产党领导下的延安文化事业不断发展。尤其是陕甘宁边区政府的成立，以及国共合作局面的形成，为延安文化社团的兴盛奠定了良好基础。在此背景下，延安逢年过节到处可见文化社团开展的"欢闹秧歌、跳舞、看戏、耍龙灯"等节目，而在春耕时节、工厂车间、行军作战等场合，

---

① 刘白羽：《对于文艺工作的一个建议》，《抗战文艺》1938 年 6 月 25 日，第 1 卷第 10 期。
② 《陕甘宁边区民众娱乐改进会宣言》（1938 年 5 月），《柯仲平文集》第 3 册（文论卷），云南人民出版社 2002 年版，第 72—78 页；《陕甘宁边区民众娱乐改进会宣言》，《边区文化》1938 年 5 月 25 日，第 6 期。

也能见到各类"歌谣、小调、大鼓、莲花落、花鼓、戏曲等"的演出，可以说，"民间文学艺术"已经成为延安军民"生活的一部分，而且是重要的一部分"。但是，这些文学艺术尚停留在"民族大众的"阶段，还不具备"抗战民族大众的"特质。因此，创造"抗战民族大众文艺"才是民众娱乐改进会的根本宗旨。①

其次，利用中国独特的"民族的文化遗产"，是创造"抗战民族大众文艺"的重要前提。中华民族拥有数千年的历史和文化，其内容丰富而强大，形成了中国独特的民族的文化遗产，这是凝聚全民族抗战精神的不竭动力，也是中华民族抗击外来侵略者的力量源泉。所谓利用民族的文化遗产，就是要"利用一切过去的文化遗产，利用一切新的旧的形式"，"尤其是要利用在大众中有根源的活的文化遗产"；诸如"大众的劳苦作风""大众的歌唱韵调""大众的明朗格式"，均是"抗战民族大众文艺"应当吸收和发展的。而这些大众作风、韵调和格式的有效运用，不仅能使民族大众的文艺"收到抗战动员的效果"，推动"抗战民族大众文艺"的形成与发展，而且使其"走到真正大众化的道路"，成为"真正的大众文艺"，从而为抗战宣传与民众动员注入强大动力，有力促进抗战文化领导权的构建。②

最后，创造"抗战民族大众文艺"是进行文化抗战的客观要求，也是掌握文化领导权和构建抗战话语权的重要举措。文化是国家的灵魂、民族的命脉。中华民族之所以数千年绵延不绝，是因为保持了文化的持

---

① 《陕甘宁边区民众娱乐改进会宣言》（1938 年 5 月），《柯仲平文集》第 3 册（文论卷），云南人民出版社 2002 年版，第 72—78 页；《陕甘宁边区民众娱乐改进会宣言》，《边区文化》1938 年 5 月 25 日，第 6 期。

② 《陕甘宁边区民众娱乐改进会宣言》（1938 年 5 月），《柯仲平文集》第 3 册（文论卷），云南人民出版社 2002 年版，第 72—78 页；《陕甘宁边区民众娱乐改进会宣言》，《边区文化》1938 年 5 月 25 日，第 6 期。

续发展与创新。而在日本帝国主义全面侵华政策之下，文化侵略是与军事侵略、经济侵略并行的侵略方式。尤其是抗战由战略防御向战略相持阶段过渡的重要时刻，日本侵略者注意到大众文艺在"中国民间的势力"，企图通过改造歌谣、伪造碑文等方式，进行文化殖民的教育与宣传。对此，中国文艺界人士将文化抗战视为一项神圣职责，而创造"抗战民族大众文艺"，无疑成为一项"有改进意义的战斗的工作"。这项工作要求，文艺界人士必须"为抗战来研究、整理民间文艺，吸收民间文艺的作风"，并且"利用民间流行的旧形式"来创造抗战民族大众文艺。①

陕甘宁边区民众娱乐改进会提出"改进大众的娱乐，要使它能配合抗战"，这既是抗战文艺与民族大众文艺相结合的客观要求，又反映了"抗战民族大众文艺"的发展方向。②在这一方向指引之下，包括文学界、艺术界、科学界在内的各界人士都参与到大众化运动中来。以陕甘宁边区国防科学社为例，该社基于现代战争是"科学化的战争"的事实，以"增进大众的科学常识"和"加强抗战的力量"为宗旨，"教育民众以国防科学的常识"，推动自然科学大众化运动的开展。为此，该社以中共在延安的机关报《新中华报》的副刊形式创办《国防科学专号》，组织开展有关"当前实践问题的探讨"，并在边区民众教育馆开展有关科学常识的讲演，普及民众防空、防毒、防疫及救护等方面的知识，发挥自然科学在抗战中的作用。③

---

① 《陕甘宁边区民众娱乐改进会宣言》（1938 年 5 月），《柯仲平文集》第 3 册（文论卷），云南人民出版社 2002 年版，第 72—78 页；《陕甘宁边区民众娱乐改进会宣言》，《边区文化》1938 年 5 月 25 日，第 6 期。

② 《陕甘宁边区民众娱乐改进会宣言》（1938 年 5 月），《柯仲平文集》第 3 册（文论卷），云南人民出版社 2002 年版，第 72—78 页；《陕甘宁边区民众娱乐改进会宣言》，《边区文化》1938 年 5 月 25 日，第 6 期。

③ 高士其：《国防科学在陕北》，《群众》1938 年 6 月 4 日，第 1 卷第 25 期。

　　抗战民族大众文艺不仅推动了抗战文艺与民族大众文艺的融合，而且使延安文化社团与中华全国文艺界抗敌协会等文化团体联结起来。全国文艺界人士不分地域、不分流派，为了民族解放的共同目的逐渐联合起来，其中"抗战戏剧座谈会"的召开及与会者就"戏剧在抗战中的政治作用"所阐发的观点，即是这种联合的直接表现。此次座谈会由鲁迅艺术学院戏剧系主任张庚主持，与会者包括钱颖、辛汉文、袁文殊、郑庶民、孙杰宜、郑君里、许之乔、马彦祥、吕复、应云卫、徐韬等中国戏剧界知名人士。张庚在会议的开场白中以"抗战戏剧运动之过去与未来"为主题，就戏剧在抗战宣传和民众动员中效果及存在的问题做了阐发。马彦祥则聚焦"戏剧在抗战中的政治作用"问题，目标直指抗战戏剧特殊性与政治动员的重要性，指出一些戏剧工作者并未意识到"宣传工作中戏剧艺术的重要性"，导致"艺术团体的成份多而政治团体的成份少，大家没有把它看成政治工作，而仍只把它看成单纯的艺术工作"。张庚则深刻揭示了这一倾向产生的原因，即文艺工作者未把"艺术与政治联系起来"。郑君里根据他在国民政府政治部之下的抗敌剧团工作经历，表示戏剧工作者虽然有一定的"政治醒觉"，所演出的抗战戏剧"政治的效果自然是有"，但由于抗战形势在不断地演变，剧本内容往往不能及时反映这种演变，故无法适应抗敌动态发展的需要。而为了解决这一矛盾，与会者一致认为应当加强抗战宣传的组织工作，从而在保持戏剧"组织性的"同时，完成抗战戏剧所应承担的"政治任务"。①

　　诚然，政治动员是抗战文艺的一项重要任务，也是组织民众和发动民众的客观需要。然而，时人对于抗战文艺"政治任务"的理解却因人

---

① 《抗战戏剧座谈会》，《抗战戏剧》1938 年 6 月 25 日，第 2 卷第 2 期。另据《郑君里自编年表》，郑氏于 1937 年 12 月初到达武汉，向抗敌剧团报到，不久被任命为剧团副团长。（参见李镇主编：《郑君里全集》第 8 集，上海文化出版社 2016 年版，第 217 页。）

而异。与此同时，"政治任务"的具体内容往往随着抗战时局的演变而发生变动。对此，茅盾从"文艺批评"的角度提出，文艺工作的政治任务，"就是加强人民大众对于抗战意义之认识，对于最后胜利之确信"，尤其是抗战处于战略防御的关键时期，"文艺工作必须完成这一政治的任务"。① 吕骥则在《抗战后的音乐运动》一文中指出，歌咏团体作为文化社团之一，"拿歌咏当做一种宣传手段，到部队中、农村中做宣传工作"，承担了音乐工作者在抗战宣传中的作用，但要使抗敌音乐运动"在政治上有重要的意义"，就必须发挥其政治动员的功能。而从"抗战文艺"发展到"抗战民族大众文艺"，促进延安文化社团与全国文艺界的团结，无疑是文化工作者面临的新的政治任务。这正如"毛泽东同志在论争取抗战胜利时，曾指示给我们说，全国人民强固的团结，是决定最后胜利的三大因素之一"。② 可见，随着抗战时局的演进，抗战文艺被赋予群众宣传与政治动员的"使命"之时，延安文化社团也承载了更多的"政治任务"。而能否通过延安文化社团这一话语载体，推动抗战大众文艺的深入发展，以及促进中国共产党抗战文化领导权的构建，成为全民族抗战进入由战略防御转向战略反攻关键时期的一个重要问题。

三、"政治任务"与大众化运动的开展

1938 年底，全民族抗战进入由战略防御转向战略进攻的关键时期。抗战时局的演变，使得中国共产党掌握抗战领导权的紧迫性愈加凸显。作为党的政治话语表达与传播的重要载体，延安文化社团不仅推动抗战

---

① 茅盾：《论加强批评工作》，《抗战文艺》1938 年 7 月 16 日，第 2 卷第 1 期。

② 吕骥：《抗战后的音乐运动》（1938 年 7 月），《中国新文艺大系（1937—1949，理论史料集）》，中国文联出版公司 1998 年版，第 26、27 页。

文艺与大众文艺的深入发展，还根据抗战时局的演变发展中国新文艺，为完成包括掌握抗战文化领导权在内的"政治任务"开辟了新路径。

从延安文化发展的情况来看，延安文化社团的发展与抗战文艺的兴起形成了相互促进的局面。一方面，边区文协作为延安文化社团的中心，在负责人艾思奇、柯仲平等人的推动下，发起成立了新文字促进会、世界语学会、战歌社、民众娱乐改进会、抗战文艺工作团等团体，公开举行新诗歌朗诵会，创办世界语研究班和俄语讲习班，并在广泛搜集民歌小调的基础上，采用"旧瓶新酒"的形式谱写新曲，借以"建立抗战期间的民间艺术"，推动抗战文艺的大众化。另一方面，抗战文艺工作团以"建立各地文艺通讯网"、"搜集各地方抗战的现实材料"、"有系统的编写文艺通讯报告"、"搜集各地民间文艺"和开展"文艺的宣传工作"等为主要工作内容，成立工作小组赴山西、绥远、河北等地的战区开展工作，旨在"把中国抗战的壮烈事迹，记入史诗"。[1] 其中，第一组由抗战文艺工作团负责人刘白羽带队，林山、欧阳山尊、汪洋、金肇野等人随队，分别负责文学、戏剧、新闻和摄影等工作，他们以抗战文艺创作实践推动文化抗战工作。[2]

随着延安文化社团规模的不断扩大、抗敌文化活动内容日益丰富，这无疑推动了抗战文艺的发展。而在新华日报社社长潘梓年看来，抗战文艺发展的一个重要基础是"抗日民族统一战线"的扩大与巩固。需要指出的是，"抗日民族统一战线"的形成、扩大与巩固，不仅深刻影响着延安文化社团的组织工作、活动方式、工作内容，而且有力促进了全

---

① 之东：《抗战文艺工作在边区》，《抗战文艺》1938年6月5日，第1卷第7期。
② 据八路军一二〇师政治部战斗剧社社长欧阳山尊称，抗战文艺工作团是受"总政治部委托"，奔赴的目的地是"华北敌后"。（参见欧阳山尊：《忆往情深——回忆我调到战斗剧社的经过及同贺龙同志的接触》，雒社扬、甄亮编著《延安文艺档案·延安戏剧：延安戏剧家（二）》第2册，太白文艺出版社2015年版，第601—602页。）

国各地文化社团的联合，由此使得"狭隘的门户之见是排除了，派别之争是停止了，包含各党各派的全国性的各种文化团体"逐渐形成了。随着文化界人士及团体的联合发展，抗战的"文化中心"发生了转移，即由过去的北平、上海等少数大城市，向延安、长沙、广州、桂林、南昌、昆明、重庆、成都、西安等地转移，"各地的文化中心"在全国散布开来，逐渐构成了抗战文化的网络。同时，以走向大众、推动大众文艺发展的"通俗化运动"逐渐形成席卷全国之势，并渗透到各地"剧团、歌咏队、壁报队、抗战漫画展览、木刻展览、诗歌街头朗诵"之中。以哲学通俗化运动为例，由于各文化社团将矛盾统一理论、辩证唯物论等"运用于抗日民族统一战线的扩大与巩固"，结果这些抽象的理论因"获得目前事实的具体内容而易为一般人所了解与接受"。[①] 可以说。通俗化运动的发展、文化中心的转移与扩大，是抗日民族统一战线形成的结果，而随着统一战线的扩大与巩固，抗战文化运动获得更大发展。两者相辅相成、互相促进的模式遂得以形成。

　　抗日民族统一战线的扩大与巩固，以及抗战文化运动的不断发展，在某种意义上彰显了文化抗战的作用与力量，这为中国共产党构建文化领导权奠定了重要基础。1938 年 7 月前后，人民抗日剧社赴陕北各地开展巡回演出。此次巡回演出在陕北举行了 6 次、安定县 3 次、延川县 4 次，演出"得到了各机关人员与群众热烈的拥护与赞美"，尤其是在陕北演出时，一些机关负责人说："我们才感觉到剧舞有这样的作用，在平时我们想尽办法召集群众谈话，或者向他们谈话，老是不容易召集起，谁知你们表演新剧他们看了后，走也不愿走，总是还想看"。人民抗日剧社的巡回演出赢得了观众的认可，抗战戏剧的宣传作用也得以彰

---

① 潘梓年：《抗战一年来的文化运动》，《抗战文艺》1938 年 7 月 9 日，第 2 卷第 5 期。

显，而剧社成员除了演出之外，还广泛开展宣传工作，甚至利用休息时间教当地妇女、儿童唱革命歌曲、识字，剧团卓有成效的工作"获得了广大群众的赞美，给予了群众以很深刻的印象"，这使得革命思想和抗战理念在广大群众间广泛传播。①

人民抗日剧社的巡回演出进行得如火如荼之时，陕甘宁边区民众娱乐改进会也在改进民间文化和促进政治宣传工作方面取得了新的进展。一方面，关于民众娱乐的改进工作，边区民众娱乐改进会坚持"利用旧形式"的原则，通过收集和改编歌谣、小调，促进"民间戏剧的提倡和发扬"。从某种意义上来说，"利用旧形式"不仅是该会坚持的一项原则，并且是其工作的宗旨。② 对此，柯仲平结合"文化下乡"的实践，谈及"利用旧式"改编民间艺术的经历，称在陕甘宁边区一些县里，山歌、民谣、小调、道情、利嘴、秧歌、秦腔等民间艺术颇为流行，而当地俱乐部倘若"有人能唱一两段用抗战内容编成的曲子，唱后又能说说笑话，那他就是最受欢迎的民间艺术家了"。此事使边区民众娱乐改进会全体人员颇受启发，他们在与当地县政府同志讨论时，欣然接受了改编民间歌曲的建议，由此"将新内容的秦腔，道情，歌谣，秧歌等带下去"，到民众中间广泛传唱。平心而论，柯仲平所谈及的这段小插曲，应当与抗战文艺大众化运动有着重要关联，尤其是在抗战话语与大众化话语融合发展的趋势下，"旧瓶装新酒"式的文艺创作方式，更容易得到广大民众的认可、接受和喜爱。无怪乎柯仲平谈及"文化下乡"实践时，建议能演秦腔的西北战地服务团、能唱道情的抗战剧团等文化社团，带着改编的抗战文艺作品，"向着全边区的大众开展去"。③ 另一方面，陕甘

① 杨醉乡：《谈谈剧社巡回表演》，《新中华报》1938 年 7 月 23 日，第 377 期第 4 版。
② 民娱：《关于民众娱乐的改进》，《新中华报》1938 年 7 月 30 日，第 449 期第 4 版。
③ 柯仲平：《文化下乡去的一个实际问题》，《新中华报》1938 年 8 月 20 日，第 453 期第 4 版。

宁边区民众娱乐改进会将抗战文艺与政治宣传结合起来，实现对民众的宣传、组织与发动。在改编民间歌曲的基础上，为扩大宣传效果以及"广泛动员群众"，边区民众娱乐改进会在工作中积极与各地文化团体，或政府机关的宣传工作人员取得联系，将改进会的工作与机关、团体等组织的工作结合起来，此举有利于"发扬群众的创造性"，推动抗战宣传与政治宣传的有效结合，从而"使民众娱乐改进运动成为群众的运动"。①

值得一提的是，为推动抗敌演剧工作的常态化、职业化，陕甘宁边区民众娱乐改进会筹备成立"民众剧团"，此项工作得到中共中央的支持。7月22日，中共陕甘宁边区党委、延安市政府主持召开"民众剧团"筹备会。与会者包括陕甘宁边区民众娱乐改进会、边区文协、延安市抗敌后援会等团体，柯仲平在代表边区民众娱乐改进会做了报告。而在会议讨论中，与者会一致同意筹备成立职业化的"民众剧团"，并决定加强"政治上"的教育。② 此举正如《民众剧团简章》所称，民众剧团的工作宗旨是通过"采取旧形式新内容之手法"，"发扬抗战力量"，促进提高剧团成员的政治水平，以及剧团政治宣传工作的有效开展。③ 可以说，剧团成员的政治水平与剧团文化宣传工作的政治动员功能的发挥，两者之间有着内在关联性，而中国共产党直接参与民众剧团的筹备成立并推动剧团政治工作的开展，反映了其对延安文化社团的政治能力提升的重视，折射出文化领导权构建过程中文化载体与传播对象之间的内在联系。

---

① 民娱：《关于民众娱乐的改进》，《新中华报》1938年7月30日，第449期第4版。
② 《职业化民众剧团》，《新中华报》1938年7月30日，第449期第2版。
③ 《民众剧团简章》，《延安文艺档案·延安戏剧：延安戏剧组织》第4册，太白文艺出版社2015年版，第253页。

无独有偶，延安抗战剧团在陕北农村进行抗敌戏剧演出时，也积极开展宣传工作。是年 7 月，延安抗战剧团第二队在农村演出时，受到当地群众的热烈欢迎，"担任宣传工作的同志们，便利用了这个机会，和他们个别的谈起话来"，通过言语交流促进了群众对党的抗战政策的了解。① 而在随后的演出中，剧团表演的抗敌戏剧《张家店》引起了群众的共鸣，前来观剧的群众"竟高兴地高呼起口号来：'打倒日本帝国主义！打倒日本帝国主义！'"随着活报、跳舞、歌曲等节目的轮番上演，观众的情绪完全被调动起来，以至于表演结束后，"舞台下还有二分之一观众站在那里不动"，并且要求增加两个节目，对此剧团欣然应允，直到两个节目演完，台下阵阵热烈掌声之后，观众才肯离场。② 广大群众对抗战戏剧的喜爱反映了抗战文艺的重要影响，折射出中国共产党通过文化社团传播抗敌话语以及构建文化领导权的工作路径。

在抗战文艺发展的历史进程中，鲁迅艺术学院各文艺团体和陕甘宁边区文协发挥了核心作用。为扩大抗战文艺的影响力，文艺创作者根据中国抗战形势的发展，夜以继日地进行抗敌新剧的创作，先后编写了歌剧《农村曲》、话剧《强盗兄弟》、京剧《松花江》（又名《打渔杀家》）等民众喜爱的剧本。在抗敌新剧试演时，李丽莲正值患病期间，但他"咬着牙一天一天地把歌剧中的重要角色担任下去"；李伯钊也不顾怀有身孕，在剧团中"日夜地忙着"。③ 延安文化界人士之所以如此拼命，固然是基于抗战救亡的热忱，同时也是一种"创造新中国艺术"的刻苦实践。

1938 年 8 月 1 日，沙可夫在《解放》发表《延安在文艺上的进步》，

①　鲍力生：《剧团在村里》，《新中华报》1938 年 7 月 30 日，第 449 期第 3 版。

②　鲍力生：《剧团在乡村里（续）》，《新中华报》1938 年 8 月 10 日，第 451 期第 3 版。

③　方殷：《抗战一周年在延安》，《新华日报》1938 年 7 月 25 日，第 4 版。

指出鲁艺成立后举行的戏剧、音乐、美术展览等文艺活动，"都获得极大的成效与好评"，有力促进了抗战文艺的发展。而在 7 月 1 日中国共产党成立 17 周年以及 7 月 7 日抗战爆发一周年的纪念会上，鲁艺各团体的文艺工作者，"用集体的力量与方法"创作了话剧《流寇队长》、歌剧《农村曲》和新编剧《松花江》，并且举行了长达半个月之久的公演活动，受到民众的热烈欢迎。前来观剧的民众约四万人，这在陕甘宁边区的历史上是空前的一次，显示了"延安文艺上进步"与繁荣。而在探究延安文艺发展的原因之时，沙可夫不仅注意到了延安文化上的"民主自由"的氛围、"集体合作的精神和作风"，而且认为以"大众"为中心的正确发展方向，是推动延安文艺运动深入开展的重要原因。可以说，一切为了民众、一切服务民众，从群众中来、到群众中去，正是中国共产党开展包括文化领导权构建在内的党的各项工作的重要原则。而循着这一基本原则，延安文化社团有效沟通了党员干部与基层民众，"提高了他们的政治文化水平，并动员他们参加解放斗争，所以现今延安的文艺能适应着抗战的任务而向前进步不是偶然的"。可以说，延安文艺运动发展的方向，就是抗战文化领导权建设的目标，而鲁艺下属文艺团体与延安其他社团联合起来，共同担负起抗战动员与政治宣传的重任，这使得延安文化社团工作者成为"新中国艺术的创造者"，"新中国艺术"在抗战文化领导权构建中的地位由此彰显。[①]

诚然，文化领导权建设与抗战话语权构建之间的内在逻辑，在某种意义上反映了抗战文化发展与党的政治宣传工作的根本联系，而在全民族抗战的背景下，包括《资本论》在内的马克思著作及其重要理论，均

---

① 可夫：《延安在文艺上的进步》，《解放》1938 年 8 月 1 日，第 47 期；刘增杰、赵明、王文金等编：《抗日战争时期延安及各抗日民主根据地文学运动资料》上册，山西人民出版社 1983 年版，第 23、24 页。

需要与中国抗战的具体实践相结合，实现马克思主义理论的时代化、大众化。8 月 10 日，陕甘宁边区文协、西北战地服务团在《新中华报》社论以"街头诗歌运动"为例，阐述大众化话语发展与马克思主义话语权构建的重要联系。文章指出，街头诗歌运动正走向"大众化的道路上去"，尤其是在内容与形式方面，街头诗歌"用了大众自己的言语，而又有大众的韵律，虽然很单调，但这正是大众中存在着的一种单调，是合于大众口味的"。这正如马克思的经典著作《资本论》一样，必须要在时代化、大众化的发展中推动理论与实践的结合。而在全民族抗战的特殊时代背景下，"适当地利用中国民族的，大众的及一部分外来的形式"，往往能够起到意想不到的宣传效果，就此而言，"一首抗战大众诗比一句政治标语，在某些地方，就更能发挥效力了"。因此，"抗战的，民众的，大众的"是一个有机整体，三者之间既相互联系，又各有侧重，表现出不同时代背景下、不同空间环境中话语权构建的复杂性。①

8 月 15 日，西北战地服务团举行周年纪念大会。而在大会召开前，正值"八一三"抗战周年纪念，因此从 8 月 12 日至 15 日，西战团、鲁艺文艺团体、抗战剧团等在延安大礼堂等处联合举行公演，以示对中国抗战的纪念。据到达延安不久的法国克莱蒙大学文学博士陈学昭称，西战团举行演出之时，她获赠一张晚会入场券。而当晚演出的《烈妇殉国》等抗战戏剧令她印象深刻，尤其是西战团采用"旧瓶新酒"的形式，将陕北地方民众所熟悉和喜爱的秦腔搬上抗战戏剧舞台，高亢而凄怆的声调颇"能感动人，观众热烈地拍着手，有时还听到诅咒日本鬼子的骂声"。次日，陈学昭即拜访了西战团主任丁玲。当谈话中提及晚会盛况时，丁玲坦诚地表示：目前的主要工作是"宣传与动员方面"，而今后

---

① 《街头诗歌运动宣言》，《新中华报》1938 年 8 月 10 日，第 451 期第 4 版。

的工作"还是要上前方去",进一步发动民众抗战。丁玲此言使初来乍到的陈学昭对延安文化社团与抗战宣传的密切关系有了深刻体验。①

而在 15 日西战团纪念大会召开的当天,《新中华报》在同一期刊载了两篇有关抗战文艺"大众化"的文章。林山在《关于街头诗运动》一文中以"诗歌大众化"为题指出,随着大众化运动的开展,"大众化"概念逐渐深入人心,而"诗歌大众化"就是要使诗歌"成为大众的诗歌",尤其是在抗战的背景下,"一切应该服务于抗战,诗歌当然也一样",而街头诗正是在抗战时期"印刷困难,纸张缺乏"等经济社会极度困难之下适应"环境的迫切的要求"的文化形式,也是"诗歌的新形式之一种"。值得一提的是,林山作为抗战文艺工作团的成员,在工作中他对随处可见的街头诗歌进行收集和整理。而他在清涧县街头、山西桥头镇墙壁、哈拉寨山沟石崖等处收集的诗歌,其内容均与抗战有关。在抗战动员的时代感召下,这些诗歌既鼓舞了前线作战的官兵,又广泛动员了群众支持抗战,表现出"鼓励战士"和"教育群众"的双重作用,反映出街头诗这种诗歌新形式在抗战时期"发展的可能与需要"。对此,林山从抗战文艺新形式发展的需要出发,进一步提出"用一种新的创造的形式来写"抗战新诗歌的建议。②

与此同时,一篇署名"迅琴"的文章从"改进民众娱乐"的角度,阐述"大众艺术"发展背景下新形式与旧形式的辩证关系。文章作者根据参加延安文艺晚会的亲身经历,认为只有那些群众喜闻乐见的、适合于大众口味的文艺,才是"真正的民众娱乐"。甚至那些大鼓、小调、

---

① 陈学昭:《延安访问记》,中国国际广播出版社 2013 年版,第 109、115 页。另:陈学昭于 1934 年 11 月获得法国克莱蒙大学文学博士学位后回国。1938 年 6 月 30 日,她从重庆出发,经成都、西安,于 8 月 6 日到达延安。
② 林山:《关于街头诗运动》,《新中华报》1938 年 8 月 15 日,第 452 期第 4 版。

道情、滑稽剧、木偶戏、快板、双簧等难登大雅之堂的民间艺术形式，由于"适合民众的口味，民众可以吃得消"，所以受到群众的欢迎和喜爱。文章还指出，延安文化社团在推动中国新文艺发展之时，不应排斥旧的文艺形式。相反，由于受到民众的喜爱，"旧瓶装新酒"式的大众艺术"所起的作用，对抗战的帮助并不见得少"，所以"边区的民众娱乐改进运动应当多采用旧的形式"；文章强调，文艺工作者"注意到地方性"的同时，尤其要多吸收普通民众参加抗战文艺的表演，"从群众中创造出艺术家来"，"使艺术成为真正的大众艺术"。[①]

上文关于"大众化"的观点，反映了延安文化与抗战动员融合发展的历史状况，揭示出文化领导权与抗战话语权构建的内在逻辑。尤其是隶属于陕甘宁边区文协和八路军总政治部的抗战文艺工作团，全体成员为团体的名字是毛泽东所赠而倍感自豪，刘白羽、金肇野、汪洋、林山等人还应邀与毛泽东谈话，故而在赴前线的工作中他们能富于激情地开展抗战宣传、资料收集和文艺普及工作。[②] 回到延安后，抗战文艺工作团举办了一场战地文化资料展览会。毛泽东专门为展览会题词，称赞抗战文艺工作团"发展抗战文艺，振奋军民"。[③] 上述情况进一步表明中国共产党对延安文化社团构建抗战文化领导权工作的高度重视。需要指出的是，《新中华报》曾连续刊发了大量有关抗战的街头诗歌。而以《新中华报》为平台，延安文化界人士展开有关"大众化"问题的探讨，这

---

① 迅琴：《对改进民众娱乐的一点意见》，《新中华报》1938 年 8 月 15 日，第 452 期第 4 版。

② 1938 年 8 月 20 日，《新中华报》一篇题为《欢迎抗战文艺工作团第一组回延安》的通讯指出：延安墙报的宣传栏写着："不要忘记，抗战文艺工作团这个光荣的名字，这名字是毛泽东同志赠给你们的！"而在工作团第一组由前线返回延安的之际，大家又将这句话作为"欢迎词"，借以表达对他们的鼓励。(参见《欢迎抗战文艺工作团第一组回延安》，《新中华报》1938 年 8 月 20 日，第 452 期第 4 版。)

③ 王荣等编著：《延安文艺档案·延安文学：延安文学组织》第 31 册，太白文艺出版社 2015 年版，第 114 页。

有力推动了延安文化社团抗战宣传工作的开展。

8 月 15 日，《新中华报》刊发鲁迅艺术学院副院长徐一新的文章。该文以鲁艺实验剧团的成立为中心，阐述了剧团的创办宗旨与发展方向问题，指出鲁艺实验剧团既要继承和发扬鲁迅艺术学院"光荣的抗战艺术的传统，和艰苦奋斗集体创作的新作风"，也要"成为抗战戏剧的组织者和成为培养与锻炼抗战戏剧的洪炉"。根据抗战宣传和群众发动工作的实际需要，徐一新呼吁剧团不仅"要用艺术的武器来和日本帝国主义搏斗"，还要将"提高抗战戏剧的水准"与"培养抗战戏剧的干部"工作结合起来，以及将"研究抗战戏剧的理论"和开展"抗战戏剧实际行动"结合起来，使剧团成为"战斗的团体"，成为"抗战艺术的先锋队"。[1]

在抗日救亡的时代感召下，鲁艺实验剧团无疑是抗战文艺队伍的一支生力军。剧团成立后即围绕抗战制定戏剧创作计划，即：三个月时间内，创作出 5 个独幕话剧、3 个新编旧戏、2 个话报、1 个三幕剧和 1 个影戏。显然，鲁艺实验剧团所制定的任务颇为繁重，而本着"为抗战戏剧奋斗"的理念，剧团全体成员一方面肩负"艺术大众化的任务"，通过走进"大众中间去发挥抗战戏剧的力量"，推动抗战文艺大众化发展；另一方面，坚持文艺"服从于抗战"的宗旨，每一位剧团成员化身为文艺界"抗日战线上的最英雄的战士"，大家通过艺术形式"组织教育着广大的群众，动员他们去参加抗战，保卫自己的家乡，保卫西北，保卫大武汉，保卫全中国"，发挥"为抗战而服务"的作用。[2]

总之，中国共产党构建抗战文化领导权的实践虽然受到一系列主、

---

① 徐一新：《祝鲁迅艺术学院实验剧团的成立》，《新中华报》1938 年 8 月 20 日，第 452 期第 4 版。

② 孙强：《实验剧团与她的母校》，《新中华报》1938 年 9 月 5 日，第 456 期第 4 版。

客观因素的制约，但是通过延安文化社团这一文化载体，以及借助于大众化运动的有效开展，抗战话语不断向广大民众传播与渗透，抗战文艺亦在推陈出新中实现了形式与内容上的创新与发展。与此同时，抗战宣传工作打通了与党的文化领导权构建之间的内在联系，这使得抗战宣传、群众发动与文化发展在时代化、大众化、民族化等话语主题的传播中逐渐融合起来。当时，无论是抗战前线还是后方，抑或是农村、工厂、山坡、街头，"都散满了抗战艺术的种子"，文学、音乐、戏剧、美术、电影等文化形态都成为抗战"尖锐的武器"。[①] 这正如沙可夫在《抗战文艺什谈二则》中所指出的，"目前一切为了抗战，一切应该服从抗战的利益。同样的，谁都知道，现阶段中国的文艺也应该服从抗战"。而在抗战成为社会各界核心议题之时，"中国文艺的性质与任务"也具备了新的内涵和意义。[②] 可以说，在抗战文化领导权的构建过程中，"艺术大众化"话语的提出与"整个政治和文化的情势"是交互进行的，而"政治与艺术的关系之趋于统一的解决，是由于整个国家政治与抗战之（辩证的）统一的开展，统战与革命之统一的开展"。对此，冯雪峰用"民族革命战斗的大众艺术的创造和运动"来加以概括，可谓颇为恰当。[③]

---

① 黎觉奔：《从"扩大鲁迅艺术学院运动"说起》，《新中华报》1938 年 9 月 5 日，第 456 期第 4 版。
② 沙可夫：《抗战文艺什谈二则》，《新中华报》1938 年 9 月 5 日，第 456 期第 4 版。
③ 冯雪峰：《雪峰文集》第 2 卷，人民文学出版社 1983 年版，第 30—41 页。

第三章　延安文化社团发展与马克思主义中国化话语的表达

随着中国人民抗日战争由战略防御向战略相持阶段过渡，至 1938 年底，抗战进入新阶段，中国共产党有关抗战的方针和政策由此进行新的调整，延安文化社团也面临新的形势与任务。尤其是随着各地知识青年从四面八方纷纷涌向延安，文化社团的组织规模不断发展、文化活动日益频繁，这为通过文化社团这一话语载体传播党的方针和政策提供了重要契机。

与此同时，面对新形势、新变化，如何适应抗战进入新阶段后的新要求，有效完成新阶段的新任务，成为摆在中国共产党面前的一项重要课题。基于意识形态建构的客观需要，以毛泽东同志为主要代表的中国共产党人根据马克思主义与中国具体实际相结合的理论基础和现实需要，在中共六届六中全会上正式提出"马克思主义中国化"话语主题，并且通过引导和推动延安文化社团的实践，在不同领域开展轰轰烈烈的文化运动，推动戏剧中国化、哲学中国化、美术中国化、音乐中国化、自然科学中国化，有力地促进了马克思主义中国化话语的表达和党的政治话语的传播，并且引发了一场关于民族形式问题的理论之争，由此从理论与实践双重维度揭示出中国化、民族化、大众化话语观念的内在逻辑与相互联系。

第一节　马克思主义中国化话语的提出

一、马克思主义中国化话语产生的历史过程

全面抗战爆发后，中国共产党根据抗战宣传和民众动员的客观需要，大力推动文化社团的筹建。尤其是在延安，从 1937 年 8 月列宁剧团改名抗战剧团起，包括西北战地服务团（1937 年 8 月）、陕甘宁边区文化界抗日救亡协会（1937 年 11 月）、战歌社（1937 年 12 月）、陕甘宁边区音乐界救亡协会（1938 年 1 月）、陕甘宁边区国防科学社（1938 年 2 月）、陕甘宁边区抗敌电影社（1938 年 4 月）、鲁迅艺术学院（1938 年 4 月）、抗战文艺工作团（1938 年 5 月）、陕甘宁边区民众娱乐改进会（1938 年 5 月）、陕甘宁边区民众剧团（1938 年 7 月）、鲁艺实验剧团（1938 年 8 月）、路社（1938 年 8 月）、陕甘宁边区文艺界抗战联合会（1938 年 9 月）、陕甘宁边区诗歌总会（1938 年 9 月）、文艺突击社（1938 年 9 月）、八路军总政治部电影团（1938 年 9 月）等文化社团或机构相继成立。特别是鲁迅艺术学院，作为中国共产党培养文艺干部的中心，其文化活动丰富多彩，氛围颇为浓厚，其办学宗旨与发展方向亦得到毛泽东等中国共产党领导人的高度重视。

1938 年 4 月 28 日，毛泽东在鲁艺作题为《怎样做艺术家》的讲话。[①] 毛泽东在讲话中首先就艺术上的"现实主义"与艺术论上的"马克思主义"之间的内在联系做了深刻阐述，呼吁鲁艺师生做艺术论上的马克思主义者，力求艺术作品的内容"适合时代的要求"，满足"大众的要求"。

---

① 中共中央文献研究室编：《毛泽东年谱（1893—1949）》中卷，中央文献出版社 2013 年版，第 67 页。

毛泽东还以人们所熟悉的"做饭菜吃"为例，指出创作符合时代要求以及满足大众需求的作品，好比制作既好吃又有营养的菜肴一样，而这一目标的实现不仅需要文艺创作者"贴近实际生活"、走进人民大众，而且要经历"长期实践的过程"。同时，毛泽东对鲁艺的办学宗旨与发展方向加以诠释，指出鲁艺要培养具有"为新中国奋斗的远大理想"的人才，造就具有丰富生活经验和良好艺术技巧的文艺工作者。尤其是在全民族抗战背景下，文艺作品要反映大众的生活。然而，当时包括鲁艺在内的许多来自上海、北京、武汉等大城市的文艺青年，他们习惯于"坐在都市的亭子间，缺乏丰富的生活经验"，特别是对"群众生动的语言"感到陌生，导致他们的文艺创作、文化作品、文艺演出等与普通民众产生隔膜。对此，毛泽东指出，俄国文学家高尔基熟悉普通群众的"生活和语言"，我国文学家鲁迅也深入研究"大众语言"，这些案例无不说明一个事实，即：文艺工作者"掌握语言的能力确是非常重要的"。[1]

　　毛泽东关于鲁艺办学宗旨和发展方向的生动诠释，清晰勾勒了从走向大众到掌握大众语言，再到形成话语力量的话语权构建实践路径。对此，周扬在《新的现实与文学上的新的任务》一文中亦持相同观点，认为从文学创作角度来说，作家应当从"具体性上去了解生活"，尤其是在抗战现实生活之中，"首先就要描写在抗战的具体环境下行动着的一个个的中国人"，刻画出他们在抗战思想激励下的英雄气概和英勇事迹。然而，受五四运动以来文学创作者"习惯于欧化的知识分子的文字"的影响，"文艺的通俗化"发展受阻，"大众化问题"日益凸显，这导致党的"文艺大众化的方针不能在抗战期中贯彻到底"，组建文艺团体、促进文化界人士的联合由此成为解决这一问题的重要举措。而以"建设中

---

[1] 《在鲁迅艺术学院的讲话》（1938年4月28日），《毛泽东文集》第2卷，人民出版社1993年版，第121—125页。

国民族革命的文艺"为宗旨的中华全国文艺界抗敌协会，无疑是"全国文艺运动的最高领导机关"，它将从文艺大众化角度领导和开展"切实的具体的工作"，使"大众化的路线贯彻到底"，进而推动"中国新文艺的发展"。①

作为中华全国文艺界抗敌协会候补理事，周扬所述文化界人士"欧化"问题及其产生的负面影响，应当较为客观且切中时弊，而其对包括"文协"在内的文化社团创建及其活动情况的阐述，则为应对"欧化"问题指明了重要路径。尤其是在陕甘宁边区，各类文化社团及其开展的大众化运动，与抗战动员的时代需要紧密结合起来，使得诸如"抗战戏剧节"活动如火如荼地开展起来。至1938年7月底，中国共产党领导的"抗战戏剧节"活动告一段落。据《新中华报》副刊《边区文化》报道，参与此项工作者有中央组织部邓洁、陕甘宁边区教育厅厅长周扬、鲁艺副院长沙可夫，以及李伯钊、钟敬之、吕骥、张庚、左明、王震之、张季纯、向隅等延安文艺界人士，上演的剧目主要有农村曲《松花江》和话剧《流寇队长》等，而从剧目的特点和表现形式来看，这些戏剧已注意从抗战"政治动员"的角度进一步"接近现实"。尤其是歌剧工作者，通过"吸收歌谣风的写法和曲调"，使得西洋曲风、曲调与中国民间传统曲风、曲调相融合，从而"创造新式的歌剧"。②

应当指出的是，"马克思主义中国化"话语是在1938年召开的中共六届六中全会上正式提出的，尽管在这之前已经有诸如欧化（或西化、西洋化）与中国化问题的讨论，延安理论界也针对马克思主义与中国

---

① 《新的现实与文学上的新的任务》（1938年6月8日），《周扬文集》第1卷，人民文学出版社1984年版，第245—257页；《新的现实与文学上的新的任务》，《解放》1938年6月8日，第3卷第41期。

② 《我们完成了抗战戏剧节工作》，《边区文化》1938年7月20日，第8期。

具体实际相结合的若干问题进行了学理层面的探讨。1938 年 9 月 14 日至 27 日，中共中央政治局召开会议，毛泽东、张闻天、王明、周恩来、王稼祥等参会。会议制定了中国共产党扩大的六届六中全会议程，决定由毛泽东代表中央向全会作政治报告。值得注意的是，会议召开当天，王稼祥传达了共产国际的指示和共产国际执行委员会总书记季米特洛夫的意见，称延安革命实践表明，"中共在复杂的环境及困难的条件下真正运用马列主义"。张闻天则在发言时强调，全党同志要在实际工作中继续加强"马列主义"的理论学习，争取"打通马列主义的难关"。①

中共中央政治局会议为中共六届六中全会的召开做了准备。1938 年 9 月 29 日，中国共产党扩大的六届六中全会（简称"中共六届六中全会"）在延安桥儿沟召开。毛泽东、朱德、周恩来、王明、张闻天、刘少奇、彭德怀、王稼祥、林伯渠、邓小平、陈云等 55 人出席会议。当天，张闻天在开幕式致辞时表示，全民族抗战爆发以来，"中国革命发展到了抗日民族战争的新阶段"。②

10 月 12 日，毛泽东代表中共中央政治局作题为《抗日民族战争与抗日民族统一战线发展的新阶段》的报告，指出中国人民抗日战争发展到新阶段之时，抗日民族统一战线也"必须以一种新的姿态出现"，即："统一战线的广大的发展与高度的巩固"。而在新阶段，全党要普遍深入地学习和研究马克思主义理论，尤其要在实际工作中注意"把马克思列宁主义同中国的具体特点相结合，反对教条主义"。③ 为深入阐述马克思主义理论与中国具体实际相结合的重要意义，毛泽东正式提出"马克

---

① 张培森主编：《张闻天年谱》上卷，中共党史出版社 2000 年版，第 585、586 页。

② 《中共六届六中全会开幕词》（1938 年 9 月 29 日），《张闻天选集》，人民出版社 1985 年版，第 223 页。

③ 中共中央文献研究室编：《毛泽东年谱（1893—1949）》中卷，中央文献出版社 2013 年版，第 94 页。

思主义中国化"话语主题，指出"马克思主义的中国化"就是使马克思主义"在其每一表现中带着中国的特性"，换言之，即是"按照中国的特点去应用它"，这是"全党亟待了解并亟须解决的问题"。为强调马克思主义的具体应用特性，毛泽东进一步指出："没有抽象的马克思主义，只有具体的马克思主义。所谓具体的马克思主义，就是通过民族形式的马克思主义，就是把马克思主义应用到中国具体环境的具体斗争中去，而不是抽象地应用它。"①

　　值得注意的是，在中共六届六中全会召开前后，延安文化社团的创建及活动也在紧锣密鼓地进行着。与此同时，毛泽东对文艺发展方向问题颇为关注。9 月初，毛泽东接见何其芳、沙汀、卞之琳三位刚到延安不久的作家，通过座谈详细了解他们来延安创作的愿望，并向他们明确指出"文艺者工作者应该到前方去"的创作方向与实践路径。②11 日，陕甘宁边区文艺界抗战联合会（简称"边区文联"）举行成立大会，成仿吾、艾思奇、丁玲、徐懋庸、周扬、沙可夫、田间、柯仲平等出席会议。作为陕甘宁边区文化界"总的组织"，边区文联承担了"抗战中间文艺方面重大的要求"，其工作宗旨不仅是团结与联合"抗战文艺工作团"等延安文化社团，而且为抗战时期中国军民"供给文艺食粮"，以及"建立抗战中的文艺理论"。当天的成立大会上，与会者纷纷发表观点，大家畅所欲言，一致认为边区文联"要脚踏实地的往前走着文艺的现实主义的道路"，并且提出今后的工作目标是"普遍的建立文艺小组""号召大批文艺干部到前线去""出版文艺刊物"以及"建立正确的

---

① 《论新阶段——抗日民族战争与抗日民族统一战线发展的新阶段》（1938 年 10 月 12—14 日），《建党以来重要文献选编（1921—1949）》第 15 册，中央文献出版社 2011 年版，第 651 页。

② 龚国基：《毛泽东与中国现代诗人》，中央文献出版社 2014 年版，第 212 页。

文艺理论"。①

边区文联成立后不久，9 月 18 日鲁迅艺术学院师生开展"九一八"纪念展览会。展览会上，鲁艺师生创作的反映延安军民抗战生活的木刻、漫画、照片等作品受到群众的热烈欢迎，前来参观展览者多达三千余人，大家对展出的作品赞不绝口，而展览会上参观者"络绎不绝，直至天晚，尚不断有人前往"，其热闹景象，充分证明"抗战艺术已深入到广大的群众中去了"，这在某种意义上彰显出马克思主义中国化话语的重要影响。②

与此同时，由谭政主持创办的八路军总政治部电影团（又称"延安电影团"）正式成立。其中，长征干部李肃负责政治与行政工作，袁牧之担任延安电影团编导，吴印咸、徐肖冰负责摄影工作。他们从 10 月 1 日起开拍延安第一部长纪录片《延安与八路军》，旨在通过电影这一民众喜闻乐见的形式，记录陕甘宁根据地军民生活的真实场景，生动展现党领导下陕甘宁边区军民积极抗战的景象。③ 延安电影团创办之时，八路军后方留守兵团领导的烽火剧团也正式成立。剧团设戏剧股、歌咏股、舞蹈股、通讯股、美术标语股，并通过广泛吸收政治文化水平较高的文艺青年加入剧团，促进剧团艺术力量的发展，以及八路军部队文艺宣传作用的发挥。④10 月 27 日，由奚定怀主持创办的延安山脉文学社正式成立。该社先后创办《山脉文学》和《山脉诗歌》两份文学刊物，借以推动延安文艺理论与创作工作的发展。

---

① 林茫：《我们的"文联"成立了》，《新中华报》1938 年 9 月 20 日，第 459 期第 4 版。
② 谢依阳编著：《延安文艺档案·延安美术：延安美术组织（一）》第 50 册，太白文艺出版社 2015 年版，第 9 页。
③ 任一鸣主编：《延安文艺大系·文艺史料卷》上册，湖南文艺出版社 2015 年版，第 669 页。
④ 钟敬之、金紫光主编：《延安文艺丛书（第 16 卷，文艺史料卷）》，湖南文艺出版社 1987 年版，第 523、524 页。

值得一提的是，《山脉文学》创刊时，奚定怀曾致函毛泽东，请他题写刊头。毛泽东当时正忙于中共六届六中全会筹备工作，但仍然应邀题写了"山脉文学"一式三份，供山脉文学社选用，表现出毛泽东对延安文化社团活动的重视。[①] 颇有深意的是，毛泽东在中共六届六中全会的报告中，专门提及开展诸如"文字运动、戏剧运动、歌咏运动、体育运动"等文艺大众化活动，对"提高人民的民族文化与民族觉悟"的重要意义，并从革命理论与革命运动的相互关系角度，深刻阐述了马克思主义理论的运用问题，指出"马克思、恩格斯、列宁、斯大林的理论，是'放之四海而皆准'的理论。不是把他们的理论当作教条看，而是当作行动的指南。不是学习马克思列宁主义的字母，而是学习他们观察问题与解决问题的立场与方法。只有这个行动指南，只有这个立场与方法，才是革命的科学，才是引导我们认识革命对象与指导革命运动的唯一正确的方针"。为推动马克思主义理论的学习和运用，毛泽东生动而形象地指出，如果中国有一百至二百个系统地、实际地研究并学会了马克思主义的同志，那将是等于打倒一个日本帝国主义。[②]

有论者指出，马克思主义中国化话语主题的提出，在某种意义上是针对当时共产国际代表的教条主义错误倾向的，为此毛泽东强调"洋八股必须废止，空洞抽象的调头必须少唱，教条主义必须休息，而代替之以新鲜活泼的、为中国老百姓所喜闻乐见的中国作风与中国气派"[③]。需

---

① 《奚定怀请毛泽东为〈山脉文学〉题写刊头的去信与复函》，《延安文艺档案·延安文学：延安文学组织》第 31 册，太白文艺出版社 2015 年版，第 257、258 页。

② 《论新阶段——抗日民族战争与抗日民族统一战线发展的新阶段》（1938 年 10 月 12—14 日），《建党以来重要文献选编（1921—1949）》第 15 册，中央文献出版社 2011 年版，第 619、650 页。

③ 《论新阶段——抗日民族战争与抗日民族统一战线发展的新阶段》（1938 年 10 月 12—14 日），《建党以来重要文献选编（1921—1949）》第 15 册，中央文献出版社 2011 年版，第 651 页。

要指出的是，当论及"马克思主义中国化"话语主题形成的历史过程，学界往往将毛泽东与张闻天在中共六届六中全会上的讲话进行对比分析，这不仅是因为张闻天在 10 月 15 日作题为《关于抗日民族统一战线的与党的组织问题》的报告时，论及理论学习和宣传教育工作的重要性，指出如果"有一百个至二百个真正精通马列主义者，中国革命问题就可以说解决了一半"，而且从马克思主义的原则、方法论角度，详细阐述了"组织工作要中国化"问题。① 首先，张闻天指出，马克思主义的基本原则和方法具有"国际性"，这就要求在实际工作中必须充分考虑中国的政治、经济、文化、思想、民族习惯等的特点。其次，关于"组织工作中国化"问题。张闻天提出，在中国开展党的组织工作，不仅要懂得马克思主义的原理，而且要能够在中国的具体环境中来运用这些原则。尤其是要防止产生"机械主义"问题。那种认为"政治上有了马克思主义，在组织上就可以不要考虑中国特点"的机械搬用外国经验的做法都是错误的，是典型的"机械主义"问题，其根源在于"不懂得运用各国经验要适合中国的情况"。第三，关于"组织工作中国化"的原则性和具体性问题。张闻天结合中国抗战的复杂形势与客观需要，指出组织工作中国化既要有"原则性"也要有"具体性"，质言之，应当"根据各地的情况实现我们的原则"。对此他强调，原则性与具体性的有机结合，"这就是马克思主义"。②

艾思奇则根据中国革命与全民族抗战的客观实际，就"马克思主义之所以能中国化"问题做了理论阐述，称"在中国应用马克思主义，或使马克思主义中国化，就是要坚决地站在马克思主义的观点上，在马克

---

① 张培森主编：《张闻天年谱》上卷，中共党史出版社 2010 年版，第 406、407 页。
② 《组织工作要中国化》（1938 年 10 月 15 日），《张闻天选集》，人民出版社 1985 年版，第 226 页。

思主义基本原则和基本精神上"，用马克思主义的科学方法具体地分析
中国革命和社会发展的特殊性。因此，"马克思主义之所以能够中国化，
是由于中国自己本身早产生了马克思主义的实际运动"。换言之，正是
因为马克思主义是"科学的理论"，具有"一般的正确性"，所以才是"放
之四海而皆准"的，才具备"化"的本质属性。与此同时，马克思主义
是"科学的方法"，对各国的具体问题具有指导性，也是研究"一切实
际问题的指南"。这正如毛泽东在《论新阶段》所述"没有抽象的马克
思主义，只有具体的马克思主义"一样，马克思主义在中国的运用，必
须首先考虑到"中国的特殊性"，即"依据中国的特点使马克思主义在
中国民族的特殊形式之下表现出来，然而并不是因此就丢开马克思主
义，而相反地恰恰是要具体地把握住马克思主义，不是要挤掉国际主
义"。[①] 可以说，艾思奇关于中国国情的特殊性与马克思主义中国化内在
联系的理论阐述，在某种意义上为毛泽东提出"马克思主义中国化"话
语主题的内在机理做了很好的注解，这也为发挥延安文化社团话语载体
的传播与宣传作用，提供了重要指引。

二、马克思主义中国化话语形成的理论逻辑

全面抗战爆发后，中国共产党审时度势，根据全民族抗战的现实需
要提出并致力于抗日民族统一战线的构建。事实证明，中国共产党关于
抗日民族统一战线的方针和政策不仅符合中华民族的整体利益，得到广
大民众和各民主党派人士的支持，而且为实现自身的生存与发展提供了
重要契机。尤其是延安文化社团的兴起和发展，为党的政治话语的传播

---

① 艾思奇：《论中国的特殊性》，《中国文化》1940 年 2 月 25 日，创刊号；《艾思奇全书》第
2 卷，人民出版社 2006 年版，第 774—779 页。

提供了重要载体。在中国共产党的领导和推动下，文化社团的"大众化"趋势日益明显，特别是一系列大众化运动的开展，有力促进抗战话语权的构建。

诚然，延安时期中国共产党获得了一个相对安定的发展环境，这为中共中央从意识形态和理论层面进行话语构建提供了重要契机。1937 年 7 月、8 月，毛泽东《实践论》和《矛盾论》（以下简称《两论》）相继撰写完毕。作为哲学经典著作，《两论》不但阐述了唯物辩证法的实质与核心，揭示了对立统一规律的内在逻辑，而且以"论认识和实践的关系"为核心议题，从马克思主义认识论的角度深入阐述了"知"与"行"的辩证关系。[1] 与此同时，毛泽东在中国人民抗日军事政治大学讲授马克思主义哲学课程，其讲课内容形成了一部重要哲学著作《辩证法唯物论（讲授提纲）》（以下简称"提纲"）。提纲共三章十六节，约六万一千字。提纲的主题分别为"唯心论与唯物论""辩证唯物论""唯物辩证法"，其中第二章和第三章的部分内容经过整理，分别以《实践论》和《矛盾论》为篇名收入《毛泽东选集》，这是毛泽东对中国革命经验的系统总结，也是他将马克思主义理论与中国具体实践相结合的重要成果。

从毛泽东相关理论著作的文本内容来看，《实践论》深入阐述了认识和实践的辩证关系，指出实践作为认识的来源、动力和标准，对于认识具有基础地位和主导作用，强调辩证唯物主义认识论把实践提到首要地位的理论特征。为论证"实践的观点是辩证唯物论的认识论之第一的和基本的观点"，毛泽东征引了列宁所著《黑格尔〈逻辑学〉一书摘要》中的原文，指出"列宁这样说过：'实践高于（理论的）认识，因为它

---

[1] 《实践论》（1937 年 7 月），《毛泽东选集》第 1 卷，人民出版社 1991 年版，第 282 页。

不但有普遍性的品格，而且还有直接现实性的品格'"。①

为了阐述感性认识和理性认识既"性质不同"又不能"互相分离"的辩证关系，以及两者"在实践的基础上统一起来"的理论逻辑，毛泽东借用列宁的话语，称："列宁说过'物质的抽象，自然规律的抽象，价值的抽象以及其他等等，一句话，一切科学的（正确的、郑重的、非瞎说的）抽象，都更深刻、更正确、更完全地反映着自然。'"②

同时，毛泽东在充分理解和接受列宁关于"实践是真理""认识论也是真理"的基础上，深刻分析教条主义和经验主义的表现形式及特征，借以揭示教条主义者否认认识来源于实践，甚至脱离了客观现实的错误倾向。他在《实践论》中指出："唯心论和机械唯物论，机会主义和冒险主义，都是以主观和客观相分裂，以认识和实践相脱离为特征的。以科学的社会实践为特征的马克思列宁主义的认识论，不能不坚决反对这些错误思想。"③可见，毛泽东撰写《两论》的一个重要目的，是为了纠正党内教条主义特别是主观主义错误倾向。

在《两论》撰写的前后，毛泽东反复研读苏联哲学家米丁所著《辩证唯物论与历史唯物论》（上册），并就"关于实践是认识的标准"问题作了大量批注，这些批注既是讲课的核心内容，也为撰写《两论》做了"直接准备"。④需要指出的是，在该书第三章第五节"社会的实践为认识底标度"中，译者沈志远直接征引了大量《列宁文集》中的语句，系统介绍对列宁关于认识和实践的辩证关系的阐述，并指出"邬梁诺夫（列宁）在他许多著作中，不止一次地指出理解这种理论与实践底辩证的互

---

① 《实践论》（1937 年 7 月），《毛泽东选集》第 1 卷，人民出版社 1991 年版，第 284 页。
② 《实践论》（1937 年 7 月），《毛泽东选集》第 1 卷，人民出版社 1991 年版，第 286 页。
③ 《实践论》（1937 年 7 月），《毛泽东选集》第 1 卷，人民出版社 1991 年版，第 286 页。
④ 中共中央文献研究室编：《毛泽东年谱（1893—1949）》上卷，中央文献出版社 2013 年版，第 687 页。

相关系之必要性"。①

　　毛泽东对于上述情况颇有兴趣。在 1937 年 7 月，即毛泽东撰写《两论》之前，他在反复研读该书后留下了大量批注，包括："实践是直接的标准。""实践高于认识。""正确的理论积极的指导着实践。""实践是发展的，理论也应是发展的。""马克思以前一切唯物论离开人的社会性，离开社会人的历史发展，去观察认识问题，因此不能了解认识对社会实践的依赖关系。""哲学的研究不是为着满足好奇心，而是为改造世界。""认识世界的规律性，找到正确的理论，为着有效的指导实践，改造世界。"② 这些批注反映了毛泽东对唯物辩证法的认识和理解，所述内容与《两论》中的阐述颇为一致，在某种意义上反映了马克思主义中国化话语提出的理论逻辑。

　　1938 年 3 月 16 日，毛泽东读完李达《社会学大纲》一书，称该书是"中国人自己写的第一本马克思主义的哲学教科书"，并曾向延安哲学研究会和抗大推荐该书。③ 需要指出的是，李达在《社会学大纲》中分析了列宁《唯物论与经验批判论》《哲学笔记》等关于唯物辩证法的重要著作，认为列宁通过苏联革命的伟大实践，形成了唯物辩证法的认识论，在此基础上"对于哲学上的根本问题，作了最后的解决"，这既促进了"认识与实践的统一，更促进唯物辩证法的发展"，并且把唯物辩证法"推进到新的阶段"，即"列宁的阶段"。④

---

① ［苏］米汀：《辩证唯物论与历史唯物论》上册，沈志远译，商务印书馆 1936 年版，第 180 页。

② 中共中央文献研究室编：《毛泽东年谱（1893—1949）》上卷，中央文献出版社 2013 年版，第 686、687 页。

③ 龚育之、逄先知：《毛泽东的读书生活》，生活·读书·新知三联书店 2009 年版，第 48 页。

④ 《社会学大纲》，《李达文集》第 2 卷，人民出版社 1981 年版，第 65、66 页。

李达所著《社会学大纲》于 1935 年首次印行后，又于 1937 年 5 月由上海笔耕堂书店出版，之后三年中再版了三次。毛泽东非常重视该书，曾前后研读了十遍，不仅做了详细的批注，而且对该书关于认识过程两个方面的论述（即："第一要阐明由物质到意识的推移的辩证法，第二要阐明由感觉到思维的推移的辩证法"）作了补充，称"第三要阐明由思维到物质的推移的辩证法，即检验与再认识"。①

1939 年 5 月后，毛泽东阅读艾思奇编的《哲学选辑》。该书收录了苏联哲学家米丁所著《辩证唯物论与历史唯物论》（上册）关于"社会的实践为认识底标度"的内容，其内容与沈志远的译本大致相同，其中征引了《列宁文集》关于"实践高于（理论的）认识，因为它不仅有一般性底价值而且还有直接的现实性底意义"，以及"人和人类底实践是认识底客观性底标度证据"的论述。②

毛泽东非常重视《哲学选辑》中有关认识论和辩证法的内容，特别是列宁关于实践是认识的标准的阐述，毛泽东通过文字批注和读书符号的方式加以归纳、概括和阐发。③例如，当读到列宁关于"只当人类的观念变成'自为的存在'（即在实践中）时，这种观念才能'彻底地'抓住、把握住这一客观的真理"的内容时，毛泽东以下画线（包括单直线、双直线、波浪线）和画着重号的方式加以区别对待，并在批注中强调理论应用于实践的重要意义。④需要说明的是，毛泽东关于理论在实践中应

---

① 中共中央文献研究室编：《毛泽东年谱（1893—1949）》中卷，中央文献出版社 2013 年版，第 58 页。

② 中共中央文献研究室编：《毛泽东哲学批注集》，中央文献出版社 1988 年版，第 141、142 页。

③ 龚育之、逄先知：《毛泽东的读书生活》，生活·读书·新知三联书店 2009 年版，第 57 页。

④ 中共中央文献研究室编：《毛泽东哲学批注集》，中央文献出版社 1988 年版，第 335、336 页。

用的论述，与他在《两论》中所阐述的观点有着密切关联，这在某种意义上反映了毛泽东哲学思想上一以贯之的特性。

继翻阅 1936 年 6 月出版的苏联哲学家西洛可夫、爱森堡等合著《辩证法唯物论教程》第三版后，毛泽东又于 1941 年阅读了该书第四版。埃哥洛夫、瑟知可夫在该书第二章"当作认识论看的辩证法"中，对列宁《唯物论与经验批判论》关于实践与认识的辩证关系做了深入阐述，称"绝对真理与相对真理的学说，伊里奇（列宁）在其所著唯物论与经验批判论当中，使其发展了"。而这个学说，"与伊里奇关于当作认识论看的辩证法那个命题，完全一致，这是不难理解的。这个命题，如前所说，就是说明，只有辩证法，只有关于对立的统一的学说，才是彻底承认人类认识的客观真理性的唯一条件。"[1] 爱森堡则在第六章"唯物辩证法与形式论理学"中，引用列宁关于马克思"天才的假设"其实是"对于历史的及社会的诸问题的严格的科学态度"的观点，借以阐述理论既来源于实践又对实践起指导作用，进而强调"实践与理论的统一"性质。[2]

需要强调的是，毛泽东阅读《辩证法唯物论教程》第四版时，曾对爱森堡所撰第六章"唯物辩证法与形式论理学"做了大量批注，指出："在认识过程，个别决定普遍；在实践过程，普遍决定个别。""在认识过程，战术决定战略；在实践过程，战略决定战术。"显而易见的是，毛泽东关于实践与认识的辩证关系的阐述，与《两论》中的观点颇为契合。

---

[1] ［苏］西洛可夫等：《辩证法唯物论教程》，李达、雷仲坚译，笔耕堂书店 1935 年版，第 243 页。

[2] ［苏］西洛可夫等：《辩证法唯物论教程》，李达、雷仲坚译，笔耕堂书店 1935 年版，第 258、259 页。

作为指导中国革命理论与实践的重要思想来源，唯物辩证法理论的传播与应用得到毛泽东等中国共产党人的高度重视。在提纲中，毛泽东明确指出："辩证法唯物论对于指导革命运动的干部人员，尤属必修的科目，因为主观主义与机械观这两种错误的理论与工作方法，常常在干部人员中间存在着，因此常常引导干部人员违反马克思主义，在革命运动中走入歧途，要避免与纠正这种缺点，只有自觉地研究与了解辩证法唯物论，把自己的头脑重新武装起来。"① 可以说，提纲在马克思主义中国化历程中具有特殊地位，它不仅阐述了马克思主义关于认识论的基本理论，而且是指导中国革命实践的方法论，并在某种意义上反映了马克思主义中国化话语产生的理论逻辑。

第二节　马克思主义中国化话语表达的实践路径

一、延安文化社团的新动向

中共六届六中全会召开前后，延安文化社团所开展的文化抗战活动内容丰富、形式多样，日益形成较为明确的主旨目标，即：在深入民众、深入抗战实际的过程中，努力形成"中国作风"和"中国气派"，进而创造"抗战的民族大众的文学艺术"，而"马克思主义中国化"话语的提出，则为实现上述目标提供了重要支撑。

如上所述，抗战全面爆发后，延安文化社团开展了形式多样的文化抗战活动。他们所撰写的"救亡歌曲，街头诗，独幕剧，通信，短篇报

① 毛泽东：《辩证法唯物论提纲》，天津人民出版社 1958 年版，第 10 页。

告文学等都在以游击战的作风出现"，这促使文化界人士在抗战中充分发挥自身优势，有力推动了中国抗战的舆论宣传和民众动员。随着中国抗战由战略防御向战略相持阶段过渡，在"持久战"的战略战术指导下，以抗战文艺工作团为代表的延安文化社团主动调整文化抗战的内容、形式与方向，即由文化战线的"游击战"向"运动战"转变，并试图"把它当做强有力的野战兵团去用"，以适应抗战形势发展的需要。①

　　抗战文艺工作团在文化抗战中的转向可谓是一个风向标，事实上，当时整个文化战线对由过去单纯的"游击战"向"将游击战，运动战，阵地战的三种作风配合起来"的意向达成了共识，这为发挥延安文化社团在中国抗战向战略相持阶段过渡中的作用奠定了重要基础。② 诚然，中国抗战是一场旷日持久的战斗，这无疑是当时社会各界人士的一个共识，尤其是 1938 年 5 月毛泽东《论持久战》正式发表后，民众动员在全民族抗战中的重要地位日益彰显。与此同时，除了中国自身抗战以外，"国际间所给中国的援助"也是决定战争走向，以及坚持长期抗战的一个重要因素。可以说，"动员一切力量争取抗战的胜利"既是战略防御阶段的一项"最中心的任务"，也是整个抗战时期中国共产党的一项重要方针。③ 基于上述认识，边区文联负责人成仿吾以《一个紧要的任务——国际宣传》为题撰文，呼吁延安文化社团以及全国各地文化界人士"积极地自觉地参加抗战的各种实际工作"，尤其是国际宣传工作，"争取全世界爱好和平与正义的人士的援助"。可以说，以文化社团为话语载体的宣传工作不仅是获得欧美各国民众支持与援助的重要基础，还

---

① 柯仲平：《持久战的文艺工作》，《文艺突击》1938 年 10 月 16 日，创刊号。

② 柯仲平：《持久战的文艺工作》，《文艺突击》1938 年 10 月 16 日，创刊号。

③ 《论持久战》（1938 年 5 月），《建党以来重要文献选编（1921—1949）》第 15 册，中央文献出版社 2011 年版，第 385、387 页。

是反对日本军国主义势力的重要力量。因此，文化战线上尤其需要"创造大批这样的文学或艺术的作品"。[①]

值得注意的是，成仿吾呼吁文化界人士开展国际宣传以争取国际社会对中国抗战援助之时，将"民族抗战"纳入文化社团的"实际工作"，号召文化界人士通过参加抗战实际工作、体验抗战实际生活，创作适合抗战实际需要的文艺作品，并强调必须避免出现"亭子间的、脱离甚至逃避实际生活的倾向"，因为这样的作品是不会在"亭子间里面冥想出来的"，而是"应该到抗战的实际工作的各方面去，根据我们的实感去努力写作"。[②] 对此，鲁藜持相同观点，他主张"革命的实践是一切艺术生命的源泉"，认为文艺工作者既要"深入斗争的实践"又要"参与实际的工作"，强调"唯有深入斗争的实践才能更有效地发挥文艺的功能"。基于对抗战进入新阶段的认识，鲁藜提出文艺工作者"要更锐敏的接受新阶段的新任务而展开新的作战的姿态"的观点，并高度称赞抗战文艺工作团有计划、有组织地深入华北、前线以及敌后开展文艺抗战工作之举，认为这对于发动全国文艺界人士参与抗战具有"模范意义"。[③]

事实上，当时包括延安文化社团在内的全国文化界人士，纷纷提出到前线去、到敌后去、到抗战最需要的地方去的口号，这既是抗战以来文艺大众化运动的深刻影响，反映了大众文艺与民众动员双向互动的历史趋向，揭示出抗战局势不断演进过程中构建"中国气派"以及掌握马

[①] 成仿吾：《一个紧要的任务——国际宣传》(1938 年 11 月 30 日)，黄梅子、徐建华、赵春晓编：《延安文艺档案·延安文论：延安文论作品》第 40 册，太白文艺出版社 2014 年版，第 48、49 页；成仿吾：《一个紧要的任务——国际宣传》，《文艺战线》1939 年 2 月 16 日，创刊号。

[②] 成仿吾：《一个紧要的任务——国际宣传》(1938 年 11 月 30 日)，黄梅子、徐建华、赵春晓编：《延安文艺档案·延安文论：延安文论作品》第 40 册，太白文艺出版社 2014 年版，第 48—50 页；成仿吾：《一个紧要的任务——国际宣传》，《文艺战线》1939 年 2 月 16 日，创刊号。

[③] 鲁藜：《目前的文艺工作者》，《文艺突击》1939 年 2 月 1 日，第 4 期。

克思主义话语权的客观需要。尤其是中共六届六中全会上毛泽东提出"马克思主义中国化"话语主题后，这种深入军民生活、结合抗战实际开展文艺创作的号召已经由倡议阶段步入实践环节。

　　陕甘宁边区民众剧团是较早响应上述号召的文化社团之一。1939年春，民众剧团开始了历时4个多月的下乡演出。剧团从延安出发，步行2500余里，途经10余个县（镇），进行了广泛的抗战宣传和文艺演出活动，得到中共有关部门以及边区民众的广泛称赞，此次长途下乡演出则被人们亲切地称为"小长征"。① 团长柯仲平则借用毛泽东的话语称：毛泽东"在《论新阶段》中讲道：'要有中国气派，中国作风。'我们就打着这个旗帜向关中出发的"。② 而在《谈"中国气派"》一文中，柯仲平根据民众剧团深入陕甘宁边区开展文化抗战活动的实际经历，深入阐述了"中国气派"的实质与内涵。首先，"中国气派"是民众可感知、可欣赏、可接受的，即"老百姓喜闻乐见的中国气派"。柯仲平指出，每个民族都有其特殊的经济、政治、文化环境，由此造成不同的气派，中国气派亦然。从某种意义上来说，"中国气派"恰似老百姓习以为常并喜闻乐见的"中国味"。正如民众喜欢听平戏，而当有人唱平戏，民众立刻能够感觉出来有没有"平戏的味儿"。其他文艺宣传方式或艺术形式，一走进民众，就会产生同样的效果。而只有那些带有"中国味"的艺术形式，才是"最浓厚的中国气派"。其次，"中国气派"的提出与马克思主义话语权构建问题有着内在关联。以民众剧团的文艺抗战活动为例，柯仲平率领民众剧团赴陕甘宁边区各地表演抗战题材的戏剧，受

---

① 杨立川、高字民编著：《延安文艺档案·延安戏剧：延安戏剧组织》第4册，太白文艺出版社2015年版，第249页。

② 《民众剧团的成立及初期活动情况》，《延安文艺档案·延安音乐：延安音乐组织》第15册，太白文艺出版社2015年版，第398页。

到当地民众的热烈欢迎。当剧团到达安塞后，当地民众说："你们民众剧团的戏真是好得很，它站得住人。它能叫我们娱乐，又能叫我们懂得前线打日本的事情。"民众此言"充分证明中国气派的重要性"，对此柯仲平感触颇深。他认识到，一方面只有那种"老百姓喜闻乐见的中国气派"，才能真正地深入民众、打动民众；另一方面，只有根据抗战实际需要改编文艺形式和内容，才能切实地发动民众、鼓舞民众，才能产生文艺宣传效果，民众也才会"接受你的领导"，进而形成话语的力量。第三，"中国气派"的形成与"马克思主义中国化"话语构建之间具有内在关联。以延安抗战电影工作为例，作为一种现代西方科技手段，电影对当时的中国广大民众来说是一种"新奇"的事物，大家对此充满好奇，观看热情颇高，但要想使电影艺术深入大众、深得人心，尤其是发挥电影这一新式武器的"抗战教育作用"，就必须"以中国的题材"为基础，运用"西洋的优良技术"，"创造出富于中国气派的电影"，而这一过程本身就是"西洋文化"的"中国化"，或称之为"国际主义的马克思主义"的"中国化"。[①]

　　柯仲平关于"中国气派"实质与内涵的阐述，结合了陕甘宁边区的文艺实践，可谓是有感而发。对此，民众剧团副团长马健翎亦有同感。一方面，马健翎以剧团创作和演出的实际经验为依据，生动诠释了"民间形式"与"中国气派"之间的重要关联。马健翎通过对剧团演出情况的深刻总结，认为"民间形式为老百姓所易于接受"，而探索其中原因，不外乎民间形式为民众所熟悉、所认同、所喜欢，这"正是毛主席说的，是因为这些东西是'老百姓所喜见乐闻的中国作风和中国气派'"。结合这一认识，马健翎在进行戏剧创作时，常常注意"表现生活的真实和故

---

① 柯仲平：《谈"中国气派"》，《新中华报》1939 年 2 月 7 日，第 1 号第 4 版。

事的曲折"，借此打动观众，产生艺术感染力。可以说，"群众能不能看惯"以及"他们是否被感动"，是马氏进行抗战文艺工作时始终面临的两个重要问题，而在这种问题意识的驱动下，他甚至提出改进中国歌剧并使其成为"宣传线上一个有力的武器"的观点。这一观点在某种意义上与民众剧团团长柯仲平关于"中国气派"基本内涵的阐述，可谓是不谋而合。另一方面，民众剧团在戏剧创作和演出方面深入民众、深入抗战实践的转向，归因于中国共产党"正确的革命文艺"政策指导下剧团受到"革命文艺思想"的洗礼和熏陶。① 毋庸置疑，"服从于党的总方针和总任务"是民众剧团进行抗战文艺工作的一项根本宗旨，而这一宗旨体现了剧团所奉行的"文艺的源泉在人民群众之中"的基本理念，彰显了中国共产党"从群众中来，到群众中去的群众文艺路线"。特别是在全民族抗战背景下，文艺战线的目的与任务是广泛动员民众抗战，而"抗日的真正力量存在于人民群众之中"，只有广泛动员群众、宣传群众、武装群众，才能形成全民族抗战的统一战线，中国抗战才能最终取得胜利。②

　　民众剧团深入实际进行文化抗战并非个案。在当时，包括民众娱乐改进会、抗战剧团等延安文化社团，均发出文化下乡、文化入伍的号召。其中，抗战剧团第二队于 1939 年 2 月从延安出发，途经安塞、瓦窑堡、永坪等地，开展了形式多样的抗战宣传工作。剧团返回延安后，举行了为期三天的公演。演出内容丰富、节目精彩，演员技术娴熟、表情丰富，由此受到延安各界群众的热烈欢迎。③ 而在全民族抗战背景下，

① 《民众戏剧训练班教育计划》，《延安文艺档案·延安戏剧：延安戏剧组织》第 4 册，太白文艺出版社 2015 年版，第 277、278 页。

② 中国人民政治协商会议陕西省委员会文史资料研究委员会编：《陕西文史资料选辑》第 14 辑，陕西人民出版社 1984 年版，第 116—140 页。

③ 《抗战剧团在延川大受欢迎》，《新中华报》1939 年 2 月 13 日，第 3 号第 3 版。

"创造出抗战的民族大众的文学艺术"成为延安文化界人士在中国共产党领导下形成"中国作风"和"中国气派"的题中应有之义。

诚然，"传承"与"发扬"问题是创造"抗战的民族大众的文学艺术"所需要面对的一个核心议题。而如何对待中国民间传统文化和外来资本主义文化，无疑是上述核心议题的重要内容。为将文化抗战与"发扬民族悠久的文化艺术"结合起来，延安文化社团在对待中国民间文化与外国文化时，自觉批判当时文化界"厌恶民族的形式"和"盲目崇拜资本主义文化"的错误倾向，一方面认为对待西方资本主义文化，凡是有利于中国抗战的，就"按照中国的实际情况加以采用"，"就拿来加以改造，丰富中华民族文化"；另一方面，对于中华民族传统文化，也应当在批判的基础上加以传承和发扬，既要"剔除其封建性的糟粕，吸收其民主性的精华"，又要根据抗战的实际需要，为那些民众所喜爱的文艺形式"赋予它新的内容，使之为目前的抗战服务"。[①] 这些观点逐渐形成关于抗战文化建设的基本理论，为批判地继承中华民族文化以及"用马克思主义的观点"分析和鉴别外来文化提供了重要指导。

诚然，"创造抗战的民族的大众文学、艺术"是延安文化社团发出的时代呼声，但实现这一目标的一个重要前提，是解决文化抗战中的诸多现实问题。以抗战歌曲演唱与抗战话剧演出为例，尽管延安文化社团所创作的抗战歌曲与话剧作品，展现了中国人民英勇抗战的壮烈场景，在抗战动员方面起到了宣传效果，但因"未充分利用民族大众中流传着的旧艺术形式的优点"，使得难以深入民众、影响力不强。因此，创造"抗战民族大众的文艺"目标的实现，既要视"抗战的民族大众的文艺为自己努力的方向"，并根据抗战实际需要，批判地继承中国传统文化

---

① 《民众剧团的成立及初期活动情况》，《延安文艺档案·延安音乐：延安音乐组织》第 15 册，太白文艺出版社 2015 年版，第 404 页。

遗产、改进民间文艺形式，又要在抗战文艺实践中积累经验，"不断提高剧团的演出质量，完善剧团队伍，培养人才"，质言之，必须要"从理论与实践的统一上解决"。①

可见，中共六届六中全会召开前后，尤其是毛泽东关于马克思主义中国化话语主题提出后，延安文化社团与延安文化界人士致力于创造"抗战的民族大众的文学艺术"，并且视其为形成"中国作风"和"中国气派"的重要举措。随着各文化社团抗战文艺工作的深入开展，上述认识逐渐成为时人共识，延安文化社团则在这种共识之下联合起来。1939年2月7日，鲁迅艺术学院美术系和木刻研究班全体师生"因感有进一步团结的必要"，遂联合延安美术和木刻工作者，共同发起成立延安美术工作者协会。②10日，民众剧团、烽火剧团、抗大文艺工作团、陕公剧团、民众娱乐促进会、鲁艺戏剧系、鲁艺实验剧团等延安文化社团齐聚陕北公学大礼堂，共同召开中华戏剧界抗敌协会边区分会成立大会。张闻天、柯仲平、沙可夫、钟敬之、张庚等分别在会上讲话。会议选举周扬、潘汉年、沙可夫、艾思奇、丁玲、塞克、李伯钊、赵品三、柯仲平、杨醉乡等人为理事，潘汉年为理事长，沙可夫为副理事长。会议决议提出与全国戏剧团体"建立经常通讯关系"以及"邀请边区各戏剧团体及戏剧工作者加入本会"等要求。会后由鲁艺戏剧系、抗大文艺工作团、实验剧团、烽火剧团等先后举行了文艺会演。③

总之，延安文化社团在"全民族抗战的旗帜"下趋于联合与发展。延安文化界人士也在抗战救亡工作中直面传承与发展问题，他们以形成

---

① 中国人民政治协商会议陕西省委员会文史资料研究委员会编：《陕西文史资料选辑》第14辑，陕西人民出版社1984年版，第116—140页。

② 《延安美术工作者协会宣告成立》，《新中华报》1939年2月13日，第3号第3版。

③ 《中华戏剧界抗敌协会边区分会正式成立》，《新中华报》1939年2月13日，第3号第3版。

"中国作风"和"中国气派"为目标，不断"深入民间，作广泛的宣传"，此举旨在创造"抗战的民族大众的文学艺术"，其波澜壮阔的场面正如老舍在《抗战中的中国文艺》中所述："整部的文艺简直可以被称为一首战歌"，这首战歌凝聚了中国力量，展现出中国作风与中国气派，为推动延安文化"中国化"运动奠定了重要基础。[①]

二、"中国化"运动的开展

1938 年 11 月 3 日，即距离中共六届六中全会正式闭幕还有三天之时，著名音乐家冼星海由武汉抵达延安。当天冼星海参观鲁艺，并且应邀出席鲁艺师生举行的欢迎晚会。[②]12 月 19 日，鲁艺副院长吕骥与向隅、李焕之等人共同推举冼星海担任歌剧《军民进行曲》的谱写人。此事即成为冼星海赴延安后开展的第一项工作。在冼星海的主持下，《军民进行曲》的谱写工作进展颇为顺利。至 31 日，冼星海已完成谱曲工作，这首被誉为具有"中国气派"的歌剧由此诞生。《军民进行曲》"以西方歌剧样式为模本，实践了对歌剧特性的认识，继承了歌剧创作的传统"，表现出冼星海对"民族化"和"中国气派"的追求，然而其在延安演出后，并未得到延安文化界人士乃至陕甘宁边区民众的认可。[③]

以同年 8 月到达延安的归国知识青年陈学昭为例。《军民进行曲》第一次预演前，她被"街头贴着动人的彩色广告"所吸引，由此对观赏此剧充满了期待。预演当晚，她在沙可夫的带领下赴现场进行观看。然

---

① 老舍：《抗战中的中国文艺》，《中苏文化》1939 年 4 月，第 3 卷第 10 期。

② 《冼星海全集》编辑委员会编：《冼星海全集》第 1 卷，广东高等教育出版社 1989 年版，第 234 页。

③ 满新颖：《冼星海的"中国气派"歌剧——对〈军民进行曲〉的再认识》，《音乐研究》2009 年第 5 期。

而，与观看前的期待相比，陈学昭对歌剧《军民进行曲》的演出并不满意，尤其是简单的内容、"欠圆润"的噪音、不协调的配合等，令她颇为失望，甚至她认为"《军民进行曲》的情节比土气十足的《农民曲》还不如"。考察其中原因，最大的问题在于作曲太过平淡、沉闷，"不能表现中国民族的伟大而庄严的灵魂——像这次抗战"。应当说，陈学昭的观后感颇具代表性。当晚丁玲进行现场评议时，直言不讳地表示：《军民进行曲》"音乐太带一点洋味儿"。① 可以说，歌剧《军民进行曲》所采用的中西音乐交叉的创作方式并未得到观众的认同。平心而论，陈学昭对冼星海创作的《军民进行曲》歌剧的批评，未免过于苛刻。事实上，冼星海在创作技巧上，并非一味追求或盲目崇拜西洋音乐，尽管如丁玲称述该剧在音乐风格上带有"洋味儿"，但这正是冼星海秉持"中西音乐并重"宗旨进行创作的一次大胆尝试。据冼氏自称，这一宗旨"以外国最进步最真实的民歌，作我们底参考，吸收最进步的技巧，来把我们底民歌发展到由单调变为复杂，由民歌性的变成国际性的"。可以说，冼氏此举旨在通过"民族化、大众化的音乐的创造"，"建立中国新音乐"，实现音乐艺术的"中国化"。②

音乐艺术在抗战中具有宣传鼓动的特殊作用，其发展得到中共中央的高度重视。初到陕北的外国记者斯诺曾感叹"他们唱得太多了"，由此表达对中国共产党领导下革命文艺生活的深刻印象。③ 随着延安文化社团的兴盛，包括鲁艺音乐系在内的延安音乐界人士，往往重视抗战歌曲的改编与创作，他们在集会、演出等场合发动延安军民传唱抗战歌

---

① 陈学昭：《延安访问记》，中国国际广播出版社 2013 年版，第 198、199 页。
② 《冼星海全集》编辑委员会编：《冼星海全集》第 1 卷，广东高等教育出版社 1989 年版，第 78—84 页。
③ [美]埃德加·斯诺：《西行漫记》，董乐山译，生活·读书·新知三联书店 1979 年版，第 234 页。

曲，借以鼓舞军民抗战的士气和决心。对此，初到延安的陈学昭也颇有同感。尤其是她参加鲁艺戏剧系、实验剧团、军委会抗敌剧团第三队、抗大文艺工作团四个团体联合举行的晚会时，大家"唱遍了壮烈的抗战歌曲"，由此她对演员与观众齐声、台上与台下互动的场景感触颇深，认为这深刻反映了音乐"中国化"的宗旨。[①]而在延安浓厚的抗战文化氛围的影响下，冼星海的创作风格实现了重要转变，即：注意"吸收过去优良的民歌形式，灌以新的内容，再进一步，以新内容新形式的一种创作方法，归并一致"，此举旨在打破传统音乐创作习惯，使具有抗战动员与革命现实意义的歌曲"能在世界乐坛上占一席地位"，进而建立具有民族性、时代性的"中国新音乐"。[②]

在音乐艺术中国化的追求下，延安时期冼星海进入了一个创作的高峰期，继谱写《军民进行曲》之后，他先后创作《生产运动大合唱》《黄河大合唱》《九·一八大合唱》等经典作品。尤其是《黄河大合唱》，以宏大而壮观的气魄、热情而真实的技法，描绘了"保卫黄河"的重要意义，从而"创立了现阶段新型的救亡歌曲"，堪称延安音乐中国化运动中的代表之作。[③]1939 年 5 月 11 日，由光未然作词、冼星海作曲的《黄河大合唱》在鲁艺周年纪念第一次音乐晚会上演。此次演出由冼星海担任指挥，演员阵容庞大，仅合唱团就有一百余人，乐队伴奏的气势也颇为宏大，使得当晚的大合唱"可算是中国空前的音乐晚会"。中国共产党领导人毛泽东等到会观看，而当《黄河船夫曲》《保卫黄河》《怒吼吧！黄河》《黄水谣》四个乐章演奏完毕时，毛泽东等人"都跳起来，很感

---

① 陈学昭：《延安访问记》，中国国际广播出版社 2013 年版，第 284 页。
② 《冼星海全集》编辑委员会编：《冼星海全集》第 1 卷，广东高等教育出版社 1989 年版，第 82、84 页。
③ 《冼星海全集》编辑委员会编：《冼星海全集》第 1 卷，广东高等教育出版社 1989 年版，第 37 页。

动地说了几声'好'"。① 演出的成功令担任作曲和乐队指挥的冼星海颇为激动，他在当天的日记中欣喜地表示："我永不忘记今天晚上的情形。我是很严格地、很热情地去指导歌唱队。"②

延安音乐中国化运动蓬勃发展之时，戏剧中国化运动也逐渐推广开来。正如中国木刻受到西洋木刻艺术影响一样，以话剧为代表的中国戏剧也受到了美国、苏联等国戏剧艺术的影响。尽管抗战时期已经有了一些"新式戏剧"，但仍然"没有完全消化西洋话剧的影响而创造中国作风和中国气派的话剧"。受此影响，包括新疆在内的中国许多地方提出"戏剧中国化"的要求。当时，"一般工作人员都觉悟到创造中国作风和中国气派的必要"，纷纷提出"戏剧的中国化"的要求，强调不仅要批判地吸收中国各民族的旧剧形式，还要辩证地吸收"世界戏剧的进步成分而例行中国风的戏剧"，其中"反映中国人民的要求"和"使戏剧成为中国人民的日常生活的一部分"是戏剧中国化运动发展的关键，而"正确的文化政策"是实现这一目标的根本保证。③

以延安文化社团为话语传播载体的音乐中国化、戏剧中国化运动的广泛开展，有力推动了马克思主义中国化话语向陕甘宁边区各界民众的

---

① 据《毛泽东年谱》记载，"冼星海在当天的日记中写道：'今天是个空前的音乐会，毛主席还叫三声好。'"所述文字的具体内容，似与《冼星海日记》有所出入。（参见中共中央文献研究室编：《毛泽东年谱（1893—1949）》中卷，中央文献出版社 2013 年版，第126 页。）

② 《冼星海全集》编辑委员会编：《冼星海全集》第 1 卷，广东高等教育出版社 1989 年版，第 275 页。另注：冼星海创作的《黄河大河唱》受到延安中共党政军界人士以及广大民众的热烈欢迎，首演获得巨大成功。可以说，这首抗战歌曲鼓舞了中国军民抗日的勇气和决心。然而与之形成鲜明对比的是，1939 年 6 月 19 日，冼星海编著的《抗战歌曲集》在生活书店出版后不久，即被国民党以"不合抗战要求"为由查禁。（参见《国民党中央图书杂志审查委员会关于查禁〈抗战歌曲集〉经过致军委会政治部呈》（1939 年 6 月 19日）、《中华民国史档案资料汇编》第 5 辑第 2 编《文化》（二），江苏古籍出版社 1998 年版，第 22 页。）

③ 史枚：《戏剧节与戏剧中国化》，《新疆日报》1939 年 10 月 10 日，第 4 版。

传播与渗透。与此同时，以鲁艺木刻工作团为代表的延安美术中国化运动也开始兴起，并一度发展成为抗战时期中国化运动中最具影响的力量之一。1938年12月，胡一川、陈铁耕、罗工柳等以鲁艺美术系木刻研究班为基础，发起成立鲁艺木刻工作团，由胡一川担任团长。据胡一川称，工作团的成立是"响应党中央的号召"，并以"鲁艺美术系的第二期"毕业生为基础，其创建宗旨为推动延安抗战美术走上前线并影响敌后方。值得一提的是，鲁艺木刻工作团的这一宗旨，与1938年10月10日鲁艺木刻研究班举行的首届木刻展览会有关。而在为期三天的展览会上，前来观赏木刻作品的民众络绎不绝。参观者对这些出自木刻研究班的作品大加赞赏之时，也以留言的方式表达了对木刻运动发展的期待，即："希望木刻到前方去！""希望木刻到敌后方去！"可以说，正是基于延安民众的这一期望，鲁艺木刻工作团才得以成立，建团的宗旨亦由此确立。

正是基于上述宗旨，工作团成立后的首次活动，即举行木刻巡回展览。[1]在中共北方局宣传部部长李大章的支持下，工作团得到一批选自1938年春在武汉举行全国木刻展览会的作品。工作团全体成员携带这批具有鲜明抗战色彩的作品，加之一些延安木刻工作者的新作，他们渡过黄河，翻越吕梁山、大别山，深入太岳区、长治县等地，为广大民众以及八路军一一〇师、一一五师、一二九师、决死二纵队等举办木刻展览会。此次巡回展览历时近一年，其间举办了7次专题展览，召开了4次座谈会，工作团的活动得到地方军民的欢迎和支持，产生了积极影响。

然而，在巡回展览过程中，民众对木刻作品的批评意见纷至沓来，

---

[1]　胡一川：《民族解放的斗争武器》，《延安文艺档案·延安美术：延安美术家（一）》第46册，太白文艺出版社2015年版，第444页。

这令木刻工作团全体成员始料未及。早在工作团巡回展览出发前，他们以为扛着这一大箱木刻作品可以"走遍天下"，但观众的批评意见表明，这种想法"行不通"。事实上，在离开延安时，中国共产党领导人也对罗工柳等人提出"木刻中国化"的要求，但对于为何以及如何实现木刻中国化问题，工作团"思想上不很明确"。而考察群众的批评意见，大多集中在木刻表现艺术的西洋化问题，即"对于受外国影响较重的作品感到陌生和不喜爱"，尤其是那些运用西洋木刻技巧所创作的作品，存在刀法零乱、线条繁杂问题，对此广大民众认为"形式不美观，满脸毛，不好看"。[①] 显然，这些木刻艺术不被普通民众所接受和认同，导致当时展览会"欣赏的圈子仍不脱离美术界和知识者群"。[②] 陈叔亮在《回忆鲁艺》一文中指出，上述情况的出现，正如油画、雕塑等艺术在中国不被民众所接受和认同的情况一样，其原因在于中国新木刻艺术是从"学习外国形式的基础上发展过来的"，而西洋艺术风格往往强调人物的阴影与复杂背景的刻画，这既与中国绘画、中国版画所特有的"清新简洁的传统风格"极不相称，也与普通民众的"欣赏习惯格格不入"。可以说，这种直接照搬、移植外国艺术的做法，与广大民众要求美术中国化、民族化的愿望大相径庭，故被边区群众冠以"阴阳脸""麻子脸"，表达不欢迎、不认同的态度。[③]

鲁艺木刻工作团根据中共中央指示精神以及边区民众所反映的问题，从民族化、中国化的角度深刻总结经验和教训，力求克服创作过程

---

① 孙国林、曹桂芳编著：《毛泽东文艺思想指引下的延安文艺》，花山文艺出版社 1992 年版，第 461 页。

② 李伯钊：《敌后文艺运动概况》，《延安文艺档案·延安文论：延安文论作品》第 40 册，太白文艺出版社 2015 年版，第 155 页。

③ 陈叔亮：《回忆鲁艺》，《延安文艺档案·延安美术：延安美术家（一）》第 46 册，太白文艺出版社 2015 年版，第 178 页。

中使用中国民众不习惯的阴影与复杂背景的表现手法，旨在摆脱长期以来延安美术界受西洋美术的影响，形成中国民众喜闻乐见的"简练明快的中国作风与中国气派"。可以说，正是中共中央指示精神以及来自边区民众的批评，使木刻工作团成员们的思想发生根本转变，尤其是毛泽东关于"重视学习民族艺术传统"的要求，以及他在《论新阶段》中谈到学习问题时关于"中国作风"与"中国气派"的阐述，鼓舞了工作团"学习传统的风气"，促使他们从木刻连环画和套色木刻的创作中找到突破口。① 正如力群在《木刻工作者的纪念》一文中所指出的，木刻工作团的这一努力，一方面反映了"抗战新阶段的要求"，使得抗战时期中国美术在美术中国化运动中不断民族化，这与戏剧界所提出的"戏剧中国化""旧剧现代化"可谓"殊途同归"。另一方面，美术中国化运动中木刻艺术的发展，需要实现批判地继承旧形式与利用外来形式并重，从这个意义上来说，"采用旧形式或使外来形式中国化"，反映了抗战时期中国文艺求新求变的内在需求，其根本发展方向则是"创造新时代的民族艺术形式"。②

值得注意的是，力群所提出的关于新阶段实现美术新发展的要求，既与毛泽东在中共六届六中全会上关于抗战新阶段的阐述有着重要关联，也与美术工作者加入文化抗战的时代要求有关。这一时代要求，正如 1939 年初创刊的《战斗美术》发刊词所述：中国抗战正向战略相持阶段过渡，而过渡期中国最迫切的任务，无疑是利用"美术"这一战斗武器进行抗战，如何以"正确的立场用批判的态度去承继前人的遗产，

---

① 陈叔亮：《回忆鲁艺》，《延安文艺档案·延安美术：延安美术家（一）》第 46 册，太白文艺出版社 2015 年版，第 178、179 页。

② 力群：《木刻工作者的纪念》，郑工等编著：《延安文艺档案·延安美术：延安美术家（二）》第 47 册，太白文艺出版社 2015 年版，第 674 页。

并抓住这一时代的特点，建立起新的抗战艺术理论"则成为美术工作者面临的一个重要课题。① 对此，鲁艺木刻工作团决定在创作过程中，积极"听取群众的意见并注意研究当地人民的生活习俗"，力求使木刻艺术中国化、民族化，先后创作了《太行山下》（胡一川）、《王家庄》（华山）、《张大成》（彦涵）等木刻连环画。② 这些反映敌后军民生活的木刻作品广泛吸收了中国画的技巧，在刀法、线条上力求简练，人物脸谱、版式画面力求明朗。通过以展览促进创作的实践方式，工作团逐渐摆脱了西洋木刻技巧的束缚，克服了过去人物和背景复杂、繁琐的局限，逐渐形成了中国木刻独特的艺术风格。

美术中国化运动背景下中国木刻独特艺术风格的形成，既反映了中国共产党领导文化抗战工作的宗旨和成效，也在某种意义上体现了马克思主义中国化话语对延安文化社团的重要影响。1939 年 11 月，在鲁艺讲授木刻的青年教师刘岘，将其新创作的《保卫河防》《生产曲》《打到鸭绿江边》《收复一切失地》等反映边区军民生活的三十余幅木刻作品，送到毛泽东住处。毛泽东看了这些作品后大加称赞，并且题写"为创造中华民族的新艺术而奋斗"的语句，表达对创作具有中国风格的木刻艺术之举的肯定与鼓励。③ 是年 12 月，朱德、陆定一在八路军野战政治部举行的文艺干部大会上，号召"文艺工作者加强艺术的战斗性"，鼓励文化界人士"笔杆必须赶得上枪杆"，发挥文化抗战的特殊作用。可以说，中国共产党领导人的鼓励和指导，使木刻工作团在思想上明确了"木刻应该首先反映对敌斗争，和生产上的斗争；把木刻当成鼓舞敌后

---

① 《〈战斗美术〉发刊词》，《战斗美术》1939 年第 1 期。

② 彦涵：《忆太行山抗日根据地的年画和木刻活动》，郑工等编著：《延安文艺档案·延安美术：延安美术家（三）》第 49 册，太白文艺出版社 2015 年版，第 1460 页。

③ 刘岘：《琐事纪实》，《延安文艺档案·延安美术：延安美术家（二）》第 47 册，太白文艺出版社 2015 年版，第 763 页。

军民、打击敌人的有力武器"，并且有力促进了延安美术中国化运动的深入开展。①

三、鲁艺及其文艺团体的新转向

"马克思主义中国化"话语提出后，延安文化社团在中国共产党的领导下深入开展中国化运动。在此过程中，马克思主义中国化话语对延安文化社团的宗旨、理念及实践产生了深刻影响，这反映了中国共产党通过提出话语主题、表达话语内涵促使话语观念形成、话语力量产生的话语权构建路径，彰显出马克思主义中国化话语对延安社会文化事业发展的重要影响。诚然，延安时期马克思主义话语权的构建并非仅表现在党的方针和政策向广大民众传播上，更为重要的是，如何使诸如"马克思主义中国化"话语融入文化社团与文化事业的整体发展之中，进而形成话语权构建与文化发展的双重效应。就此而言，鲁艺及其文艺团体在工作宗旨、文艺实践与发展理念的新转向，在某种意义上揭示了这种双重效应生成、演化的历史面相。

作为抗战时期中国共产党培养文艺干部和文艺工作者的摇篮，鲁艺自 1938 年 4 月 10 日创办以来，先后成立了实验剧团、路社、木刻工作团等文艺团体，创办了《鲁艺校刊》《艺术工作》《戏剧工作》等文艺期刊，其文艺事业发展得到毛泽东、周恩来、林伯渠等中国共产党领导人的高度重视。尤其是毛泽东，曾多次到鲁艺发表讲话，鼓励鲁艺师生开展大众文艺工作，并阐述了马克思主义文艺理论中国化的观点。然而，尽管鲁艺及其文艺团体开展了形式多样、内容丰富的文艺活动，其文艺实践

---

① 彦涵：《忆太行山抗日根据地的年画和木刻活动》，《延安文艺档案·延安美术：延安美术家（三）》第 49 册，太白文艺出版社 2015 年版，第 1457、1458 页。

在当时亦具有一定的代表性，但因存在人力、财力、师资缺乏等问题，以及学员文化程度"不整齐"，导致中国共产党领导下的鲁艺在人才培养和引领方向上发挥的作用尚未达到预期。尤其是抗战进入战略相持阶段，"鲁艺还不能负担起号召全国艺术界来建立新中国的艺术使命"。①

抗战新阶段的到来，以及延安文化界"中国化"运动的广泛开展，使得鲁艺师生将文艺实践的目光逐渐投射到广大农村地区、敌后甚至前线。1939年2月底，在鲁艺与八路军军委政治部抗敌演剧队第三队、烽火剧团联合举行联欢晚会时，鲁艺戏剧系副主任兼实验剧团主任王震之在讲话中透露，"鲁艺同学们在几天后就要下乡工作三天"，同时鲁艺实验剧团也将"出发到前线去"，此行目的在于检验鲁艺及其文艺团体"所创作的艺术是否真是大众的"。②王震之所述鲁艺师生走向农村、奔赴前线的情况并非个案。事实上，包括烽火剧团在内的延安文化社团均不约而同地提出"文化下乡""文化入伍"等口号。在此背景下，实验剧团到达东南前线，在八路军总部和第一二九师进行慰问演出。鲁艺师生下乡宣传的地点则多达六处，此行目的既是通过"实践艺术大众化，向群众学习"，也是基于抗战动员的需要，即通过文艺宣传"帮助政府抗战动员工作"。③

在鲁艺师生走出校门、走上前线、走向乡村之时，由鲁艺文学系陈荒煤等人发起组织的鲁艺文艺工作团于3月10日正式成立。值得注意的是，鲁艺文艺工作团创办的初衷是"开展前方文艺工作"，因此文艺工作团一经成立，即"加紧准备，待命出发"，去前方开展文学创作与文艺宣传工作。据文艺工作团主任陈荒煤称，文艺工作团成员均为鲁艺

---

① 陈学昭：《延安访问记》，中国国际广播出版社2013年版，第202页。
② 《鲁艺欢迎演剧第三队盛大联欢晚会》，《新中华报》1939年2月26日，第7号第3版。
③ 《艺人到群众中去：鲁艺下乡宣传》，《新中华报》1939年2月28日，第7号第3版。

文学系第二期的学生，包括黄钢、梅行、葛陵、杨明、乔秋远等人。工作团成立之时，恰逢延安炮兵团奉命开赴前方，"鲁艺实验剧团和文艺工作团是和这炮兵团一同到晋东南去的"。① 出发前，鲁艺在延安中央大礼堂举行盛大的欢送会。次日清晨，两团体由鲁艺师生正式"授旗出发"。②

　　鲁艺美术系、文学系师生进行文艺中国化、大众化实践之时，音乐系师生也鉴于"抗战歌咏运动已达到澎湃的高潮，而民歌在歌咏运动里面已占有重要的地位，为广大群众所喜闻乐唱"，遂由高级班的学员牵头，以鲁艺音乐系同学为基础成立"民歌研究会"。然而，正当鲁艺及其文艺团体的活动蓬勃开展之际，3 月 29 日召开的中共中央书记处会议上，时任中共中央干部教育部副部长李维汉作了一篇关于鲁迅艺术学院工作的报告。报告结束后，毛泽东对鲁艺工作方向与制度建设中存在的问题提出了批评意见。他指出，鲁艺以培养党的抗战文艺干部为目标，创办初期充满"朝气"与活力，但不久却出现"许多非现实的非艺术的作品"，表现出文艺发展方向上的诸多问题，其症结则在于"中央领导没有抓紧，没有确定正确的方向"，而解决问题的关键则在于"确定明确的方向与制度"。③

　　毛泽东上述批评意见，反映了中共中央对文艺发展方向和制度建设重要作用的深刻认识。事实上，从制度建设入手加强与改进党对文化事业的全面领导，这是延安时期中国共产党加强意识形态话语权建设的一

---

① 荒煤：《关于文艺工作团的回忆》，《永远的鲁艺》下册，陕西师范大学出版社 2014 年版，第 216 页。

② 《鲁艺对内公告》（迅字第十号），《延安文艺档案·延安戏剧：延安戏剧组织》第 4 册，太白文艺出版社 2015 年版，第 170 页。

③ 中共中央文献研究室编：《毛泽东年谱（1893—1949）》中卷，中央文献出版社 2013 年版，第 119 页。

条重要路径。尤其是马克思主义中国化话语提出后，如何将马克思主义基本原理与中国革命的具体实践相结合，在发展方向与基本制度上彰显马克思主义中国化的基本内涵，无疑是当时中国共产党面临的一项重要课题。对于这一课题，李维汉在《鲁迅艺术学院的教育方针和政治教育》一文中，围绕着如何"使鲁艺成为实现中共文艺政策的堡垒与核心"问题，提出创新鲁艺教育方针与加强鲁艺师生政治教育两项重要举措。①

　　一方面，李维汉结合马克思主义中国化概念的基本内涵，深入阐述了什么是"鲁艺的新的教育方针"、为什么要确立新教育方针，以及如何确立新教育方针问题。其一，关于什么是"鲁艺的新的教育方针"问题，李维汉开门见山地指出，鲁艺新教育方针的内容就是"以马列主义的理论与立场，在中国新文艺运动的历史基础上，建设中华民族新时代的文艺理论与实际"，这一方针旨在教育和培养适应中国抗战的文艺干部，团结与训练符合抗战阶段性特点的"新时代的艺术人才"，进而将鲁艺打造成为"实现中共文艺政策的堡垒与核心"。其二，关于为什么要确立新教育方针问题，李维汉明确指出，鲁艺新教育方针由中共中央宣传部提出，经中共中央书记处通过，是符合抗战客观实际的正确方针。这一方针所针对的是抗战新阶段的需要，即抗战中需要成千上万的文化社团，这些文化社团来自音乐、戏剧、美术、文学等各个领域，是文化战线上进行抗战宣传和民众动员工作的主力军。然而，鲁艺过去的工作方针"偏重于比较专门的干部的培养"，无法满足抗战宣传和民众动员工作的需要。尤其是抗战进入新阶段后，文化社团需要开展"深入群众的工作"，而"大众化"无疑是文化社团发展的基本方向与内在要求。

---

① 李维汉：《鲁迅艺术学院的教育方针和政治教育》，《李维汉选集》，人民出版社 1987 年版，第 111 页。

其三，关于如何确立新教育方针问题，李维汉表示，首先要坚持"以马列主义的理论与立场"为基本原则，以"建设中华民族新时代的艺术理论与实际"为根本任务，以形成"有系统的关于艺术各部门共同基础的文艺理论体系"为主要目标。根据上述基本原则、根本任务与重要目标，鲁艺既要"以马列主义的理论与立场来整理中国的艺术"，以及"建立中国的工农音乐"，也要"以马列主义的理论与立场，在中国新文艺运动的历史基础上，建设中华民族新时代的文艺理论与实际"。可以说，鲁艺教育方针的确立与新时代文艺理论与实践的发展是相辅相成的。换言之，"团结与培养新时代的文艺人才"，是"建设新时代文艺运动的根本条件"，而只有教育与培养一批又一批党领导下的文艺干部，才能真正建立"新时代的文艺理论与实际"。需要强调的是，李维汉提出"鲁艺的新的教育方针"问题之时，注意将其与党的文艺政策进行对接，指出"中国的新文艺运动一贯是在中共政策的指导与影响下的"，强调"鲁艺是中共领导下的一个培养艺术干部的学院"，而制定新教育方针的根本目的是"使鲁艺成为实现中共文艺政策的堡垒与核心"。随着这一堡垒与核心的逐步形成，全国各界文艺工作者将加入文化抗战的队伍，他们将"从各地方、各个战线到鲁艺来"，接受中国共产党的教育与培养，逐渐成长为"建设新时代的文艺理论与实际"的干部，并"准备从事于抗战的艺术工作"。因此，将鲁艺建设成为"中共实现文艺政策的堡垒与核心"，既是鲁艺师生的共同愿望，也是广大民众的殷切期望。从这个意义上来说，"使鲁艺成为实现中共文艺政策的堡垒与核心"，也就是"使鲁艺成为中国文艺战线的堡垒与核心"。①

另一方面，李维汉以增强"政治教育在鲁艺的重要性"为抓手，阐

① 李维汉：《鲁迅艺术学院的教育方针和政治教育》，《李维汉选集》，人民出版社 1987 年版，第 111—120 页。

述马克思主义理论发展和新时代艺术理论建设问题，旨在实现马克思主义中国化话语与党的政治理念的对接。李维汉认为，这一对接过程包括三个方面的内容。首先，将马克思主义作为"建设中国新时代艺术理论与实际的武器"。面对"抗战建国"与发展"新时代的艺术理论与实际"的双重任务，鲁艺师生应当通过"加强马列主义的教育"，树立"革命的人生观，使自己成为革命的艺术家"，并清醒地认识到，"真正前进、真正革命的人生观，唯有从马列主义可以获得"。由于鲁艺师生存在一定程度的"浪漫主义、颓废精神与失望情绪"的情况，这应当从"革命的人生观"教育入手，不断"加强马列主义的教育，来锻炼艺术家的人生观，使艺术家成为革命的艺术家"。其次，在新时代文艺理论与实际发展过程中彰显马克思主义中国化话语的重要内涵。李维汉强调，"马列主义不是教条，而是行动的指南。学习马列主义，必须学会运用马列主义来认识现实、解决现实的问题"。在实际工作与生活中，也要"把马列主义运用到鲁艺的全部实际生活中来，用马列主义来改善鲁艺的全部工作"。最后，将"理论与实践联系一致"的原则，作为加强政治教育的重要前提。在艺术理论建设实践中，既要辩证地吸收外国文艺形式，也要"批判地接受中国革命艺术的传统"，这一原则与方法体现了马克思主义的精神实质，可以说，"要密切地认识现实，体验现实，从现实反映出真正的东西（不是幻影），就必须掌握住马列主义的武器，并会使用这个武器"。①

　　将马克思主义理论具体运用到鲁艺办学宗旨与发展理念上来，这一观点无疑体现了马克思主义中国化话语的基本内涵。1939 年 5 月 10 日，鲁艺隆重举行创立一周年纪念大会。毛泽东、朱德、张闻天、刘少奇、

---

① 李维汉：《鲁迅艺术学院的教育方针和政治教育》，《李维汉选集》，人民出版社 1987 年版，第 111—120 页。

陈云、李富春等中国共产党领导人到会，并纷纷题词。毛泽东题写了"抗日的现实主义，革命的浪漫主义"，表达对鲁艺新教育方针与发展方向的期望。[1] 刘少奇题写了"为大众文艺的创作而努力"；陈云题写了"抗战建国中一支大的力量"；李富春题写了"发扬鲁迅的精神，创造中国大众的新艺术"。[2] 时任鲁艺副院长的赵毅敏在大会上以"鲁迅艺术学院的展望"为主题发表演说。他在演说中对鲁艺新教育方针的确立及其对鲁艺未来发展方向的重要意义做了前瞻性阐述，称党的正确领导是鲁艺师生前进的动力，也是中国文艺向前发展的重要保证，因为"中共是一个以马列主义的理论为指导的党，有这样的领导，我们能够培养出大批以先进的理论为向导的文艺人才"。赵毅敏在发言时指出，马克思主义理论作为"先进的理论"，一经中国共产党掌握便产生了理论的力量，为中国革命与社会建设事业的发展提供了重要指南，而"在先进的理论领导之下"，鲁艺培养的文艺干部必须要学习和运用马克思主义立场、观点和方法，"批判地接受中华民族丰富的文艺遗产，才能够继承与发扬全世界文艺中一切有价值的东西，才能够建设中华民族新时代的文艺理论与实际"。[3]

　　作为鲁艺的主要筹建者，沙可夫以《鲁迅艺术学院创立一周年》为题发表演说，深入阐述了抗战新阶段鲁艺所承担的"建立中华民族新时代的文艺理论与实践"和"培养抗战建国艺术干部的核心"双重任务。一方面，在中华民族新时代的文艺理论与实践上，鲁艺通过组织数百场公演晚会，开展针对党政军干部的宣传教育活动，以及发动鲁艺全体师

---

[1]　中共中央文献研究室编：《毛泽东年谱（1893—1949）》中卷，中央文献出版社 2013 年版，第 125 页。

[2]　任一鸣主编：《延安文艺大系·文艺史料卷》上册，湖南文艺出版社 2015 年版，第 64 页。

[3]　赵毅敏：《鲁迅艺术学院的展望》，《赵毅敏纪念文集》，2004 年，第 239、240 页。

生下乡工作，真正践行党的群众路线的基本要求，做到"向群众学习，体验他们的生活，听取他们的意见"，不断积累"宝贵的工作经验与教训"，取得文艺抗战与民众宣传发动的巨大收获，从而使鲁艺"真正成为中华民族新时代文艺运动的推动者"。另一方面，鲁艺作为中国共产党"培养抗战建国艺术干部的核心"，在教育方针上坚持"马列主义的理论与立场"，在行政关系上鲁艺接受"中国共产党直接领导"。从历史上来看，五四后的"中国新文艺运动"，"一贯地都是在中共直接或间接影响与领导之下发动与开展起来"。随着抗战新阶段的到来，"抗战建国"成为新的时代主题和政治任务，由此鲁艺承担的职能与发挥的作用，需要重新定位或加以调整，即应当"担负起中华民族抗战建国的新时代文艺运动的推动者的任务"。显然，沙可夫的上述演讲既回应了李维汉关于鲁艺新教育方针问题，为"使鲁艺成为实现中共文艺政策并执行中共在文艺运动中的统一战线政策的堡垒与核心"做了深刻诠释，也从理论与实践相结合的角度，为毛泽东关于鲁艺"必须确定明确的方向与制度"的要求做了一个很好的注解。[1]

中国共产党对鲁艺教育方针的调整，使鲁艺的办学宗旨、教育理念、课程设置、学习模式、实践路径等发生了根本性转变。据钟敬之称，鲁艺周年纪念大会后，全院师生在教育方针与办学宗旨上坚持"以马列主义的理论与立场，在中国新文艺运动的历史基础上，建设中华民族新时代的文艺理论与实际，训练适合今天抗战需要的大批艺术干部，团结与培养新时代的艺术人才，使鲁艺成为实现中共文艺政策的堡垒与核心"。在教学实践中，鲁艺教师以抗战现实需要为依据，教育和引导学生"能坚持团结战斗，吃苦耐劳，为民族解放事业

---

① 沙可夫：《鲁迅艺术学院创立一周年》，《抗日战争时期延安及各抗日民主根据地文学运动资料》上册，知识产权出版社 2010 年版，第 411—413 页。

奋斗"。① 在课程设置方面，鲁艺注重"马列主义和文艺理论等课程的学习"，不仅将《政治理论》课程作为公共必修课，还要求该课程的学习时长占全部课程的四分之一；同时，《政治理论》课程由具有丰富理论与实践经验的"专人讲授"，如：中共中央组织部副部长李富春讲授《中国共产党》、马克思主义哲学家艾思奇讲授《辩证法》、曾任中共中央驻共产国际代表、时任中共中央宣传部副部长杨松讲授《列宁主义》、陕甘宁边区党委宣传部部长李卓然讲授《中国革命问题》。② 由于鲁艺对《政治理论》课程"极为重视"，课堂上鲁艺教职员工"都可以自由参与听课"，全院师生的听课积极性颇高，"理论学习气氛"日益浓厚，逐渐在"艺术教育中开创了重视政治理论和文艺理论学习的一个好传统"。③

　　总之，鲁艺新教育方针与办学宗旨的调整、马克思主义立场与原则的确立、马列主义课程的设置，反映了中国共产党通过马克思主义的学习与运用强化党的政治领导的实践路径，折射出中共六届六中全会后"马克思主义中国化"话语向文化事业渗透的历史过程，这为有效应对抗战进入新阶段后中国革命的新变化新发展奠定了重要基础。1939 年 5 月 10 日，毛泽东在鲁艺创立一周年纪念大会上，以简练而直观的话语就马克思主义学习与运用问题发表讲话，称"大家要深入研究，除研究马克思主义理论之外，要研究实际，不是马上观花，而要下马观花"。④ 在马克思主义学习与运用方针的指引下，鲁艺师生不仅加强马克思主义

① 钟敬之：《延安鲁迅艺术学院》，《延安文艺档案·延安戏剧：延安戏剧组织》第 4 册，太白文艺出版社 2015 年版，第 230 页。
② 钟敬之：《延安鲁艺》，文物出版社 1981 年版，第 9、10 页。
③ 钟敬之：《延安鲁迅艺术学院》，《延安文艺档案·延安戏剧：延安戏剧组织》第 4 册，太白文艺出版社 2015 年版，第 230 页。
④ 延安市政协文史资料委员会编：《延安文史资料》第 7 辑，2004 年，第 305 页。

理论的学习，而且领导和推动以胡一川为代表的鲁艺木刻工作团、以陈荒煤为代表的鲁艺文艺工作团、以王震之为代表的鲁艺实验剧团等文化社团走出校门，奔赴抗战前线、农村和敌后广大地区，从而将"马克思主义中国化"话语基本内涵贯彻到文化抗战的实际行动之中。

四、马克思主义中国化话语表达的基本逻辑

马克思主义中国化话语主题提出后，其话语内涵在延安文化社团实践中的贯彻，固然离不开中国共产党的领导和推动，然而抗战进入相持阶段后，党的政治建设与马克思主义中国化话语表达之间的逻辑关系如何？这一逻辑联系又是如何产生的呢？显然，这两个问题的解答涉及马克思主义话语权构建问题，而中国共产党领导下延安抗战文艺的演进脉络与基本逻辑，是探索上述问题答案的重要关节。

1939 年 4 月，毛泽东撰写《五四运动》一文，首次提出知识分子的分界问题，称"革命的或不革命的或反革命的知识分子的最后的分界，看其是否愿意并且实行和工农民众相结合"[①]。毛泽东关于知识分子"分界"问题的阐述，与中国革命的性质有着重要关联，随着延安文化社团中国化运动的深入开展，延安文化界人士也面临着"分界"问题，由此使得如何在文化抗战实践中促使马克思主义文艺与中国"工农民众相结合"，成为马克思主义中国化话语权构建的题中应有之义。

与此同时，抗战新阶段的内外形势进一步推动全国文化界人士的沟通和联络。当时，各地知名人士以文化社团为组织形式，形成了总会及各地分会的团体网络，此举逐渐形成中国抗击外来入侵者的文化合力，

---

① 中共中央文献研究室编：《毛泽东年谱（1893—1949）》中卷，中央文献出版社 2013 年版，第 121 页。

发挥文化战线在抗战中的独特作用。1939 年 5 月 14 日，中华全国文艺界抗敌协会延安分会正式成立，周扬、丁玲、沙可夫、李公朴、卞之琳、塞克等三十余人出席成立大会。在当天的大会上，周扬作为发起人兼大会主席首先发言，卞之琳与留苏归国诗人萧山相继报告，会议选举周扬、萧山、沙可夫为常务理事。① 该分会作为边区文协的重要分支，统一隶属于中华全国文艺界抗敌协会总会。韦娄在《蓝家坪"文抗"——延安作家之家》中称，中华全国文艺界抗敌协会延安分会并未设立专门办公场所，而是与边区文协合署办公，这一架构使"延安当时一提文化人的团体就知道边区文协，不大知道'文抗'"。② 尽管如此，该分会的成立具有重要历史意义，即标志着延安文化社团进一步与全国性社团组织联结起来，并反映了抗战新阶段到来之时中国共产党文化抗战政策的积极调整。

5 月 17 日，即中华全国文艺界抗敌协会延安分会成立第四天，中共中央书记处召开会议，张闻天向大会做关于中央宣传部工作的报告。毛泽东在大会讲话时总结了中央苏区时期教育方针的成效及影响，阐述了"文艺政策"的发展方向问题，指出"宣传部要注意宣传工作的组织与领导"，并强调"建立对外宣传机关，这甚至比建立党部还重要"。③ 值得注意的是，张闻天在当天会议的报告中谈及宣传部工作的不足，认为宣传工作中的一个突出问题是"根据中央方针对各方面具体问题的研究发挥较差"。围绕这一突出问题，张闻天以《解放》周刊的出版与发行为例，深入阐述利用报刊媒介强化宣传工作的重要意义，认为此举既"传播了中央主张"，推动党的方针政策和政治话语向广大民众渗透，又

---

① 《中华全国文抗会延安分会成立》，《新中华报》1939 年 5 月 19 日，第 31 号第 3 版。
② 韦娄：《蓝家坪"文抗"——延安作家之家》，《延安时期的社团活动》，陕西师范大学出版总社有限公司 2014 年版，第 22 页。
③ 中共中央文献研究室编：《毛泽东年谱（1893—1949）》中卷，中央文献出版社 2013 年版，第 126 页。

有助于"提高理论水平，使马列主义中国化"。毛泽东肯定了张闻天的上述发言，称"报告很好"。① 根据张闻天的报告，会议讨论并通过《中央关于宣传教育工作的指示》，提出：第一，在思想认识上，各地的宣传机构要充分认识到"文化运动（文艺运动在内）在革命中的重要性"；第二，在组织领导上，各级宣传部门必须加强"对于文化运动的领导"，特别是要注意各地"文化团体"或"文化工作团"的组织与发展问题，通过积极参加各团体的文化活动，大力吸收文化团体人士加入中国共产党，逐步构建党领导下的文化组织工作网络；第三，在宣传工作方法上，应当注重宣传工作的"通俗化、大众化、民族化"，通过开展戏剧、歌咏、展览等生动活泼的文艺形式，增强宣传的效果；第四，在宣传内容与策略上，既要加强马列主义书籍、报刊的翻译和出版工作，又要组织成立哲学、文学、艺术学等社会科学研究会或读书会，不断扩大宣传的广度和深度。②

《中央关于宣传教育工作的指示》的制定与实施，表明中国共产党对文化社团、文化活动以及文化事业发展在抗战中重要作用的深刻认识。而在当天召开的中共中央书记处会议上，毛泽东对张闻天报告的肯定，或与张闻天从"马列主义中国化"角度阐述的党的宣传工作有关。20日，延安召开在职干部教育动员大会。毛泽东在大会讲话时借用"读书就叫攻书"的中国古训，深入浅出地阐释"读马克思主义就是攻马克思的道理"，指出马克思主义理论博大精深，难以在短时间内攻读下来，但"如果我们以'仇人'的态度不讲感情地攻它，一定是无攻不破的，一定可以把它的堡垒攻下来"。在号召广大党员干部攻读马克思主义经

---

① 张培森主编：《张闻天年谱》上卷，中共党史出版社2010年版，第420页。

② 孙国林、曹桂芳编著：《毛泽东文艺思想指引下的延安文艺》，花山文艺出版社1992年版，第187、188页。

典著作的同时，毛泽东进一步提出开展马克思主义"学习运动"的要求，指出延安成立的哲学小组、读书小组等学习团体，推动了马克思主义的传播，彰显了"学习运动的功效"。值得注意的是，毛泽东不仅向与会干部提出学习马克思主义理论的要求，而且高度重视马克思主义在实际工作中的运用问题。为此，毛泽东讲述了马克思主义形成的历史过程，指出马克思"在学校里并没有学马克思主义，学的是唯心论。后来他在学校外面学到的马克思主义"，借以强调马克思主义理论"一定要在学校外边学习，要长期地研究"。同时，毛泽东要求党员干部学习包括中共六届六中全会决议在内的"党的政策"，告诫如果"不研究党的政策，单学习那些理论是不够的，会跟实际脱节的"。①

毛泽东关于在实践中学习和运用马克思主义的阐述，进一步诠释了马克思主义中国化话语的实质与内涵。尤其是毛泽东、张闻天、艾思奇、周扬等中国共产党领导人对抗战文艺事业的重视，以及文化界人士关于抗战文艺与政治话语关系问题的探讨，在某种意义上揭示了马克思主义中国化话语构建的政治逻辑。5 月 25 日，边区文协主办的《文艺突击》刊发了毛泽东为"战地文化资料展览会"所作的题词。毛泽东的题词言简意赅地阐述了"抗战文艺"在民众动员工作中的重要价值和作用，揭示了文艺对于中国抗战取得"最后胜利"的重要意义。毛泽东对抗战文艺发展及其之于抗战局势走向重要意义的观点颇具代表性，时任中华全国文艺界抗敌协会香港分会理事林焕平在《论现阶段的抗战文艺》一文中指出，抗战进入战略相持阶段后，"抗战文艺的最主要任务，就是更广泛，更深入地武装民众的头脑，动员更广大的民众参加游击战争"。同时，林焕平以鲁艺等延安文化机构或社团的文艺创作为例，指

---

① 《在延安在职干部教育动员大会上的讲话》（1939 年 5 月 20 日），《毛泽东文集》第 2 卷，人民出版社 1993 年版，第 181—184 页。

出丁玲的《冀村之夜》、杨朔的《火并》以及鲁艺集体创作的《流寇队长》等作品，描写了"新的政治工作者或新的游击队与旧的游击队的无情斗争"，形成了抗战相持阶段中"文艺的最中心的主题"，凸显出抗战文艺发展与党的政治话语表达的现实逻辑。①

抗战文艺发展无疑符合党的政治话语表达与传播的客观需要。伴随着抗战新阶段的到来，党的政治领导的现实需要进一步推动了抗战文艺的深入发展。正如艾思奇在《两年来延安的文艺运动》中所述，中国共产党领导下延安文化社团的发展，逐渐"造成了一个抗战文艺的集团"，促使延安成为全国抗战的文化中心与战斗堡垒。而中国共产党领导下的延安抗战文艺运动承担了双重任务：一方面，"动员一切文化力量"，推动全民族抗战的持续进行；另一方面，推动抗战文艺民族化和中国化，"建立中华民族自己的新文艺"。就此而言，中国共产党领导下的抗战政治动员与中国文艺发展形成了相辅相成、互相促进的良性循环。在此背景下，延安文化社团与机构不断兴盛，这一局面有力推动了政治动员与抗战文艺的发展。而上述社团或机构既有鲁迅艺术学院及其文化团体，也有边区文协、民众剧团、烽火剧团、抗大文艺工作团，还有广大工人、农民、部队官兵成立的文艺组织，他们不仅"在为抗战的总目标下，来试验和发展自己的创造能力，并训练了许多新进的文艺工作干部"，还通过"文章下乡""文章入伍"的实践方式，"发挥了极大的动员力量，证明了抗战中文艺工作应该走的方向"。②

考察延安时期党的政治发展的内在动力与基本逻辑可以发现，"建立中华民族文艺"的提出，反映了"马克思主义中国化"话语推动下延

---

① 林焕平：《论现阶段的抗战文艺》，《西线》1939 年 6 月 1 日，第 7 期。
② 《两年来延安的文艺运动》(1939 年 7 月)，《艾思奇全书》第 2 卷，人民出版社 2006 年版，第 697、698 页。

安文化发展的新趋向，彰显出党的政治话语的时代特征。对此，周扬以延安新文学的构建为考察视角，通过梳理新文学从"欧化"到"中国化"演进的历史脉络，指出五四后中国新文学运动受到"西洋的学术思想"影响，当时新文学倡导者主张"欧化"，表达了"民族解放的深沉思想"，但却"缺少一种反帝国主义的鲜明色调"；抗战爆发后，中国共产党领导下的文化抗战以及抗战文艺作品的流行，"表明了民族革命高潮中新文学必然的趋势"，"文艺与民族解放运动的联系达到了从来不曾有过的显著的密切的程度"。① 艾思奇结合延安鲁艺、抗战剧团、烽火剧团、抗大文艺工作团等改造旧文艺形式的实践，指出"延安建立中华民族文艺的努力，是向着这样的方向走：内容是三民主义的，也即是革命民主主义的，而形式是民族的"。②

需要指出的是，艾思奇关于新文艺"三民主义"与"革命民主主义"双重属性的表述，与抗战时期国共合作的背景不无关联，这在某种意义上反映了党的政治话语表达的时代特征，揭示出抗战文艺与抗战政治之间的内在联系。对此，张闻天在中共中央政治局会议上指出："我们的文化在内容上是民主主义的（也是三民主义的），并且提倡进行马列主义的宣传"。与艾思奇从建立中华民族文艺的角度立论不同，张闻天基于中国共产党领导和团结全民族抗战的现实需要，主张不仅"不反对少数人有些欧化的倾向，而且还联合这些人反对共同的敌人"，这在某种意义上反映了抗战文艺与党的政治之间的内在关联。③ 赖少其在《艺

---

① 周扬：《从民族解放运动中来看新文学的发扬》，《文艺战线》1939 年 8 月 16 日，第 1 卷第 2 号。
② 《两年来延安的文艺运动》（1939 年 7 月），《艾思奇全书》第 2 卷，人民出版社 2006 年版，第 698 页。
③ 《支持长期抗战的几个问题》（1939 年 8 月 23 日），《张闻天选集》，人民出版社 1985 年版，第 241 页。

术与政治》一文中称，"没有一种艺术不是含有政治的意味"，区别仅在于深浅或隐显而已。但是，艺术绝非政治的附庸。换言之，"艺术决不是政治，这是因为它有独特的风格，它有它表现的方法"。然而，反观当前的抗战文艺，却仍然停留在话语主题的简单表达以及"口号式"的宣传方式，缺乏与抗战具体情况的对接，忽视了文艺工作者应当深入实际"获得战斗的经验、生活的体察，或材料的收集"的重要意义。对此，赖氏旗帜鲜明地表示：中国艺术的发展与深化，优秀文化作品的产生与形成，"不仅艺术家应有政治的修养，更重要的还是生活的体验!"[①]

　　赖少其关于艺术与政治关系的阐述，进一步解答了抗战文艺与抗战政治之间的逻辑关系。而抗战文艺的发展与抗战政治的进步不仅需要良好的政治修养，更重要的是从抗战中获取工作与生活的实际经验。这一看似与抗战政治发展相背离的观念，其实恰恰符合马克思主义话语权建构的基本逻辑。值得注意的是，延安文化社团走上街头、走向民众之时，却出现了刻意迎合民众喜好的不良倾向。据陈学昭称，当时延安一些文艺团体为了迎合民众的喜好，将大鼓、相声等民间艺术演绎成"娱乐人们"的技艺，这种看似"为着时势的需要"而做出的改变令文艺界人士"相当的苦闷"，他们目睹那些唱大鼓、玩杂耍的人们被群众当成"活宝"追捧之时，一度怀疑"是不是有一技之长能娱乐人们的这类人就是艺术家?"[②]显然，这一问题的出现并非偶然，而是涉及延安文艺事业发展的方向，由此成为中国共产党领导人关注的重要问题。8月23日，张闻天在中共中央政治局会议上发表讲话。他以民众剧团民族化和大众化转变为例，指出"有人认为民众剧团没有办法，才不得不实行民族化、

① 赖少其：《艺术与政治》（1939年6月21日），《延安文艺档案·延安美术：延安美术家（二）》第47册，太白文艺出版社2015年版，第596、597页。
② 陈学昭：《延安访问记》，中国国际广播出版社2013年版，第197页。

大众化，认为民族化、大众化是降低艺术"。这一批评固然是对单纯"模仿欧美"文艺发展路径的否定，但其见解仍然具有一定局限。对此，张闻天强调只有"到民众中去了解民众"，推动形成"民族化、大众化的文艺"，才能"使中国的文艺成为民族的文艺"。①

张闻天关于民众剧团民族化、大众化转变的阐述，在某种意义上反映了中国共产党领导下的延安文化界人士坚持走群众路线的历史面相。与此同时，中国共产党基于全民族抗战的现实需要，与中华全国文艺界抗敌协会等文化团体保持密切联系。1939 年 9 月 16 日，老舍向陕甘宁边区教育厅厅长周扬写信，谈及武汉失守后处于国民党政府政治逼迫下的中华全国文艺界抗敌协会情况时，颇为悲观地表示："文协已成立了一年半"，但这一年半以来，除了加强团结外，"老实说，我们并没有多少了不起的表现"。周扬在回信中，则鼓励文协大力培植"民主作风"，努力营造文艺界"民主风气"，推动构建"民主政治的环境"，进而开展"民主政治斗争"，并且强调"这是中国新文艺发展的一个重要的政治上的前提"。② 显然，中国共产党在领导和推动全国文化社团共同抗敌之时，还在为争取民主政治积极努力着，这一努力彰显了抗战建国与民主政治之间的内在关联，折射出马克思主义中国化话语广泛传播背景下党的政治演进与抗战文艺发展之间的内在逻辑。

中国共产党在积极向全国性文化社团表达民主政治主张的同时，进一步加强对延安文化界的政治领导。9 月 22 日，毛泽东出席延安文化界、青年团体以及各媒体记者联合举行的座谈会，并做关于革命文艺与延安

---

① 《支持长期抗战的几个问题》（1939 年 8 月 23 日），《张闻天选集》，人民出版社 1985 年版，第 241 页。
② 老舍、周扬：《关于文协的工作》（1939 年 10 月 9 日），《抗日战争时期延安及各抗日民主根据地文学运动资料》上册，山西人民出版社 1983 年版，第 476—482 页。

文化发展问题的讲话。①24 日，毛泽东在同美国记者斯诺的谈话中，明确表示中国共产党对工农的领导分为"政治上的领导与组织上的领导"两个方面。为加强对工农群众的领导，中国共产党大力开展口头宣传、政治教育和民众动员工作，其目的"主要的还是用党的抗日的行动，使工农懂得要抗日"的道理，从而发动各界民众支持和拥护党的领导。②

　　开展针对延安文化界人士尤其是文艺干部的政治教育，促使他们在中国化实践中学习和运用马克思主义，无疑是中国共产党加强对延安文化界政治领导的重要举措。这正如毛泽东在《共产党人》发刊词中所称，中国共产党的组织发展进入第三个阶段（即"抗日民族统一战线的阶段"），由于一些党员干部"对于马克思列宁主义的理论和中国革命的实践之完全的统一的理解"尚有一定差距，因此党的中心任务是"根据马克思列宁主义的理论和中国革命的实践之统一的理解，集中十八年的经验和当前的新鲜经验传达到全党，使党铁一样地巩固起来，而避免历史上曾经犯过的错误"。③对此，张闻天以中共中央书记处名义发出《中央关于干部学习的指示》，其第一条即要求"全党干部都应当学习和研究马列主义的理论及其在中国的具体运用"。指示还对学习的主要宗旨、课程内容、教材编印、师资来源、学习制度等问题做了原则性规定，这为党员干部学习和运用马克思主义理论，提供了重要遵循。④

　　与此同时，促进党员与非党员群众之间的团结，也是马克思主义话

---

①　中共中央文献研究室编：《毛泽东年谱（1893—1949）》中卷，中央文献出版社 2013 年版，第 140 页。

②　《同美国记者斯诺的谈话》（1939 年 9 月 24 日），《毛泽东文集》第 2 卷，人民出版社 1993 年版，第 244、245 页。

③　《〈共产党人〉发刊词》（1939 年 10 月 4 日），《毛泽东选集》第 2 卷，人民出版社 1991 年版，第 612—614 页。

④　张培森主编：《张闻天年谱》上卷，中共党史出版社 2010 年版，第 431 页。

语权构建的题中应有之义。11 月 7 日，张闻天在《略谈党与非党员群众的关系》一文中指出，中国共产党必须以各种各样的组织形式去领导和发动群众，具体工作路径是"参加到一切有群众的群众团体中去，而又经过这些团体去实现党的统一的领导"。在此过程中，一方面，必须"不断的向群众学习"，通过学习总结出群众实践中的宝贵经验，借以"丰富与发展马列主义"，促使"党能够更好的领导群众"；另一方面，群众组织具有"多样性"的特征，而中国共产党参加群众团体的目的，是为了实现"对于一切这些群众团体的领导"，即"经过群众组织的多样性，去实现党的领导的统一性，在实现党的统一领导中，又能尊重群众团体的特殊性与独立性，又能依靠它们的主动性与积极性"。[1] 总之，既领导群众又服务群众，这就是中国共产党党员工作的重要宗旨与方向。

诚然，在团结和领导群众之时，应当以辩证的眼光去厘清群众的不同性质，注意对他们采取不同的政治策略与工作方式，才是符合马克思主义方法论之举。毛泽东则通过对抗战新阶段基本特征的考察，结合开展文化运动和民众运动的现实需要，提出"大量吸收知识分子"的号召。在毛泽东看来，吸收知识分子到革命队伍主要包括两个方面的内容，即使"工农干部的知识分子化"和"知识分子的工农群众化"。只有两者同时实现，进而"组织伟大的抗战力量，组织千百万农民群众，发展革命的文化运动和发展革命的统一战线"，才能确保革命的最终胜利。[2]

---

[1] 《略谈党与非党员群众的关系》（1939 年 11 月 7 日），《张闻天选集》，人民出版社 1985 年版，第 247—249 页。

[2] 《大量吸收知识分子》（1939 年 12 月 1 日），《毛泽东选集》第 2 卷，人民出版社 1991 年版，第 618—620 页。

　　总之，以毛泽东同志为主要代表的中国共产党人在抗战新阶段到来之时，敏锐地把握住抗战政治发展的动态，不仅注重对延安文化社团的政治领导，确保党的政治话语通过文化社团的载体作用，不断向广大民众传播与渗透，而且以抗战政治为前提，加强对党外人士、各地文化社团的政治引领，旨在促进抗战政治与抗战文艺的双重发展，不断彰显马克思主义中国化话语的影响力。对此，中华全国文艺界抗敌协会理事罗荪称：随着中国革命和抗战的不断演进，影响所及，"一个现实主义的作家，就必须有正确的政治见解，正确的世界观"，尤其是作为一名马克思主义作家，"首先必须关心着政治发展，必须分析着政治环境，才能正确的把握作品中的主题"。[①] 此语可谓在某种意义上揭示了政治演进与文化发展之间的内在联系，折射出马克思主义中国化话语表达的内在逻辑。

第三节　民族形式问题与马克思主义中国化话语的表达

一、"中国作风与中国气派"：民族形式问题的提出

　　在马克思主义话语权构建的历程中，中国化话语往往与民族化、大众化问题密不可分。尤其是在抗战建国的时代背景下，中国共产党通过延安文化社团这一话语载体，不断推动马克思主义中国化话语向社会民众渗透，借以彰显话语的重要影响。值得注意的是，早在"马克思主义

---

① 罗荪：《抗战文艺运动鸟瞰》，《中国新文艺大系（1937—1949，理论史料集）》，中国文联出版公司 1998 年版，第 32、33 页。

中国化"话语主题正式提出之时，民族形式问题便随之产生了。伴随着马克思主义中国化话语力量的不断彰显，五四后在中国文化界占据主导地位的外国文化形式，也逐渐让位于民众喜闻乐见的民族形式。

与延安文艺团体数量众多、影响广泛的情况相类似，民族形式问题的议论主要集中于延安文艺界人士之间。关于延安文艺团体及其活动的兴盛状况，美国记者斯诺曾在《西行漫记》中作了深入考察和生动描述。而对于刚到延安不久的徐懋庸来说，延安文化社团所采用的民间艺术形式，在某种意义上反映了马克思主义文艺中国化的历史趋向。1938 年 3 月，徐懋庸几经辗转到达延安，是月下旬，毛泽东、张闻天等代表中共中央和边区政府，为陆续到达延安的萧军、丁玲、徐懋庸等举行欢迎宴会。在当天的宴会上，徐懋庸作为邀请人首先发言。会后，徐氏应《新中华报》负责人向仲华之约撰写《民间艺术形式的采用》一文。该文根据他到延安后的所见所闻，表达了对民间艺术形式问题的若干意见，揭示出民间艺术形式问题与马克思主义中国化话语构建的重要关联。

首先，徐懋庸根据西北战地服务团的实践经验，阐述民间艺术形式利用的方法及意义。徐氏通过对西北战地服务团实践情况的了解，指出该团通过奔赴前线和实地考察，采集了大量陕北小调、地方舞蹈等民间艺术资源；而在各地的演出中，服务团根据广大军民的需要，将这些歌谣、小调等民间艺术形式"配合了新内容而加以应用"，取得了良好效果。此举表明延安文化社团大众化文艺路线的正确性，这"对于中国新艺术的发展，一定是会有决定的影响的"。其次，徐氏根据对延安文艺活动的观察，深入分析一切照搬外国形式的弊端。初到延安的徐懋庸参与了许多文艺活动，而通过对延安丰富多彩的文艺形式的深入了解，他进一步认识到欧洲歌曲风格、美国电影演技等外国文艺形式并不适合于延安民众。尤其是那些采用欧美服饰表演的抗战舞蹈、以美国小生姿态扮演游击队员的节目，不仅使"欧美的艺术形式"与广大民众产生了隔膜，导致出现"不能为群众所理解，所接受"的尴尬局面，而且"就艺术上而论也是失败的"。最后，徐氏根据抗战建国的现实需要，提出民间艺术形式利用的基本路径，即：采集民间艺术形式，配以抗战新内容而加以应用。由于当时抗战是一项中心工作，抗战艺术的根本内容，"自然是唯一的宣传抗战"，而为使全民族抗战理念"能够深入民众"，起到抗战宣传和民众动员的作用，就必须将抗战艺术工作与"民间的旧形式"结合起来。更何况，配以新内容的旧形式，经历了一个较为彻底的改造过程，这无疑使"旧形式渐渐变为新形式"，因此利用民间形式在某种意义上来说是创造具有新内容的形式。值得注意的是，徐氏应《新中华报》之邀撰写上文之时，正在研读列宁《共产主义运动中的"左派"幼稚病》一书。在文中，他直接摘录"列宁论到共产主义工作的内容和形式问题"的观点，作为他对采用民间艺术形式观点的理论支撑，借以表达对西北战地服务团、鲁艺及其团体等延安文化社团"往民间去，采集民间的艺术形式，而配之以新内容，加以应用"的热切呼吁。[1] 可以说，徐懋庸关于延安文化社团与民间艺术形式问题的阐述，反映了抗战现实需要背景下外来形式与民族形式之间的矛盾冲突。毛泽东等中国共产党领导人对这一问题高度重视，因此大力倡导各类民众文化运动，广泛发展民众教育事业，借以"提高人民的民族文化与民族觉悟"，促进抗日民族战争与抗日民族统一战线的发展。

民族形式问题的提出，对于马克思主义中国化话语的构建具有重要意义。尤其是在时空脉络与话语逻辑上，两者之间有着重要关联。对此，毛泽东作为马克思主义中国化话语的提出者，曾就其与民族形式问

---

[1]　徐懋庸：《民间艺术形式的采用》，《新中华报》1938 年 4 月 20 日，第 4 期第 4 版。

题的内在联系作了深入阐释。特别是在《论新阶段》中，毛泽东以促进党员干部的马克思主义理论水平为根本目的，以指导广大干部群众用马克思主义立场、方法解决现实问题为出发点，指出"马克思主义必须通过民族形式才能实现。没有抽象的马克思主义，只有具体的马克思主义。所谓具体的马克思主义，就是通过民族形式的马克思主义，就是把马克思主义应用到中国具体环境的具体斗争中去，而不是抽象地应用它"。显然，短短数语之中，毛泽东两次提及"民族形式"问题，并且深刻诠释了其与马克思主义中国化之间的重要联系。需要指出的是，民族形式问题不仅涉及马克思主义中国化话语内涵的构建，而且是解决党内存在的洋八股和教条主义问题，以及创造"新鲜活泼的、为中国老百姓所喜闻乐见的中国作风与中国气派"的一项重要课题。①

　　毛泽东上述关于"民族形式"问题的阐释，引起延安文化界人士的广泛关注，他们由此开展了一场关于民族形式问题的大讨论。讨论的焦点有三，即对毛泽东关于民族形式与马克思主义中国化问题阐述的认识和接受情况、对五四后民族文化发展与民族形式问题产生原因及历史过程的梳理和反思，以及对民族形式与外来形式相互关系问题的理解和基本态度。

　　首先，对毛泽东关于民族形式与马克思主义中国化问题阐述的认识和接受情况。《中国文化》刊发题为《文艺民族形式问题上的旧错误与新偏向》的文章，指出："首先在中国正式提出民族形式问题的，是我们的毛泽东同志"，而国内文艺界展开讨论的文本依据，也正是毛泽东在中共六届六中全会上所做的报告。需要强调的是，该文论及毛泽东率

---

① 《论新阶段——抗日民族战争与抗日民族统一战线发展的新阶段》（1938 年 10 月 12—14 日），《建党以来重要文献选编（1921—1949）》第 15 册，中央文献出版社 2011 年版，第 651 页。

先提出民族形式问题之时，还对"民族形式"与"马克思主义中国化"话语的相互关系加以考察，称毛泽东的报告不仅阐述了"马克思主义中国化问题"，指出马克思主义与中国民族文化相结合便产生了"马克思主义的民族形式"，而且从"中国化"和"大众化"的角度，对"民族形式的含义"做了"最科学的解释"。一方面，从中国化角度来看，"马克思主义的民族形式，就是在中国具体环境的具体斗争中的运用"，这种具体运用既要像"马克思主义的民族形式一样，要排斥空洞的调头，排斥教条，排斥洋八股"，也应当根据民众现实需要辩证地接受外来的"进步新文艺"；另一方面，从大众化角度来看，"马克思主义的民族形式"，"就是新鲜活泼的、为中国老百姓所喜闻乐见的中国作风和中国气派"，这种民族形式与中国文艺的结合，立即产生"文艺的民族形式"。尤其是在全民族抗战背景下，文艺的民族形式既是"以现实主义的方法"反映全民族抗战的现实生活，并使其成为"新鲜活泼的、中国老百姓所喜闻乐见的中国作风和中国气派"的重要前提，也是"进步新文艺"在中国抗战具体环境中具体运用的结果。①

上述有关"文艺民族形式"的分析，反映了中国共产党致力于将马克思主义与中国革命的具体实践相结合的历史场景，揭示了毛泽东在"民族形式问题"中的重要引领作用。对此，《新中华报》刊文表示：所谓民族形式问题或"旧形式"问题，实际上是毛泽东在《论新阶段》中所述的"新鲜活泼的、为中国老百姓所喜见乐闻的中国作风和中国气派"的问题。值得注意的是，该文虽然从"文艺上的民族形式"立论，认为其表现形式包括民族风俗、格调、语言等方面，但相对而言更倾向

---

① 《文艺民族形式问题上的旧错误与新偏向》，储双月等编著：《延安文艺档案·延安美术：延安文论家（二）》第 38 册，太白文艺出版社 2015 年版，第 349—350 页；《文艺民族形式问题上的旧错误与新偏向》，《中国文化》1941 年 5 月 20 日，第 2 卷第 6 期。

于支持内容决定形式的观点。《关于文艺的民族形式问题杂记》一文指出：形式是内容的反映。尽管近代中国文艺受到"欧化的影响"，但其基础和内容"却是中国民族真实的新生活发展的反映"。就此而言，所谓民族形式不仅是形式问题，从某种意义上来说也是一个涉及具体内容方面的重要问题。换言之，民族形式问题的宗旨是以符合时代发展、民众需求的特定的文艺形式"深刻地反映真实的生活"，从而团结和引导民众参与斗争。由于时代在不断发展，民众需要也必将随之转变，因此民族形式也存在"创造和发展新形式的问题"。而在全民族抗战背景下，"文艺应是具体的民族的、社会的真实生活之反映，同时又应成为感召千百万人民起来参与真实生活斗争（在目前是抗战）的武器"，如此才能使"文艺做到为广大老百姓'所喜闻乐见'"。显然，该文主张不能简单地否认"欧化"，而是要灵活运用"民族形式"，使其反映实际生活并且实现新形式的创造和发展。①

其次，对五四后民族文化发展与民族形式问题产生原因及历史过程的梳理和反思。如前所述，延安文化界人士在论及民族形式问题时，对毛泽东在中共六届六中全会的讲话中有关"民族形式"与"中国特性"之间重要关联的阐述颇为认同，这反映出党的政治话语对延安文化界人士的重要影响。值得注意的是，与《文艺民族形式问题上的旧错误与新偏向》一文从马克思主义中国化话语构建的角度立论不同，鲁艺音乐系主任吕骥指出：民族形式问题的争论表面上是文化界人士关于外来形式与民族形式的不同态度，实际则涉及如何处理"体"与"用"的关系问题。同时，吕骥以"中国民间音乐"与"西洋音乐"相互关系为例，就此问题做了深入阐述，称：一方面，中国民间音乐的研究不应排斥西洋

---

① 《关于文艺的民族形式问题杂记》，《新中华报》1939 年 1 月 16 日，第 4 号第 4 版。

音乐，因为中西音乐在"调式、主题发展、曲体形式"等方面具有相关性。另一方面，东西之别与时代差异是西洋音乐与中国民间音乐之间的本质属性，故在考察两者关联之时，应当注意到中西不同民族、语言、社会、文化等所造成的艺术形式及其发展规律的特殊性。基于上述考虑，吕骥认为正确面对外来形式与中华民族形式问题的态度，应当是从中国文化发展的本身出发，分析中国文化"自身所具有的规律，根据中国的社会生活、历史做合乎实际的解释"。①

　　有论者指出，尽管毛泽东阐述的观点是针对"马克思主义的中国化"问题，但却表达了"对待外来文明的基本态度"。②萧梅则通过对"民歌研究会"发展到"中国民间音乐研究会"历史脉络的梳理，指出五四后"新文艺运动"倡导者崇尚"向西方学习"，但这种"拿来主义"造成"没有足够地重视继承我国各民族的文化传统，尤其是没有深入地向人民大众学习，从民间文艺中吸取养料"的弊端，使得抗战中国新文艺究竟是延续"拿来主义"还是深入挖掘"民族民间"传统，成为亟待解决的重要问题。需要指出的是，吕骥从"体""用"的辩证关系角度指出，不宜用"本位"概念来人为界定文化属性。他强调，要避免用"科学""进步"等固化标签来看待中国民间音乐等民族文化，而应当将中国文化发展置于"向现代民族——国家的转型中"。吕骥的这一观点揭示了中国民族形式在"世界潮流的格局中"的历史坐标与发展趋向，为解答"外来文明和本国固有文明的交汇"这一重大历史课题提供了重要参考。无怪乎萧梅感叹道：吕氏对待民族文化的态度

---

① 萧梅：《从民歌研究会到中国民间音乐研究会——延安民间音乐的采集、整理和研究》（1939 年 3 月 5 日），《延安文艺档案·延安音乐：延安音乐组织》第 15 册，太白文艺出版社 2015 年版，第 89 页。

② 任文主编：《延安时期的社团活动》，陕西师范大学出版总社有限公司 2014 年版，第262 页。

所"呈示的问题意义深远"。①

第三，对民族形式与外来形式相互关系问题的理解和基本态度。民族形式问题不仅涉及文化新形式、新内容的创造与发展，而且是中华民族文化与世界文化交流互动的重要内容。周扬从对待传统文化的态度问题出发，指出五四后中国文化受到西方文化的熏陶与影响，虽然这是时势发展的必然，但造成的问题也很明显，即"完全漠视了自己民族固有的文化"，导致形成"对中国旧有文化的那一贯冷淡和不屑去研究的态度"。为改变这种局面，重新建立对待中华传统文化的积极态度，周扬认为：一方面，既要了解"现代世界思潮"，批判地接受"外来思想"，又要避免"完全不顾中国的民族的和社会的特点"，在对"世界文化"的研究与观察中养成对中华"民族文化的特别亲切的关心和爱好"，从而促进中华优秀文化与外国先进文化的交流。另一方面，要深入研究与了解自己民族文化，在此基础上"吸取世界文化的精华"，并通过"发扬自己民族的文化来丰富国际文化的内容"，从这个角度而言，"国际主义也必须通过民族化的形式来表现"，而其前提无疑是"伸根于当时特定的历史环境"。②

周扬关于民族形式必须植根于特定历史环境的观点，在当时颇具代表性。刘白羽在《新中华报》副刊《新生》发表《关于旧形式的二三意见》，指出正如特定时代的民族文化"渗透着它那浓郁的民族特质"，抗战时期中国新文艺必须融合"中国民族性"，才能产生"中国作风"、形成"中国气派"，而"旧形式"的运用是"加强民族性的东西到新文艺

---

① 萧梅：《从民歌研究会到中国民间音乐研究会——延安民间音乐的采集、整理和研究》（1939 年 3 月 5 日），《延安文艺档案·延安音乐：延安音乐组织》第 15 册，太白文艺出版社 2015 年版，第 89 页。

② 周扬：《我们的态度》（1939 年 2 月 16 日），《周扬文集》第 1 卷，人民文学出版社 1984 年版，第 258—265 页；周扬：《我们的态度》，《文艺战线》1939 年 2 月 16 日，创刊号。

中的初步"。① 莎寨则结合延安文化社团的文艺工作实践，指出"利用旧形式，就是创造新形式"。那种"按着西洋文艺的葫芦，拼命的画出中国社会现象的东西"，以及文艺界人士写小说添上"话说"，编剧添上"扬鞭""拂袖"的做法只是"利用表象上的形式"，而"真正的创作出能反映当时的社会风俗、习惯、语言和特有的民族性的民族形式"，才是"本质的形式"。如果将其与当前抗战联系起来，那么利用旧形式就是要"把握住目前的政治形势，和经济状态，深刻的了解群众的斗争精神，从活生生的经验与实验中，创作出群众自己的和民族集体的行动的东西来"，因此利用旧形式的本质是体现"中国气派"与表达"民族性"。②

尽管莎寨在上文中对旧形式利用的态度与方法做了详细阐述，但并未就其运用的原则与评判标准予以说明。对此，艾思奇则在《旧形式运用的基本原则》中加以阐发，称利用旧形式之目的是形成"中国作风"与"中国气派"，由于"文艺的本质是在于对现实的反映"，因此运用旧形式的一个重要原则是反映民众"新的生活、新的工作、新的体验"，进而创造包括"民族的新文艺"在内的文化新形式。而评判旧形式运用是否合理与成功，一个重要标准就是检视民族新文艺能否被"大多数民众所接受"。③

综上所述，文化界人士关于民族形式问题的热议，表面上是探讨外来形式与旧形式的关系问题，实际则是"马克思主义中国化"话语提出后，如何对待外来文化与本国民族文化的深层次问题。正如马克思主义作为外来的指导思想必须要与中国革命的实际情况相结合一样，民族文

---

① 刘白羽：《关于旧形式的二三意见》，《新生》1939 年 2 月 28 日，第 4 期。
② 莎寨：《利用旧形式》，《新中华报》1939 年 2 月 28 日，第 7 号第 4 版。
③ 艾思奇：《旧形式运用的基本原则》（1939 年 4 月 16 日），《艾思奇全书》第 2 卷，人民出版社 2006 年版，第 675 页。

化的发展必须要建立在辩证地吸收外来文化和外国文艺形式中的长处之上，由此才能真正推动中国传统文化和旧文艺形式的融合发展，进而创造出中国民众喜闻乐见的"中国作风"和"中国气派"。

二、延安文艺的"民族化"与"中国化"

马克思主义中国化话语构建中的"民族形式问题"，反映了中国共产党领导下延安文化界人士对外来形式与民族形式抉择问题的深入思考，体现了马克思主义具体地运用于中国革命与社会建设实际，折射出中国共产党通过马克思主义中国化话题表达与渗透，深刻影响和推进马克思主义话语权构建的历史面相。诚然，马克思主义中国化话语构建背景下"民族形式问题"的讨论，并不局限于中共中央或延安文化界人士的理论探讨，而是随着延安文化社团的兴盛以及相关活动的广泛开展，民族形式问题的理论探讨逐渐过渡到实践阶段，由此使马克思主义中国化话语以戏剧民族化、音乐民族化、美术民族化等具体而生动的形式表现出来。

延安文艺形式中国化、民族化转向，在鲁艺及其文艺团体中表现得尤为突出。1939 年 4 月，正值鲁艺创办一周年之际，延安文艺界人士就鲁艺工作的特点和影响进行专门探讨，由此对鲁艺及其文艺团体的民族化转向做了深入总结。鲁艺戏剧系主任张庚在《一年来鲁艺的戏剧教育》一文中称，抗战改变了中国传统戏剧的工作方向、服务对象与表现形式，为戏剧的民族化转向提供了重要契机。首先，就工作方向而言，戏剧经历了"由大城市到落后的农村，由工人转入到士兵农民"的根本转向。中国传统戏剧在北京、上海、广州等大都市中产生和发展，抗战爆发后中国大都市陆续陷于日本侵略之中，戏剧团体以及戏剧表演者不得不转移到农村地区，空间地理的变化深刻影响了中国戏剧的发展方向。其次，戏剧从业者转移到广大农村地区，戏剧工作者的服务对象"从欣赏力较高观众中转移到不识字的观众"，而基于抗战宣传和民众动员的现实需要，戏剧工作者必须"学习民族文化"，才能"使戏剧这宣传武器在广大的全中国人民中发生效力，才能争取和组织人民群众到抗日战线上去"。第三，中国传统戏剧的舞台、剧本、演技等受到"西洋戏"的重要影响，西式的演出内容与表现形式曾经受到大都市知识分子的追捧，然而抗战以来戏剧表演空间的转换以及服务对象知识层次的下移，使西洋戏剧在农村遭到冷遇，其根本原因在于"民族文化"的缺乏，反映出全盘照搬西洋戏剧而"不注意我们民族的、民间的戏剧传统"所带来的文化民族异化，由此戏剧的民族化转向成为亟待解决的重要问题。①

延安文艺民族化发展过程中，鲁艺实验剧团无疑是较为突出的代表之一。依托于鲁艺优势师资力量，实验剧团组建了强大的阵容。王震之、田方、钟敬之、王滨、于敏、沙蒙等延安文艺界知名人士先后担任正、副团长，成立之初的实验剧团由李伯钊任组织科长、王震之兼任教育科长、钟敬之兼任剧务科长、赵冠琦任总务科长，左明、崔嵬、张庚、王震之等担任剧团导演，向隅任音乐顾问，鲁艺戏剧系第一届毕业生韩塞、里珂、温容等23人经过择优选拔成为团员。②鲁艺实验剧团自成立后至1940年初，其活动大概经历了三个阶段：1938年8月成立至1939年2月前方实验剧团出发为第一阶段，此阶段历时6个半月，

---

① 张庚：《一年来鲁艺的戏剧教育》（1939年5月4日），《延安文艺档案·延安戏剧：延安戏剧组织》第4册，太白文艺出版社2015年版，第225页。
② 《鲁迅艺术学院公告》（1938年8月1日），《延安文艺档案·延安戏剧：延安戏剧组织》第4册，太白文艺出版社2015年版，第311页。

剧团演出 46 场次，表演戏剧节目 19 个，观众累计 33400 余人；1939
年 2 月实验剧团成立至 1939 年 5 月中旬普通部成立周年纪念为第二阶
段，该阶段历时 3 个半月，剧团演出 44 场次，上演节目 15 个，观众累
计 21800 余人；1939 年 5 月至 1940 年 1 月剧团改组为第三阶段，这一
阶段历时 8 个半月，演出 53 场次，演出节目 13 个，观众累计 38400 余
人。① 除了奔赴各地开展演出活动之外，剧团以《戏剧工作》刊物为平
台扩大与全国戏剧界的交流，并经常结合减租减息、慰劳抗属、保卫收
割等民运工作开展演出活动，借以促进抗战宣传与群众发动工作的深入
开展。

鲁艺实验剧团的成立及其相关活动的开展，进一步推动了延安"剧
运方向的转变"，使得抗战话剧盛行，抗战剧本的数量亦成倍增加。尽
管鲁艺成立仅一周年，但延安戏剧团体"上演剧本的题材故事，已经不
再是业余时代的外国东西，而是抗战中的现实生活"。可以说，从鲁艺
戏剧发展的情况来看，其表演内容和形式的民族化转变，映照了张庚上
述关于抗战后中国传统戏剧工作方向、服务对象与表现形式的重要变化
的观点。值得注意的是，戏剧"政治水平"的提高以及"教育群众"功
能的增强日益成为全民族抗战背景下鲁艺戏剧系发展的重要目标，这一
目标主要体现在鲁艺戏剧系课程建设上，即：通过开设《戏剧概论》《中
国戏剧史》等反映中外优秀"戏剧遗产"的课程，使学生从戏剧理论、
技术与戏剧运动史的角度，了解戏剧应当如何"执行政治的路线"，进
而"创造新的戏剧体系"。②

---

① 孙国林、曹桂芳编著：《毛泽东文艺思想指引下的延安文艺》，花山文艺出版社 1992 年
版，第 378—384 页。
② 张庚：《一年来鲁艺的戏剧教育》（1939 年 5 月 4 日），《延安文艺档案·延安戏剧：延安
戏剧组织》第 4 册，太白文艺出版社 2015 年版，第 226—227 页。

鲁艺戏剧系和实验剧团"政治"属性的增强，反映了抗战时期中国共产党领导下延安文艺团体贯彻党的政治路线、方针与政策的显著成效。对此，鲁艺政治处主任徐以新在《鲁艺的一年》中表示，全民族抗战推动了抗战艺术的发展，抗战宣传与民众动员的现实需要，则"证明艺术可以为战斗的武器，而且是争取最后胜利不可缺少的武器"。鲁艺作为培养抗战艺术干部的核心机构，必须坚持理论联系实际原则，并将其作为"艺术教育的方针"。值得注意的是，徐以新将鲁艺"培养新的抗战艺术干部"的办学宗旨，与"发扬民族形式的大众化的艺术"的客观要求结合起来，指出"民族形式"与"大众化的艺术"反映了时代和现实需要，其根本目的是"在抗战艺术发展的基础上来建立将来新中国的艺术理论与实践"。①

抗战建国背景下"民族形式"的基本要求，固然与中国共产党创办鲁艺的基本宗旨有关，这一关联不仅体现在戏剧团体及其活动的开展上，而且表现在以冼星海为代表的延安音乐界人士"建立中国新兴音乐"的奋斗历程之中。冼星海在延安进行文艺创作之时，利用担任鲁艺音乐系主任的契机，联合抗大、鲁艺、陕公等延安教育机构或团体，就延安文化事业的发展方向进行深入探索。1939 年 2 月 8 日，抗大、鲁艺、陕公三个机构联合召开会议，会上冼星海与抗大文艺工作团畅谈关于"音乐的发展""工作者的态度""今后音乐工作如何推动"问题，谈话内容涉及中国新音乐发展方向，引起与会者的广泛兴趣。② 应当指出的是，冼星海此次谈话是其在延安开展的诸多活动之一。早在是年 1 月前后，冼氏就多次参加小规模的"文艺座谈会"，其发言内容则显示

---

① 徐以新：《鲁艺的一年》，《文艺突击》1939 年 5 月 25 日，新 1 卷第 1 期。
② 《冼星海日记》（1939 年 2 月 8 日条），《冼星海全集》第 1 卷，广东高等教育出版社1989 年版，第 255 页。

了他对延安文艺事业发展的独到见解。而当鲁艺周年纪念之际，冼星海撰写《鲁艺与中国新兴音乐——为鲁艺一周年纪念而写》一文，明确提出构建"中国新兴音乐"的观点。在该文中，冼星海将关注视野从延安扩展到全国，指出"建立中国新兴音乐"是抗战进入新阶段的客观要求，这一要求不仅表达了延安文艺工作者的愿望和诉求，而且是"全国的音乐工作者"共同的使命和职责。而在论及中国新兴音乐构建路径时，冼氏明确提出三个重要前提：一是"从实际生活中创作新兴音乐的作品"，二是"从创作经验里建立起新兴音乐的理论"，三是"组织更广泛、教育更多量的干部"，不断扩大新兴音乐的影响。可以说，冼星海所述正是通过音乐的大众化发展，实现中国传统音乐与民众生活、抗战实际的对接，并且以鲁艺等中国共产党领导下的文艺干部培养工作为基础，将党的政治领导、艺术的浪漫主义与抗战的现实主义相结合，最终实现"中国新兴音乐"的构建。值得注意的是，冼氏以建立中国新兴音乐为旨归，视"'大众化'为第一要紧"之事，认为其能否实现的关键在于"通过民族的形式和内容来创作民族的新兴音乐"，强调"第一不要抄袭或模仿欧洲的音乐"，"第二不要趋向从前封建的形式和内容，或颓废的作风"，主张通过批判地借鉴"欧洲曲体来创作中国新兴音乐"，并且辩证地吸收中国民歌小调、旧剧、大鼓以及中国传统音乐风格，注重音乐旋律和曲调的中国化、民族化、通俗化。[①]

　　冼星海关于建立中国新兴音乐的主张，体现出音乐中国化、民族化发展的价值取向，尤其是关于"通过民族的形式和内容来创作民族的新兴音乐"的构建路径，无疑与马克思主义中国化话语内涵有着重要关联。基于民族形式问题的上述认识，冼星海在延安音乐中国化、民族化的创

---

① 冼星海：《鲁艺与中国新兴音乐——为鲁艺一周年纪念而写》（1939 年 4 月 29 日），《延安文艺档案·延安音乐：延安音乐组织》第 15 册，太白文艺出版社 2015 年版，第 575 页。

作实践中迈出了重要一步，即创作了反映中华民族伟大抗战的四部大合唱。其中，第一部为塞克作词、冼星海谱曲的《生产大合唱》，这部反映延安军民热火朝天的大生产运动的歌曲自 1939 年 3 月 1 日开始创作，冼星海为此闭门谢客，在延安窑洞埋头谱曲。至 6 日，这一鸿篇巨制即告完成，而这也在某种意义上宣告"新的中国音乐形式"的出现。①《生产大合唱》创作完成后，即进行排练和正式表演。为确保演员和乐队配合到位，冼星海甚至在自己的房间进行排练，正式排练的时间从 3 月 14 日一直持续到 19 日，所花费的时间和精力甚至比创作都还要多，足见其重视程度。②3 月 21 日，该剧经过上午的彩排，当晚即进行预演，内容包括：春耕大合唱、生产与参战、农村小景。三幕合唱剧以"一种新形式"呈现，与传统中国音乐风格完全不同，反映了抗战军民"新生活"，"带有民族意义"，预演"效果很好，成绩可观"，获得现场观众的热烈欢迎。预演的成功令冼星海颇为兴奋，在当天的日记中他自信地表示，该剧将"打破延安音乐界纪录，开展中国新音乐的前途"。而该剧的诞生，在某种意义上标志着冼星海个人艺术生涯达到了一个新的高度。③

《生产大合唱》的创作与演出，在延安文化界引起了强烈反响，包括田汉、艾思奇等人表达了对该剧创作的高度认可。尤其是艾思奇，于 3 月 25 日向冼星海致信，鼓励他"在融化中国民族音乐方面作百尺竿头更进一步的努力"。④而在收到艾思奇信函的次日，冼星海即开始了

---

① 《冼星海日记》（1939 年 3 月 1 日条、3 月 6 日条），《冼星海全集》第 1 卷，广东高等教育出版社 1989 年版，第 259、260 页。

② 《冼星海日记》（1939 年 3 月 14 日条），《冼星海全集》第 1 卷，广东高等教育出版社 1989 年版，第 261 页。

③ 《冼星海日记》（1939 年 3 月 21 日条），《冼星海全集》第 1 卷，广东高等教育出版社 1989 年版，第 262 页。

④ 《冼星海日记》（1939 年 3 月 25 日条），《冼星海全集》第 1 卷，广东高等教育出版社 1989 年版，第 263 页。

《黄河大合唱》这部不朽作品的创作。4 月 13 日，延安第一次音乐大会
在陕北公学召开，向隅指挥的《船夫曲》、冼星海指挥的《生产大合唱》、
抗大文艺工作团合唱的《延水谣》以及《黄河大合唱》悉数上演，表演
节目之新颖、演出阵容之庞大，使得当晚的演出成为"延安空前的音乐
晚会"，甚至可以说是当时"全国从没有的音乐晚会"。[①] 次日，在延安
文化人欢迎会上，杨松、赵毅敏、沙可夫、艾思奇、徐一新、冼星海等
人参会，杨松在讲话时首先称赞《生产大合唱》和《黄河大合唱》的"中
国民族之作风"，认为两部大合唱是将文艺应用于抗战动员的经典之作，
借以表达民族文艺形式是"新的东西、代表廿世纪中华民族的现阶段的
东西"，以及辩证吸收"西欧先进国家的优点"而非"机械否定一切"
的观点。光未然在发言时亦持相同观点，认为冼星海主持创作与指挥表
演的两部作品"实际上已创作出新的民族艺术了"。赵毅敏则在讲话中
赞扬以两部大合唱为代表的创作，表现出"中华民族先进的艺术是现世
界最进步的高潮"的优点，强调文艺作品不仅"要有政治内容"，而且
要宣传党的团结抗战政策。[②]

　　需要指出的是，上述关于两部大合唱民族新艺术形式的讨论和评
价，实际上是民族形式问题在延安音乐界的反映。鉴于《生产大合唱》
创作以来历次演出获得好评，5 月 9 日陕甘宁边区文协和边区音乐协会
联合举办《生产大合唱》座谈会，艾思奇、萧三、冼星海、塞克、吕骥、
向隅、林山、李丽莲、李清宇等人参会。[③] 会上，冼星海首先介绍了创

---

① 《冼星海日记》(1939 年 4 月 13 日条)，《冼星海全集》第 1 卷，广东高等教育出版社
　 1989 年版，第 268 页。
② 《冼星海日记》(1939 年 4 月 14 日条)，《冼星海全集》第 1 卷，广东高等教育出版社
　 1989 年版，第 268、269 页。
③ 《冼星海日记》(1939 年 5 月 9 日条)，《冼星海全集》第 1 卷，广东高等教育出版社
　 1989 年版，第 275 页。

作初衷，指出正是基于当时"中国音乐有许多还不能高度中国化"的考虑，他才决定"以民间音乐做基础参考西洋音乐进步成果"进行一项全新的尝试，旨在从民族形式问题入手解决中国传统音乐"曲调的形式与作风问题"，进而"创造一个新的中国音乐形式"。而在着手创作时，冼星海经过深入研究和探索，大胆"应用了西洋进步的手法"，使合唱曲"成为一个中外音乐有机地融合的曲子"。此举以"大众化、民众化、艺术化"为基本理念，既避免了"死硬地模仿着西洋音乐"的弊端，也防止了"顽强地固执着中国音乐做法"，促使"中国音乐与西洋音乐做适当的结合"，并且收到了意想不到的效果，即在创作手法和艺术风格上"创造一个中国自己的法则"。①

　　冼星海的发言引起与会者的普遍共鸣。萧三首先表示赞同，他以苏联民族歌曲在国际社会广泛流行为例，称冼星海的意见应当向全国各地的文艺部门推广，因为"愈是民族的东西愈是国际的"。艾思奇则从"民族化"与"大众化"的相互关系角度，深入剖析《生产大合唱》成功的原因，称"把握了艺术的正确方向"是前提，"能从现实中找到艺术创作的题材和主题"并"反映现实"是基础，"能够热心地追求着民族的形式"是关键。特别是后者，容易在文艺界产生分歧，一些人误以为文艺作品"只要有了内容就行，不必注意形式"，殊不知"艺术之所以为艺术就在于能用适当的艺术形式来表现内容"。可以说，民族化与大众化犹如硬币一体两面的特性一样，只有同时兼顾"民族形式"和外来形式，才能促进中国音乐的长期发展。换言之，中国音乐的发展，一方面要通过继承优秀传统艺术形式以及向广大民众学习，使旧音乐得到发展，另一方面要积极"接受外国音乐上进步的

---

① 《〈生产大合唱〉座谈会记录》（1939 年 5 月 9 日），《延安文艺档案·延安音乐：延安音乐组织》第 15 册，太白文艺出版社 2015 年版，第 587—589 页。

成果"。吕骥在发言时高度评价《生产大合唱》在作曲上的突破，称"作曲观点的正确"以及"大众化与民族化都充分能够发挥"使得该歌曲"的确是一个大众化民族化比较成功的作品"。值得注意的是，吕骥在回答关于《生产大合唱》是否能够大众化问题时，指出这部大合唱诞生的重要意义，在于从音乐实践的角度解决了"民族形式问题"，即彻底否定了"常常死死地抱着西洋形式认为满足，而不去发现中国自己的新形式"的艺术创作弊端，开拓了"大众化"与"民族化"有机结合的创新路径。①

诚然，大众化是音乐本身具有的本质属性，这使音乐在抗战动员中发挥了特殊的作用。而冼星海建立中国新兴音乐的努力正是基于抗战新阶段民众动员的客观需要，并且有力回应了"民族形式问题"提出后来自理论界的各种意见。在《论中国音乐的民族形式》一文中冼星海坦言，其本人"主张以内容决定形式"的观点，认为只要是能够"反映现实，反映民族的思想、感情和生活"的形式，不论是"西洋音乐形式"，抑或"旧的民族形式"，均可辩证地加以借鉴和吸收。需要强调的是，正如"民族形式问题"的讨论产生于毛泽东在中共六届六中全会上提出发展"为中国老百姓所喜闻乐见的中国作风和中国气派"之后，冼星海关于建立中国新兴音乐的主张，在某种意义上反映了马克思主义话语权构建的根本宗旨。"发展中国工农的音乐是创造中国民族新形式最基本的出发点"，即是对这一根本宗旨的有力诠释，而"创造中国最有力量、最优秀、最彻底具有革命斗争性的新兴音乐"，以及发展"具有反抗性、组织性、教育性和最重要的正确的政治性的原素"，则为意识形态话语权构建背景下延安文化发展的中国化、民族化趋向做了一个很好

---

① 《〈生产大合唱〉座谈会记录》（1939 年 5 月 9 日），《延安文艺档案·延安音乐：延安音乐组织》第 15 册，太白文艺出版社 2015 年版，第 589—591 页。

的注解。①

在戏剧和音乐实现民族化发展之时，美术界人士也加入到"民族形式问题"的讨论之中，其观点一度成为延安文化民族化发展的主要代表，而鲁艺木刻工作团胡一川、罗工柳等人结合实践推动木刻中国化、民族化之举，在当时产生了重要影响。如果说"民族形式问题"随着抗战新阶段的到来而日益凸显，那么在抗战中发挥民众动员作用的木刻艺术自诞生之日起便与该问题产生纠葛。

据鲁艺木刻工作团团长胡一川称，近代"中国新兴木刻"的出现，并非完全是其自身发展的结果，而是"受到西欧的新木刻影响重新创立的"。特别是在创作模式上，中国木刻往往是以西欧模式为依据，按照画家所作图画进行雕刻，这种间接地创作模式使木刻工作者"被束缚在画家的创作底下"，导致木刻作品的题材"非常贫乏，没有抓到问题的中心，而只是一种概念的东西"。有些木刻作品的人物"表情和姿态是外国式的"，甚至有些木刻作品是"从外国画报上抄袭来的"，这使得中国普通民众"不容易了解和接受"，即使是外国人看了，也指出"中国的新兴木刻有点像外国人刻的，而不是代表中国的木刻"。然而，当时木刻中国化、民族化的要求已经非常紧迫，尤其是抗战新阶段的到来，使得抗战宣传与民众动员的重要性愈发凸显，木刻工作者只有积极参加"民族解放斗争"，熟悉和了解"中国目前的现实生活"，才能促进木刻艺术中国化、民族化，艺术作品也才能得到民众的认可。在此过程中，"国内各种人物的特性和发展过程、某时某地的人情风俗、住所、服装、生活习惯都要非常确实，而不能随便加以瞎想描写"。换言之，创作者

---

① 《论中国音乐的民族形式》（1939 年 7 月 21 日），《冼星海全集》第 1 卷，广东高等教育出版社 1989 年版，第 48—50 页；《论中国音乐的民族形式》，《文艺战线》1939 年 11 月，第 1 卷第 5 号。

既要注意到中国民族艺术与外国的不同，特别是"注意分别出中国人的眼神、鼻梁、表情、姿态与外国人不同"，也要观察到中国不同民族地区的差异性。①

胡一川关于"民族形式问题"阐述的主旨有二：一是用发展的眼光对待外来形式，特别是在学习和借鉴"西欧科学的手法"之时，"千万不要把西欧的科学的手法机械式地搬家，而应该要按着中国的实际情形来使用"；二是从发扬"中国民族性"的角度推动新兴木刻民族化发展。毋庸置疑，民族性往往随着时代的发展而不断演进，由此木刻工作者既要"研究中国旧有山水、人物、年画里的章法和笔调"，挖掘"能代表中国民族性"的艺术风格，也要根据抗战形势的发展和民众生活的变迁，创造具有时代特色的中华民族新的木刻艺术形式。因此，中国新兴木刻的民族化"不是单纯地使画面上的人物穿上龙袍，也不是强迫中国目前乡下的老百姓马上穿上西装"，而是从中华民族抗日战争的英勇事迹中，挖掘和提炼出最能"代表中国民族性"的元素，在此基础上形成中国风格和中国气派。②

需要指出的是，胡一川上述关于木刻民族形式问题的观点，源于鲁艺木刻工作团在晋西前线和太行山区举办流动展览会的实践经验。当时一些群众参观展览后纷纷表示，那些木刻作品根本"看不懂"。尤其是一些"受外国影响较重的作品"，观众看了之后纷纷表示"不亲切"。事实上，群众更愿意观看反映抗战"敌后丰富的斗争生活"的作品，期待见到"能激动人心和结合敌后斗争的、思想性较高而又易看懂的作品"，

---

① 胡一川：《胡一川日记》（1939 年 7 月 5 日条），《延安文艺档案·延安美术：延安美术家（一）》第 46 册，太白文艺出版社 2015 年版，第 420—423 页。

② 胡一川：《胡一川日记》（1939 年 7 月 5 日条），《延安文艺档案·延安美术：延安美术家（一）》第 46 册，太白文艺出版社 2015 年版，第 423、424 页。

这无疑反映了抗战新形势下延安文艺"民族化"要求的紧迫性和重要性。① 为此，胡一川从抗战新阶段中国新兴木刻发展方向问题出发，向延安木刻工作者提出七项改进意见，借此呼吁木刻工作者"同样是一个抗日战士"，若要发挥木刻艺术的抗战宣传和民众动员作用，必须要"抓紧中国的中心问题"，特别是要注意从反映抗战军民生活实际的方面选择木刻作品的题材，从而使中国新兴木刻"更切实地变为抗战的刀枪"，为抗战相持阶段民众动员工作注入新的动力。②

鲁艺木刻工作团巡回展览活动时间为 1938 年冬至 1939 年春。而结合胡一川关于民族形式问题观点提出的背景可以发现，木刻艺术民族化实践应当与中共六届六中会议的精神有关。正如鲁艺木刻工作团的核心成员罗工柳所述，相关活动是在"中央开了六中全会"之后，当时毛泽东提出"马克思主义中国化"话语主题，并要求建设文武两支革命队伍，强调中国革命"没文的队伍也不行"。可以说，此语反映了毛泽东等中国共产党领导人"对文艺干部是非常重视的"，揭示出木刻艺术民族化、"中国新兴木刻"等民族形式问题与马克思主义中国化话语的内在逻辑。③

木刻艺术民族化的提出既是抗战新阶段时代背景的客观要求，也是中国共产党领导下延安文化社团求新求变的主观愿望。尤其是在马克思主义中国化话语影响下，鲁艺木刻工作团转变工作思路，坚决抛弃过去沿袭外国手法进行创作的模式，按照"党给我们指出一条正确的道路"，

---

① 胡一川：《回忆鲁艺木刻工作团在敌后》，《延安文艺档案·延安美术：延安美术家（一）》第 46 册，太白文艺出版社 2015 年版，第 438 页。

② 胡一川：《给木刻工作者》（1939 年 9 月 1 日），《延安文艺档案·延安美术：延安美术家（一）》第 46 册，太白文艺出版社 2015 年版，第 426 页。

③ 罗工柳：《大树是从苗苗长起来的》，《延安文艺档案·延安美术：延安美术家（二）》第 47 册，太白文艺出版社 2015 年版，第 829 页。

即"木刻艺术为政治斗争服务",通过奔赴前线、走向农村,深入了解军民生活,切实将"木刻和政治结合起来",不断丰富"木刻作品的内容",增强木刻作品的思想性和"战斗性",由此"在艺术形式上,对欧化作风开始有了改变"。① 正是在这种求新求变的创作倾向主导下,鲁艺木刻工作团开启了木刻艺术民族化的崭新实践,而创作新年画成为这一崭新实践的突破口。

　　木刻新年画的创作是鲁艺木刻工作团追求美术中国化、民族化的一次重要尝试。在创作初期,工作团从旧年画中吸收艺术特点、挖掘艺术资源。他们发现中国旧年画"单纯的线条和鲜亮的色彩",与延安军民积极抗战"新的生活"图景颇为契合,因此深受民众喜爱。尽管工作团从"中国化"、民族化的良好愿望出发进行创作,但其具体实践过程却颇为曲折。据罗工柳称,当时他们以旧年画的题材为基础创作了《莲生贵子》《麟麒送子》《寿》之类的年画作品,然而在展出时群众却对画作中穿着"洋花布"的娃娃、寓意"莲生贵子"的莲花、象征"吉庆有余"的鲤鱼、意喻福寿双全的蝙蝠等,明确表达不喜之情。②

　　在鲁艺木刻工作团看来,新年画创作既是一项政治任务,也是实现"木刻中国化"发展的一个重要契机。可以说,工作团成员们无不期待着木刻新年画的创作将给"中国木刻带来新的面貌"。然而,创作伊始他们就遇到诸如旧形式的利用等问题。换言之,广大民众对不合时宜的旧形式不接受、不认可的态度,与"使木刻深入到群众中去"的创作初衷产生了剧烈冲突。面对旧形式与新要求之间的矛盾,木刻工作团以选

---

① 罗工柳:《鲁艺木刻工作团在敌后方》,《延安文艺档案·延安美术:延安美术家(二)》第47册,太白文艺出版社2015年版,第812页。

② 罗工柳:《关于年画的意见》,《延安文艺档案·延安美术:延安美术家(二)》第47册,太白文艺出版社2015年版,第811页。

取反映中国军民抗战新生活的题材为突破口，创作出《保家卫国》《军民合作》等"表现敌后的斗争和生产"的新年画。① 同时，根据群众迎"门神"的传统风俗，工作团通过"改变为新内容的《保家卫国》的门画，变成有新内容的门上的装饰画"。值得一提的是，新年画创作完成之时，正值 1940 年春节前夕。而出于检验这批新年画是否受到老百姓欢迎的考虑，工作团于腊月二十三日在西营镇的集市上摆设卖新年画的摊位，由此与卖旧年画的摊位唱起了"对台戏"。令人意外的是，这批新年画受到群众的热烈欢迎，很快便销售一空。一些群众还"到处打听木刻工作团的住址"，他们不辞辛劳地赶到工作团驻地购买新年画。② 据木刻工作团成员彦涵称，他们利用一个月左右时间设计并印刷了一万张新年画，结果被群众抢购一空，最后居然"一张也没剩下"。③ 广大群众对新年画的喜爱令他们感到莫大鼓舞，从此鲁艺木刻工作团为广大群众所津津乐道。彭德怀等中共北方局领导人向木刻工作团写信予以鼓励，称木刻工作团的"这次勇敢尝试，可以说是已经得到初步的成功"④。杨尚昆、李大章等中共北方局领导人还专门接见木刻工作团成员，他们"一见面就说年画工作搞得好"⑤。在延安文艺干部工作会议上，八路军总政

① 胡一川：《回忆鲁艺木刻工作团在敌后》，《延安文艺档案·延安美术：延安美术家（一）》第 46 册，太白文艺出版社 2015 年版，第 439、440 页。

② 罗工柳：《鲁艺木刻工作团在敌后方》，《延安文艺档案·延安美术：延安美术家（二）》第 47 册，太白文艺出版社 2015 年版，第 813 页。

③ 彦涵：《忆太行山抗日根据地的年画和木刻活动》，《延安文艺档案·延安美术：延安美术家（三）》第 49 册，太白文艺出版社 2015 年版，第 1458 页。

④ 胡一川：《回忆鲁艺木刻工作团在敌后》，《延安文艺档案·延安美术：延安美术家（一）》第 46 册，太白文艺出版社 2015 年版，第 440 页。据胡一川称，此信件来自八路军总司令部，并且是以彭德怀的名义致函，信件的主要内容为鼓励延安木刻工作团此举"在大众化方面前进了一步"。（参见胡一川：《民族解放的斗争武器》，《延安文艺档案·延安美术：延安美术家（一）》第 46 册，太白文艺出版社 2015 年版，第 445 页。）

⑤ 胡一川：《回忆鲁艺木刻工作团在敌后》，《延安文艺档案·延安美术：延安美术家（一）》第 46 册，太白文艺出版社 2015 年版，第 440 页。

治部宣传部部长陆定一作大会报告时，曾对此次新年画工作"给予很高的评价，认为是艺术为政治服务，艺术为群众服务的范例"①。

中国共产党有关部门领导人的肯定、广大群众的喜爱，使木刻工作团深刻认识到"木刻艺术必须为政治服务，必须为党的政治斗争服务，必须坚定不移地坚持这个方向"，才能促使木刻艺术不断提高与发展。而在坚持这个方向之时，"必须有高度的政治热情，才能为政治服务得好"。可以说，此次木刻新年画工作之所以取得成功，其根本原因有二：一方面，将军民抗战生活"最火热的斗争"场景作为思想基础与"创作源泉"，促使木刻新年画的题材与内容的创新；另一方面，"克服木刻艺术中的欧化作风"，继承和发扬中华"民族美术的优良传统"，吸取"民族传统中的精华"。② 彦涵在回忆新年画创作实践时亦称，鲁艺木刻工作团的作品"所以能得到良好的反映"，首先是"同志们在思想上明确了木刻应该首先反映对敌斗争，和生产上的斗争；把木刻当成鼓舞敌后军民、打击敌人的有力武器"，其次是将创作的取材对象、思想基础、思路方法乃至整个过程与抗战军民生活融合起来，借以"表现革命斗争"的历史意义与现实意义。特别是在创作过程中，工作团"经常听取群众的意见并注意研究当地人民的生活习俗"，体现出对群众"生活习惯"的重视和对群众"欣赏习惯"的尊重。③

---

① 罗工柳：《鲁艺木刻工作团在敌后方》，《延安文艺档案·延安美术：延安美术家（二）》第 47 册，太白文艺出版社 2015 年版，第 813 页。据时任中共北方局书记杨尚昆称，自 1938 年 11 月 9 日中共中央北方局成立时起，"北方局就同八路军总部汇合在一起"。因此鲁艺木刻工作团的新年画工作，得到中共北方局以及八路军总政治部的关心和支持。（参见杨尚昆：《杨尚昆回忆录》，中央文献出版社 2007 年版，第 188 页。）

② 罗工柳：《鲁艺木刻工作团在敌后方》，《延安文艺档案·延安美术：延安美术家（二）》第 47 册，太白文艺出版社 2015 年版，第 814 页。

③ 彦涵：《忆太行山抗日根据地的年画和木刻活动》，《延安文艺档案·延安美术：延安美术家（三）》第 49 册，太白文艺出版社 2015 年版，第 1458 页。

鲁艺木刻工作团新年画创作的成功，无疑是木刻中国化、民族化发展的客观体现，彰显出马克思主义中国化话语构建背景下解决民族形式问题的基本路径。可以说，木刻工作团新年画创作实践是延安文化社团民族化发展历程中的一个典型案例，而李少言木刻连环画《一二〇师在华北》的创作经历，则反映了中国共产党在民族形式发展中的引领作用。

1940年初，李少言奉命调至八路军一二〇师，被委任为一二〇师司令员贺龙和政治委员关向应的秘书，而在部队工作生活期间，他开始创作木刻连环画《一二〇师在华北》，这引起了贺龙、关向应等人的注意。当看到李少言所作《骑马图》后，贺龙直言："骑马的人，骑的不是地方。常言道：'马骑前背牛骑腰，驴骑屁股左右摇……'你应当更仔细地观察，不能只凭想象。"关向应则从继承和弘扬"民族遗产"的角度指出：中国新兴木刻"应当多接受一些本民族的优良传统"；他还结合在行军作战过程中的所见所闻，向李氏"讲解民族绘画的特点"，强调"用很简练的形式表现丰富的内容"。而当关向应看了李氏的连环画《一二〇师在华北》之后，对一幅题为《露营》的画作赞赏有加，称该画凸显了夜深人静之时部队行军战斗的生动场景，具有革命战斗的画面感和真实感。贺龙、关向应在"政治上、思想上指导"以及艺术上的启迪，不仅激励李少言"以美术为武器进行战斗"，使他从此"走上了党的文艺道路"，而且促使他在创作过程中积极"向中国的民族和民间艺术优良传统学习"，"重视作品的思想性，力求形象的概括性，突出地表达主题"，从而为避免"模仿某些外来形式和袭用现成技法"提供了有效帮助，并且逐渐形成中国化、民族化的创作风格。①

① 李少言：《回忆在八路军一二〇师工作的时候》（1939年11月），《延安文艺档案·延安美术：延安美术家（二）》第47册，太白文艺出版社2015年版，第650、651页。

李少言追求中国化、民族化的创作风格，堪称马克思主义中国化话语引领下延安文化发展的一个缩影。这正如鲁艺木刻工作团罗工柳所言，木刻艺术"从欧化到中国化""从群众不喜欢到喜欢"，这无疑是艺术发展历程中的一个重要"突变"，而造成这一"突变"的原因有二，即：生活源泉与民族形式。一方面，生活源泉可以形象地解释为创作者与群众的结合，即木刻创作者"生活在群众中，他刻的人、刻的事、刻的景都是群众熟悉的，也是作者熟悉的。就是说生活问题解决了，创作源泉解决了，群众看起来，内容有名堂了"。另一方面，民族形式可以理解为群众喜闻乐见的艺术形式，这种形式既需要"把形式和内容很好地结合起来"，也要注意外来形式与中国传统旧形式的恰当运用。总之，"生活源泉"与"民族形式"两者既形成于军民抗战和革命斗争生活之中，又在文艺中国化实践中逐渐成为创作的宝贵经验，从而推动包括"木刻民族化"在内的文艺形式的民族化发展。①

与罗工柳"木刻民族化"的追求不同，鲁艺木刻工作团团长胡一川以"创造民族形式的新木刻"为旨归，采取"批判地、在能表现新内容的原则下去用和发展旧形式"，并视这种"表现了新内容"的旧形式为带有中国的民族特性的新形式。值得注意的是，胡一川虽然主张利用旧形式来创造新的民族形式，但是并不排斥外国形式的灵活运用，而是主张"必须学习外国的形式和科学的进步的手法"，进而实现木刻艺术"民族化"发展的目的，彰显出具有中国特色的民族形式的新木刻的基本原则与建构路径。换言之，"不管是中国旧有的形式，还是西欧的形式和手法，只要是好的，能为大众所接受，对于提高大众文化水准是有益的，能适当地表现出新内容来，我们都应该大胆地

---

① 罗工柳：《生活源泉与民族形式——谈延安木刻工作团的创作经验》，《延安文艺档案·延安美术：延安美术家（二）》第 47 册，太白文艺出版社 2015 年版，第 817 页。

去运用和发扬它。不管是中国的、西欧的，如果是有毒的，对于大众不利的，我们都应坚决地反对。我们要打破只单纯地死板板地利用旧形式。那种看不起外国科学的手法，或只喜欢外国的欧化的而瞧不起中国过去旧有的形式，都是走极端的错误观点。我们不应该追崇复古，也不应该盲目排外，我们要以新的观点把握住中国的特殊性，以新内容为准则，同时，具体地运用和发展中外的精华，创造民族形式的新木刻"。①

总之，以鲁艺木刻工作团为代表的延安文化社团通过民族形式问题的理论探讨与实践探索，为解决外来形式与中国传统形式（或旧形式）之间的矛盾与纠葛进行了初步尝试，形成了以构建中国化、大众化、民族化的文艺新形式为目标的发展方向和基本路径，这与戏剧民族化、音乐民族化等民族形式问题在不同领域的情况不尽一致，但殊途同归，均反映了马克思主义中国化话语影响下延安文化社团沟通中西、新旧的努力，折射出中国共产党通过马克思主义中国化话语的表达与传播，实现马克思主义话语权构建的历史面相。这正如胡一川在《谈"鲁艺"木刻工作团的工作经验教训》一文所言，中国共产党领导下的鲁艺及其团体，通过加强"马列主义的学习"培养具有马克思主义理论素养的文艺干部，并在深入群众、学习群众、服务群众的过程中，实现对群众的领导（或"做群众的领导者"），此语可以说为党领导下的延安文化社团传播马克思主义中国化话语，致力于不同文艺领域内"民族形式问题"的解决等实践活动，做了一个很好的注解。②

---

①　胡一川：《谈"鲁艺"木刻工作团的工作经验教训》，《延安文艺档案·延安美术：延安美术家（一）》第46册，太白文艺出版社2015年版，第430、431页。

②　胡一川：《谈"鲁艺"木刻工作团的工作经验教训》，《延安文艺档案·延安美术：延安美术家（一）》第46册，太白文艺出版社2015年版，第433、434页。

三、马克思主义中国化话语表达的新路径

马克思主义中国化话语的提出，反映了中国共产党在革命历史进程中，运用马克思主义理论解决中国具体实际问题的认识论与方法论，而利用延安文化社团这一话语载体，以及结合抗战相持阶段的时代要求，中国共产党以戏剧、音乐、美术、诗歌等具有抗战宣传和民众动员功能的文艺形式为突破口，通过话语观念的塑造、话语内涵的拓展、话语力量的发挥，推动抗战时期延安文艺的民族化发展，为有效解决"民族形式问题"以及表达马克思主义中国化话语提供了创新路径。毋庸置疑，这一路径的建构植根于五四以来中国文化发展的历史脉络，而对于马克思主义中国化话语与民族化话语的历史特点和内在联系的考察，是揭示这一路径形成与发展历史脉络的必然要求。

"民族形式问题"涉及马克思主义"中国化"与"民族化"的内在联系，是解决外来形式与中国旧形式之间矛盾问题的核心议题，毛泽东无疑是这一议题的提出者以及相关理论问题的重要阐述者。在《论新阶段》中，毛泽东深刻指出"马克思主义必须通过民族形式才能实现"，而把马克思主义应用到中国具体环境的现实斗争中去，就是"通过民族形式的马克思主义"，其目的在于使马克思主义在具体实际中表现出"中国的特性"，孕育形成"新鲜活泼的、为中国老百姓所喜闻乐见的中国作风和中国气派"，进而推动"马克思主义的中国化"。①诚然，毛泽东关于民族形式问题的阐述，旨在通过利用和改造旧形式，重塑中国化、民族化的文艺形式，而纠正五四以来中国文艺发展方向的偏差应是一个不容忽

---

① 《论新阶段——抗日民族战争与抗日民族统一战线发展的新阶段》（1938 年 10 月 12—14 日），《建党以来重要文献选编（1921—1949）》第 15 册，中央文献出版社 2011 年版，第 651 页。

视的问题。对此，艾思奇在《旧形式新问题》中称，五四运动"打破旧传统"，但却抛弃了过去的"一切优秀传统"，特别是将中国民众的"大众优秀传统"悉数舍弃，转而投入"向外国的文艺里的学习"。可以说，五四后文艺发展方向已经产生了重大偏差，即中国文艺走上欧化文艺发展道路之时，也"因此渐渐从中国民众远离开"，而遏制中国文艺与民众渐行渐远之势，无疑是"中国新文艺发展"的一个重要使命。对此，艾思奇提出，应当将"五四"以来中国学习外来文艺的宝贵经验，与中国优秀的文艺传统相结合，从而使中国文艺"向着建立中国自己的新的民族文艺的方向发展"。①

需要指出的是，艾思奇关于纠正五四以来文艺发展方向偏差问题的意见，与毛泽东关于民族形式问题的阐述颇有关联。众所周知，毛泽东关于民族形式问题的阐述提出后，延安文艺界曾掀起一场关于民族形式问题的大讨论，而在这场讨论中，文艺界对五四以来中国文艺的发展方向与现实问题进行了研讨，这为深入考察马克思主义"中国化"与"民族化"之间的内在关联提供了重要视角。萧三在《论诗歌的民族形式》中探讨了五四以来中国文艺发展方向偏差问题产生的原因，认为西学东渐背景下"一些西洋的文艺到中国来"，面对旧文化、旧文艺与西洋文艺的交织纠葛，中国文化界人士"一时无所适从"，于是出现盲目学习"西洋文艺的作风"，甚至一些自称"新诗人"者，往往采取"完全学习西洋诗的做法"，结果"中了'洋八股'的毒"，走上了与中国民众、中国传统相背离的错误道路。② 对此，沙汀亦持相同观点。在《民族形式问题》一文中，他明确指出五四以来中国新文艺"一直承受着各弱小民族和俄国文学的影响"，这使得中国文艺界人士与广大民众产生了隔膜，

---

① 艾思奇：《旧形式新问题》，《文艺突击》1939 年 6 月 25 日，新 1 卷第 2 期。

② 萧三：《论诗歌的民族形式》，《文艺战线》1939 年 11 月 16 日，第 1 卷第 5 号。

文艺作品不被大众所认同、所接受。①

　　与萧三、沙汀通过追溯五四以来中国文化界盲目崇尚西洋文艺的视角不同，何其芳以构建"中国化的文学的形式"为旨归，将民族形式问题纳入对新文学中国化、大众化的考察，着重辨析五四运动以来新文学与旧文学何者构成"中国化的民族形式的文学的基础"问题，旨在厘清"旧文学的传统的承继""民间文学的利用""欧洲文学的影响的接受"三者在"中国化的民族形式的文学"中的地位和价值。而在探讨文学中国化、民族化问题时，何其芳基于形式与内容的重要关联，指出：一方面，从近代中国文学发展史来看，五四后新文学发展植根于旧文学，其发展趋势为"形式上更欧化""内容上更现代化，更中国化"；另一方面，从各国文学发展情况来看，外来形式本土化是一个重要发展潮流，如托尔斯泰的名著《战争与和平》，完全是"西欧文学的形式"，但人们不得不承认这部不朽之作"很俄罗斯化"。② 可以说，何其芳正是基于实现新文学的中国化与民族化发展的宗旨，主张既发展新文学形式又不排斥旧形式，以及既采用民族形式又不抵拒外来形式。

　　如果说纠正五四以来中国文艺发展方向的偏差是马克思主义中国化话语表达的一个重要前提，那么中国共产党基于抗战新阶段的客观需要，通过延安文化社团的话语载体功能的发挥，推动文化团体深入群众生活、广泛开展民众动员，探索形成了以革命文艺的民族化促进马克思主义文艺理论中国化的创新路径。对此，毛泽东在《论新阶段》中指出，抗战新阶段的到来使得民众动员工作有了新目标和新任务，由此在中国

---

① 沙汀：《民族形式问题》（1939 年 11 月 16 日），《延安文艺档案·延安文论：延安文论作品》第 40 册，太白文艺出版社 2015 年版，第 88 页。

② 何其芳：《论文学上的民族形式》（1939 年 11 月 16 日），储双月等编著：《延安文艺档案·延安美术：延安文论家（三）》第 39 册，太白文艺出版社 2015 年版，第 758—759 页。

共产党领导下"广泛发展民众教育，组织各种补习学校、识字运动、戏剧运动、歌咏运动、体育运动"，不断提高"民族文化与民族觉悟"，借以推动马克思主义革命文艺的深入发展。①

值得一提的是，毛泽东关于发展马克思主义革命文艺的阐述具有一个重要时代背景，即抗战新阶段到来。对此艾思奇从抗战宣传工作的实际需要出发，指出马克思主义革命文艺构建问题其实就是"建立中国民族自己抗战时期新文艺的问题"，而建立抗战新文艺并非意味着摒弃旧形式，而是要"使旧形式适应于抗战的内容而加以改进"，由此实现抗战宣传与抗战新文艺的双重发展，为发展中国新的"民族文艺"以及建立"适合于中国老百姓及抗战要求"的革命文艺奠定基础。② 从某种意义上来说，艾思奇构建抗战新文艺的观点与毛泽东关于马克思主义革命文艺的阐述有着内在关联，而全民族抗战的时代背景无疑是民族文艺发展的内在要求，也是沟通马克思主义革命文艺与抗战新文艺的一个基本要素。

全民族抗战的时代背景下，抗战宣传与民众动员的客观要求，促使中国共产党将"群众路线"的基本原则纳入马克思主义文艺理论中国化的基本范畴。1939 年 8 月 24 日，中共中央政治局会议在延安召开，周恩来在会议发言中将"民主化"纳入民族文艺发展议题。张闻天则在论及文艺发展问题时指出：抗战文艺发展的基本方向是"民族化"和"大众化"，而其发展的基本前提则是"深入民众"。③ 可以说，无论是"民族化""民主化""大众化"，还是其他关于民族形式问题的发展

---

① 《论新阶段——抗日民族战争与抗日民族统一战线发展的新阶段》（1938 年 10 月 12—14 日），《建党以来重要文献选编（1921—1949）》第 15 册，中央文献出版社 2011 年版，第 619 页。

② 艾思奇：《旧形式新问题》，《文艺突击》1939 年 6 月 25 日，新 1 卷第 2 期。

③ 张培森主编：《张闻天年谱》上卷，中共党史出版社 2000 年版，第 616、617 页。

理念，均与中国共产党推动革命文艺民族化发展的目标有关，而在马克思主义中国化话语的影响下，坚持"人民大众的立场""民族的立场"成为马克思主义文艺理论中国化的题中应有之义。这正如沙汀在《民族形式问题》一文中所指出的，抗战新文艺的内容与形式既来源于人民又服务人民，这就要求"作家应该站在人民大众的立场，民族的立场，用民间化的语言来描写他们的实际生活"。而在中国化与民族化话语的双重影响下，抗战新文艺的"中国化"首先"应该以把中国人描写成一个中国人当成我们的日常课题"，同时抗战新文艺的"民族化"也应当以"表现出民族的一般特点"为旨归，借以推动"民族新文艺"的发展。①

诚然，以革命文艺的民族化促进马克思主义文艺理论中国化之举，反映了马克思主义中国化与民族化话语之间的基本逻辑，毛泽东不仅是这一逻辑的理论构建者，也是推动这一逻辑在革命斗争中发展的实践者。诗人萧三在《论诗歌的民族形式》中评价道："中华民族的巨人毛泽东同志很是能诗能文的，在国内战争时，每次战役结束时，他都有诗或词为志。特别是《咏长征》一首诗，简短的七言的八句将二万五千里的经过包括无遗。"②

事实上，在萧三看来，毛泽东利用旧体诗形式创作具有革命实践内容的新诗，这一过程本身就是将"旧形式"发展成为"民族形式"的生动实践，而只有融合了"中国民族形式"与"民族感情"的文艺才能"为中国人所接受"。就此而言，"为中国老百姓所喜闻乐见的中国作风与中

---

① 沙汀：《民族形式问题》，《文艺战线》1939 年 11 月 16 日，第 1 卷第 5 号。
② 萧三所述毛泽东《咏长征》诗，应当是毛泽东于 1935 年 10 月创作的《七律·长征》，全诗七言八句，生动反映了中国工农红军长征辗转曲折、可歌可泣的伟大壮举。全文如下：红军不怕远征难，万水千山只等闲。五岭逶迤腾细浪，乌蒙磅礴走泥丸。金沙水拍云崖暖，大渡桥横铁索寒。更喜岷山千里雪，三军过后尽开颜。

国气派"是在民族形式问题解决过程中孕育形成的。① 对此，柯仲平亦持相同观点。在《论文艺上的中国民族形式》一文中柯氏表示，解决民族形式问题的"总任务"，就是"从创造进步的、伟大的中国作风、中国气派上，尤其是从大众的中国作风这个立场上，去融合中国的、外来的各种适用的优良形式，使它达到最高的综合，用以表现我们的强大的丰富的内容，并且是要使它恰好地表现出来"。②

值得注意的是，毛泽东在阐释马克思主义中国化话语内涵之时，并不排斥国际主义，而是主张将"民族形式"与"国际主义"紧密结合起来，并视"国际性"为马克思主义文艺理论的重要属性。③ 随着马克思主义中国化话语的广泛传播，毛泽东上述理念对延安文化界人士产生重要影响，尤其是毛泽东为鲁艺创立周年纪念题辞时所称述"抗日的现实主义，革命的浪漫主义"之语句，被时人视为"非常聪明、深刻、伟大、切实的口号"。这一口号的时代价值与启示意义在于：正如马克思、列宁不是中国人一样，五四以来的中国文艺形式也不是中国的，但是"马克思列宁主义一传进中国来，具体化，实际化，中国化，它便成为中国民族的了"。对此，萧三亦感慨道："愈是民族的东西，它便愈是国际的。愈有民族风格、特点的，便愈加在国际上有地位"。显然，民族化与国际化一样，已经成为马克思主义中国化话语的重要内容。基于这一认识，萧三直截了当地表示："你看哪一个中国问题不需要马克思列宁主义来给作最科学，最正当的解决？换言之，哪一个最复杂、最困难的

---

① 萧三：《论诗歌的民族形式》，《文艺战线》1939 年 11 月 16 日，第 1 卷第 5 号。
② 柯仲平：《论文艺上的中国民族形式》（1939 年 11 月 16 日），《延安文艺档案·延安美术：延安文论家（一）》第 37 册，太白文艺出版社 2015 年版，第 163 页。
③ 《论新阶段——抗日民族战争与抗日民族统一战线发展的新阶段》（1938 年 10 月 12—14 日），《建党以来重要文献选编（1921—1949）》第 15 册，中央文献出版社 2011 年版，第 651 页。

中国问题，马克思列宁主义解决不了？马克思列宁主义中国民族化了，所以它被中国民族所接受。"① 可以说，萧三此语反映了马克思主义中国化话语影响下民族形式问题的内在逻辑，揭示出马克思主义中国化与民族化话语之间的内在关联，并为马克思主义中国化话语表达的创新路径的形成，作了一个很好的注解。

---

① 萧三：《论诗歌的民族形式》，《文艺战线》1939 年 11 月 16 日，第 1 卷第 5 号。

第四章　延安文化社团兴盛与新民主主义话语的传播

　　从理论与实践双重维度解决革命的性质问题，涉及中国革命的对象、目的、方法等，是延安时期中国共产党构建马克思主义话语权的题中应有之义。尤其是抗战进入战略相持阶段后，随着马克思主义中国化话语内涵的扩展以及延安文化社团的不断发展，至 1940 年 1 月陕甘宁边区文协第一次代表大会召开之时，有关中国化、民族化、大众化等问题逐渐汇集成一个核心问题，即：中国向何处去？毛泽东《新民主主义论》则从理论与实践相结合的角度深刻回答了这一问题，新民主主义话语主题由此生成。

　　正如新民主主义文化的核心内涵是民族的科学的大众的文化一样，新民主主义话语的传播与话语体系建设也必然面临中国化、民族化、大众化等抗战新阶段的核心议题。诚然，这些核心议题反映了运用马克思主义解决中国具体实际问题的理论逻辑，彰显出中国共产党以领导抗战建国为宗旨构建马克思主义话语权的实践逻辑，而这一时期延安文化社团的发展及其开展的新民主主义文化运动，则是考察上述理论逻辑与实践逻辑的必要路径。

第一节　新民主主义话语的生成

一、新民主主义话语的提出

新民主主义话语生成于抗战进入相持阶段的特殊历史时期，它反映了中共中央关于国共合作、抗战形势、革命走向等涉及抗战建国重大问题的艰苦探索与深入思考，毛泽东无疑是这一话语的提出者与系统阐述者。早在 1939 年 12 月，毛泽东与张闻天等共同编写题为《中国革命和中国共产党》的干部学习教材时，首次提出了"新民主主义"概念。该教材分"中国社会"和"中国革命"两章，共 2.1 万字，原计划撰写的第三章"党的建设"因未完稿而未予收录。《中国革命和中国共产党》作为一部党员干部开展马克思主义理论学习的重要文献，运用马克思主义的立场、观点和方法，全面科学地考察了中国的历史与现状，深入系统地揭示了中国革命的对象、任务、动力、性质、前途和命运等重大问题，对于促进党员干部的马克思主义理论水平具有重要作用。尤其是毛泽东撰写的第二章，深刻分析了中国社会各阶层的经济地位和政治状况，丰富和发展了中国共产党在革命实践中逐步形成的一系列重要理论观点，进而形成了较为系统的关于新民主主义的理论。在《中国革命和中国共产党》第二章中，毛泽东首先分析了中国革命的性质，指出对外推翻帝国主义压迫的民族革命和对内推翻封建主义压迫的民主革命是中国革命的任务，强调当时"中国的资产阶级民主主义的革命，已不是旧式的一般的资产阶级民主主义的革命，这种革命已经过时了，而是新式的特殊的资产阶级民主主义的革命"，即"新民主主义的革命"。在这里，毛泽东首次提出"新民主主义"概念，认为中国革命将经历现阶段的"新民主主义的革命"和将来阶段的"无产阶级社会主义性质的革命",而现阶段的新民主主义革命"就是在无产阶级领导之下的人民大众的反帝反封建的革命"。显然,毛泽东在提出新民主主义概念之时,将其与中国革命的领导权问题紧密关联,指出无论是现阶段的新民主主义革命还是将来的社会主义革命,其领导权必须由中国共产党掌握,并强调"离开了中国共产党的领导,任何革命都不能成功"。①

毛泽东提出新民主主义概念以及对其内涵的深刻阐述,植根于中国共产党领导中国革命斗争的实践历程,是马克思主义理论运用于中国具体实际的高度理论概括。12 月 13 日,毛泽东在中共中央政治局会议上听取艾思奇所作关于筹备陕甘宁边区文代会的报告时,对艾思奇关于新文化的性质是三民主义的文化之语提出异议,认为"不提三民主义文化为好",原因在于三民主义的本质就是民主主义,并且三民主义具有彻底与不彻底之分,故宜改为代表彻底的民主主义文化的"中华民族的新文化"。诚然,新民主主义是马克思主义中国化在中国革命实践中的深化和发展,但"马克思主义中国化问题,不能说马克思主义早已中国化了",换言之,"马克思主义是普遍的东西,中国有特殊情况,不能一下子就完全中国化",因此结合当时中国革命的形势与任务,毛泽东以民族化、民主化、科学化、大众化作为新文化深刻内涵的阐释。②

当论及毛泽东与新民主主义话语的正式提出及其内涵的深刻阐述,1940 年 1 月 9 日毛泽东在边区文协第一次代表大会上的讲话,无疑是

---

① 《中国革命和中国共产党》(1939 年 12 月),《毛泽东选集》第 2 卷,人民出版社 1991 年版,第 647、651 页。

② 毛泽东在中共中央政治会议上听取艾思奇的介绍后表示,"新文化用下面四大口号为好:民族化(包括旧形式),民主化(包括统一战线),科学化(包括各种科学),大众化(鲁迅提出的口号,我们需要的)"(参见中共中央文献研究室编:《毛泽东年谱(1893—1949)》中卷,中央文献出版社 2013 年版,第 151 页)。

一个重要的考察视角。该讲话的原标题为《新民主主义的政治与新民主主义的文化》，2月15日讲话原文刊载于《中国文化》创刊号。①2月20日，中共中央机关报《解放》第98、99期合刊登载该文时，改名为《新民主主义论》。在讲话中，毛泽东提出"建立一个新中国"的口号，指出建立中华民族的新政治、新经济、新文化是建设新中国的题中应有之义。②而所谓中华民族的新文化，就是新民主主义的文化，也是"人民大众反帝反封建的文化"，或"抗日统一战线的文化"。显然，毛泽东从中国革命面临的形势和任务出发，对新民主主义文化的内在逻辑作了深刻阐释。根据马克思主义话语权建构的基本路径，毛泽东进一步阐述了新民主主义话语传播与中国革命领导权构建的内在关联，由此使新民主主义文化成为"无产阶级领导的人民大众的反帝反封建的文化"。③

毛泽东提出新民主主义概念之时，还从意识形态话语权构建的角度，对新民主主义话语的内涵作了深刻阐述。值得注意的是，与新民主主义政治、经济相比，新民主主义文化在新民主主义话语中具有独特的地位。诚然，"民族的科学的大众的文化"是新民主主义文化的根本内容，而当"民族""科学""大众"三者被纳入新民主主义话语之后，对于话语观念的形成、话语内涵的塑造以及话语体系的构建有着怎样的价值和地位？④

---

① 毛泽东：《新民主主义的政治与新民主主义的文化》，《中国文化》1940年2月15日，创刊号。
② 《新民主主义论》(1940年1月)，《毛泽东选集》第2卷，人民出版社1991年版，第663页。
③ 《新民主主义论》(1940年1月)，《毛泽东选集》第2卷，人民出版社1991年版，第698页。
④ 《新民主主义论》(1940年1月)，《毛泽东选集》第2卷，人民出版社1991年版，第707页。
另：《大众文艺》一篇题为《什么是新民主主义的文化》的评论指出，新民主主义文化应当是民族的，即"它应当和世界社会主义文化和其他民族新民主主义文化相联合；而不应当和世界帝国主义的反动文化相联合。它不但要吸收世界社会主义的与其他民族的新民主主义的文化，而且要吸收外国的古代文化，特别是如资本主义国家启蒙时代的文化。但它同时又反对'全盘西化'，主张对于一切外国的东西，都应当根据我们的胃口和需求，去渣取华，使它成为我们的有益的营养"（参见渺加：《什么是新民主主义的文化》，《大众文艺》1940年4月15日，第1卷第1期）。

这一问题或可从毛泽东、张闻天、林伯渠等中国共产党领导人的有关阐述，以及抗战时期中国革命的实践过程中得到解答。

首先，从民族特性来看，中华民族的独特性质造就了中华文化的独特内容与形式，而中国革命的民族文化则决定了新民主主义话语的民族特性。在中华文化发展的历程中，如何正确对待本国传统文化与外来文化的关系，无疑是决定文化发展方向的重要课题。尤其是近代以来，西学东渐背景下外来文化对中国传统文化造成强烈冲击，中国知识人士在西学刺激下提出"全盘西化"的主张，滋生"形式主义地吸收外国"文化的弊病，而祛除这一弊病的关键，正如毛泽东在《新民主主义论》中所述，在于"必须将马克思主义的普遍真理和中国革命的具体实践完全地恰当地统一起来"。换言之，外国文化必须与中国"民族的特点相结合，经过一定的民族形式"，才能发展和形成新民主主义的文化。①

毛泽东所称述的新民主主义文化，可用"民族的形式"和"新民主主义的内容"来概括。张闻天在边区文协第一次代表大会的报告中，则从对待"中华民族的新文化"与"外国文化"的态度角度加以申述，称中华民族的新文化应当"充分吸收外国的文化的优良成果"，这是成为世界优秀文化的必然要求，也是"中华民族抗战建国"的客观需要。基于上述要求，新民主主义文化的发展既要反对"完全抄袭外国文化的所谓'全盘西化'"论，也要避免陷入所谓"中学为体，西学为用"的"中国本位文化"论的错误之中，而是要吸收包括"自然科学的、社会科学的、哲学的、文艺的"一切外国文化中的优秀成果，实现"外国文化的

---

① 《新民主主义论》(1940年1月)，《毛泽东选集》第2卷，人民出版社1991年版，第707、708页。

'中国化'"。① 可以说，张闻天基于抗战建国的现实需要提出建设"中华民族的新文化"的主张，目的在于"解决中国的各种实际问题"，由此强调一切外国文化的优秀成果必须"服从于中华民族抗战建国的需要，服从于建设中华民族新文化的需要"，从而促使"中华民族的新文化提到更高的阶段"，实现新民主主义文化的发展。②

新民主主义话语绝非停留于一般宣传或理论探讨层面，而是为进一步加强陕甘宁边区建设实践提供了重要遵循。时任陕甘宁边区政府主席林伯渠在谈及边区政治建设时，直言不讳地表示：现阶段边区政治建设的中心议题，就是"新民主主义政治的阶段问题"。其中，"文化教育"是实现政治建设的重要举措。"加强民族民主的教育"，发展"民族化"的文化形式，以及构建"民主化"的文化内涵是其基本任务，其根本性质则可以概括为"民族的形式和科学的内容"。③ 值得注意的是，这一根本性质与毛泽东在《新民主主义论》中，关于中华民族新文化"民族的形式"和"新民主主义的内容"的表述如出一辙，这无疑彰显出新民主主义话语的内在逻辑。

其次，从革命文化为人民大众服务的根本宗旨来看，新民主主义文化是教育革命干部、服务工农大众的文化。作为"革命的有力武器"，

---

① 1940年1月8日，抗日民族运动人士吴藻溪在《新华日报》刊发《目前自然科学界的主要任务》一文，指出"科学也是历史和社会的产物，它离不了大众的实际生活，超越不了时代所赋予的任务"。而在抗战时期，自然科学界人士应该"坚实地把握着这一纵即逝的现实，参加关于抗战的各种科学工作，完成时代所赋予的任务，满足抗战建国大众的需要"，只有这样才能真正实现"科学中国化及科学大众化"。（参见吴藻溪：《目前自然科学界的主要任务》，《新华日报》1940年1月8日，第4版。）

② 《抗战以来中华民族的新文化运动与今后任务》(1940年1月5日)，《张闻天文集》第3卷，中共党史出版社1994年版，第44页。

③ 《林伯渠同志在陕甘宁边区党政联席大会上的报告——关于新民主主义政治的阶段问题》(1940年3月)，陕西省档案馆、陕西省社会科学院编：《陕甘宁边区政府文件选编》第2辑，陕西人民教育出版社2013年版，第104、105页。

革命文化运动对于革命实践具有重要意义。而从列宁"没有革命的理论，就不会有革命的运动"一语中，毛泽东结合中国抗战发展大众文化的客观需要，提出建设一支"文化军队"的理念，并且指出"这个军队就是人民大众"，由于民众是"革命文化的无限丰富的源泉"，因此要从改革文字入手，使"言语必须接受民众"，推动大众文化的发展。[①] 张闻天则从大众化与中华民族新文化的相互关系角度，提出大众化的新民主主义文化包含两层意义：一方面，新民主主义文化是"代表大众的利益、为大众的解放而斗争的武器"。新民主主义文化是为广大民众服务的，而非少数特权者、剥削者的文化。从这种意义上来讲，只有大众的新民主主义文化，才是真正的民族、民主、科学的新文化，而新民主主义文化的"大众化"，同时也是提高文化民主性与科学性的客观要求。另一方面，通俗化是新民主主义文化的本质属性。通俗化不是曲解新文化，更不是使新文化庸俗化，而是用通俗易懂的表现形式使广大民众接受、认识和掌握新民主主义文化，进而使民众的文化水平得到提高。这里所指的文化水平自然包括政治水平，尤其是在抗战建国的时代背景下，大众化问题不能脱离当时的政治条件，而应当与"民主政治的斗争是密切联系着的"。因此，通俗化的本质要求是新民主主义文化工作者不断"接近大众、了解大众、把握大众、向大众学习"，从而在促进民众文化水平提高的同时，实现新民主主义文化的丰富和发展。[②]

[①] 《新民主主义论》（1940 年 1 月），《毛泽东选集》第 2 卷，人民出版社 1991 年版，第 707、708 页。另：《大众文字》一篇题为《什么是新民主主义的文化》的评论指出，新民主主义文化应当是大众的，即它"应当普及大众的教育，使人民大众都能够享受文化，并成为他们革命的武器。为了要达到这个目的，必须改革文字，使它和大众接近起来"。（参见渺加：《什么是新民主主义的文化》，《大众文艺》1940 年 4 月 15 日，第 1 卷第 1 期。）

[②] 《抗战以来中华民族的新文化运动与今后任务》（1940 年 1 月 5 日），《张闻天文集》第 3 卷，中共党史出版社 1994 年版，第 47—49 页。

再次，从理论与实践的一致性来看，新民主主义文化具有主张实事求是、坚持客观真理的科学性。在中华文化发展的历史长河中，古代文化既有"封建性的糟粕"，也有"民主性的精华"，而取其精华、废其糟粕既是"发展民族新文化提高民族自信心的必要条件"，也是新民主主义文化的"革命性"以及尊重历史发展规律的本质要求所决定的。① 张闻天明确"提倡民族的、民主的、科学的、大众的中华民族的新文化"，主张从"文化为抗战建国服务"的角度，推动包括文学、艺术、科学、哲学等新文化的各方面发展，这体现出他对自然科学与社会科学在新民主主义政治、经济和文化建设中重要作用的深刻认识。②

应当指出的是，新民主主义话语具有丰富的理论内涵，深刻回答了中国革命向何处去的时代课题，这既是以毛泽东同志为主要代表的中国共产党人对中国革命性质、任务等问题的深刻思考，也是关于抗战新阶段马克思主义话语权构建的重要举措。而根据中国文化革命的历史特点，建设一支在社会科学领域和文学艺术领域中的"文化生力军"，则是实现话语构建、彰显话语力量的根本路径。毛泽东关于建设"文化生力军"的理念，是建立在中国共产党登上政治舞台后形成"中国政治生力军"的基础之上，其建设基础包括哲学、经济学、政治学、军事学、历史学、文学、艺术等各个方面，尤其是以戏剧、电影、音乐、雕刻、绘画等为代表的文艺界人士，既是抗日民族统一战线的重要组成部分，也为进行最广泛的民众动员提供了动力。③ 对此，主持中共中央宣传工

---

① 《新民主主义论》（1940 年 1 月），《毛泽东选集》第 2 卷，人民出版社 1991 年版，第707、708 页。

② 《抗战以来中华民族的新文化运动与今后任务》（1940 年 1 月 5 日），《张闻天文集》第 3 卷，中共党史出版社 1994 年版，第 63 页。

③ 《新民主主义论》（1940 年 1 月），《毛泽东选集》第 2 卷，人民出版社 1991 年版，第707、708 页。

作的张闻天从话语传播与表达的角度，提出发动文学、艺术、科学、哲学等各文化部门人士，成立各种专门研究机构或各类文化社团的意见。他建议马列主义研究会、研究院等团体或机构，应当倡导"自由研究、自由思想、自由辩论的生动、活泼、民主的作风"，这些团体和机构必须在党的领导下开展马克思主义学习与宣传活动，推动新民主主义文化进农村、进工厂、进军队，从而通过"更广泛的宣传马克思列宁主义"将马克思主义理论传播到全中国去，实现"马列主义中国化"。[①]

　　毛泽东关于新民主主义话语的思考，随着中国抗战与革命形势的演进而不断深化，这反映了中国革命理论与实践互动发展的历史过程。1940年3月4日，毛泽东在陕甘宁边区党政联席会议上提出"新民主主义问题"，指出作为一个暂时的、过渡的革命阶段，中国的新民主主义既与英、美、法等国的"老民主主义"（即资产阶级的民主主义）有着根本不同，也与苏联的"新新民主主义"（即无产阶级的民主主义）有着明显差异。[②] 对此，刘少奇亦持相同观点。在《论抗日民主政权》一文中刘少奇指出，推翻帝国主义与封建势力压迫的资产阶级性质的民主主义革命是"中国革命的第一步"，这种民主主义革命既不是"西欧资产阶级那样的旧民主主义革命，也不是假的三民主义革命"，而是"新民主主义革命"或"真正革命的三民主义的革命"。值得一提的是，刘少奇在阐述中国革命第一步的任务和特点之时，指出其与第二步（即社会主义革命）的承接联系，即中国革命将"不可避免地要过渡到第二步或第二阶段"，并强调这是"中国新民主主义革命与西欧旧民主主义革

---

① 《抗战以来中华民族的新文化运动与今后任务》（1940年1月5日），《张闻天文集》第3卷，中共党史出版社1994年版，第57、58页。

② 中共中央文献研究室编：《毛泽东年谱（1893—1949）》中册，中央文献出版社2013年版，第175页。

命的主要不同之点"。①

　　而在阐述新民主主义话语中外有别的观点之时，毛泽东进一步强调"陕甘宁边区的方向就是全国新民主主义的方向"。② 此语可谓是从边区新民主主义建设与全国新民主主义发展的关系角度，阐明了话语权构建从延安向全国演进的基本逻辑，揭示出中国共产党及其领导下的延安文化社团话语权构建的实践路径，为从延安扩大至全国进而掌握中国革命的领导权提供了重要指南。林伯渠在陕甘宁边区党政联席大会报告时，以响应"毛主席的号召"和发展"新民主主义"为出发点，旗帜鲜明地表示："向着新民主主义的方向，来争取陕甘宁边区的巩固与发展"，就是中国共产党领导下陕甘宁边区政府的未来发展方向。在这一导向之下，"陕甘宁边区是新民主主义的边区"，其经济、政治、文化等各方面的建设，均朝着新民主主义的方向前进。而在提出将边区建设成为"新民主主义的模范"之时，林伯渠循着新民主主义话语建构的内在逻辑，明确指出新民主主义方向"不仅在边区，在华北、江南一切抗日根据地，和在全国都应向新民主主义的方向走去"。就此而言，陕甘宁边区的新民主主义建设"不仅在边区成为模范，连全国一切有抗日政权的地方都应这样"，这样才能实现"抗战必胜"和"建国必成"的目标。③

　　林伯渠在陕甘宁边区党政联席大会的报告反映了新民主主义话语由主题提出、理论构建步入实践发展的历史过程，揭示了新民主主义话语

① 《论抗日民主政权》（1940 年 12 月），《刘少奇选集》上卷，人民出版社 1981 年版，第 170、171 页。
② 中共中央文献研究室编：《毛泽东年谱（1893—1949）》中册，中央文献出版社 2013 年版，第 175 页。
③ 《林伯渠同志在陕甘宁边区党政联席大会上的报告——关于新民主主义政治的阶段问题》（1940 年 3 月 12—13 日），陕西省档案馆、陕西省社会科学院编：《陕甘宁边区政府文件选编》第 2 辑，陕西人民教育出版社 2013 年版，第 104、105 页。

构建由局部向全国辐射的演进逻辑，折射出中国共产党对抗战建国以及中国向何处去的深刻思考。刘少奇《论抗日民主政权》一文则就此问题做了进一步阐述，称中国共产党领导中国革命的根本目的，就是"建立一个独立的新民主主义的新中国"，这一目标促使中国共产党"实行新民主主义的政治"，领导和发动各阶级力量组成"抗日民族的统一战线"，通过成立"各阶级联合的抗日民主政权"，"领导中国抗战与革命到最后胜利"。① 诚然，刘少奇以新民主主义政治建设推动新民主主义政权建设，进而实现中国共产党对抗战建国以及中国革命领导的话语权构建路径，无疑是新民主主义话语观念在政治建设领域表达与实施的结果，这反映了毛泽东、林伯渠、张闻天、刘少奇等中国共产党领导人对新民主主义话语主题及其内涵的深刻思考。

二、新民主主义话语的内涵

新民主主义话语的提出，既反映了抗战进入战略相持阶段的时代背景，也是中国共产党在延安进行民主政治、经济、文化建设等客观实践的成果，而毛泽东和张闻天在陕甘宁边区文协第一次代表大会上的讲话内容，无疑是关于新民主主义话语内涵的重要文献。而在到延安的茅盾看来，抗战爆发后中国革命面临"文化如何服务于政治""抗战胜利以后将要怎样一个新的中国""新中国的新文化又是怎样一种面目、性质""中华民族的新文化运动是向着怎样一个方向发展"以及"目前以及今后任务是什么"等问题，亟待深入研究。毛泽东、张闻天关于新民主主义话语的深刻阐述，则"运用马列主义的理论，对过去做了精密的

---

① 《论抗日民主政权》（1940 年 12 月），《刘少奇选集》上卷，人民出版社 1981 年版，第 170—173 页。

分析，对今后提给了精辟的透视与指针"，深刻回答了"有关中华民族文化百年大计的问题"。毛泽东和张闻天的发言分别在《中国文化》发表，在茅盾看来，"这两篇文章的适当其时的出现，可说是中国新文化史上一件大事"。①

茅盾的上述认识反映了新民主主义话语经由《中国文化》发表后产生的重要影响，折射出新民主主义话语的内在张力与重要意义。曾任陕甘宁边区文协机关报《中国文化》编辑林默涵在论及《新民主主义论》的重要影响时称，毛泽东《新民主主义论》回答了"中国向什么地方去"和"抗战胜利后建立什么样的国家"两个重大现实问题；而根据在陕甘宁边区文协第一次代表大会现场聆听毛泽东讲话的主观判断，林氏认为毛泽东提出新民主主义话语的主要目的有二：一是指出中国革命必须分两步走，即新民主主义革命和社会主义革命；二是毛泽东的新民主主义话语揭示了真三民主义的革命性与假三民主义的反革命性，矛头直指国民党"蒋介石一党专政"。②

新民主主义话语涉及中国革命的历史、现状和发展趋势，其内涵颇为丰富，毛泽东则从民族的、科学的、大众的三个方面加以阐发，彰显了马克思主义与中国革命实际相结合的基本原则。值得注意的是，随着新民主主义话语的传播及其内涵的阐发，延安文化界人士在认识和接受这一话语时却出现较大偏差。曾以漫画作为抗日宣传工具的华君武在《漫画问答》一文中称，他早年学习漫画"受到外国影响"，所创作的漫画作品与延安军民的喜好存在隔膜。当时延安民众对墙报上的连环画、

---

① 茅盾：《论如何学习文学的民族形式——在延安各文艺小组会上演说》，《延安文艺档案·延安美术：延安文论家（一）》第37册，太白文艺出版社2015年版，第5页。

② 张素华、边彦军、吴晓梅：《毛泽东三篇著作对我人生道路的影响——访林默涵》，《延安文艺档案·延安美术：延安文论家（三）》第39册，太白文艺出版社2015年版，第816、818页。

宣传画表现出浓厚的兴趣，但对漫画的喻意却感到费解，这一场面令华君武颇为尴尬。而受新民主主义话语影响，华君武在思想上发生了重要转变，他逐渐认识到"中国的文学艺术必须有民族特色，也就是毛主席在《新民主主义论》上说的民族化问题"。可以说，正是基于新民主主义话语中"民族的形式"之影响，华君武才积极转变创作思路，将"为中国老百姓所喜闻乐见"作为努力追求的目标，从而走出画室、走上前线、走向广大农村，投身于漫画创作的民族化发展之中。[①]

　　与华君武关注新民主主义话语的民族属性不同，在鲁艺戏剧系和美术系任教，并担任实验剧团和美术工场主任的钟敬之，则从鲁艺及其文艺团体的教育计划、理念与宗旨出发，阐述新民主主义话语对文化事业发展的重要影响。钟敬之在《延安鲁迅艺术学院》一文中，首先回顾了 1941 年 1 月毛泽东《新民主主义论》中关于新民主主义文化的阐述，指出"这个伟大的文化战略思想，也迅速在鲁艺的教育实施上体现出来"，其中鲁艺教育计划的两次修订就是上述影响的结果。而新修订的第四、五届鲁艺教育计划明确指出，鲁艺教育的基本方针是培养文艺专门人才，"以致力于新民主主义的文学艺术事业"；教育目的是培养"适合于抗战建国需要的文学艺术的理论、创作、组织各方面的人才"。[②]如果说鲁艺教育计划的修订是中国共产党领导下鲁艺主要负责人所为，那么鲁艺《艺术工作公约》（以下简称《公约》）的制订则是由鲁艺全体人员参与的集体行动。根据《公约》，鲁艺师生的文艺活动首先要"不违反新民主主义现实主义的方向"，而在《公约》的十项内容中，包括"不

---

① 华君武：《漫画问答》，《延安文艺档案·延安美术：延安美术家（一）》第 46 册，太白文艺出版社 2015 年版，第 466 页。

② 钟敬之：《延安鲁迅艺术学院》，《延安文艺档案·延安戏剧：延安戏剧组织》第 4 册，太白文艺出版社 2015 年版，第 232—233 页。

违反民族的、大众的立场""不违反艺术上抗日民族统一战线的原则"等，均与《新民主主义论》的主旨和内容相一致，由此体现了新民主主义话语在延安文化界的深刻影响。①

鲁艺教育计划、理念、宗旨等的新民主主义话语特色，反映了新民主主义话语在文化领域的重要影响。而在大众读物社创办者、延安《大众习作》和《边区群众报》主持人周文看来，新民主主义话语对延安大众化运动的影响颇为深远。在《大众化运动历史的鸟瞰》一文中，周文回顾和总结了抗战以来延安文化社团在中国共产党领导下开展大众化运动的实践，指出以《黄河大合唱》创作为代表的音乐大众化、以木刻和年画为代表的美术大众化、以民众剧团和烽火剧团为代表的抗战戏剧大众化、以诗歌朗诵和《大众文艺》出版为代表的文学大众化等，一改过去文化界"思想上迎合大众""任意的运用语言""滥用旧形式"等"庸俗化"弊病，通过批判地利用旧形式，"创造适合民众需要的新形式"，为推动抗战宣传和民众动员起到了重要作用。然而，抗战进入战略相持阶段后，延安文化社团仍未妥善解决"通俗和提高的关系"问题，在话语观念与实践之间尚未做到协调一致，而毛泽东《新民主主义论》和张闻天《抗战以来中华民族的新文化运动与今后任务》"两篇辉煌的文章的发表，发挥了最大的指导意义"，尤其是毛泽东关于"新民主主义的文化是大众的"以及张闻天关于新文化应该是大众的观点，深刻回答了文化界关于大众化发展的问题，"指出大众化的前途和方向"，系统地阐述了"大众化的提高与通俗相互的区别和相互的联结"辩证关系，推动中国共产党领导下的陕甘宁边区以及各抗日根据地大众化运动的发展，为"建设新民主主义的文化"奠定了重

---

① 《鲁艺艺术公约》，《抗日战争时期延安及各抗日民主根据地文学运动资料》上册，山西人民出版社 1983 年版，第 452 页。

要基础。①

毛泽东提出新民主主义话语主题，以及张闻天对新民主主义话语的阐释，均有一个共同的背景，即 1940 年召开的陕甘宁边区文协第一次代表大会。此次大会于 1 月 4 日正式召开，9 日毛泽东发表题为《新民主主义的政治与新民主主义的文化》的演讲，并且为大会题词："为建立中华民族的新文化而奋斗""鲁迅的方向就是中华民族新文化的方向"。② 可以说，中华民族新文化，即新民主主义文化已经成为大会的核心议题，会议发表的宣言明确提出"创造民族的、民主的、科学的、大众的中华民族的新文化"的目标和任务，并且详细阐明新民主主义与三民主义、抗战文化与中华民族新文化、文化运动与抗战建国之间的重要关联，揭示出新民主主义话语各要素之间的内在逻辑。③

首先，关于新民主主义与三民主义之间的联系，既涉及国共合作抗战的重要背景，也与抗战相持阶段国共摩擦显现并逐步升级、抗日民族统一战线面临政治分化等问题有关。尤其是蒋介石儒化的三民主义、叶青伪造的三民主义、汪精卫篡改的三民主义，引发抗战时期中国政治和文化的严重危机。④ 对此，中国共产党在陕甘宁边区以及各根据地坚持"无产阶级政党的立场"，明确指出国民党在抗日统一战线中的妥协投降主义倾向是假三民主义，其"在政治上着重于分化抗日民族统一战线，分裂国共合作，在文化思想上就着重于伪造三民主义，曲解三民主

---

① 周文：《大众化运动历史的鸟瞰》，《中国新文艺大系（1937—1949，评论集）》，中国文联出版公司 1998 年版，第 59、60 页。
② 蒋建农主编：《毛泽东全书》第 6 卷，河北人民出版社 1998 年版，第 491 页。
③ 《陕甘宁边区文化协会第一次代表大会宣言》，《新中华报》1940 年 1 月 20 日，第 98 期第 6 版。
④ 房世刚：《抗战时期国共两党对三民主义认知与践行的研究》，中共党史出版社 2018 年版，第 164 页。

义，企图使三民主义的内容，从抗战团结的纲领，变为投降反共或'和平防共'的汉奸纲领，并在文化界努力制造各种反动的复古的倒退运动，阻碍一切进步的能对抗战起推动作用的思想文化的发展"，故中国共产党呼吁"在马列主义的思想体系和科学方法的指导之下"，实行"真正彻底的三民主义的政治纲领"，并提出只有建立"新的民主主义的政权"以及创造"政治上思想上的自由条件"，才能协调新民主主义与三民主义的关系，实现真正的革命的三民主义。[①]

其次，关于抗战文化与中华民族新文化，两者既相互独立又相辅相成，是创造新民主主义文化的重要前提。抗战文化孕育自中国全民族抗战，团结了进步的文化工作者和知识分子，推动了教育文化的发展，尤其是在中国共产党的领导下，逐渐形成了"在抗战文化中起了最大的推动作用的马克思主义者的科学思想"，有效化解了抗日民族统一战线中的政治危机和文化危机。然而，随着抗战相持阶段的到来，抗日民族统一战线出现了政治分化、文化思想扭曲问题，尽管随着抗战的演进，中华民族新文化逐渐形成，但只有促进边区与全国文化界的广泛团结，以及进行广泛而深入的抗战教育和普及教育，借以提高文化界的水平和层次，才能创造民族的、民主的、科学的、大众的中华民族的新文化，实现新民主主义文化的发展与繁荣。[②]

最后，关于文化运动与抗战建国之间的关系问题，涉及新民主主义政治、经济与文化建设，反映了新民主主义话语建构的内在逻辑。正如陕甘宁边区文协第一次代表大会宣言所述，陕甘宁边区新民主主义建设

---

① 《陕甘宁边区文化协会第一次代表大会宣言》，《新中华报》1940 年 1 月 20 日，第 98 期第 6 版。

② 《陕甘宁边区文化协会第一次代表大会宣言》，《新中华报》1940 年 1 月 20 日，第 98 期第 6 版。

目标是成为全国的模范，其宗旨是使边区的政治、经济、文化均步入"全国最先进的地位"，而上述目标和宗旨的实现既有赖于"边区文化界与全国文化界的共同努力"，也需要抗日民族统一战线的巩固和发展。尤其是"在抗战建国过程中开展广大有力的新民主主义文化运动"，既是争取民主自由思想，破除封建迷信，以及克服妥协投降阴谋活动的必要前提，也是团结和动员一切力量进行抗战的重要举措。①

诚然，当论及中国共产党领导和推动抗战文化运动的情况，艾思奇在大会所作题为《抗战中的陕甘宁边区文化运动》的报告，堪称一篇精彩的"历史叙述"，它为揭示新民主主义话语的基本内涵提供了一条重要路径。② 艾思奇在报告中首先指出陕甘宁边区政治运动与文化运动的特征，称"在抗战的文化运动上，共产主义的文化思想，也起了进步的推动作用。这正充分地表现了中国政治运动和文化运动的新民主主义的特征"，这一重要特征反映了"以广大民众的利益做基础的，以无产阶级为核心（因为无产阶级是最彻底地民主主义力量）的各阶级联合的新民主主义政治"，以及"以马克思主义的科学理论作指针的新民主主义的文化"。其次，艾思奇阐述了中国共产党领导下陕甘宁边区政治与文化发展的积极意义。艾思奇认为，一方面，陕甘宁边区是中共中央所在地，抗战爆发后，中国共产党领导下的边区在政治上逐渐成为"模范的抗日民主根据地"，成为"模范的新民主主义政权"；同时，在国共合作抗日的背景下，中国共产党"最彻底地实施了三民主义的纲领"，建立了"全国最进步的新民主主义政治"，为新民主主义话语在全国的传播奠定了重要基础。另一方面，边区文化运动在全国的新民主主义文化运

---

① 《陕甘宁边区文化协会第一次代表大会宣言》，《新中华报》1940 年 1 月 20 日，第 98 期第 6 版。

② 师田手：《记边区文协代表大会》，《中国文化》1940 年 4 月 15 日，第 1 卷第 2 期。

动中居于领先进位。艾思奇指出，随着中国共产党在边区的政治已成为模范的抗日民主政治，"边区在文化上也成为先进的地区了"，这具体表现在广大工农士兵文化程度的提高，以及"党、政、军的干部的理论研究特别是马列主义理论研究不断的加深"，而全国进步青年纷纷前来，这进一步提升了边区的整体文化水平。与此同时，中国共产党领导下的"抗战的新民主主义的文化政策"有力推动了抗战文化运动的发展。尤其是抗战以来，面对边区文化发展上的重重困难，中共以文化社团为话语载体，组织了民众剧团、烽火剧团、抗战剧团等抗战戏剧团体，"利用地方戏剧的形式，在民众中有极大的政治动员作用"，边区美术、音乐界团体人士也利用其在宣传画、漫画、木刻、壁画等方向的特长，加入到抗战宣传与民众动员的队伍，他们的创作均"以新的抗战的现实为内容"，旨在不断"探求中华民族新艺术的内容和形式"，推动形成"抗战的、新民主主义的艺术"，以及"创造中华民族新文化"。①

1940 年 1 月 12 日，陕甘宁边区文协第一次代表大会正式闭幕，会议通过的《简章》明确提出，边区文协将团结全边区文化工作者，并与全国文化工作者通力合作，共同建立"中华民族新文化"，争取中华民族解放与全社会的解放。② 中共中央机关报《新中华报》对此次为期九天的会议做了富有理论意义和实践指导价值的总结，指出与会的陕甘宁边区各机关文化团体，以及在边区工作的全国知名艺术家、理论家、自然科学家、医学家、教育家等代表，对新民主主义话语内涵进行了深入

---

① 《抗战中的陕甘宁边区文化运动——1940 年 1 月 6 日在陕甘宁边区文化协会第一次代表大会上的报告》，《艾思奇全书》第 2 卷，人民出版社 2006 年版，第 782—804 页。
② 《陕甘宁边区文化协会简章》（1940 年 4 月 15 日），谢依阳编著：《延安文艺档案·延安美术：延安美术组织（二）》第 51 册，太白文艺出版社 2015 年版，第 353 页。

探讨，这不仅"确定了中国革命运动和文化运动的方向"，而且为"建立民族的，民主的，科学的，大众的中华民族新文化"指明了道路，其重要意义不仅在于取得了"边区文化运动的第一次成就，而且也是在全中国文化运动中有历史意义的成就"。可以说，《新中华报》对边区文协第一次代表大会成就的总结，进一步诠释了新民主主义话语的基本内涵，"规定了今后边区文化工作的方针和任务"，并阐释了"全国文化运动中所提出的一切问题"，从而为在中国革命和抗战实践中发挥新民主主义话语的力量奠定了重要基础。[①]

三、新民主主义话语生成的理论逻辑

毛泽东在陕甘宁边区文协第一届年会上的讲话，深刻阐述了"中国文化革命的历史特点"，强调中国共产党作为一支"文化生力军"，在哲学、经济学、政治学、军事学、历史学、文学、艺术等方面取得了巨大发展，揭示了以哲学为代表的中国传统文化对新民主主义革命的重要历史意义。[②] 无独有偶，张闻天在大会讲话中论及"中华民族的新文化与外国文化"关系问题之时，也表示中华民族文化必须吸收包括哲学文化在内的"外国文化中的一切优良成果"，强调进一步发展哲学等新文化的各个方面，并"使之更能为抗战建国服务"，这是"中华民族新文化运动当前的具体任务"。而为说明边区文协在边区文化运动乃至全国文化运动中的重要作用，张闻天通过对边区文协在马克思主义哲学中国化发展中重要地位和意义的分析，指出文协通过组织诸如延安新哲学会等

---

① 《社论：边区文协代表大会的成就》，《新中华报》1940 年 1 月 17 日，第 97 期第 1 版。
② 《新民主主义论》（1940 年 1 月），《毛泽东选集》第 2 卷，人民出版社 1991 年版，第 696、697 页。

文化团体，有力推动了新民主主义文化的发展。① 边区文协第一次代表大会闭幕后的报道中，《新中华报》在总结大会的成就时指出，建立民族的、科学的、大众的新民主主义文化的一个重要前提，是加强马克思主义理论研究，以及"在科学的立场上来批判研究中国的学术和中国历史，更具体深刻地认识抗战发展的规律"。②

从上述毛泽东、张闻天等中国共产党领导人的大会演讲，以及中共中央机关报《新中华报》关于大会的报道来看，哲学、新哲学会等关键词显然被纳入新民主主义话语的阐述之中，而追溯新哲学会创办与运作的历史过程，探索哲学中国化等问题在新民主主义话语体系中的地位与作用，或可揭示新民主主义话语与马克思主义中国化话语之间的关联，进而厘清新民主主义话语的理论逻辑。

作为延安新哲学会的会长，艾思奇编写题为《哲学是什么》的哲学课程教材，旨在推动延安马克思主义哲学的学习运动。在《哲学是什么》一书中，艾思奇首先阐述了抗战相持阶段"我们还要提出马克思主义中国化、辩证法唯物论中国化的口号的原因"。从中国革命斗争实践尤其是抗战历史经验来看，马克思主义是我们取得胜利的根本保证。然而，马克思主义中国化"是一个发展的过程"，也是一个在克服错误倾向和进行革命斗争中不断完善的过程，因此随着中国革命的发展和抗战形势的不断演进，我们要"更强有力地提出中国化的口号"，只有这样才能"使中国化的努力成为一个有意识的普遍的运动，使中国更多更广泛的人能够来学习掌握马克思主义和辩证法唯物论，使这革命斗争的最锐利的思想武器成为广大群众都能够使用的工具，使中国的革命运动更能够

---

① 《抗战以来中华民族的新文化运动与今后任务》（1940 年 1 月 5 日），《张闻天文集》第 3 卷，中共党史出版社 1994 年版，第 44 页。

② 《社论：边区文协代表大会的成就》，《新中华报》1940 年 1 月 17 日，第 97 期第 1 版。

不因为遭遇到错误和挫折而延迟了发展的进程，更能够迅速地完成"。①

诚然，从革命的性质和任务来看，抗战时期仍处于"资产阶级民主主义革命的阶段"。对此，毛泽东在《新民主主义论》明确指出：这一阶段并不是社会主义阶段，革命必须分两步走。艾思奇在《哲学是什么》一书中，则引用《新民主主义论》的语句称：由于马克思主义能够"正确地把握一切社会发展和社会革命的规律，因此也最能有效地指导一切革命运动的思想"，使其具备了思想领域中的"盟长的资格"。中国共产党作为一个马克思主义政党，掌握了完成中国民族民主革命的最有力的武器，并且推动形成了抗日民族统一战线。在此过程中，"中国革命的新民主主义的特征"愈加明显，中国共产党"盟长的资格"的地位也更加稳固，这为表达和传播新民主主义话语，以及掌握抗战建国的话语权，进而实现对中国革命的领导奠定了基础。可以说，领导地位的形成既是抗战爆发前后中国共产党进行话语构建的必然结果，也是新民主主义话语提出后继续深化马克思主义中国化话语的必要前提，这反映了新民主主义话语与马克思主义中国化话语之间的内在关系，揭示出新民主主义话语构建的理论逻辑。无怪乎艾思奇在书中直言不讳地表示：中国共产党"根据马克思列宁主义所规定的三民主义的革命纲领以及民族抗战斗争的战略和策略"取得了抗战和中国革命的阶段性胜利，这是马克思主义理论的正确性和中国共产党作为马克思主义政党的先进性最好的证明，也是包括辩证法唯物论在内的马克思主义理论，"一定能够中国化而且早已在中国化的过程中发展过来的最显著的事实证明！"②

---

① 艾思奇：《哲学是什么》（1940 年 6—8 月），《艾思奇全书》第 3 卷，人民出版社 2006 年版，第 51、52 页。

② 艾思奇：《哲学是什么》（1940 年 6—8 月），《艾思奇全书》第 3 卷，人民出版社 2006 年版，第 53、54 页。

新民主主义话语提出后，新哲学会在毛泽东、张闻天等的推动下建立了许多"哲学研究小组"，这些小组往往是以延安各机关、学校、文化团体等为依托，逐渐形成了新哲学会下属的哲学学习小组网络。利用这样一个庞大的学习网络，马克思主义哲学中国化在新民主主义话语影响下不断深化。在此背景下，陕甘宁边区各界发起马克思主义学习运动，新哲学会也"着手编著各种哲学著作"，由此推动形成以"为抗战建国而服务"为口号的全国理论研讨的热潮。① 随着新哲学会工作的广泛开展，至 1940 年 6 月举行第一届年会之时，新哲学会已经在全国理论界产生较为广泛的影响。正如何思敬在年会开幕式上致辞时所称，以毛泽东为代表的新哲学会成员，撰写了《论持久战》《论新阶段》《新民主主义论》《抗战以来中华民族的新文化运动与今后任务》等重要理论作品，这些论著是在"中华民族解放战争中所产生的伟大文献"，也是中国革命和抗日战争的"斗争纲领"，有力地指导了中国革命发展和抗战的阶段性胜利，并使中国共产党逐渐掌握了抗战和中国革命的话语权。尤其是《新民主主义论》的发表以及新民主主义话语的提出，使得"新民主主义"已经成为包括新哲学会在内的延安文化社团的"战斗的旗帜"，随着革命形势的发展和中国抗战的不断演进，也必将成为"中华民族再生的旗帜"。②

毛泽东在年会讲话中肯定了新哲学会成立以来的工作成绩，但认为延安"理论活动仍很落后"，要求大家"加紧理论研究"，并在实际工作中"提高革命理论"。值得注意的是，参加此次会议者包括毛泽东、张闻天、朱德、艾思奇、何思敬、周扬、茅盾、范文澜等五十余人，与会

---

① 齐礼：《边区文化界救亡协会》，《延安文艺档案·延安美术：延安文学组织》第 31 册，太白文艺出版社 2015 年版，第 30 页。

② 《延安新哲学会举行第一届年会》，《新中华报》1940 年 6 月 28 日，第 142 期第 3 版。

者不仅讨论了理论水平提升问题，而且深入探讨了如何"将理论与实践联系起来"的现实问题。艾思奇作为新哲学会会长，是当天会议开幕式后的首位发言者。他在作会务工作报告时指出，新哲学会在理论上的成绩，无疑是以"毛泽东同志几部伟大的著作"为代表，而在实践方面，则广泛组织了各机关、学校、团体中的"哲学研究小组"，这使延安各级党员干部"能有意识的将理论与实践联系起来"，尤其是通过对抗战建国相关问题的研讨，使得"研究工作与实际的政治任务很好的配合起来"，逐渐形成了马克思主义理论学习与革命实践相结合的良好风尚。[1]张闻天在会议讲话中也从理论与实际相结合的角度，指出"新哲学会应更多研究中国革命的实际问题，以克服革命理论落后于实际的缺陷"，强调应当"使新哲学的研究与实践斗争更密切联系起来，使新哲学的研究成为生动的、实际的、有兴趣的工作，而不是死板的、条文的、公式的背诵"。[2]与艾思奇、张闻天的观点相类似，朱德在会议讲话中结合部队在前线战斗的情况，指出学习和研究马克思主义理论的良好气氛，使前线战士们产生了"研究哲学的兴趣"。根据《新中华报》报道，在华北以及全国广大地区，大家在抗战中"都研究着新哲学，现在许多干部都能把哲学上的原则运用到实际工作中去"。[3]

　　显然，在延安新哲学会第一届年会上，与会者不约而同地强调理论与实践相结合的重要意义，这与马克思主义中国化的基本逻辑颇为契合。而作为延安一名颇负盛名的青年哲学家，和培元在《论新哲学的特性与新哲学的中国化》一文中称，所谓新哲学即"马克思列宁主义的哲

---

[1]　《延安新哲学会举行第一届年会》，《新中华报》1940 年 6 月 28 日，第 142 期第 3 版。

[2]　张培森主编：《张闻天年谱（1900—1941）》上卷，中共党史出版社 2010 年版，第 633、634 页。

[3]　《延安新哲学会举行第一届年会》，《新中华报》1940 年 6 月 28 日，第 142 期第 3 版。

学"，或"辩证唯物主义与历史唯物主义"，"高度的科学精神"和"辩证法的精神"是其基本特性。而新哲学中国化的本质，则在于"辩证唯物主义的普遍原理与中国的具体的革命实践的结合，与中国的历史实际的结合"。需要指出的是，和培元在阐述什么是"新哲学的中国化"问题时直接引用毛泽东《论新阶段》关于马克思主义中国化的语句；而在论及抗战相持阶段马克思主义哲学中国化问题时，和培元提出"辩证唯物主义的一般原理与中国具体的革命实践的结合"，以及"与中国现实的历史实际的结合"的根本原则，并且强调"研究新民主主义"的重要意义。①

可以说，和培元以"抗战建国"为前提，以"马克思主义理论与中国具体实际相结合"为根本原则，在新哲学特性理论与实践问题的考察中，系统阐述了"新哲学的中国化"观点，并通过对新哲学中国化本质的探索，实现了马克思主义中国化与新民主主义的理论对接，从而构建起抗战建国、马克思主义中国化、新民主主义的内在联系与理论逻辑。值得一提的是，艾思奇在《抗战以来的几种重要哲学思想评述》一文中阐述哲学中国化与马克思主义中国化的内在关联时，直言毛泽东《新民主主义论》等著作"就是马克思主义中国化和辩证法唯物论应用的最大的历史收获"，尤其是关于中国革命性质和发展规律的论述，"表现出辩证地依据中国具体现实条件来研究问题的光辉的范例"，进一步"证明马克思主义的中国化和辩证法唯物论的应用，是能够最正确地解决中国的革命问题的，马克思主义和辩证法唯物论是完全适合于中国的国情的"。②艾思奇此语可谓是对和培元上述观点的有力支持，进一步彰显

---

① 和培元：《论新哲学的特性与新哲学的中国化——为延安新哲学会三周年纪念作》，《中国文化》1941 年 8 月 20 日，第 3 卷第 2、3 期合刊。

② 《抗战以来的几种重要哲学思想评述》（1941 年 8 月），《艾思奇全书》第 3 卷，人民出版社 2006 年版，第 251、252 页。

出新民主主义话语的理论逻辑。

第二节　新民主主义话语传播的实践路径

一、新民主主义话语表达与延安文化社团的实践

1940 年 1 月 9 日，毛泽东在边区文协第一次代表大会上演讲时，引用马克思的话语称："从来的哲学家只是各式各样地说明世界，但是重要的乃在于改造世界。"毛泽东指出，马克思此语是"自有人类历史以来第一次正确地解决意识和存在关系问题的科学的规定，而为后来列宁所深刻地发挥了的能动的革命的反映论之基本的观点"。[①] 显然，毛泽东引用马克思主义经典作家的言论，旨在强调实践在革命运动中的重要作用。

新民主主义话语主题提出后，由于革命形势的发展和中国抗战的不断演进，中国共产党亟须通过话语表达和传播，逐步使党员领导干部和广大军民形成新民主主义话语观念，毛泽东、张闻天等中国共产党领导人无疑是这一工作的重要推动者，他们借助报刊媒体、学习运动等推动马克思主义理论的学习和实际运用。其中，陕甘宁边区民众剧团开展第二次"小长征"式的巡回演出，以及工余剧人协会等团体举行《日出》公演活动，为发挥新民主主义话语在实践中的作用奠定了重要基础。

1940 年 1 月 3 日，中共中央书记处发出《中央关于干部学习的指示》，要求全体党员干部学习和研究"马列主义的理论及其在中国的具体运用"，并就学习主旨、课堂安排、教材编印、教师来源、学习制度

[①] 《新民主主义论》(1940 年 1 月)，《毛泽东选集》第 2 卷，人民出版社 1991 年版，第 664 页。

等问题做了详细部署，旨在掀起一场全党上下学习马克思主义理论的热潮。[1]26 日，张闻天撰写《党的工作中的一个基本问题——了解具体情况》一文，阐述运用马克思主义分析具体实际，借以掌握客观规律进而制定具体任务的重要原则。[2] 在该文中，张闻天指出，"根据马列主义的理论去正确的了解当前的具体情况，是党正确的决定具体任务的出发点，也是党使这些任务能够实行的基础"。可以说，具体情况的了解必须"依靠马列主义的理论去分析与研究这些具体材料"，即"马列主义在中国的具体运用"。而在具体工作中，要注意党的政治路线"一致性与多样性""原则性与具体性"的统一，并通过对具体问题的分析和研究，把握客观规律，实现"中央总的政治路线在各地的具体化"，推动马克思主义在各地工作中的具体运用。显然，张闻天上述观点直指党内教条主义倾向，旨在促使党员干部"运用马列主义于具体环境中"，实现"马列主义的理论与实际的统一"，从而"发展马列主义"。[3]

与此同时，毛泽东在各种场合倡导党员干部将马克思主义运用于具体实际之中。1940 年 1 月，毛泽东为《大众日报》创刊一周年题辞时提出，广泛动员学校、机关、文化团体以及"一切可能力量"，提高民族觉悟、发扬民族自信心与自尊心，坚持抗战到底。[4]2 月 5 日，毛泽东在陕甘宁边区自然科学研究会成立大会上的讲话中指出，边区自然科学研究会是中国共产党领导下的一支重要力量。他强调"马克思

---

[1]　中共中央党史研究室第一研究部编：《共产国际、联共（布）与中国革命文献资料选辑：1938—1943》第 21 卷，中共党史出版社 2012 年版，第 168 页。

[2]　张培森主编：《张闻天年谱（1900—1941）》上卷，中共党史出版社 2010 年版，第 628 页。

[3]　张闻天：《党的工作中的一个基本问题——了解具体情况》（1940 年 1 月 26 日），《张闻天文集》第 3 卷，中共党史出版社 1994 年版，第 65、66 页

[4]　中共中央文献研究室编：《毛泽东年谱（1893—1949）》中卷，中央文献出版社 2013 年版，第 157 页。

主义包含有自然科学"，呼吁广大干部群众"研究自然科学"，并且运用自然科学知识"了解社会""改造社会"，以及"进行社会革命"。①可见，毛泽东在致力于党员干部学习与运用马克思主义理论之时，注意对包括边区自然科学研究会在内的文化社团的领导，并且通过大会演说阐述了马克思主义与自然科学的内在联系，借以推动马克思主义话语在自然科学群体的传播。

抗战进入相持阶段后，抗日民族统一战线巩固与否关系到中国抗战的前途与命运，而随着国民党亲日派汪精卫集团的叛变，以及国民党政府蒋介石实行消极抗战、积极反共的政策，使得国共合作抗战局势面临日益严峻地挑战。在此背景下，1940 年 1 月 4 日，由著名导演应云卫率领的中国电影制片厂西北摄影队从重庆出发，赴塞上榆林拍摄影片《塞上风云》。该影片由著名剧作家阳翰笙编写，以一对青年男女抗日为题材，反映了蒙汉两族人民并肩战斗、共同抗敌的历史场景，是我国"第一部表现民族团结抗敌的影片"。②2 月 15 日，毛泽东设宴招待途经延安的西北摄影队。而在摄影队队长应云卫介绍《塞上风云》的内容和拍摄计划后，毛泽东称赞《塞上风云》这部电影"较好地体现了抗日民族统一战线精神，是一个很有意义的题材"，借以表达对影片宣传抗日救亡的积极作用的肯定。

毛泽东在推动抗日民族统一战线巩固和发展之时，注意新民主主义理论的介绍和宣传，并通过将新民主主义教育纳入国民教育体系，促使新民主主义话语观念的形成。1940 年 3 月，中共中央发布《关于开展抗

---

① 《在陕甘宁边区自然科学研究会成立大会上的讲话》（1940 年 2 月 5 日），中共中央文献研究室编：《毛泽东文集》第 2 卷，人民出版社 1993 年版，第 269、270 页。

② 张文柄：《西北摄影队在榆林》，《榆林文史资料》第 8 辑，榆林报社印刷厂 1988 年版，第 109 页。

日民主地区的国民教育的指示》，要求各抗日根据地组织读报、演讲、戏剧、娱乐、体育等活动，广泛发动民众参加各类"文化教育活动"，并提出"应该确定国民教育的基本内容为新民主主义的教育"，强调新民主主义教育是"以马列主义的理论与方法为出发点的关于民族民主革命的教育与科学的教育"。①5 月底，著名文学家茅盾由新疆辗转到达延安。28 日，毛泽东会见茅盾并向他了解工作情况。而在 6 月初，毛泽东在看望茅盾时建议他来鲁艺工作，并赠送一部新出版的《新民主主义论》，此举从一个侧面反映了毛泽东积极介绍和宣传新民主主义理论的历史场景，此举无疑有助于推动新民主主义话语在文化界人士中的传播。②

伴随着新民主主义话语的传播以及延安马克思主义学习运动的深入开展，新民主主义话语在延安党、政、军、民中的影响不断扩大，逐渐形成一股理论联系实际的良好风气。在此影响下，延安文化社团以实际行动开展新民主主义话语的实践，积极推动新民主主义话语观念的形成与发展。陕甘宁边区民众剧团首先行动起来，开启了第二次下乡演出活动。与 1939 年民众剧团第一次下乡演出所不同的是，此次活动是在新民主主义话语提出之后，其影响不仅反映在"剧团创作的剧本"方面，而且体现在对剧团上下的"教育意义"上，可以说通过对毛泽东《新民主主义论》的深入学习，新民主主义话语已经成为剧团成员"政治思想上的武装"。③

---

① 《中共中央书记处关于开展抗日民主地区的国民教育的指示》（一九四〇年三月十八日），《建党以来重要文献选编（1921—1949）》第 17 册，中央文献出版社 2011 年版，第 213、214 页。
② 中共中央文献研究室编：《毛泽东年谱（1893—1949）》中卷，中央文献出版社 2013 年版，第 192、193 页。
③ 《民众剧团的成立及初期活动情况》（1940 年 1 月），《延安文艺档案·延安音乐：延安音乐组织》第 15 册，太白文艺出版社 2015 年版，第 398 页。

以新民主主义话语为政治思想武装的民众剧团，带着一批在毛泽东等中国共产党领导人指导下创作的剧本，于 1940 年春向关中进发。在此次巡回演出中，剧团"逢村必演，场场叫好"，足迹遍及关中四县，被人们亲切地称为第二次"小长征"。据民众剧团团长柯仲平回忆称，剧团的演出得到老百姓的热情响应，乡亲们常常拿出自家的衣物、粮食、鸡蛋、红枣等赠予剧团。对此，柯仲平自豪地表示，剧团一路走一路吃着老乡送的鸡蛋，只要顺着路上的鸡蛋皮，就可以找到民众剧团，可见广大群众对民众剧团的喜爱之情。[1] 而在剧团出发时，周扬曾邀请柯仲平撰写一篇关于民歌方面的文章。柯氏则以"论中国民歌"为标题撰文，指出民歌不仅在"政治上有功用性"，而且是"中国文化中的一种优秀的、活的、大众的艺术"，其使用的语言是"人民中活生生的语言"，所反映的民众思想感情具体而形象，因此"能很快地通过人民的感觉，直接唤起人民思想情绪上的反映"，这对于团结和领导广大农民群众进行反帝反封建的斗争具有重要作用。[2]

值得注意的是，柯仲平的《论中国民歌》一文以继承和发展民歌这一中国传统音乐为目标，以"提高大众的文化教育"为主要任务，旨在"创造新中国的大众音乐、大众诗歌"，这反映了新民主主义话语观念影响下中国共产党建立中国新文化的努力。[3] 而这一努力的一个重要表征，即《日出》在延安的首演。《日出》是著名剧作家曹禺创作的戏剧，剧情以抗战爆发前的天津为背景，揭示 20 世纪 30 年代中国大都市黑暗糜烂、光怪陆离的社会生活图景。承担此次演出任务的是 1939 年

---

① 冯希哲、敬晓庆编著：《延安文艺档案·延安音乐：延安音乐组织》第 15 册，太白文艺出版社 2015 年版，第 382 页。

② 柯仲平：《论中国民歌》，《中国文化》1940 年 6 月 25 日，第 1 卷第 4 期。

③ 柯仲平：《论中国民歌》，《中国文化》1940 年 6 月 25 日，第 1 卷第 4 期。

10 月 21 日成立的延安工余剧人协会，该协会隶属于全国剧协陕甘宁边区分会，艾思奇、张庚、钟敬之等人担任常委。①据张庚回忆称，《日出》在延安的上演，是毛泽东提议和发起的。当时毛泽东提出两项要求：一是集中延安优秀演员担任演出任务；二是专门成立一个临时党支部，出演者均要在支部里过组织生活。诚然，抗战爆发以来，延安戏剧运动热潮涌动、广受好评，然而受演出条件和时局动荡所限，演出的作品以短小的抗战剧为主。毛泽东提议"延安也应当上演一点国统区名作家的作品"，并提出"《日出》就可以演"，这一提议直接掀起了延安的"大戏热"。②

1940 年 1 月 1 日，由工余剧人协会领衔、鲁艺实验剧团以及总政宣传大队、抗大文工团的文艺工作者共同参与的大型话剧《日出》在延安首演，他们连续演出 12 场，受到中国共产党领导人和广大群众的热烈欢迎。据负责舞台布置工作的钟敬之称，《日出》在延安上演后，一大批根据地以外的著名作家的剧本以及国外大型名剧"在延安舞台上陆续演出，影响并推动了延安戏剧运动向前发展"③。然而，负责此项工作的张庚却表示，当时大家虽然知道毛泽东高度重视此事，但并"不完全了解其深意"④。事实上，关于《日出》在延安上演的原因在该剧演出前后就已经引发热议，学界也陆续有所阐发，而探索中国共产党领导下延安文化社团创造中华民族的新艺术的实践，或可揭示其与新民主主义话语之间的内在关联。

---

① 孙国林、曹桂芳编著：《毛泽东文艺思想指引下的延安文艺》，花山文艺出版社 1992 年版，第 394 页。
② 张庚：《张庚文录：补遗卷》，湖南文艺出版社 2014 年版，第 266 页。
③ 任文主编：《延安时期的社团活动》，陕西师范大学出版总社有限公司 2014 年版，第 97 页。
④ 张庚：《张庚文录：补遗卷》，湖南文艺出版社 2014 年版，第 266 页。

1939 年 12 月 16 日，《新中华报》记者于敏刊发评论称，排演曹禺《日出》的"理由很简单，因为曹禺是一位写得比较好的作家，而'日出'则是他的创作中比较好的一部戏"。值得注意的是，作为鲁艺实验剧团副团长，于敏根据延安戏剧运动的实践，在评论中毫不避讳地提出：《日出》的公演"显示了我们弱点"，即"剧本创作的贫弱而不能适应演出的要求"，为此呼吁延安戏剧工作者在"演出的同时"，也应当注重创作能力的提升。尽管如此，于敏仍将排演该剧的主要意义归结为丰富延安戏剧活动的内容，以及积累演大戏的宝贵经验，并强调"经验的积累是最可宝贵的东西，没有这种经验的积累就不会把延安的演戏活动引向灿烂的远景"。①

于敏关于《日出》在延安公演原因的阐述固然不无可议之处，而文中提出"灿烂的远景"究竟指向何处？以及意蕴如何？对这些问题的解答，无疑是探索新民主主义话语构建路径问题的关键所在。1940 年 1 月 24 日，《新中华报》再度刊发于敏的评论。而在这篇题为《评"日出"公演》的文章中，于敏开门见山地指出《日出》公演的里程碑式意义，称：此举将延安戏剧运动划分为"两种不同的时期"，即过去演出道路狭隘时期与现在道路被"放宽"的时期，而毛泽东、张闻天等中国共产党领导人对演出成功的赞誉，不仅"使我们更加深刻的认识到'日出'的'反资本主义的倾向'"，还表明"一切富有正义感并能够正视现实的艺术家和他们的作品，只有在延安才能得到应有的尊敬和适当的评价"。②显然，于敏此言具有一个重要的历史背景，即抗战相持阶段国共合作趋于破裂，以及抗日民族统一战线遭遇严重挑战，在此背景下，延安公演《日出》这样一部看似与抗战无关的剧目，却在某种意义上是向全国各

---

① 于敏：《介绍"工余"的"日出"公演》，《新中华报》1939 年 12 月 16 日，第 89 号第 4 版。
② 于敏：《评"日出"公演》，《新中华报》1940 年 1 月 24 日，第 99 号第 4 版。

界表明中国共产党团结抗战态度和决心的重要举措。

作为工余剧人协会理事，艾思奇在公演结束后撰写《〈日出〉在延安上演》一文，借此对国内关于延安上演《日出》之事所引发的各方"揣测"做了回应。一方面，艾思奇并未否定"艺术的武器为抗战服务"的立场和宗旨，而是从"为抗战建国服务"的角度出发，指出排演《日出》有利于"探求和创造各种各样的更优秀的表现形式"，促进"艺术性和大众性"的统一，以及"艺术本身的水准提高"。他还强调，延安文化界开展的艺术运动就是"抗战艺术运动"，并且从未将艺术与抗战分离开来，相反正是通过此举提高"艺术质量"、创新"艺术形式"以及学习"中外的各种艺术的优秀的作品"。显然，艾氏此语与于敏关于积累演大戏的经验之说颇为吻合。另一方面，艾思奇从《日出》的剧本内容和表达的主题思想入手，指出该剧作为"抗战以前的戏剧创作中最优秀的产品之一"，真实反映了资本主义社会的腐烂生活，深刻揭露了资产阶级的罪恶，这对抗战时期的戏剧运动具有重要启示，即"抗战的艺术并不需要每一篇作品和每一个题目都要直接描写抗战，而是要反映抗战中的各方面的现实运动"。可见，艾氏此言与于敏关于借《日出》公演来反对资本主义的阐述颇为一致。更为重要的是，艾思奇从阐明"延安上演《日出》的意义"出发，指出延安公演《日出》的目的是"创造中华民族的新艺术"，由此将《日出》在延安上演以及延安文化社团其后争相演出中外名剧之举纳入新民主主义话语实践范畴，这在某种意义上揭示了新民主主义话语观念形成的基本路径。①

① 《〈日出〉在延安上演》（1940 年 4 月 15 日），《艾思奇全书》第 2 卷，人民出版社 2006 年版，第 805—808 页；艾思奇：《〈日出〉在延安上演》，《中国文化》1940 年 4 月 15 日，第 1 卷第 2 期。

二、从"小鲁艺"到"大鲁艺"

理论与实践相结合既是毛泽东等中国共产党领导人坚持的一项重要工作原则，也是新民主主义话语由观念向实践层面转变的一条重要路径。学界关于新民主主义话语实践路径的研究，主要是从话语导向的角度立论，重在对新民主主义话语内涵与基本意义的阐释，缺乏话语由理念向实践层面转变的具体考察，而以延安培养文艺干部的学校鲁艺为切入点，考察中共中央对鲁艺的话语引导，以及鲁艺及其文艺团体传播新民主主义话语的具体面相，有助于揭示新民主主义话语在实践中运用的历史过程与基本路径。

鲁艺作为中国共产党在延安时期培养文艺干部和文艺工作者的重要机构，其基本宗旨、教育方针与发展理念等得到以毛泽东为代表的中国共产党领导人的高度关注。尤其是 1939 年 5 月 11 日，鲁迅艺术学院更名为鲁迅艺术文学院后，鲁艺增设的文学系扩大招生，办学规模也不断扩大。[①] 而继鲁

[①] 关于鲁迅艺术学院改为"鲁迅艺术文学院"的时间，各方说法不一，主要有四种观点：第一种观点认为，1939 年 5 月 11 日，即鲁艺成立周年纪念之时，中共中央书记处会议决定改名。当晚毛泽东等中共领导人观看了鲁艺成立一周年大型演出，由冼星海指挥的《黄河大合唱》亦于当晚上演。（参见王纪刚编著：《延安大学校》，世界图书出版公司 2016 年版，第 64 页。）第二种观点认为，鲁艺于 1940 年后更名为"鲁迅艺术文学院"，尽管这一时间表述较为笼统，但包括人物传记、当事人回忆录、地方史等在内的多数论著持此观点。（参见卢周来主编：《抗大亲历者》，国防大学出版社 2014 年版，第 272 页；罗银胜：《周扬传》，文化艺术出版社 2009 年版，第 113 页；梁星亮等编：《陕甘宁边区史纲》，陕西人民出版社 2012 年版，第 179 页。）孙国林在《延安鲁艺——革命文艺的摇篮》一文中则称，鲁艺于 1940 年 4 月更名为鲁迅艺术文学院，仍简称"鲁艺"。（参见孙国林：《延安鲁艺——革命文艺的摇篮》，《党史博采》2004 年第 8 期。）第三种观点认为，改名时间为 1938 年 8 月，改名缘由是鲁艺在原有的戏剧、音乐、美术三个系的基础上增设了文学系。（参见胡天虹、吴厚兴主编：《沈阳音乐学院校史 1938—2007》，春风文艺出版社 2008 年版，第 8 页。）第四种观点认为，鲁迅艺术学院于 1941 年 9 月更名为"鲁迅艺术文学院"，更名后仍简称"鲁艺"。（参见曾鹿平：《延安大学在中国现代高等教育史上的地位和作用》，《延安大学学报》（社会科学版）2008 年第 4 期。）

艺举办建校一周年纪念会之后，1940 年 6 月 9 日，鲁艺举行成立二周年纪念大会，毛泽东、朱德等出席会议并发表讲话。毛泽东在讲话中首先指出"艺术在革命中的重要性"，借以强调鲁艺在"抗战中文化统一战线的重要性"。而在阐述鲁艺办学宗旨以及今后发展方向问题时，毛泽东从新民主主义话语内涵出发，旗帜鲜明地提出"建立中国的新文化"的总目标，并且号召鲁艺全体师生"必须向各方面学习，向老百姓学习"。①

毛泽东对鲁艺教育宗旨与发展方向问题的阐述，反映了中共中央对延安文艺事业发展的高度重视。同年 6 月，鲁艺新一届学员毕业。据曾经担任鲁艺美术工场木刻组长古元回忆称，他正是那一届毕业的学员。而在临近毕业之际，有一天毛泽东来到鲁艺并且会见了全校师生，这无疑令毕业班学员们颇为惊喜。而在会见时的谈话中，毛泽东借用"小鲁艺"和"大鲁艺"的比喻，为学员毕业后的工作目标与实践方向做了"极宝贵的指示"，称："你们就要毕业了，将要离开鲁艺了，我主张你们最好到大鲁艺去再学习。你们现在学习的地方是小鲁艺，人民群众的生活才是大鲁艺，广大的劳动人民就是大鲁艺的老师，你们应当参与实际的斗争生活，认真地向他们学习，改造自己的思想感情，把自己的立足点移到工农兵这一边来，才能成为一个真正的革命文艺工作者"。需要指出的是，毛泽东此番谈话与在鲁艺成立二周年纪念大会上的讲话内容颇有关联，并且激励了鲁艺师生。聆听完毛泽东的讲话后，古元立即收拾好毕业行囊，准备"到大鲁艺去学习了"，其目的地是距离延安十余里的碾庄乡。②

---

① 中共中央文献研究室编：《毛泽东年谱（1893—1949）》中卷，中央文献出版社 2013 年版，第 193 页。

② 古元：《到大"鲁艺"去学习》，《延安文艺档案·延安美术：延安美术家（一）》第 46 册，太白文艺出版社 2015 年版，第 314 页。另注：古元在文中回忆称，他毕业参加工作的地方为"延安县川口区念庄乡"。此处"念庄"应与"辗庄"指同一个地方。

　　古元到达碾庄乡后，住在一个只有四十二户村民的小村里，而在担任碾庄乡政府文书的岁月里，古元与当地农民同吃同住、朝夕相处，逐渐融入了乡村社会这个"大鲁艺"。由于"生活在人民中间"，古元"不断地感受到新鲜的事物，不断地涌现出新的创作题材"，这不仅使他深切体会到毛泽东所说的人民生活是"一切文学艺术的取之不尽、用之不竭的唯一源泉"的深刻内涵，还促使他的创作主题与创作风格发生了重要改变。① 对此，力群在《谈版画家古元》中称，古元在碾庄乡工作十个月时间，对陕北农村有了深入了解，并且与当地农民成为朋友，由此获得"版画创作的丰富的生活资本"，相继创作出《离婚诉》《羊群》《结婚登记》《哥哥的假期》等脍炙人口的作品。②

　　而在创作实践中，令古元印象颇为深刻的是木刻画《羊群》的创作过程。当时，古元将初步创作的木刻画张贴在农民的炕头，每当农民劳动回来在炕头吸旱烟时，古元就坐在旁边听他们的评论：一位农民指着墙上挂着的《羊群》画说，"应该加上一只狗，放羊人不带狗，要吃狼的亏。"另一位农民补充说："放羊人身上背上一条麻袋就带劲了，麻袋可以用来挡风雨，遇到母羊在山上产羔，就把羊羔装进麻袋里带回来。"古元根据乡亲们的评论和指点，在画作适当位置加上一只狗，又在放羊人手上添上一只出生不久的小羊羔，结果发现"经过这样修改后，比原来的好得多了"。③

　　与此同时，扎根农村进行创作的古元，其创作风格与木刻技法也有

---

① 古元：《到大"鲁艺"去学习》，《延安文艺档案·延安美术：延安美术家（一）》第 46 册，太白文艺出版社 2015 年版，第 315 页。
② 力群：《谈版画家古元》（1940 年 6 月），《延安文艺档案·延安美术：延安美术家（一）》第 46 册，太白文艺出版社 2015 年版，第 317 页。
③ 古元：《到大"鲁艺"去学习》，《延安文艺档案·延安美术：延安美术家（一）》第 46 册，太白文艺出版社 2015 年版，第 315 页。

了大幅改进。由于初期进行木刻创作时，古元直接把"从学校或外国书本上学来的一套木刻技法硬搬到这里来"，导致一些木刻技法处理失当，乡亲们看了之后批评道："为啥这人脸半边是白的那半边又是黑的？""脸上为啥画上这许多道道？""乌黑一大片的咱们看不明白。"显然，直接照搬外国艺术形式所形成的"洋里洋气的东西是不会被这里的群众完全欢迎的"，这使古元真切体会到毛泽东曾经对"硬搬和模仿"外国形式批评的深刻意义，于是主动加以改进，从而根据群众的意见，借鉴和吸收中国民间绘画和装饰艺术的传统，坚决摒弃"不合群众口味的那些生搬硬套的手法，探索着群众喜爱的艺术形式"，使得创作手法与艺术风格有了大幅改进。[①] 郝力群在谈及古元这一时期风格转变时指出，古元早期木刻版画的创作"受了德国版画家珂勒惠支木刻的影响"，犯了"生吞活剥"、原样照搬的错误，故其木刻作品《离婚诉》经过重新创作才获得成功；而在创作主题方面，"古元所选的题材，在当时不仅是新事物，而且是很有政治意义的"，但其作品主题绝非从"政治概念"出发，而是从民众生活出发，真实反映了"在中国共产党领导之下的陕甘宁边区，经济是繁荣昌盛的，劳动人民过着安居乐业的幸福生活。而当时国民党统治区却经济凋零，劳动人民过着饥寒交迫、流离失所的悲惨生活。这就是古元作品的巨大政治意义"。[②]

力群关于美术创作主题政治意义的观点并非虚言，陕甘宁边区美术工作者协会江丰在《回忆延安木刻运动》一文中指出，当时"延安的木刻作者，在党的文艺为工农兵服务的方针引导和鼓舞下"，"参加了火热

---

① 古元：《到大"鲁艺"去学习》，《延安文艺档案·延安美术：延安美术家（一）》第 46 册，太白文艺出版社 2015 年版，第 315、316 页。
② 力群：《谈版画家古元》（1940 年 6 月），《延安文艺档案·延安美术：延安美术家（一）》第 46 册，太白文艺出版社 2015 年版，第 317、318 页。

的革命斗争"，亲身体验了群众的生活与思想情感，这不仅极大地丰富了"艺术创作的源泉"，还践行了周恩来"为发展我国新的民族艺术而提出的'革命化、民族化、群众化'"的要求，创造性地形成了具有"时代特色"和"民族风格"的艺术形式。可以说，正是中国共产党领导下延安木刻工作者的政治思想水平与艺术水平的迅速提升，有力推动了"中国的新兴木刻"发展。①

诚然，古元扎根农村进行创作并取得成功的情况在当时并非个案。而其成功的根本原因，在江丰看来，主要得益于放弃照搬外国创作手法的艺术形式，转而采取了一种既"中西结合"又保持原有基础的方法，这种创作手法不仅克服了西方木刻艺术"阴阳脸"的弊端，而且恰当地保留了"珂勒惠支的艺术因素"，使得作品的艺术表现形式更加丰满，因此受到广大群众的欢迎。需要强调的是，江丰认为这种既"利用外国的先进经验"又结合民族特色进行创作的方式，正确地体现了"外为中用的原则"，由此所形成"独特地民族风格的木刻艺术，大大丰富和提高了表现新生活的能力"，展现出创作者"探索木刻的民族化"的努力。如果说这一创作原则是"延安木刻的民族化"的重要前提，那么古元创作风格的转型堪称"探索木刻民族化富有成效的范例"。②

江丰关于延安木刻艺术民族化发展的阐述旨在发扬中国传统艺术的特色，彰显中华民族的传统风格，而这一宗旨和目标无疑具有一定的新民主主义文化发展的考虑。在鲁艺木刻工作团团长胡一川看来，抗战时期木刻运动"最适合于时代的要求"，是"新民主主义文化运动"的重

---

① 江丰：《回忆延安木刻运动》，《延安文艺档案·延安美术：延安美术家（二）》第47册，太白文艺出版社2015年版，第533页。

② 江丰：《回忆延安木刻运动》，《延安文艺档案·延安美术：延安美术家（二）》第47册，太白文艺出版社2015年版，第534、535页。

要组成部分。① 胡一川将木刻艺术甚至延安美术纳入新民主主义文化运动的范畴，主要基于以下考虑。

首先，抗战时局的紧迫性与木刻艺术的独特性使得鲁艺木刻工作团成为延安木刻运动的代表，有力推动了"新民主主义文化运动"的发展。日本侵略造成的动荡局势，使得中国的物质资源陷入极度匮乏的境地。在此背景下，包括纸张、画笔、颜料等在内的美术创作工具成为稀缺资源，这大大影响了美术在抗战宣传工作中的作用。然而，木刻作为美术的一个分支，由于其俯拾皆是的创作资源和简要明快的创作风格，使得木刻艺术"具备着许多优点"，成为战时宣传工作的重要内容。②

其次，延安木刻运动是中国共产党领导开展"新民主主义文化运动"的重要举措。随着鲁艺木刻工作团等延安美术团体的成立，以及延安木刻运动的深入发展，中共中央广泛号召"每一个美术工作者都应该刻木刻，参加木刻的工作"。而为"在敌后方掀起木刻运动的浪潮，完成敌后新民主主义文化运动中我们应尽的任务"，胡一川等人致力于全国"建立木刻网"的计划，此举通过"成立全国木刻协会的分会"，有计划地举办木刻画报、传单、街头木刻等活动，以及定期举行"农村的木刻流动展览会"，推动木刻团体力量的延伸与扩展，实现"把中国的木刻运动广泛地深入到群众中间去"的目标。③

再者，鲁艺木刻工作团以培养文艺干部为目标，旨在推动木刻工作者学习和研究马克思主义理论，并将党的政治领导与延安文化社团"创

① 胡一川：《谈"鲁艺"木刻工作团的工作经验教训》，《延安文艺档案·延安美术：延安美术家（一）》第46册，太白文艺出版社2015年版，第432页。
② 胡一川：《谈"鲁艺"木刻工作团的工作经验教训》，《延安文艺档案·延安美术：延安美术家（一）》第46册，太白文艺出版社2015年版，第432页。
③ 胡一川：《谈"鲁艺"木刻工作团的工作经验教训》，《延安文艺档案·延安美术：延安美术家（一）》第46册，太白文艺出版社2015年版，第432页。

作民族形式的新木刻"结合起来，实现木刻运动发展与新民主主义文化运动的对接。胡一川根据中国共产党领导下鲁艺培养文艺干部和文艺工作者的经验，以抗战时期"培养怎样的木刻新干部"为问题导向，围绕如何将木刻艺术纳入新民主主义话语问题进行阐述，称：一是加强木刻工作者的马克思主义理论建设，使木刻艺术作品的题材、内容与主旨符合现实政治发展的要求；二是木刻工作者不应当是"狭隘的民族主义者"，而是要以"创作民族形式的新木刻"为旨归，既深入推动木刻运动的"大众化""通俗化""地方化""民族化"，又坚持"复古"而"不应该排外"的原则，通过对"中外遗产"的深入研究，深刻把握"中华民族的特点"，实现对"中外精华"的借鉴和吸收，推动新木刻运动的深入发展；三是将木刻运动与"政治的具体任务"结合起来。一方面，发挥中国共产党对木刻运动的政治引领作用，即：通过对时局的了解、分析和研究，利用木刻传单、卡片、街头画等，使木刻运动与党的政治宣传相结合，推动党的战时宣传与政治动员工作。另一方面，木刻工作者应当坚持群众路线的原则，既要经常地"向群众学习"，接受广大群众的批评，"做群众的学生"，不断改进工作中的缺点，提升木刻作品的质量，又要"做群众领导者"，通过发挥主观能动性，创造引领革命潮流和社会现实的艺术精品，进而掌握中国革命的话语权，实现对广大群众的领导。①

　　胡一川上述关于提升木刻工作者马克思主义理论水平，以及将木刻运动纳入新民主主义文化运动范畴的阐述，在某种意义上反映了中国共产党通过新民主主义话语的构建掌握马克思主义话语权的实践路径。对此，古元在《从事版画创作的一点体会》一文中称：他于 1938 年到达

---

① 胡一川：《谈"鲁艺"木刻工作团的工作经验教训》，《延安文艺档案·延安美术：延安美术家（一）》第 46 册，太白文艺出版社 2015 年版，第 433、434 页。

延安，入读鲁艺并加入中国共产党后，开始"学习了马列主义真理，又得到毛泽东思想的培育，接受了先辈革命版画的影响"。尤其是通过对《共产党宣言》等马克思主义经典文献的学习和研究，使他"确信只有运用马克思学说才能解决中国的问题和世界的问题"。而在扎根农村进行木刻艺术创作过程中，古元始终将马克思主义"作为行动的指南"，坚信当时"最新的思想是马克思主义"，"最新的文艺思想也是马克思主义文艺思想"，两者均是"推动社会前进的力量"，而要解决中国革命与世界革命问题，"只能按马克思的学说去解决"，为此他不断深入农村、深入群众，努力创作出符合"人民的习惯"和时代要求的作品，真正实现文艺"为人民服务"的根本宗旨。[①]

延安木刻运动的民族化发展以及木刻工作者的马克思主义转向，是中国共产党领导下新民主主义话语深入构建的真实写照。尤其是随着鲁艺文艺工作团、陕甘宁边区民众剧团、鲁艺木刻工作团等延安文化社团，依据中共中央指示的"文艺工作新的方向"，深入农村、部队和抗战前线进行文艺实践，有力推动了延安文艺运动的发展。以鲁艺文艺工作团为例，在工作团主任陈荒煤的带领下，该团一行 6 人自 1939 年 3 月 11 日出发到前线部队开展文艺工作，历时十一个月，至 1940 年 2 月返回延安。[②] 鲁艺文艺工作团在前线部队的工作，经历了一个在实践中摸索前进的过程。一方面，工作团克服了部队工作经验不足的缺点，积极帮助部队开展宣传、培训和民众运动工作，逐渐融入前线工作的同时也获得了部队对他们的信任和了解，为深入开展部队文艺创作奠定了重

---

① 古元：《从事版画创作的一点体会》，《延安文艺档案·延安美术：延安美术家（一）》第 46 册，太白文艺出版社 2015 年版，第 321、322 页。

② 《鲁艺对内公告》（迅字第九号），《延安文艺档案·延安戏剧：延安戏剧组织》第 4 册，太白文艺出版社 2015 年版，第 170 页。另据这份鲁艺公告显示，鲁艺文艺工作团主任为陈荒煤，团员 5 人，分别为：黄钢、杨明、梅行、乔秋远、葛陵。

要基础。另一方面，工作团在前线部队中广泛开展形式多样的文艺活动，先后组建了文艺习作会、文艺习作小组等学习团体，逐步构建起部队三级文艺创作制度，即：旅级以上建立文艺习作委员会，团级建立习作组，团以下设文艺通讯员。①

鲁艺文艺工作团返回延安后，曾联合陕甘宁边区文协组织了一系列文艺座谈会，借以交流、学习和推广鲁艺文艺工作团的经验。对此陈荒煤撰文指出，鲁艺文艺工作团在"党的领导"下，发扬党的优良"政治传统"，致力于"部队文艺工作"的发展，并通过"建立组织和加强领导"，推动形成"文艺工作新的方向"。值得注意的是，陈荒煤在文中数次提及"文艺工作新的方向"问题，并且认为这是中国共产党领导下"新的文艺运动"发展的重要依据。②梅行则在《论部队文艺工作》一文中对何为文艺工作"新的方向"及其重要意义做了阐释，指出"部队文艺工作，将是新民主主义文艺运动中的一主流，将是文艺大众化实践重要的一方面"，由此将文艺工作新的方向纳入新民主主义话语体系，彰显出马克思主义文艺理论大众化的重要意义。③

颇为有趣的是，对比上述两篇同时刊发在《大众文艺》的文章，结合陈荒煤和梅行两位同出于鲁艺文艺工作团的实践经验，从新民主主义文化发展的历史进程中梳理中国共产党构建马克思主义话语权的历史面相，并就其大众的、民族的与政治的属性进行学术分析，或可取得更为

---

① 孙国林、曹桂芳编著：《毛泽东文艺思想指引下的延安文艺》，花山文艺出版社1992年版，第291页。

② 荒煤：《鲁艺文艺工作团在前方》，《大众文艺》1940年6月15日，第1卷第4期；刘增杰、赵明、王文金等编：《抗日战争时期延安及各抗日民主根据地文学运动资料》上册，山西人民出版社1983年版，第68—74页。

③ 梅行：《论部队文艺工作》，《大众文艺》1940年6月15日，第1卷第4期；刘增杰、赵明、王文金等编：《抗日战争时期延安及各抗日民主根据地文学运动资料》上册，山西人民出版社1983年版，第68—74页。

深刻的学理认知。

第一，文艺工作的"大众化"方向，与新民主主义话语"大众的"属性颇为一致，这反映了"文艺工作新的方向"与新民主主义文化发展方向的内在关联。陈荒煤在《鲁艺文艺工作团在前方》中指出，鲁艺文艺工作团赴前线开展部队文艺工作有一个重要前提，即"依据文艺工作的新方向"，或"文艺大众化"方向。根据这一方向，鲁艺文艺工作团与前线部队共同拟定《部队文艺工作纲要》，并且将工作方向指向抗战的"敌后方"，活动范围确定在农村，活动对象则为包括部队在内的"广泛的工农大众"，其根本宗旨是推动"文艺真正深入到大众中间去，不仅为大众所接受和理解，而且为大众所扶植，产生大众自己的文艺作品和作家"。正是基于上述工作宗旨，陈荒煤将此次文艺工作实践纳入"大众的新文艺运动"的范畴，强调在"文艺大众化实践"过程中，创作出具有"真实性"和"艺术性"的文艺作品。[①]

与陈荒煤的上述观点相类似，梅行在《论部队文艺工作》中也提出"培养大众自己的作家、文艺工作者和文艺通讯员"的观点，并认为这是"文艺大众化"发展的客观要求。同时，梅行以"文艺走向大众"为主题，根据鲁艺文艺工作团赴前线开展文艺工作的实践经验，构建了一条文艺从"为大众而服务"，到"逐渐为大众所把握"，再到"成为大众自己的东西"的大众化发展路径，深刻揭示了文艺工作的大众化方向，堪称是新民主主义革命话语构建背景下"中国民主革命的斗争给予文艺上新的课题"。值得注意的是，梅行论及"文艺运动必须和大众的力量相结合"的观点时，借用马克思在《〈黑格尔法哲学批判〉导言》中的话语指出："理论为大众所把握时，才成为物质的力

---

① 荒煤：《鲁艺文艺工作团在前方》，《大众文艺》1940 年 6 月 15 日，第 1 卷第 4 期。

量"。① 文艺亦是如此，当文艺为大众所把握时，也就成为一种有效的武器了。② 显然，此语将文艺大众化纳入马克思主义话语体系，彰显了新民主主义大众化的理论特性，揭示出"文艺工作新的方向"与新民主主义文化发展方向的内在关联。

第二，文艺工作的民族化方向，与新民主主义话语的民族属性颇为一致，这体现了抗战建国背景下文艺工作新路径与新民主主义话语构建路径之间的内在逻辑。陈荒煤根据鲁艺文艺工作团在前线的文艺工作实践经验指出，文艺工作应当与全民族抗战紧密结合起来，尤其是抗战进入新阶段后，抗战建国已经成为时代主题，在此背景下，文艺工作者不仅要加强部队中的"宣传教育工作"，增强部队官兵的大众文化水平和对抗战胜利的信心，而且要创作出富有战斗力的文艺作品，使文艺"配合部队作战，成为消灭敌人的一种有力的武器"。③ 梅行在《论部队文艺工作》中亦持相同观点，称文艺是中华民族"坚决的抗日斗争的武器"，尤其是部队文艺工作的开展，有利于部队官兵"文化水平和战斗力"的提升。可以说，抗战文艺工作不仅是抗战宣传和民众动员的客观要求，也有利于在文艺大众化进程中"提高和巩固他们胜利的信心"。④

第三，文艺工作的政治任务，与新民主主义文化的基本要求颇为一致，这揭示了中国共产党通过文化社团构建马克思主义话语权，进而实现领导权构建的实践路径。陈荒煤指出，中国共产党领导下的文化社团具有一定的政治属性，这突出地表现在服从党的政治领导和完成党赋予

---

① 马克思在 1843 年《〈黑格尔法哲学批判〉导言》中的原文为："批判的武器当然不能代替武器的批判，物质力量只能用物质力量来摧毁；但是理论一经掌握群众，也会变成物质力量。"（参见《马克思恩格斯选集》第 1 卷，人民出版社 2012 年版，第 9 页。）

② 梅行：《论部队文艺工作》，《大众文艺》1940 年 6 月 15 日，第 1 卷第 4 期。

③ 荒煤：《鲁艺文艺工作团在前方》，《大众文艺》1940 年 6 月 15 日，第 1 卷第 4 期。

④ 梅行：《论部队文艺工作》，《大众文艺》1940 年 6 月 15 日，第 1 卷第 4 期。

文艺工作者的政治任务上。而在具体的部队文艺工作中，一方面，部队具有"光荣的政治传统"，坚决服从"党的领导"，这为开展部队文艺工作提供了重要条件和必要基础；另一方面，文艺工作者在部队开展工作时必须"服从政治机关的领导"，积极"参加政治工作"，在思想政治上要坚决克服个人主义、自由主义和艺术至上主义等不良倾向，做一个具有高度政治觉悟和政治纪律的"革命文艺工作者"。[①] 梅行则将鲁艺文艺工作团的部队文艺工作纳入"新民主主义文艺运动"的范畴，认为政治教育和政治宣传是部队文艺工作的重要内容。而在阐述部队文艺工作在新民主主义革命中的重要意义时，梅行直接引用毛泽东在《新民主主义论》的语句称："要把教育革命干部的知识与教育革命大众的知识在程度上互相区别又互相联结起来，把提高和普及互相区别又互相联结起来。"显然，部队文艺的开展与新民主主义文艺的发展之间，表现出相互促进、相辅相成的关系，而"健全的组织"和"坚强的领导"显然是开展文艺工作的重要前提。对此中国共产党不仅从构建新民主主义话语的基本要求出发，向鲁艺文艺工作团等文化社团提供"创作理论上的指示"，有力引导和推动新民主主义文艺的发展，而且从马克思主义话语权构建的现实需要出发，"给予他们正确的方向"，旨在加强对"新民主主义的文艺运动"的领导，实现马克思主义话语权的有效构建。[②]

　　延安文化社团的新民主主义文化运动实践表明，新民主主义话语观念的形成及其影响的扩大有其自身独特的逻辑。随着党的政治领导与组织领导的加强，新民主主义话语在被赋予政治任务与政治属性之时，也在新民主主义革命的发展以及抗战局势的演进中不断深化，由此对这一时期的文化发展产生重要影响。正如罗荪在《抗战三年来的创作活动》

---

① 　荒煤：《鲁艺文艺工作团在前方》，《大众文艺》1940 年 6 月 15 日，第 1 卷第 4 期。
② 　梅行：《论部队文艺工作》，《大众文艺》1940 年 6 月 15 日，第 1 卷第 4 期。

中所述，新民主主义话语的提出及其在实践中的影响，使得文化界人士逐渐意识到抗日战争是"全民族，全社会的一个伟大革命的运动"，"公式主义"所造成的"单一的战争的复写"已经与新民主主义话语的内在张力之间形成了巨大矛盾，而中国共产党抗战建国的口号进一步把新民主主义文艺运动与"民主运动"结合起来，促使文艺在"抗战和建设是并进的"前提下深入发展。① 就此而言，鲁艺及其文艺团体从"小鲁艺"转向"大鲁艺"的新民主主义文化运动，反映了中国共产党领导下延安文化社团构建新民主主义话语的实践路径，折射出中国共产党通过话语力量的扩展实现马克思主义话语权构建的基本逻辑。

三、从"旧形式"到"民族形式"

在新民主主义话语构建实践中，延安文化社团通过开展各类文艺活动，不断推动新民主主义话语在陕甘宁边区内外的传播，尤其是以美术、音乐、戏剧、诗歌等为代表的文艺形式，由于被赋予了有关抗战的新内容，这使得新民主主义文化的形式、内容、基本属性等日益丰富，由此彰显出新民主主义话语构建的实践逻辑。

新民主主义话语提出之时，毛泽东曾根据中国革命"反对帝国主义"的民族特性，对新民主主义文化的内容与形式问题作了深刻阐述，指出

---

① 罗荪：《抗战三年来的创作活动》，《中苏文化》1940 年 7 月 7 日，抗战三周年纪念特刊。另：《中苏文化》是中苏文化协会会刊，该刊于 1940 年 7 月 7 日（即纪念抗战三周年之际）发行纪念特刊，同时刊发了《抗战三年来敌后工作》（陈希豪）、《抗战三年来的中国教育》（白桃）、《抗战三年来的中国哲学论争》（向林冰）、《抗战三年来的美术运动》（卢鸿基）、《抗战三年来的漫画工作》（黄苗子）、《抗战三年来的创作活动》（罗荪）、《抗战音乐的历程及音乐的民族形式》（贺绿汀）、《略谈三年来的抗战文艺》（郑伯奇）等 46 篇系列文章，对全面抗战爆发以来的全国文化情况及其发展趋势作了全面分析和总结。

新民主主义文化"同一切别的民族的社会主义文化和新民主主义文化相联合，建立互相吸收和互相发展的关系，共同形成世界的新文化；但是决不能和任何别的民族的帝国主义反动文化相联合，因为我们的文化是革命的民族文化"，它一方面要"大量吸收外国的进步文化，作为自己文化食粮的原料"，促使革命的民族文化不断丰富和发展；另一方面，要保持自己的民族形式，做到既能防止"全盘西化"的错误倾向，也要克服形式主义地吸收外来文化的弊端，始终坚持将马克思主义与中国革命的具体实际相结合，因为只有"和民族的特点相结合，经过一定的民族形式，才有用处"。基于上述考虑，毛泽东以"民族的形式"和"新民主主义的内容"来阐释新民主主义文化的内涵，为促使"旧形式"向"民族形式"转变，以及从文化发展的视角推动新民主主义话语实践逻辑的构建，提供了重要遵循。①

毛泽东关于新民主主义文化的阐述，反映了中国革命和抗战形势演进背景下旧形式与民间形式，以及外来形式与民族形式之间的内在张力，为延安文化界人士开展民族形式问题的探讨提供了重要指引。周扬《对旧形式利用在文学上的一个看法》一文梳理了五四后中国新文艺"欧化"的历史脉络和内生动力，指出这种"欧化"的新文化是"脱离大众的""非民族的"，然而这一错误倾向产生的根源"并不在欧化，而是在作家对现实的认识和表现的力量不够"，尤其是抗战背景下以文艺为代表的中国"旧形式"在组织和发动民众方面，堪称"一种必要而又有力的武器"，具有重要的价值和意义。因此，如何解决"旧形式"与新文艺形式之间的内在紧张，充分展现"中国作风与中国气派"，进而形成"真正民族的形式"，才能真正促进"革命的民族文化"

---

① 《新民主主义论》（1940 年 1 月），《毛泽东选集》第 2 卷，人民出版社 1991 年版，第706、707 页。

的发展。①

　　值得注意的是，周扬在论及"旧形式"与"民族形式"之间的关联时，借用毛泽东关于新民主主义文化的表述，称文艺只有面对现实，文艺工作者只有面向大众，才能产生"更高更完全的民主主义内容"，才能促使"民族形式的新中国文艺之建立"，进而推动新民主主义文化发展的主要任务与基本目标的实现。② 周扬的这一观点，反映了新民主主义话语对延安文化界的重要影响，彰显出中国共产党人通过继承和发扬"旧形式"文艺推动民族化发展的历史脉络。1940 年 3 月 18 日，中共中央发出《关于开展抗日民主地区的国民教育的指示》，明确提出在陕甘宁根据地等抗日民主地区大力开展农村戏剧歌咏运动，借以促进抗战宣传和社会教育的要求，并强调文艺形式要"通俗化，大众化，民族化，地方化，特别注重于利用旧形式，改造旧形式"。③

　　随着新民主主义话语在延安文化界的深入传播，有关"民族形式"问题的讨论从文学领域逐渐向美术界蔓延。鲁艺美术系美术理论研究室主任胡蛮在《中国文化》刊发题为《欧化的中国美术之批判》的评论。该文从构建"中华民族的新民主主义的美术"角度，提出中国革命发展历程中的美术应当"带有民族的特性"，并指出这是由中国革命的特点和任务所决定的。而在探讨如何构建"新民主主义的美术"之时，胡蛮回应了毛泽东关于"新民主主义文化"作为"革命的民族文化"之特性的阐述，即：既要"批判的吸收西方美术"，也要避免产生"全盘西化"

---

① 周扬：《对旧形式利用在文学上的一个看法》（1940 年 2 月 15 日），《延安文艺档案·延安文论：延安文论作品》第 40 册，太白文艺出版社 2015 年版，第 95—101 页。

② 周扬：《对旧形式利用在文学上的一个看法》（1940 年 2 月 15 日），《延安文艺档案·延安文论：延安文论作品》第 40 册，太白文艺出版社 2015 年版，第 102 页。

③ 《中央关于开展抗日民主地区的国民教育的指示》（1940 年 3 月 18 日），《中共中央文件选集》第 12 册，中共中央党校出版社 1990 年版，第 330 页。

的错误观点，借以"建立中华民族的新美术"和"中国的革命的美术"。①
显然，作为一名美术专业教师，胡蛮在教学实践过程中，对"民族形式"
在新民主主义美术发展中的重要地位有着深刻认识，这反映了民族形式
问题的深入探讨对于新民主主义话语构建的重要意义。

　　事实上，胡蛮在探讨新民主主义话语构建实践问题时，注意到"民
族形式"问题与"旧形式"问题，抑或是"中国化"问题，在本质上是
一致的，即：均为关于"中国的革命的文化"与"艺术运动的动向问题"，
这些问题涉及"建立民族形式的新艺术"问题，其产生的根源在于对待
"民族文化"的态度，而这在某种意义上直接影响到"民族形式的、革
命的、大众的文化和艺术"的创造。首先，中国持久抗战背景下的政治
需要，是文化和艺术战线形成强大力量的基石，而文艺与政治的结合，
进一步推动了新民主主义文化的发展，为"建立中国的新艺术"，以及
促使中国军民形成"韧性的斗争"奠定了重要基础。其次，"民族形式"
的新艺术，既不是"狭隘的民族主义的艺术"，也不是技巧上的"关门
主义"。以美术上的民族形式问题为例，由于割裂了内容与形式的内在
关联，一些美术工作者往往产生两种错误倾向，即一种为"内容是革命
的，而形式不是民族的"；另一种为"形式是民族的，而内容却是不革
命的"。两种错误倾向与新民主主义文化的大众化要求背道而驰，导致
新民主主义话语"不能深入到群众中间去"。因此，辩证地吸收"民族
艺术的历史遗产的优点"，同时"吸收国际艺术的技巧、方法的优点"，
才能真正"建立民族形式的新艺术"。最后，新民主主义文化的性质应
当是"民主主义的内容"和"民族的形式"两者兼而有之，这是"马列
主义必须通过民族形式才能实现"的本质要求所决定的，也是包括美术

---

①　胡蛮：《欧化的中国美术之批判》，《中国文化》1940 年 6 月 25 日，第 1 卷第 4 期。

在内的新民主主义文化实现大众化的根本路径。①

边区美术工作者协会江丰对利用"旧形式"推动抗战宣传和教育工作，以及"创造民族形式的绘画风格"的观点亦表赞同，但认为那种一味迎合民众而排斥新形式的做法，无异于剥夺了民众欣赏和接受新艺术形式的权利，所谓"喜闻乐见"并非"习闻常见"，而是通过旧形式与新内容的结合，真正实现"创造民族形式"的目标。他还强调，在对待外来形式问题时，既不能采取"中西调和"的办法，也不应采取"全盘接受"的态度，否则只是"旧形式的延长"，而绝非"创造民族形式"的新艺术。②

与江丰从"创造民族形式的绘画风格"角度立论不同，陕甘宁边区文化委员会委员郑伯奇在《略谈三年来的抗战文艺》一文中，结合延安文化社团在戏剧、电影、音乐等方面的生动实践，阐述了新民主主义话语构建背景下文艺与政治之间的重要关联。一是从戏剧社团和戏剧运动来看，抗战全面爆发后，以西北战地服务团为代表的延安戏剧团体在"戏剧的中国化"道路上，克服了全盘照搬"西洋近代演出传统"的弊病，采用"新的演出技术和新的写剧方法"，坚决摒弃"非大众化的对白和欧化的表情"，使融合了"旧形式"和地方特色的戏剧真正"成了宣传和组织民众的武器"，伴随着抗战戏剧这一文化新形式逐渐向民众延伸，"接受旧戏剧的优良传统的必要也似乎被一般人认识了"，这不仅推动了抗战戏剧的发展，而且为构建具有"民族形式"的新民主主义文化提供了现实基础。二是从电影社团和抗战电影的影响来看，作为抗战文艺形

---

① 胡蛮：《鲁迅对于民族的文化和艺术问题底意见》，《延安文艺档案·延安美术：延安美术家（一）》第 46 册，太白文艺出版社 2015 年版，第 374—382 页。

② 江丰：《绘画上利用旧形式问题》，《延安文艺档案·延安美术：延安美术家（二）》第 47 册，太白文艺出版社 2015 年版，第 525—527 页。

态中"效力最大，影响最普遍的宣传武器"，电影以其"富有艺术性"的表现手法，受到广大民众的喜爱。当时，由阳翰笙编剧、应云卫导演的《八百壮士》，以及由中国电影制片厂拍摄的《好丈夫》等抗战题材的电影，生动刻画了前线将士英勇抗敌、后方军民团结抗战的场景。三是从以抗战歌曲为代表的音乐社团来看，他们充分发挥了抗战宣传和民众动员的作用。随着抗战的不断演进，抗战歌曲被民众广泛传唱，这在一定程度上发挥了其"动员民众的作用"。可以说，在延安文化社团开展的历次运动中，以抗战歌曲为代表的音乐运动的影响最为普遍，当时从士兵到学生，从老人到孩子，无论是在偏僻的村庄还是在热闹的街头，人们口头上都"哼着抗战歌曲"，这使"每一个不愿作亡国奴的中国人都因此更提高了抗战的情绪，坚定了胜利的信心"。此外，一些文化社团在文学方面也提出了"继承中国旧诗的遗产的问题"和"新诗的中国化问题"，这反映了新民主主义话语影响下"民族形式"问题的理论价值与实践意义。①

需要强调的是，作为一名抗战文艺理论工作者，郑伯奇通过对延安文化界的深入观察发现，随着新民主主义话语的不断传播，新民主主义文化的影响不断彰显。在此背景下，以抗战文艺为代表的"中国新兴文艺"，与中国共产党领导下的政治、军事等有着紧密的联系。尤其是随着抗战由相持阶段向战略反攻阶段演进，延安文化社团在开展各类文化运动时，其工作任务和目标已由抗战初期"描写我军民抗战的英勇，暴露敌寇的残暴，揭穿汉奸的丑态和刻画民众在敌寇暴行中所受的痛苦和悲惨"，转变为"力求政治文化各方面的进步，配合上军事力量，以期及早争取最后胜利，完成抗战建国的伟业"，这一转变反映了新民主主

① 郑伯奇：《略谈三年来的抗战文艺》（1940 年 6 月 4 日），《中国新文艺大系（1937—1949，理论史料集）》，中国文联出版公司 1998 年版，第 44—52 页。

义话语广泛传播背景下文化发展重心的转移，折射出延安文化界人士"更周密而深刻"的思考。①

延安文化社团在新民主主义文化运动实践中继承和发扬"旧形式"，以及提炼形成"民族形式"之时，国统区发生了一场关于"民族形式"问题的论争，这场论争始于 1940 年 3 月向林冰在《论"民族形式"的中心源泉》一文中提出以民间形式为民族形式的中心源泉的观点，论争主要围绕所谓"中心源泉"问题，涉及民族遗产的继承与批判，以及五四新文学对中国文化的主要影响等问题。值得注意的是，在这场论争中，向林冰借用新民主主义话语主题，将民族形式的文化运动纳入新民主主义文化范畴，由此促使论争的复杂化与长期化，并不断向新民主主义话语实践延伸，有力推动了新民主主义话语实践逻辑的构建。

1940 年 9 月，中国共产党宣传新民主主义文化的重要阵地《中国文化》刊载了一组关于"民族形式"问题探讨的文章。其中，郭沫若《"民族形式"商兑》一文旗帜鲜明地指出，"民族形式"问题的实质是毛泽东在《新民主主义论》中所阐述的"中国作风与中国气派"构建问题，这一问题的出现是由"马克思主义必须通过民族形式才能实现"所决定的；毛泽东已经为"民族形式"问题"加了很详细的注脚"，即："洋八股必须废止，空洞抽象的调头必须少唱，教条主义必须休息，而代替之以新鲜活泼的，为中国老百姓所喜闻乐见的中国作风与中国气派。"需要指出的是，郭沫若在论及"民族形式"问题时，注意到其与"旧形式"的重要关系，指出所谓的"喜闻乐见"并非是"习闻常见"，而是要在推动马克思主义理论"中国化"的进程中创造"中国新文艺"。尤其是在抗战建国的时代背景下，"新民主主义的实现"是党的政治话语和意

---

① 郑伯奇：《略谈三年来的抗战文艺》（1940 年 6 月 4 日），《中国新文艺大系（1937—1949，理论史料集）》，中国文联出版公司 1998 年版，第 49 页。

识形态话语建构的重要内容，因此必须从"内容决定形式"的客观规律出发，通过深入现实、深入大众，挖掘抗战"现实的内容"，并"切实的反映现实"，通过"采用民众自己的言语加以陶冶，用以写民众的生活、要求、使命"，借以发挥新民主主义话语在意识形态话语权构建中的重要作用。①

茅盾在《中国文化》发表题为《旧形式、民间形式、民族形式》的社论，指出郭沫若关于"民族形式"问题的阐述深刻解答了所谓"中心源泉"问题，强调"民间形式"不能被视为所谓"中心源泉"，"因为民族形式的内容将是新民主主义的新现实，和民间形式的从产生的旧封建社会完全是两个不同的历史阶段，所以民间形式不但不能整套地被承袭"。在为"民族形式"问题论战作出科学总结的同时，茅盾以"一切从抗战建国出发"为旨归，从新民主主义话语建构实践的角度，揭示了"新中国文艺的民族形式的建立"的实践路径，即：既吸收中华民族优秀文化又学习外国先进文化，既继承五四以来的民族精神又立足于抗战时期的社会现实。②

毛泽东关于发展新民主主义文化的阐述，以及文化界人士关于"民族形式"问题的议论，为新民主主义话语在延安文化社团中的深入实践提供了理论指导。特别是在鲁艺这样一所中国共产党培养文化和艺术干部的重要基地，至 1940 年 6 月已经培养两届青年文艺干部，第三届学员也完成了学习任务，他们"准备把自己的艺术武器发挥到抗战成立新中国的伟大事业上，为巩固、保护中共文艺政策的堡垒而斗争！"而在文艺工作实践中，鲁艺美术系教师"按照毛泽东对于建立中国新文化的明确的指示和理论"，根据"新民主主义的内容与民族的形式"开展教育工作，

---

①　郭沫若：《"民族形式"商兑》，《中国文化》1940 年 9 月 25 日，第 2 卷第 1 期。

②　茅盾：《旧形式、民间形式、民族形式》，《中国文化》1940 年 9 月 25 日，第 2 卷第 1 期。

促使青年文艺干部"学习了马列主义及其美术的理论与历史，并且把它实践于斗争的生活里与实现到创作上"，在新民主主义文化实践中取得了新的收获。首先，在"利用旧形式"方面，沃渣、江丰、马达和焦星河等人，以及鲁艺美术工场等团体进行了新的尝试。如对旧年画进行木刻着色、利用中国画的笔墨和色调描绘现实场景、或运用脸谱的画风表现雕塑的讽刺效果等，这些举措曾被称为"旧瓶装新酒"，但由于坚持以新民主主义话语为导向，以"建立中国新文化"为目标，这些创新举措并非是完全"仿古"的"旧瓶"，而是在扬弃旧的不适用的形式基础上创造民族新形式之举，这种创作风格带有浓厚的"中国的味道或气派"，彰显了延安文化社团创造"新的民族作风"的根本宗旨。在这一根本宗旨的指导下，广大延安文艺工作者与鲁艺文艺干部一道，共同发出"到乡下去，到军队去，到前线去，到敌人后方去"的号召，这为进一步推动新民主主义话语向农村、部队、前线、大后方延伸奠定了基础。①

在新民主主义话语构建的实践路径中，"中国化"问题往往与"旧形式"问题、或"民族形式"问题相互纠葛，引发文化界人士的广泛探讨。胡蛮在《鲁迅对于民族的文化和艺术问题底意见》一文中指出，"中国化"问题在当时被人们视为"旧形式"问题，涉及"欧化""民族化"等一系列理论问题，具体包括对待"国际文化""民族文化"或"欧化的资本主义的文化"的态度问题，其实质是关于中国文化的发展方向问题，而问题的核心则在于如何"创造新的、民族形式的、革命的、大众的文化和艺术"。② 郑伯奇则结合延安文化社团开展新民主主义文化运动的

---

① 胡蛮：《鲁艺二周年纪念会中的美术展览》（1940 年 6 月 25 日），《延安文艺档案·延安美术：延安美术家（一）》第 46 册，太白文艺出版社 2015 年版，第 383—385 页。

② 胡蛮：《鲁迅对于民族的文化和艺术问题底意见》，《延安文艺档案·延安美术：延安美术家（一）》第 46 册，太白文艺出版社 2015 年版，第 374 页。

实践，通过对"戏剧的中国化""新诗的中国化"等问题的考察，指出"中国化"问题的提出，不仅有利于继承"旧形式"的优点，推动抗战宣传和民众动员工作，而且为实现抗战文艺的发展提供了重要遵循。[①] 郭沫若则将"中国化"视为"民族形式"的同义词，称"中国化"问题提出之目的在于"反映民族的特殊性以推进内容的普遍性"。而在新民主主义文化运动的实践中，由于抗战宣传与民众发动工作的需要，文艺"中国化"在众多领域中表现得最为突出，这不仅促使"旧形式"和"外来形式"经过充分的"中国化"成为"民族形式"，还有力推动了抗战文艺的发展，为创造中国新文艺奠定了重要基础。[②]

诚然，无论是"民族形式"问题的争论，还是新民主主义话语从"旧形式"到"民族形式"发展路径的形成，均在某种意义上表明意识形态话语权已经内化为马克思主义话语权的理论自觉。在此过程中，"中国化"与"旧形式""民族形式"之间的内在关联，进一步强化了新民主主义话语的影响力，衍生出具有丰富内涵与外延的马克思主义意识形态话语。这正如毛泽东在延安高级干部会议上的讲话中所指出的，问题在于是否"用马克思主义观点研究具体环境与具体策略"。[③] 对此，杨松从马克思主义中国化的重要意义、历史进程、成绩和缺点、具体任务、方法论问题等五个方面，就马克思主义中国化与新民主主义话语之间的重要关联做了深刻阐述。

一方面，杨松根据《新民主主义论》中有关新民主主义话语基本内涵的阐述，指出马克思主义中国化的重要意义之一，在于建立"以新民

---

① 郑伯奇：《略谈三年来的抗战文艺》（1940 年 6 月 4 日），《中国新文艺大系（1937—1949，理论史料集）》，中国文联出版公司 1998 年版，第 44—52 页。

② 郭沫若：《"民族形式"商兑》，《中国文化》1940 年 9 月 25 日，第 2 卷第 1 期。

③ 《目前时局与党的政策》（1940 年 7 月 13 日），《毛泽东文集》第 2 卷，人民出版社 1993 年版，第 292 页。

主主义的内容为内容和以中华民族的形式为形式的中华民族新文化"。基于这一目的和宗旨，若把马克思主义当作教条来对待，则会在革命实践中无法"把马列主义具体地应用到中国具体环境中去"，如果不能实现马克思主义中国化，就无法推动马克思主义在中国的深入发展，也就无法"充实和发展马列主义"。为此，杨松认为推动马克思主义中国化，以及"达到中国各门学术的马列主义科学化"，不仅有利于推动马克思主义理论的创新发展，还有利于促使中华民族文化的发扬光大，从而获得中华文化在人类文化发展史上应有的地位。从这个意义上来说，学习和运用马克思主义，不仅是为了解释中国社会发展规律和现实问题，而且是为了"改造中国"，取得抗战胜利，以及"建立新民主主义的共和国"。①

另一方面，从马克思主义中国化的发展历程来看，新民主主义话语在文化运动实践中具有重要的地位和影响。杨松根据毛泽东关于中国"新民主主义的文化运动"三个时期的论述，指出将马克思主义"具体地应用于中国的具体环境"，就是使马克思主义中国化，这将推动中国学术的马克思主义化，彰显出新民主主义话语在文化运动中的重要地位和影响。从某种意义上来说，正是由于马克思主义中国化的推进，中国共产党才能成为"真正是科学的创造式的马克思列宁主义的政党"。而基于掌握马克思主义话语权的客观需要，杨松旗帜鲜明地指出，马克思主义中国化的根本任务是"创造出以新民主主义为内容和以中华民族的形式为形式的新文学、新音乐、新戏剧、新诗和新美术等等"。②

可以说，杨松关于中国共产党在马克思主义中国化历程中根本任务的阐述，既为如何将马克思主义"与革命实际斗争联系起来"提供了实

---

① 杨松：《关于马列主义中国化的问题》，《中国文化》1940 年 7 月 25 日，第 1 卷第 5 期。
② 杨松：《关于马列主义中国化的问题》，《中国文化》1940 年 7 月 25 日，第 1 卷第 5 期。

践指南，也为具有丰富革命实践经验但缺乏马克思主义理论基础者提供了理论指导，而"民族形式"问题的解决，以及新民主主义话语实践逻辑的形成，则为新民主主义文化运动的开展奠定了重要基础。

第三节　新民主主义文化运动的发起及影响

一、"抗战的新民主主义文化运动"的倡议与发起

新民主主义话语的提出及其内涵在革命实践中的丰富发展，彰显出抗战进入新阶段中国共产党以文化社团为话语载体传播政治理念与方针政策的实践路径。而在新民主主义话语构建的过程中，毛泽东、张闻天、艾思奇等以延安文化社团为话语传播载体，倡议与发起新民主主义文化运动，进一步深化了新民主主义话语的基本内涵，彰显出新民主主义的话语力量，有力推动了马克思主义话语权的构建。

1940 年 8 月，艾思奇在《中国文化》刊发《当前文化运动的任务》一文，正式提出开展"新民主主义文化运动"倡议。在文章中，艾思奇首先回顾了抗战全面爆发以来文化界人士所开展的卓有成效的文化抗战工作，认为以戏剧、歌咏、美术等为代表的文化活动推动了"进步的文化运动"的开展。尤其是随着抗战局势的不断演进，"各种文化团体组织之普遍于全国各地，进行文化界的团结，理论研究科学知识的提高，新的文化工作干部的涌现"，不仅推动了中华民族文化的发展和"民族意识"的提高，还有力促进了"民族文化运动的高涨"，这为开展以"抗战建国"为宗旨的新民主主义文化运动奠定了重要基础。其次，艾思奇从争取"在中国的言论思想界文艺界有合法的自由权"，以及加强对

各地文化抗战工作领导的角度，倡导全国文化战线紧密团结。他指出："思想言论以及文艺创作的自由"是发展文化运动的重要基础，而广泛建立出版、印刷、编辑等文化机构，以及加强对各地"文化工作据点"的领导尤为关键。可以说，艾思奇将"加强全国团结"和"发扬民族的力量"视为一项"政治任务"，认为这一任务的完成既是"抗战的实践要求"，也是开展新民主主义文化运动的重要前提。①

　　值得注意的是，艾思奇所倡导的"新民主主义文化运动"与抗战有着重要关联，甚至可以说是一场"抗战的新民主主义文化运动"。尤其是以青年文艺作家为代表的广大文艺界人士，在抗战的旗帜下紧密团结起来，积极投身于文艺抗战工作，一方面"为抗战、为反侵略及保卫进步的文化而服务"；另一方面基于抗战宣传和民众动员的客观需要，创作了一批又一批优秀的抗战文艺作品。为将"抗战的新民主主义文化运动"深入开展起来，艾思奇进一步提出把抗战各方面的现实活动"生动而具体地反映出来"的意见，此举旨在"最大的启发人民抗战觉悟和胜利信心"。②

　　在丰富和发展新民主主义话语内涵的过程中，毛泽东注意结合中国革命和抗战的实际情况，引导和发动文化界人士围绕抗战实际需要开展文化工作。1940年，毛泽东代表中共中央起草《论政策》一文时，就如何以教育文化政策引领新民主主义文化发展作了深刻阐述。他强调，中国共产党关于教育和文化的政策、方针与路线，应当以提高和普及广大民众的"抗日的知识技能和民族自尊心为中心"，并且应当通过办学、办报和举行各类文化活动来扩大新民主主义文化运动的影响力。显然，

---

① 《当前文化运动的任务》（1940年8月25日），《艾思奇全书》第3卷，人民出版社2006年版，第152—157页。
② 《纪念"八一"》（1940年8月），《艾思奇全书》第3卷，人民出版社2006年版，第2、3页。

毛泽东关于发动文化界人士进行文化抗战的阐述，和艾思奇将抗战与新民主主义文化运动相结合的观点颇为契合。而基于构建抗日民族统一战线的考虑，毛泽东提出广泛吸收"资产阶级自由主义的教育家、文化人、记者、学者、技术家来根据地和我们合作"的要求，这为扩大新民主主义文化运动的主体范畴以及彰显新民主主义话语的影响力具有一定的指导意义。①

与毛泽东、艾思奇将抗战与新民主主义文化运动相结合的实践路径不同的是，张闻天作为中国共产党宣传、干部教育和理论研究工作的负责人，颇为注重延安文化社团尤其是陕甘宁边区"青年团体"在新民主主义文化运动中的作用。在《党的两种工作方式》一文中，张闻天明确要求"提高我们边区青年团体的'质'"，认为在"抗战的新民主主义文化运动"的开展过程中，中国共产党应当"具体深入地检查那个团体的工作的'质'"，而非注重于那些没有实质性内容和成效的报告。换言之，促使广大青年团体在文化抗战工作中发挥实际性作用，才是开展抗战的新民主主义文化运动的核心内容。② 在倡议和发起新民主主义文化运动之时，张闻天根据对文化抗战工作的调研和分析，于 1940 年 9 月10 日起草了题为《发展文化运动》的报告。在这份报告中，张闻天对中国共产党领导下的根据地的文化运动与国统区文化运动作了区分，认为一方面在中国共产党领导的革命根据地，由于马克思主义话语权的逐步构建，因此"我们有全部权力来推行全部文化运动"，这无疑有助于推动宣传、教育、出版等各项工作的发展，也有利于"普及与提高党内外干部的理论水平及政治水平，普及与提高抗日军队、抗日人民的政治

---

① 《论政策》(1940 年 12 月 25 日)，《毛泽东选集》第 2 卷，人民出版社 1991 年版，第 768 页。
② 《党的两种工作方式》(1940 年 7 月 27 日)，《张闻天文集》第 3 卷，中共党史出版社 1994 年版，第 88、89 页。

水平"。另一方面，在国民党统治区域，"抗日文化运动"不仅是中国"抗战的武器"，而且是抗战建国伟大事业中，广大党员干部"思想上干部上准备未来变化与推动未来变化的武器"。①

显然，在张闻天看来，思想上的引领对于文化抗战而言具有先导地位，而各根据地的文化人和文化团体，无疑是推动"抗战的新民主主义文化运动"的重要力量，在新民主主义话语构建的历程中具有重要的价值和地位。基于这一认识，张闻天起草一份题为《正确处理文化人与文化团体的问题》的报告。值得注意的是，这份报告原题为《关于各抗日根据地文化人与文化团体的指示》，报告内容涉及延安文化社团与新民主主义文化运动开展的基本原则与宗旨，堪称一份具有指导价值与意义的文件，为深入开展抗战的新民主主义文化运动提供了重要指南。报告所提出的主要观点有：

第一，创建文化团体并着力提高其工作质量，是深入开展抗战的新民主主义文化运动的重要基础。张闻天从新民主主义话语构建以及新民主主义文化运动开展的现实需要出发，对文化人士与文化团体相互关系问题作了深入考察，认为两者在文化运动开展中具有重要的作用和地位。张闻天指出，可以将诸如小说家、戏剧家、音乐家、哲学家等各类不同的文化人士组织起来，成立文学研究会、戏剧协会、音乐协会、新哲学研究会等"各种不同类的文化团体"，然后借助文化团体的力量，"吸收与培养各方面的文化人才"，"指导大众的各方面的文化活动"，开展介绍、研究、出版、发行等一系列文化推广活动，并通过"成立文化界救亡协会之类的联合团体"，促使不同地区文化团体之间加强联络，以此增进文化界人士之间的感情与相互理解，不断扩大文化团体在新民

---

① 《发展文化运动》（1940 年 9 月 10 日），《张闻天选集》，人民出版社 1985 年版，第 288、289 页。

主主义文化运动中的声势和影响力。值得一提的是，张闻天不仅从文化团体规模和数量角度，倡导各界文化团体的联合以及各地分会的发展，还注重文化团体在文化抗战中独特作用和价值的发挥。他认为，文化团体具有"其他民众团体的不同性质"，其在文化抗战中承担了话语传播的"特殊任务"，因此能否"保证文化人有充分研究的自由与写作的时间"，无疑是提升文化团体工作"质量"的重要前提。

第二，创作与发表抗战文艺作品，是深化抗战的新民主主义文化运动的必要途径。张闻天在主持党的宣传工作时注意到，一方面，"文化人的最大要求，及对于文化人的最大鼓励，是他们的作品的发表"；另一方面，文化界人士作品的发表，是"推广文化运动的最主要的方式"。可以说，文化作品的发表有利于新民主主义文化运动的深入开展，而出版刊物、文艺公演、公开演讲以及举办展览会等，无疑成为当时文化人士和文化社团发表文化作品的重要途径。需要指出的是，张闻天在倡导开展新民主主义文化运动之时，注意将文化团体工作纳入"群众路线"的范畴，认为各专业性文化团体除了自身的文化活动之外，应当指导各机关、部队、学校、民众团体等，开展戏剧、歌咏、文学创作等活动，进而组建各种群众的文化小团体，"必要时可召集他们开一定的代表会或座谈会"，并提供必要的指导和帮助，从而推动形成专业性文化团体与群众文化团体共同发展的良好局面。

第三，培养和造就一大批能够领导和推动新民主主义文化运动的文化干部，是中国共产党构建马克思主义话语权的关键环节。"抗战的新民主主义文化运动"的开展，是中国共产党传播新民主主义话语以及彰显新民主主义话语力量的重要举措，而"从有相当威信与地位的共产党员文化人或非党的文化干部中，培养一小部分在文化运动中能够担任组织工作的干部"，则是推动新民主主义文化运动深入开展的重要保障。

对此张闻天高度重视，认为"没有这些文化组织工作者，文化人内部的很好团结，文化人及文化团体的效能的充分发挥，是很困难的"。随着抗战形势的不断演进，尤其是"抗战建国"这一时代命题提出后，新民主主义文化运动开展的必要性和马克思主义话语权构建的紧迫性不断彰显。与其形成鲜明对比的是，能够担任新民主主义文化运动组织工作的文化干部"在各地文化运动中特别缺乏"，因此亟须通过教育培训和实践锻炼产生一大批文化组织工作者。

显然，毛泽东、张闻天、艾思奇等在倡议开展"抗战的新民主主义文化运动"之时，不约而同地将文化运动纳入群众运动的轨道。如艾思奇在《当前文化运动的任务》中指出："大众化的口号虽然早已提出，而文化工作本身还是不能说已经深入大众"。[①] 新民主主义文化运动一旦被纳入群众运动的轨道，大众化的问题便凸显出来。事实上，在中国共产党领导人的倡导下，以茅盾为代表的文化界人士纷纷响应，对包括"大众化"在内的抗战的新民主主义文化运动的若干问题进行了深入研讨，从而为新民主主义文化运动的开展奠定了理论基础。

茅盾关于新民主主义文化运动与"大众化"关系问题的探讨，是在梳理有关民族形式问题论战的基础上加以阐述的，涉及旧形式、民间形式、民族形式三个关键问题，囊括了大众化与通俗化、内容与形式等相互关联的议题，目标直指"抗战期间的中国文艺运动的发展"问题。尽管当时茅盾初到延安，但却对延安文化人士与文化社团的情况做了深入调查，详细统计了延安各机关、部队、学校、工厂文艺团体的数量、人数，并且对他们从事抗战文艺的基本情况做了深入分析。在此基础上，茅盾提出以延安文化人士为主体创建"文艺团体"的主张，认为这些文

---

① 《当前文化运动的任务》（1940 年 8 月 25 日），《艾思奇全书》第 3 卷，人民出版社 2006 年版，第 157 页。

艺团体不仅是一个"用文艺形式来做宣传教育工作的团体",而且能够发挥"训练文艺干部"的作用,甚至可以说每一个文艺团体是"造就文艺干部的学校",并且是"用了最新方式,最好的活教材的学校"。诚然,在茅盾看来,"民族形式"问题的提出,意味着"大众化"在抗战的新民主主义文化运动中进入了新阶段。这表明抗战文艺是一种"植根于现代中国人民大众生活,而为中国人民大众所熟悉所亲切的艺术形式",其中涉及"文艺作品的用语,句法,表现思想的形式,乃至其他的构成形象之音调,色彩等",均与新民主主义话语的基本要素有着重要关联。

尽管茅盾撰写《抗战期间中国文艺运动的发展》之时,"民族形式"问题论战早已结束,但随着中国共产党构建新民主主义话语的倡议逐步付诸实践,包括"中国文言运动"在内的新民主主义文化运动步入"新阶段"。[①] 茅盾关于抗战文艺运动发展的讨论,在某种意义上表明,中国共产党倡导的"抗战的新民主主义文化运动"逐渐步入实践阶段。而与茅盾从延安文化人士或文化社团角度立论所不同的是,周文直接借用毛泽东《新民主主义论》的语句,阐述大众化与新民主主义文化运动之间的关系,称"正如毛泽东同志给我们指出的,大众化是我们新民主主义文化重要的组成部分之一",而只有实现大众文化水平的普遍提升,才能"真正建设起我们的新民主主义的文化"。[②] 需要指出的是,周文关于"文化大众化"问题的探讨,反映了中国共产党领导人在新民主主义话语构建过程中的重要影响。正是在新民主主义话语的影响下,周文从"文化大众化实践"的角度,系统阐述了新民主主义话语大众化的实

[①] 茅盾:《抗战期间中国文艺运动的发展》,《延安文艺档案·延安文论:延安文论作品》第40册,太白文艺出版社2011年版,第122—125页。

[②] 周文:《鲁迅先生与文艺大众化》(1940年10月9日),《延安文艺档案·延安美术:延安文论家(二)》第38册,太白文艺出版社2011年版,第443页。

现路径，即从语言入手解决大众化问题。换言之，"大众化工作者所写的每篇作品，要使群众一念就懂，一听就懂，一定要注意语言的运用"。可以说，"通俗"和"提高"是实现文化大众化的两个关键要素。其中，通俗的前提是"一定要熟悉群众的口语"，而通俗的目的是为了提高民众对文化作品的理解。值得一提的是，作为延安大众文化发展的一名推动者，周文注重通过话语构建实践阐述新民主主义话语大众化的理念，称在话语大众化的过程中，"一定要顾到我们中国人的习惯语法，不要倒装文句，要简短明了"，才能使民众真正理解话语的内涵，进而发挥抗战宣传和民众动员的作用。①

无独有偶，艾思奇在阐述中国民族新文化的方向问题时，也借用毛泽东《新民主主义论》的语句，甚至直接将毛泽东所述"鲁迅的方向，就是中华民族新文化的方向"之语作为文章的标题，指出所谓鲁迅的方向即是"为大多数人而战斗的方向"，依照这一方向所创造的文化"就是为大多数人而战斗的文化"，即"创造新民主主义的文化"。可以说，艾思奇将鲁迅视为"中国文化的旗帜"，阐述在这一旗帜下的反帝反封建的"新民主主义的文化斗争"，表现出"能和大众在一起""能革命""能战斗"的特质，由此使"大众化"成为抗战的新民主主义文化的一项基本性质。

---

① 周文：《文化大众化实践当中的意见》(1940年10月19日)，《延安文艺档案·延安美术：延安文论家（二）》第38册，太白文艺出版社2011年版，第448—450页。另注：周文在阐述"文化大众化实践"问题时，举例说明称："譬如有这么一句落后群众的话：'这狗×的东西，把我振到这样子，我真是够，真他妈狗×的！'这是表现不出一定的意思的，而且方法也不妥当。如果这句话的意思是指汉奸，那我们就应该给他写明显，可以成为这样的句子：'这狗×的汉奸，把我害得这样家破人亡，妻离子散，真是可恨到极点！'这当然要比较明确些，文法也比较的清楚些、精密些。但是不能够写成这样子：'这个可恶的害得我家破人亡妻离子散的汉奸，真是可恨到极点！'像这种欧化的句子，对于群众是比较难懂的。"这个案例反映了语言表达在文化大众化实践中的重要作用，揭示出话语表达方式在新民主主义话语传播中的重要影响。

中国共产党领导人的倡导和文化界人士的热议，有力推动了新民主主义文化运动的开展。在此背景下，以"陕甘宁边区新文字协会"为代表的各类文化社团应运而生。1940年10月，陕甘宁边区新文字协会正式成立。该会由中国共产党领导人林伯渠、吴玉章、董必武、徐特立、谢觉哉、李维汉、艾思奇、周扬，以及茅盾、萧三、丁玲等延安文化界人士共同发起。其中林伯渠为陕甘宁边区政府主席，吴玉章为陕甘宁边区文化委员会主任兼鲁迅艺术学院院长，李维汉为中共中央宣传部副部长，而丁玲、萧三则分别主持或参与延安文化社团的工作。① 可以说，陕甘宁边区新文字协会发起人的基本情况，在某种意义上反映了中国共产党领导人在发动新民主主义文化运动之时，已经与文化社团联结起来，成为新民主主义话语构建的主导者，这为推动新民主主义文化运动的开展，以及促进新民主主义话语的广泛传播奠定了重要基础。

在陕甘宁边区新文字协会发起成立之际，由陕甘宁边区文协领导的延安作曲者协会也掀起了"新音乐运动"。② 该协会以创作"新鲜活泼的、为群众所喜闻乐见的中国气派、中国作风的群众歌曲"为宗旨，将大力加强"新的群众歌曲的创作"视为促进新音乐运动不断高涨的重要前

① 陕甘宁边区新文字协会的成立，可以追溯到1938年春成立的陕甘宁边区新文字促进会。促进会的创办，则肇始于"文化大众化"背景下陕甘宁边区教育厅厅长徐特立发起的新文字运动，该会曾创办会报《抵抗到底》，并且举办3期"新文字讲习班"，培养了数百名开展新文字运动的干部。1938年1月，陕甘宁边区文协通过了组织"中国新文字运动委员会"的议案，2月29日委员会正式成立，吴玉章任委员会主席，委员会下设秘书处、组织科、研究科、编辑发行科、宣传科、教育科，萧三、张成功、胡蛮、吕良等分别主持各部门工作。委员会成立后，即着手筹备"中国新文字协会"，并且广泛招募会员。（参见禹夫：《新文字运动在边区》，《大众文艺》1940年4月15日，第1卷第1期。）
② 延安作曲者协会成立于1941年2月，是延安和陕甘宁边区作曲者自发组织的群众性团体，由陕甘宁边区文协领导，1942年改名为陕甘宁边区作曲者协会，但对外仍沿用"延安作曲者协会"名称。（参见任一鸣主编：《延安文艺大系·文艺史料卷》上册，湖南文艺出版社2015年版，第639页。）

提，并且提出了新的群众歌曲创作的基本原则，即：一是"必须是能够最真实地反映了这个时代群众的要求"；二是"必须把那最深的根子扎在劳动人民中"；三是"必须被大众所理解、所爱好"；四是"必须能统一群众的思想意志，而且提高它"。① 在加强"新的群众歌曲"创作之时，延安作曲者协会还通过创办《歌曲旬刊》（后改为《歌曲半月刊》《音乐月刊》），对群众歌曲创作理论问题进行交流和研讨，为推动新音乐运动的发展提供理论指导。②

随着新民主主义文化运动的深入开展，"文章下乡""文章入伍""文章入工厂""文章入机关、入学校入各个民众组织"的现象屡见不鲜，这有力推动了各工厂、机关、学校等的"文艺小组"的创办。据统计，截至 1940 年 4 月，陕甘宁边区的文艺小组多达数十个，其分布广泛、规模宏大、活动丰富，由下表可见一斑。

表 4-1　陕甘宁边区文艺小组简况表

名称	人数	主要活动
解放社印刷厂文艺小组	30 余人	编写壁报《萌芽》《突击》等，研讨文艺问题，朗诵文艺名著，进行文艺创作。
机器厂文艺小组第一、二组	10 余人	创作并公开发表文艺作品，编写墙报，组织读书会，举办座谈会、诵读会等。
八路军总政治部印刷工厂文艺小组	10 余人	编写墙报，研究文学名著，创作和发表文艺作品。
留守兵团文艺小组	约数人	创作并公开发表文艺作品。

---

① 《我们的希望（代发刊词）》（1941 年 4 月 1 日），《延安文艺档案·延安音乐：延安音乐组织》第 15 册，太白文艺出版社 2015 年版，第 330 页；《我们的希望（代发刊词）》，《歌曲旬刊》1941 年 4 月 1 日，创刊号。

② 任一鸣主编：《延安文艺大系·文艺史料卷》上册，湖南文艺出版社 2015 年版，第 640 页。

续表

名称	人数	主要活动
女子大学文艺小组	70 余人	开办文学讲座，创作并发表文艺作品，举行文艺座谈会，得到丁玲、陕甘宁边区文协等指导。
抗大文艺小组	约 20 人	创作并公开发表文艺作品，举办座谈会等。
财政经济部文艺小组	30 余人	创作并公开发表文艺作品，编写墙报。
八路军政治部宣传队文艺小组	—	创作并公开发表文艺作品，举办文艺座谈会，得到陕甘宁边区文协的指导。
保育院小学儿童文学社	—	出版儿童文学集。
陕甘宁边区师范学校文艺研究会	—	创作并公开发表文艺作品，举办文艺研究座谈会。
三原联络站文艺小组	5 人	创作并公开发表文艺作品，举办座谈会等。
三边文协分会文艺小组	—	创作并发表文艺作品。
后方勤务部文艺小组	20 余人	创作并公开发表文艺作品，举办座谈会等。

　　除上表之外，尚有七里铺兵站文艺小组、新华书店文艺小组、安塞通讯社文艺小组、陕公文艺小组、民众剧团文艺小组、总供给部文艺小组、供给学校文艺小组、荣誉学校文艺小组、中央休养所文艺小组等文艺团体。这些团体的规模大小不一但活动非常丰富，除了创作和发表文艺作品外，还经常编写墙报、壁报等，有的还自行创办报刊，并且举办文艺座谈会，组织研讨文艺问题。从活动成效及影响来看，总体而言，工厂及机关文艺小组的活动成效较学校文艺小组好，尤其是工厂文艺小组，其成员的"情绪比较热烈"，不仅积极参与活动，还经常"挤出时间来学习"和创作。而以女子大学文艺小组为代表的团体，基于"文艺是和科学同样重要的，教育人，影响人，感化人的有力工具"的理念，通过各种文艺活动"使文艺深入，普遍，大众化"，在培养和造就工农

文化人的实践中"发展新中国的新文艺",有力推动了新民主主义文化运动的深入开展。①

与此同时,中国共产党注意从政策层面加强对新民主主义文化运动的领导,并且将其视为传播新民主主义话语的一条重要路径。自1941年初开始,中国共产党就开始研究制定《陕甘宁边区施政纲领》,毛泽东对此高度重视,曾亲自参与起草工作,并对《陕甘宁边区施政纲领》草案进行数次修改。根据陕甘宁边区政府正式颁布的《陕甘宁边区施政纲领》,其中由毛泽东起草的第十四条明确提出:"尊重知识分子,提倡科学知识与文艺运动,欢迎科学艺术人才"②。可以说,《陕甘宁边区施政纲领》表达了中国共产党对包括科学技术、文学艺术在内的各项工作的重视。而为扩大新民主主义话语传播的深度与广度,毛泽东向中共中央秘书长任弼时致函,要求在党内外广泛宣传《陕甘宁边区施政纲领》的内容,尤其是向延安各界民众的宣传,"须为之逐条加以通俗解释",使党的政策、方针被广大民众所理解和接受。③

思想政治教育是中国共产党推动新民主主义话语传播的一条重要途径。正如中共中央宣传部副部长李维汉所述,"革命的文艺有教育与组织大众的作用",作为其发挥功能的载体,革命文艺作品是由文化人士创作出来的,但如果文化创作者本身缺乏革命思想、革命意志、革命品质,则

---

① 小山:《谈延安——边区的"文艺小组"》,《大众文艺》1940年4月15日,第1卷第1期。
② 《陕甘宁边区施政纲领》(1941年5月1日),陕西省档案馆、陕西省社会科学院编:《陕甘宁边区政府文件选编》第5辑,陕西人民教育出版社2015年版,第3页。值得一提的是,1941年11月召开的陕甘宁边区第二届参议会讨论并通过了《陕甘宁边区政府施政纲领》,会议决议指出:"该纲领不但适合于边区的需要,而且完全符合于中国的国情,是唯一正确的边区施政方针,也是团结抗战以救中国的良策。"(陕西省档案馆、陕西省社会科学院编:《陕甘宁边区政府文件选编》第5辑,陕西人民教育出版社2015年版,第1页。)
③ 中共中央文献研究室编:《毛泽东年谱(1893—1949)》中卷,中央文献出版社2013年版,第292页。

无法创作出革命文艺作品。因此，加强对文艺创作者"思想意识教育"，培养文化人士革命思想、意志、品质，既是锻炼"革命的文艺家"的必要前提，也是推动新民主主义文化运动发展的重要基础。据钟敬之称，李维汉关于加强对延安文化界人士思想意识教育的阐述，是在1941年4月28日鲁艺总结大会上提出来的。此次总结大会肇始于1941年3月6日鲁艺院务会议的决定，该决定旨在通过发动一场针对鲁艺全体教职员工的检查和总结活动，深化对新民主主义革命和新民主主义文艺之间重要关系的认识。① 而在当天的总结大会上，李维汉借用张闻天关于新民主主义文艺的阐述，明确指出新民主主义文艺就是民族的、民主的、科学的、大众的文艺，而鲁艺就是一所阐扬"新民主主义的文艺学院"。需要强调的是，李维汉从"新民主主义的文艺"与"马列主义"的关系角度立论，在总结讲话中明确提出：既然"新民主主义是马列主义中国化，那么，新民主主义的文艺也就是马列主义文艺政策的中国化"。可以说，李维汉此语反映了新民主主义文化运动实践与马克思主义理论之间的内在联系，揭示出新民主主义话语传播与马克思主义话语权构建之间实现对接的可行路径。②

　　鲁艺全院大会召开后，全院教学机构及其下属文艺团体进行了一次大调整。其中，教学系统与研究系统合二为一，实行统一领导，以适应新形势下新民主主义文化发展工作需要。而鲁艺下属文艺团体分别划分至戏剧、音乐、美术、文学四部，实行归口管理。其中，戏剧部田方担任实验剧团主任，符律衡任平剧团主任，音乐部冼星海任音乐工作团主任（由吕骥代），文学部严文井任文艺工作团主任，美术部钟敬之任美

① 钟敬之：《延安鲁迅艺术学院》，《延安文艺档案·延安戏剧：延安戏剧组织》第4册，太白文艺出版社2011年版，第233页。
② 李维汉：《在鲁艺第二次工作检查总结大会上的讲话》（1941年4月28日），《延安文艺档案·延安文论：延安文论作品》第40册，太白文艺出版社2011年版，第126、127页。

术工场主任。① 鲁艺教学机构、组织人事、文艺社团的调整，既是中国共产党加强对延安文化社团领导的结果，也是新民主主义文化运动深入开展的重要基础。

二、新民主主义文化运动与话语传播的理论逻辑

毛泽东、张闻天等中国共产党领导人倡导和发动新民主主义文化运动之时，他们根据话语构建的现实需要，对新民主主义话语传播的理论问题进行深入探讨，尤其是关于新民主主义话语与马克思主义理论内在逻辑的阐述，深刻揭示了文化运动与话语传播、文化发展与政治需求、抗战现实与社会动员等的相互关系，为从马克思主义话语权构建角度窥探新民主主义话语传播的理论逻辑提供了重要路径。

延安各界关于新民主主义话语与马克思主义理论内在逻辑问题的探讨，始于中国共产党为纪念马克思诞辰而开展的"五五学习节"活动。作为中国共产党一次有组织、有领导、有计划地学习活动，"五五学习节"自 1940 年起开始举办，旨在通过学习制度的建立，促进延安广大干部将马克思主义理论与中国革命的具体实际相结合，从而在革命实践中提高自身的马克思主义理论素养，并为指导革命实践提供理论指南。至 1941 年 5 月，延安及各机关、学校、部队、文化团体的干部群众掀起了学习马克思主义理论的热潮。而在延安第二个"五五学习节"到来前夕，张闻天以"提高干部学习马列主义的质量"为目的撰文指出："学习马列主义，必须自己下一番工夫。因为马列主义是人类有史以来最高发展了的科学"。显然，在张闻天看来，下一番苦功来"攻打马列主义

---

① 王虹：《鲁艺美术之路（1938—1958）》，人民出版社 2019 年版，第 144、145 页。

科学的堡垒"，这无疑是提高学习质量的一个重要前提。同时，由于"马列主义是人类文化知识最高的发展，学习马列主义必须有很丰富的、具体的社会知识与科学知识做基础。没有这样的基础，要成为一个优秀的马列主义者，是不可能的"。因此，张闻天提出，加强对社会知识和科学知识等各类具体知识的学习，注重从抽象到具体的研究方法，是提高广大干部学习马克思主义的质量，以及克服党内存在的教条主义、公式主义错误倾向的重要基础。①

张闻天关于提高马克思主义理论学习质量的阐述，直面延安一些干部在学习过程中存在好高骛远、骄傲自满的不良倾向，旨在避免产生对理论一知半解的"空头马列主义者"，这对于消除延安文化人士来源的广泛性所造成的理论歧见具有重要意义。对于延安理论学习中的上述情况，曾经参加中国左翼作家联盟的欧阳山经过深入调查后发现，青年文艺工作者之所以产生这一观点，主要原因是他们"对于马列主义还没有学懂"。事实上，"越熟悉马列主义越了解现实，越了解现实越能创作"，这无疑是一个客观规律，但要提升创作水平并不能单纯依靠马克思主义理论学习，而是"必须在学习马列主义，观察研究现实之外，把创作技术，——创造形象的艺术手腕，练习得非常纯熟才行"。换言之，必须在实践中加以揣摩，并通过对革命实践的参与、观察和深入分析，才能真正运用马克思主义理论，达到透过现象看本质的目的。②

应当指出的是，欧阳山关于马克思主义与文艺创作关系问题的探讨，与张闻天关于提高延安干部学习马克思主义质量问题的阐述，颇有

---

① 《提高干部学习的质量——纪念五五学习节》（1941年4月7日），《张闻天选集》，人民出版社1985年版，第295、296页。

② 欧阳山：《马列主义和文艺创作——文艺思想性和形象性漫谈之一》（1941年5月13日），《抗日战争时期延安及各抗日民主根据地文学运动资料》上册，山西人民出版社1983年版，第74—76页。

异曲同工之处，这反映了马克思主义话语权构建背景下新民主主义话语传播的理论逻辑。其中，文化与政治的相互关系，即是中国共产党构建新民主主义话语的理论逻辑链条当中的重要一环。这正如徐懋庸在《论艺术与政治的关系》一文中所指出的：抗战以来延安文艺工作者已逐渐认识到，"艺术是不能，也不应脱离政治，超越政治，而且是应该自觉地、积极地为政治服务的"。随着抗战局势的演进，广大文艺工作者将上述理念逐渐付诸实践，使得抗战文艺不断深入群众，并且在宣传抗战和动员群众方面"表现为一种巨大的力量"。①

诚然，在党的政治话语引导下，延安文艺工作者摒弃"为艺术而艺术"的传统口号，代之以"艺术服务于政治"的口号，这无疑反映出抗战全面爆发以来文艺工作者艺术创作思想上的重要转变。尤其是在战火纷飞的时局下，以及在救亡图存使命的感召下，广大文艺工作者挣脱"艺术至上"观点的束缚，他们毅然"走出了剧场而到街头，走出了都市而到内地与农村"，将戏剧的舞台搬到了前方士兵和后方民众面前，旨在"以戏剧作为锋利的武器，运用戏剧的力量来教育民众，唤起民众，领导民众，组织民众"。而在抗战戏剧理论工作者余上沅、何治安看来，戏剧作为"抗战的武器"，在宣传抗战和发动民众的过程中有着特殊的作用。可以说"戏剧的威力并不亚于炮火，只要戏剧的力量所达之地，那怕是穷乡僻壤，那怕是边疆海外，都一样可以唤起抗战的呼声"。值得注意的是，余、何二人在《抗战四年来的剧本创作》一文中论及不同时期戏剧的作用时，将"文化"与"政治"合二为一，提出"政治文化"和"文化政治"的新观点。该文指出：与 1937 年全面抗战爆发之时抗战剧本数量较少的情况相比，1938 年由于许多剧作家走上前线，收集

---

① 徐懋庸：《论艺术与政治的关系》（1941 年 5 月 14 日），《延安文艺档案·延安美术：延安文论家（三）》第 39 册，太白文艺出版社 2011 年版，第 711 页。

了丰富的抗战戏剧素材，获得了宝贵的抗战实践经验，逐渐认识到戏剧与抗战的重要关联，因此在创作态度上发生重要变化，即通过抗战戏剧的创作"使戏剧能够切实的配合战争"，进而"使戏剧能够促进政治文化的进步"；随着抗战进入第三年，戏剧创作者主动以"抗战建国"为目标，"积极地谋文化政治等的进步，以期及早达到最后胜利的目标"，由此使"戏剧的内容丰富了，主题广泛了，描写深刻了"，戏剧在抗战宣传与群众发动工作中的地位亦愈发凸显。① 艾思奇则通过对新民主主义"文化运动"的考察，指出抗战全面爆发以来文化战线在整个抗日民族战争中的重要意义和作用，认为新民主主义文化运动不仅"配合了军事、政治、经济等各方面的斗争"，而且通过抗战文艺作品的创作、抗战文艺理论的发展、抗战思想观点的宣传以及抗战教育科学工作的开展，"来提高全国人民的思想意识，来动员人民，组织人民，起来与民族敌人进行了坚决的革命的战争"。②

　　随着新民主主义话语的广泛传播，延安文化界人士在思想观念上发生了重要转变。以延安"文艺月会"的创办者萧军为例，尽管他已经是第二次来延安，但在新民主主义话语的影响下，其思想状况发生了重大转变。1941 年 7 月 20 日，萧军应邀与毛泽东进行谈话，论及新民主主义的性质、内容、发展阶段等问题。③8 月 2 日，他收到毛泽东再度邀约谈话的信件，立即回信表示愿意赴约，并称"极愿意了解每个人，更是对中国人民命运有着决定作用如您这样的人"。而在与毛泽东谈话前后，萧军主持创办文艺月会会刊《文艺月报》，致力于延安文艺发展。针对

---

① 余上沅、何治安：《抗战四年来的剧本创作》，《中国新文艺大系（1937—1949，评论集）》，中国文联出版公司 1998 年版，第 74—78 页。

② 《进一步认识中国的现实》（1941 年 8 月），《艾思奇全书》第 3 卷，人民出版社 2006 年版，第 242 页。

③ 萧军：《萧军全集》第 18 卷，华夏出版社 2008 年版，第 473 页。

延安党的干部文艺气息尚欠浓厚的状况，他主动"用文艺的力量影响和教育这些高级负政治责任的人"。17日，他收到毛泽东所著《新民主主义论》等论著，次日就将《新民主主义论》读完，感叹称"此后多读这类时事，政治，哲学，历史等书，会帮助自己处理生活"。可以说，正是毛泽东的言论和著作，深刻影响了延安时期萧军的思想和行动，由此使他朝着文艺创作为新民主主义革命服务的目标前进。①

然而，由于延安文艺工作者来源的广泛性以及思想的差异性，他们在抗战文艺的实践中面对艺术与政治的关系问题时，往往产生认识上偏差，甚至出现严重误解，陷入"艺术尾巴主义的错误"。这种错误的表现之一，即是把"艺术服务于政治"错误理解成"艺术应该完全等候政治的命令，完全依靠政治的指示，完全盼望政治的号召，完全请求政治的吩咐，凡有艺术作品，只是按照政治的订货单去制造"。显然，这种表面上宣称服务政治的做法，实际上却抛弃了艺术的"独立性""自动性""创造性"。②

综而观之，张闻天、欧阳山、徐懋庸等人关于延安新民主主义文化运动与马克思主义理论之间关系问题的探讨，反映了抗战全面爆发以来意识形态话语构建背景下抗战文化发展与政治互相演进的历史场景，揭示出新民主主义话语传播的理论逻辑，而延安文化界人士在思想观念上产生的各种问题，折射出马克思主义理论与中国革命实际相结合过程的复杂特性。为解决新民主主义话语传播过程中出现的问题，毛泽东从党的作风问题入手，倡导在全党范围内开展调查研究工作。尤其是针对部分党员领导干部"主观主义与形式主义作风并未彻底消灭"问题，毛泽

---

① 萧军：《萧军全集》第18卷，华夏出版社2008年版，第495—510页。

② 徐懋庸：《论艺术与政治的关系》（1941年5月14日），《延安文艺档案·延安美术：延安文论家（三）》第39册，太白文艺出版社2011年版，第712页。

东要求各级党员干部开展批评和教育工作。一方面，通过党内教育引导干部既主动了解客观情况又贯彻执行党的政策，另一方面通过党内批评促使党员干部避免"尚空谈不实际"的弊病。1941 年 8 月 1 日，中共中央根据毛泽东起草的意见，正式向全党发出《关于调查研究的决定》，旨在通过党内的教育和批评活动，消除党内存在的主观主义与形式主义作风，使广大党员干部养成"既了解情况又注意政策"的风气，并"使这种了解情况、注意政策的风气，与学习马列主义理论的风气密切联系起来"，借此深入推动马克思主义理论与中国革命实际的结合。[①]

　　毛泽东关于开展调查研究的要求，直指党内存在的主观主义与形式主义作风问题，特别是当时一些党员既不了解中国现实又不了解党的政策，这与中国共产党掌握马克思主义话语权的要求发生脱节，严重阻碍了新民主主义话语在广大群众中的传播。对此，艾思奇在边区文协的机关刊物《中国文化》上发表社论，指出上述问题的基本表现是："对于中国现实环境和中国历史的现实，深刻细密的研究工作，还几乎是等于没有开始。咬文嚼字的学习方法，抽象原则的议论习惯，随便抓着一点事实来乱套公式的轻浮作风，在研究马克思主义的人们当中，还是相当普遍。从具体的丰富的事实材料出发，不放松一切小问题的精神的科学研究，还很少有人来加以意识的重视。"[②]

　　可以说，艾思奇所揭示的党内理论学习问题，与毛泽东起草的《关于调查研究的决定》所指出的党内作风问题，两者在本质上是一致的，即：未能通过深入调查研究认识中国的现实。对此，艾思奇力倡以中共

---

① 《中共中央关于调查研究的决定》（1941 年 8 月 1 日），《毛泽东文集》第 2 卷，人民出版社 1993 年版，第 360—363 页。

② 《进一步认识中国的现实》（1941 年 8 月），《艾思奇全书》第 3 卷，人民出版社 2006 年版，第 242 页。

六届六中全会所提出的"实事求是"要求，作为新民主主义文化运动的"基本精神"，强调"马克思主义理论原则只是引导我们去研究活的具体事实的方法指南，而不是摆在前面来裁判一切的教条"。同时，艾思奇借用毛泽东"没有调查，就没有发言权"之语，呼吁文化界人士"更进一步地多方面地深刻地去体验生活，用更大的力量来创造真实的典型"，既要"从事实材料的最详密与具体的收集调查着手"，又要"从事实材料科学研究中找出规律的认识，而避免对任何问题作公式的主观的判断"，在此基础上进一步认识中国的现实，真正达到实事求是的要求和目标。①

事实上，抗战全面爆发后，"进步的文化运动"之所以在组织和发动民众进行抗战中发挥了重要作用，是因为文化运动本身"反映了中国民族发展的一切需要"。可以说，"认识中国的现实，掌握中国社会变化的必然规律"，是中华民族赢得抗战胜利以及获得自由独立的重要前提，而"马克思主义的思想文化"是"以科学的理论做基础，是认识现实，打破黑暗愚昧的最锐利的武器"。中国共产党作为抗战的领导力量，"掌握了这一个锐利的武器，胜利地攻破了中国革命道路上所遭遇到的重重的关，回答了抗战中全国人们所感觉着的许多疑难问题"，同时中国共产党"在坚定全国人民胜利的自信上，在提高人民战斗的勇气上，发挥了巨大无比的力量"，因此"马克思主义的思想文化"作为一种"进步的文化"，"在抗战以来的进步文化发展上，起了核心的作用"，而作为一个马克思主义政党，中国共产党在"进一步认识中国的现实"基础上，为新民主主义文化的发展指明了方向，由此构建了新民主主义话语传播的理论逻辑。②

---

① 《进一步认识中国的现实》（1941 年 8 月），《艾思奇全书》第 3 卷，人民出版社 2006 年版，第 242—245 页。

② 《进一步认识中国的现实》（1941 年 8 月），《艾思奇全书》第 3 卷，人民出版社 2006 年版，第 242—245 页。

　　与上述情况颇为相似的是，张闻天结合新民主主义话语传播的现实需要，制定了《党的宣传鼓动工作提纲》，明确提出"党的宣传鼓动工作的任务，是在宣传党的马列主义的理论、党的纲领与主张、党的战略与策略，在思想意识上动员全民族与全国人民为革命在一定阶段内的彻底胜利而奋斗"，并且把宣传鼓动工作纳入"思想意识"的行动范畴，强调"举凡一切理论、政治、教育、文化、文艺等等均属于宣传鼓动活动的范围"。一方面，为突出马克思主义在新民主主义话语传播中的重要地位，张闻天明确提出"党的宣传鼓动工作是以马列主义为指导原则的"，指出宣传工作具有三大特点，即：一是所制定的政策、方针、纲领等均符合客观真理、符合事物发展规律；二是所宣传的理论、纲领等均符合全民族与全国人民的根本利益；三是宣传鼓动工作与党的中心工作相协调，做到"言论和行动的一致"。另一方面，为增加新民主主义话语传播的效度，以及基于中国共产党宣传工作的上述特点，张闻天进一步确立了宣传工作的基本原则，主要有：一是必须掌握党的路线与党的政策，这是决定"宣传鼓动工作成败的中心关键"；二是必须正确估计客观的环境、了解具体的情况，掌握宣传对象的动态，避免宣传工作中出现"无的放矢"，成为"教条主义与公式主义的叫喊"；三是必须处理好党内与党外、干部与群众、公开环境与秘密环境、战时与平时、敌占区与大后方等不同情况下宣传工作的区别，做到具体问题具体分析、区别对待；四是必须根据广大群众自身的"政治经验"来开展宣传工作，使群众在正确认识党的理论、政策、主张、口号的基础上认同和接受党的政治话语。①

　　应当指出的是，张闻天所提出的宣传工作纲领，既阐述了宣传工作

---

①　《党的宣传鼓动工作提纲》（1941 年 6 月 20 日），《张闻天选集》，人民出版社 1985 年版，第 299—304 页。

的目的、方法、特点和原则，又强调了马克思主义在党内的指导地位，尤其是关于"文化运动实际上是党对外宣传工作的一个有力的武器"的阐述，为中国共产党通过新民主主义文化运动来"宣传革命的思想"和"科学社会主义的思想"，以及领导和组织包括敌占区、根据地、大后方在内的全国文化运动提供了重要遵循。① 诚然，从全国各地会集到延安的文化界人士，他们在文化工作实践中表现出既有进步的、蓬勃向上的一面，也有消极的、不健康的一面。毛泽东在写给萧军的信中就曾劝告他既要看到延安文化界的不足之处，也要"注意自己方面的某些毛病，不要绝对地看问题，要有耐心，要注意调理人我关系，要故意地强制地省察自己的弱点，方有出路，方能'安心立命'"②。对此，周扬借用毛泽东的话语指出：延安文化界人士思想上存在着"在山上的"和"在亭子间的"两种看似相反实则相同的倾向性问题。而为解决延安文化界人士思想倾向问题，周扬在中共中央机关报《解放日报》撰文称："如果有一个作家在这里感到了苦闷，是必须首先努力祛除那引起苦闷的生活上的原因的。"他还强调，文化界人士在延安这个文化"圣地"，"不是教徒，而是马克思主义者"。③

尽管周扬上文主要针对的是延安作家，但对于包括自然科学在内的延安各界人士具有马克思主义教育意义。1941 年 8 月 2 日至 4 日，陕甘

---

① 《党的宣传鼓动工作提纲》（1941 年 6 月 20 日），《张闻天选集》，人民出版社 1985 年版，第 308 页。

② 《致萧军》（1941 年 8 月 2 日），《毛泽东书信选集》，中央文献出版社 2003 年版，第 158 页。

③ 周扬：《文学与生活漫谈（之一）》，《解放日报》1941 年 7 月 17 日，第 2 版；周扬：《文学与生活漫谈（之二）》，《解放日报》1941 年 7 月 18 日，第 2 版；周扬：《文学与生活漫谈（之三）》，《解放日报》1941 年 7 月 19 日，第 2 版；周扬：《文学与生活漫谈》，《抗日战争时期延安及各抗日民主根据地文学运动资料》上册，山西人民出版社 1983 年版，第 86、87 页。另注：周扬此文曾引起延安文化界人士的热议，萧军在《文艺月报》刊文指责周扬应当在批评延安文化界人士之时进行"自我批评"。（参见萧军：《萧军全集》第 18 卷，华夏出版社 2008 年版，第 487 页。）

宁边区自然科学研究会第一届年会在延安举行。朱德为此撰写题为《把科学与抗战结合起来》一文，进一步阐述了坚持马克思主义的重要意义，指出"马列主义是反对黑暗与落后，尊重科学与文明的。马列主义的本身，就是科学的最高成果"，强调"马列主义乃是一切科学的最高成果，它的世界观，它的方法，当然也适用于一切科学。掌握了它，可以使一切科学得到新的发展"。朱德呼吁包括自然科学家、社会科学家在内的各界人士，"把科学与抗战建国的大业密切结合起来"，以"提高人民的文化程度与政治觉悟，来取得抗战的胜利，建国的成功"。① 可以说，朱德的这篇文章为毛泽东、张闻天、周扬的上述观点做了一个很好的注解，在某种意义上诠释了中国共产党领导和组织延安文化界人士进行马克思主义话语权构建的历史面相，揭示出新民主主义话语传播的内在逻辑。

三、新民主主义文化运动与新民主主义话语的影响

抗战相持阶段中新民主主义文化运动的开展，促进了新民主主义话语的传播。在此背景下，"动员一切可能动员的文化力量来直接加入抗战"，成为抗战宣传与民众发动工作的题中应有之义。而在新民主主义话语的引导下，延安文化界人士开展了形式多样、广大民众喜闻乐见的文化活动，他们"广泛地进行组织，提高大众的政治文化水平的启蒙工作，推进科学思想，学术的自由研究"，为新民主主义文化运动的深入发展奠定了重要基础，新民主主义话语的影响力不断彰显，"发展抗日的、民主的、大众的、科学的新民主主义文化"逐渐成为延安时期中国

---

① 《把科学与抗战结合起来》（1941 年 8 月 3 日），《朱德选集》，人民出版社 1983 年版，第 76、77 页。

共产党领导下各界民众的共识。①

1941 年 8 月 3 日，中华全国文艺界抗敌协会延安分会召开第五届会员大会。会议以加强延安与全国文化界人士的联络和团结为口号，旨在深入推动新民主主义文艺运动的发展。此次会议共有 60 名会员参加，大会选举艾青、罗烽、萧军、欧阳山等延安文化界人士为主席团成员。周文、吴伯箫在大会报告中，先后讲述中华全国文艺界抗敌协会的组织发展情况。其中，全国各工厂、机关、团体、学校、部队成立文艺小组 85 个，拥有成员 668 人；中华全国文艺界抗战协会下设的"抗战文艺工作团"先后成立 6 个小组，组织 22 人赴华北各抗日根据地开展抗战宣传和民众发动工作；同时，包括延安分会在内的各地组织分别创办了《文艺战线》《文艺突击》《大众文艺》《中国文艺》《文艺月报》等刊物，组织开展了文艺月会、星期文艺学园等座谈会（或学习班），有力推动了抗战文艺的发展。②

需要指出的是，在柯仲平的主持下，与会者讨论制定了《中华全国文艺界抗敌协会延安分会会章》，其中第二款明确提出，"本会以联合在延安文艺作家，共同坚持对日抗战，坚持全国作家团结，力求文艺工作之活跃与进步，推进新民主主义文艺运动并保障作家权益为宗旨"。显然，作为延安当时最具影响力的文化社团，中华全国文艺界抗敌协会延安分会以宗旨的形式确立了"推进新民主主义文艺运动"的目标。为实现"用文艺工作来更好的配合于抗战建国的事业"的愿望，与会者向全国文化界人士发出通电，号召开展新民主主义文化运动，共同履行"中国文艺

---

① 李伯钊：《敌后文艺运动概况》，《延安文艺档案·延安文论：延安文论作品》第 40 册，太白文艺出版社 2015 年版，第 136 页。

② 《中华全国文艺界抗敌协会延安分会第五届会员大会记录（专载）》，《抗日战争时期延安及各抗日民主根据地文学运动资料》上册，山西人民出版社 1983 年版，第 503、504 页。

运动革命任务"，推动"全国政治的进步"。同时，与会者借用恩格斯的话语向苏联作家致函，称："恩格斯说过：'战争如同疯狗……'东方的疯狗——日本法西斯军阀在中国咬了四年。希特勒这疯狗现在又咬起苏联人民来了。"为此，与会者呼吁中苏两国作家共同组织起立"国际反法西斯的统一战线"。① 关于此次会议情况，《解放日报》以《努力开展文艺运动》为标题发表社论，对大会召开的目的和意义做了阐述。该社论明确提出："延安是抗日民主根据地的中心"，组织和发动广大文化界人士开展新民主主义文化运动，这既是"边区的施政纲领上规定的努力方向"，也是团结和领导广大民众参与抗战的重要举措，而进一步深入开展新民主主义文化运动，将有利于新民主主义话语的传播，彰显"延安的政治地位"。②

作为延安新民主主义文化运动的一座重要堡垒，鲁艺及其下属文艺团体承担起传播新民主主义话语的重要作用。中国共产党领导人高度重视鲁艺的建设和发展，毛泽东多次向鲁艺师生做报告，着力推动中国共产党对文化战线工作的领导。1941 年 4 月 28 日，时任中共中央宣传部副部长李维汉在鲁艺第二次工作检查总结大会上讲话时，从发展和扩大新民主主义文化运动影响的角度，深刻阐述了鲁艺的性质、任务和意识形态教育问题，其主要内容如下。

首先，李维汉从新民主主义话语表达的现实需要出发，明确指出鲁艺是"新民主主义的文艺学院"，即以"民族的、民主的、科学的、大众的"为导向的发展新民主主义文化和艺术的学院。一方面，从新民主主义文艺和马克思主义的关系来看，"新民主主义是马列主义中国化，

---

① 《中华全国文艺界抗敌协会延安分会第五届会员大会记录（专载）》，《中国文化》1941 年 8 月 20 日，第 3 卷第 2、3 期。

② 《努力开展文艺运动》（1941 年 8 月 3 日），《延安文艺档案·延安文论：延安文论作品》第 40 册，太白文艺出版社 2015 年版，第 134 页；《社论：努力开展文艺运动》，《解放日报》1941 年 8 月 3 日，第 1 版。

那么，新民主主义的文艺也就是马列主义文艺政策的中国化"。另一方面，从党的政治宣传的实际需要来看，新民主主义的民族、民主性质，与构建抗日民族"统一战线的实质"是一致的，这就要求鲁艺及其下属文艺团体在开展新民主主义文化运动之时，坚持"在抗日不反共这一前提之下，任何党派的文化人都可团结起来"，实现新民主主义话语与统一战线话语的互动发展。其次，李维汉从新民主主义革命的目的和任务出发，指出鲁艺在新民主主义话语传播中承担了"提高自己"和"帮助别人"的"两重任务"。鲁艺作为中国共产党培养文艺干部和文艺人才的摇篮，应当通过新民主主义文化活动的开展，广泛传播新民主主义话语，实现新民主主义话语权的构建；而在满足广大群众的文艺需要，以及团结和领导全国文艺界人士等方面，鲁艺及其文化社团也应当承担主体责任，尤其是"将来新民主主义革命成功之后"，鲁艺及其领导的文化社团要未雨绸缪，即："现在我们大家在延安埋头研究，长期打算，一俟将来形势好转，分发出去，这一大批有相当修养的文艺干部将是掌握全国文艺活动最宝贵的资本。"最后，在马克思主义意识形态教育方面，李维汉认为鲁艺及其文化社团要积极"学习社会历史知识"，尤其是在广大文艺工作者缺乏中国社会历史知识的背景下，他们在传播新民主主义话语以及推动"马列主义中国化"的实践中，往往由于"不能认识中国的情形"而导致"艺术庸俗化"，这使得革命文艺在教育、组织和领导大众等方面的作用难以有效发挥出来，因此，加强意识形态教育，培养过硬的"革命的思想""革命的意志""革命的品质"，是成为一名真正的"革命的文艺家"的重要前提。可以说，正确解决"思想意识教育问题"是关系到鲁艺发展方向的一个重要问题。①

---

① 李维汉：《在鲁艺第二次工作检查总结大会上的讲话》（1941年4月28日），《延安文艺档案·延安文论：延安文论作品》第40册，太白文艺出版社2011年版，第126、127页。

　　李维汉从新民主主义话语传播的角度阐述鲁艺的性质、任务和意识形态教育问题，对于鲁艺及其文化社团乃至整个延安文化社团步入新民主主义发展轨道，具有重要的指导意义。以鲁艺美术系和"木刻工作团"的文艺实践为例，1941 年 8 月 16 日，陕甘宁边区美协在延安文化俱乐部和军人俱乐部举行美术展览会。此次展览会上，鲁艺木刻工作团从前方带回 600 余件水印套色木刻年画作品，延安木刻家江丰、古元、力群、刘岘等人的作品也在参展之列，所展出的美术作品包括绘画、雕塑、木刻、漫画等多个种类。展览内容之丰富、规模之宏大均属空前，由此引起了延安各界民众的广泛兴趣。18 日，诗人艾青在《解放日报》以社论的形式，对展览会上力群、刘岘、焦心河、古元等的木刻作品做了点评，而在评论刘岘的木刻作品时，其措辞颇为尖锐，称刘氏以茅盾的《子夜》为木刻插图创作对象，但"从这作者的创作过程上看，好像并没有什么大的发展"。而"作者的主要的失败之一"，是盲目崇尚西方艺术家，却不对中国抗战现实情况进行深刻观察。可以说，"正因为他所向往的世界是距离我们如此之远的缘故，他就不能习惯于在我们这生身之地上去发现一些美的东西来了，他们表现的属于现实题材的作品也就被蒙造（罩）上一层太理想化了的薄雾，令人引不起真切之感了"。①

　　与艾青的评论相类似，胡蛮在《目前美术上的创作问题——为"边区美术 1941 年展览会"而作》一文中提出，此次展览"表现着一个严重的缺点"，即"轻视政治命题，偏重自由创作"。而导致这一问题的直接原因，是创作者错误地认为"艺术和政治是两回事，是不相干的是分离的，并由此而发生了'艺术第一'的谬论以至于陷入到形式主义学院

---

① 艾青：《第一日——略评"边区美协一九四一年展览会"中的木刻》，《解放日报》1941 年 8 月 18 日，第 2 版。

派宗派观念的泥潭里"。显然，文艺创作脱离了"新民主主义社会生活"，是上述问题产生的根源。与之形成鲜明对比的是，鲁艺木刻工作团遵循美术创作反映新民主主义社会生活的要求，通过向群众学习和广泛征询民众对木刻画的意见，创造性地运用中国套版印刷术，配合"写生的画稿"和"新的多样的刀法"，创作出《中共十大任务》《实行民主政治》《选举村长》等反映新民主主义政治路线的木刻画，"受到老百姓的欢迎"。可见，胡蛮通过对展览会情况的全面审视，深入阐述了新民主主义文艺发展的内在逻辑，即："无论是用什么表现方式和表现方法，只有具体的形象的去表现现实生活中所具有的革命的政治的意义"，才是符合新民主主义革命现实需要的作品。①

值得注意的是，胡蛮上述评论发表后，立即引起参与此次展览者力群的不满。力群在《美术批评与美术创作者——读了胡蛮的〈目前美术上的创作问题〉之后》一文中表示：胡蛮"那一串过于苛刻的责问"其实是"机械地强调政治"，而胡氏"单单从作品的选题所显示的政治口号和政治概念中去了解"作品的内容和意义，此举显然"过于表面"，并且会导致他"看不到作品所包含的政治意义的"。可以说，力群对于胡蛮的上述批评并不认同，两者就展览作品的主题、内容和意义进行了针锋相对的争论，尤其是针对胡蛮提出的文艺创作与政治命题的关系问题，力群认为"一个批评家对于一个创作者，如果不看重他底生活和技巧，而单单强调政治是不妥当的"，反驳力度可谓掷地有声。然而，从力群与胡蛮论争的实质来看，他们对文艺作品应当反映新民主主义社会生活的观点并不冲突，力群在文中称述此次展览会上的木刻作品是"大

---

① 胡蛮：《目前美术上的创作问题——为"边区美术1941年展览会"而作》（1941年8月22日），《中国新文艺大系（1937—1949，理论史料集）》，中国文联出版公司1998年版，第749、750页。

量地反映了边区人民的现实生活的"之语，即是这一事实的有力证据。①可以说，批评者与被批评者均认可文艺创作应当反映新民主主义社会生活的观点，这无疑彰显出新民主主义话语对延安文化界人士的重要影响。

在新民主主义话语的影响和推动下，以鲁艺木刻工作团为代表的广大延安美术工作者，不仅广泛参与美术会、展览会、宣传会等活动，而且纷纷进入敌后、走上前线，使新民主主义文化活动与抗战宣传、群众发动工作深入结合起来，创作风格从西洋画转向中国画，作品内容也从世界名画的临摹、静物的描写等转向"积极从现实中选取绘画的题材"，他们克服了过去创作人物面相"欧化"的缺点，摆脱了受"西洋名画"影响或"西洋风景气味浓厚"的困扰，虚心接受民众"真诚、坦白、合乎实际的"批评，甚至在创作实践中拜农民为师，使美术创作与新民主主义社会生活深入结合起来。②鲁艺美术教员陈叔亮在《回忆鲁艺》一文中直接征引毛泽东《新民主主义论》的语句，称鲁艺美术工作者"向民族形式、新民主主义的内容突进"，进行"学习民族传统""探求中国风格"的艺术实践，这正是在新民主主义话语的影响下形成"中国作风"和"中国气派"的价值追求。③同为鲁艺美术教员的张仃亦指出，这种

---

① 力群：《力群：美术批评与美术创作者——读了胡蛮的〈目前美术上的创作问题〉之后》（1941年9月2日），《延安文艺档案·延安美术：延安美术家（二）》第47册，太白文艺出版社2011年版，第679、680页。

② 李伯钊：《敌后文艺运动概况》，《延安文艺档案·延安文论：延安文论作品》第40册，太白文艺出版社2015年版，第154—157页。另：力群在《鲁艺六年》一文中亦称，鲁艺文艺工作者不仅通过制定《艺术工作公约》，明确提出文艺创作要"不违反新民主主义现实主义的方向"，并强调受新民主主义话语的影响，鲁艺在"艺术形式上的特色是脱离了外国影响的富有民族气味的风格"。（力群：《鲁艺六年》，《延安文艺档案·延安美术：延安美术家（二）》第47册，太白文艺出版社2015年版，第682、683页。）

③ 陈叔亮：《回忆鲁艺》，《延安文艺档案·延安美术：延安美术家（一）》第46册，太白文艺出版社2015年版，第178、179页。

创作风格就是"老百姓所喜闻乐见"的民族形式，就是与中国抗战现实需要相一致的新民主主义文化。①

诚然，上述情况虽然是关于鲁艺美术团体或美术工作者的探讨，但在抗战建国的时代背景下，以及新民主主义话语的深刻影响下，包括延安文化社团在内的各界人士均受到新民主主义话语的广泛影响，尤其是那些主持或参与过新民主主义文化运动者，对新民主主义话语的认识和理解更为深刻。这一情况正如李伯钊所指出的，延安文化社团在新民主主义文化运动中，动员一切可能动员的文化力量加入抗战，推动新民主主义文化的发展，"他们对于新文艺形式的接近和接受并没有隔着一座万里长城"，而是广泛地组织和动员各界民众，"提高大众的政治文化水平"，进而"发展抗日的、民主的、大众的、科学的新民主主义文化"，彰显出新民主主义话语的重要影响。②

---

① 张仃：《街头美术》，《延安文艺档案·延安美术：延安美术家（四）》第49册，太白文艺出版社2011年版，第1547页。
② 李伯钊：《敌后文艺运动概况》，《延安文艺档案·延安文论：延安文论作品》第40册，太白文艺出版社2015年版，第136、143页。

第五章　延安文化社团转变与马克思主义话语权的形成

延安时期，全党上下发动了一场广泛而又深刻的马克思主义教育运动，即延安整风运动。以此次运动为契机，延安文化社团根据马克思主义构建的新形式、新任务，对文化领域存在的各类问题进行了全面总结与深刻反思。随着1942年5月延安文艺座谈会的召开，以及毛泽东《在延安文艺座谈会上的讲话》这部"马克思主义中国化的教科书"的正式发表，延安文化社团从文化发展方向问题入手，进一步克服自身问题，有效解决了文艺为谁服务这个根本问题，不仅有力促使延安文化社团的转变，而且直接推动了马克思主义话语权的形成和发展。

随着延安文化社团"大戏热"的降温，鲁艺秧歌队、中央党校秧歌队等纷纷成立，新秧歌剧《兄妹开荒》、平剧《南泥湾》、歌剧《白毛女》等一部部脍炙人口的新文艺作品成为广大民众"喜闻乐见"的文艺形式；而在文艺为工农兵服务方针的指引下，文艺作品的内容更加贴近人民生活和斗争实践。诚然，延安文化社团的转变反映了中国共产党领导下马克思主义话语的重要影响，而文化社团作为话语传播载体，其自身的转变和发展，也进一步促进了党的政治话语的传播，有力推动了马克思主义话语权的构建与形成。需要指出的是，在抗战时期延安复杂的内外部局势的影响下，延安文化社团的转变必须经历一个相当长的时期和较为复杂的过程，尤其是抗战胜利前后，延安文化社团在中国共产党的领导下，根据全国形势的发展变化以及战后民主建国的需要走出延安、走向全国的同时，也有力推动了中国共产党在全国的马克思主义话语权的构建，为中国共产党赢得执政地位奠定了重要基础。

第一节　延安整风运动与文化社团的转变

一、马克思主义话语权构建的新形式

1941 年 5 月，毛泽东在延安高级干部会议上作《改造我们的学习》的报告，提出全党同志改造学习方法和构建学习制度的要求，批评主观主义者特别是教条主义者存在理论与实际相脱离的倾向。毛泽东的报告发表于党的高级干部整风学习期间，标志着延安整风运动的正式开始。毛泽东在《改造我们的学习》开篇中，旗帜鲜明地指出：中国共产党的二十年，就是"马克思列宁主义的普遍真理和中国革命的具体实践日益结合的二十年"，无论是出国留学还是在国内接受教育，都应该遵循理论和实际相统一的原则。然而，在党的干部教育中，存在严重的教条主义现象。例如，"教哲学的不引导学生研究中国革命的逻辑，教经济学的不引导学生研究中国经济的特点，教政治学的不引导学生研究中国革命的策略，教军事学的不引导学生研究适合中国特点的战略和战术，诸如此类。其结果，谬种流传，误人不浅。在延安学了，到富县就不能应用。经济学教授不能解释边币和法币，当然学生

也不能解释"。① 毛泽东关于改造马克思主义理论学习要求的提出，反映了包括教育、文化、经济、军事等各个领域存在的意识形态淡化的不良倾向，揭示出马克思主义意识形态话语权构建的紧迫性和必要性。

上述关于意识形态淡化问题及其折射出的马克思主义意识形态话语权构建的复杂特性，在文化领域表现得尤为突出，而"文化人与文化团体中间的隔膜"，则是这一复杂特性的典型表现。根据陈毅《关于文化运动的意见》，在以"构建文化界统一战线"为宗旨的文化运动开展过程中，一些文化干部往往"拿自己的政治水准，自己的工作立场，自己的生活方式去要求每一个文化人，去要求每一个作品，或者每一个文化团体"，这不仅造成了文化人士与文化团体之间的隔膜，严重阻碍了文化运动的发展，而且对文化界统一战线的构建行动造成了一定的冲击。陈毅关于构建文化界统一战线的主张，在某种意义上反映了马克思主义意识形态话语权构建背景下中国抗战与党的政治领导的内在逻辑。一方面，随着中国抗战局势的演进，抗战建国已经成为各界人士共同关注的时代主题，而中国共产党领导下的文化事业以"最民主、最革命、最科学"的面貌出现，"是最彻底的文化主张"，代表了"中华民族全国所力争的新文化"，因此中国共产党政权所在地延安吸引了来自全国各地的文化人士。为在文化领域"取得这个优越的领导地位"，使中国共产党发展文化的主张成为全国文化发展浪潮中的"主潮"，进而实现对全国文化领导权的掌握，中国共产党提出"建立文化界统一战线的基本思想"。这一思想的核心，则是推动这种"最进步最革命的文化主张，走上文化战场，发动伟大的文化运动，争取一切友军共同担负抗日任务"。另一方面，文化界统一战线的构建必须建立在团结文化人士和广泛发动

---

① 《改造我们的学习》（1941 年 5 月 19 日），《毛泽东选集》第 3 卷，人民出版社 1991 年版，第 795、798 页。

文化运动的基础之上。在陈毅看来，随着马克思主义与中国革命实际的不断结合，延安文化界人士已经清楚地认识到"马列主义是世界文化最高的结晶"，"马列主义最了解和善于对待一切可以与工农大众接近的文化人"，故只有广泛动员和"吸引文化人文化团体去考察加入斗争，把这些伟大复杂的场面反映在他们的作品中去"，才能在构建新文化过程中批判地继承传统文化以及创造新文化。①

与陈毅从文化领域阐述马克思主义意识形态话语权构建问题不同，时任中共中央宣传部副部长李维汉从"思想意识教育问题"入手，对鲁艺教育工作做了深刻总结，指出培养具有革命思想、革命意志、革命品质的文艺工作者，是形成人民群众喜闻乐见的文艺作品的重要前提，然而包括鲁艺在内的广大延安文化界人士存在一定程度的"个人中心主义"倾向；造成这一倾向的"社会根源"，则在于"来到延安的青年又以小资产阶级占优势，这自然容易滋生个人中心主义的意识"。显然，李维汉在考察延安文化界人士的"思想意识教育问题"之时，注意到"个人中心主义"不良倾向滋生、蔓延的情况。为将其导向符合抗战建国时代需要的革命的"现实主义"轨道，以及培养"中国的现实主义的文艺家"，李维汉明确提出"要学习社会历史知识"的要求，认为这是克服个人中心主义的重要途径，并强调缺乏中国社会历史知识，"就不能认识中国的情形"，"马列主义中国化"就无法真正实现。②

---

① 陈毅：《关于文化运动的意见——在海安文化座谈会上的发言》，《江淮》1941年第5期；陈毅：《关于文化运动的意见——在海安文化座谈会上的发言》，《延安文艺丛书》编委会编：《延安文艺丛书（第1卷，文艺理论卷）》，湖南人民出版社1984年版，第172—184页。
② 李维汉：《在鲁艺第二次工作检查总结大会上的讲话》（1941年4月28日），《延安文艺档案·延安文论：延安文论作品》第40册，太白文艺出版社2015年版，第127—129页。

值得注意的是，李维汉在上述讲话中指出，"个人中心主义"向"现实主义"转变将是"一个长期教育的过程"。[①] 而李维汉关于"学习社会历史知识"的重要性和必要性的阐述，显然与毛泽东《改造我们的学习》报告的根本宗旨是一致的，即："应确立以研究中国革命实际问题为中心，以马克思列宁主义基本原则为指导的方针，废除静止地孤立地研究马克思列宁主义的方法"。[②] 对此，胡乔木在《解放日报》刊文指出：由于"延安不但在政治上而且在文化上作中流砥柱，成为全国文化的活跃的心脏"。尤其是"新民主主义文化的旗帜"树立后，"建立新民主主义文化已成了全国进步文化工作者共同努力的目标"。在这一旗帜的指引下，包括科学技术人才、文学艺术人才在内的广大文化界人士以"一切都服从战争，服从大众"为旨归，不断推动新民主主义文化事业的发展，他们在马克思主义中国化时代化大众化的实践中不断"深入到边区""深入到民众"，在马克思主义意识形态话语权构建的历程中着力解决"普及和提高"两个核心问题，由此凸显了马克思主义话语权构建面临的新形势，揭示出延安文化社团需要承担的新任务。[③]

二、延安文化社团面临的新问题

面对新形势新任务，延安文化界人士对文化社团存在的秧歌舞改造问题、"大戏热"问题等进行了全面总结和深刻反思，他们以构建适应

[①] 李维汉：《在鲁艺第二次工作检查总结大会上的讲话》（1941 年 4 月 28 日），《延安文艺档案·延安文论：延安文论作品》第 40 册，太白文艺出版社 2015 年版，第 128 页。

[②] 《改造我们的学习》（1941 年 5 月 19 日），《毛泽东选集》第 3 卷，人民出版社 1991 年版，第 802 页。

[③] 《欢迎科学艺术人才》，《解放日报》1941 年 6 月 10 日，第 1 版；《欢迎科学艺术人才》（1941 年 6 月 10 日），《胡乔木文集》第 1 卷，人民出版社 2012 年版，第 7—10 页。

新形势的马克思主义意识形态话语权为目的，着力解决文化"为什么人服务的这个首要问题"，旨在通过对"三风"问题的深刻揭示，彻底解决文化脱离大众、脱离现实的弊端。

首先，关于秧歌舞改造问题，《晋察冀日报》记者林采，华北联合大学文工团康濯、丁里，边区文协文学顾问委员会主任周而复，鲁迅艺术学院戏剧系主任张庚等人，先后就秧歌舞的表现形式、艺术内容、演出目的、发展方向等问题进行阐述，旨在通过改造和利用秧歌舞，化解"秧歌舞的危机"。针对西战团成员田间在《关于"民族形式"问题》一文中对"秧歌舞"使用价值的否定和批判，以及冯宿海在《关于"秧歌舞"种种》一文中对"秧歌舞"改造问题所发表的空泛论调，林采以"从'秧歌舞'谈旧形式"为主题旗帜鲜明地表示："秧歌舞"不仅有改造和利用的价值，而且通过"把抗战建国的新内容灌注到它的形式里去"，真正地"为抗战建国的现实服务"。需要强调的是，林采主张批判地改造和利用秧歌舞，并借用周扬关于"现实主义"问题的阐述，指出关于秧歌舞形式和问题内容的探讨，不应离开现实主义的方针，而为"抗战建国事业服务"的秧歌舞，才是"找寻'新民主主义舞'的'中心源泉'"。①

与林采从正面谈秧歌舞的改造和利用问题不同，华北联合大学文工团文学组组长康濯指出：秧歌舞的内容和形式存在"支离破碎"问题，而这些"破碎片"里含有封建思想的"糟粕杂质或毒素"，与延安军民丰富的抗战生活之间，"全面发生着复杂的冲突"，甚至产生了严重的"秧歌舞的危机"。康濯认为，化解上述冲突与危机的根本途径有三：一是在内容上多方面反映"充实战斗生活"；二是在形式上既要注意"多

---

① 林采：《从"秧歌舞"谈旧形式——略评〈关于"秧歌舞"种种〉并关于旧形式的利用问题》，《晋察冀日报》1941年3月29日，第4版。

样性"，又要"发挥群众的创造性"；三是在演绎手法上"插入复杂的抗日内容"，以及"反映多面的群众生活"，从而使秧歌舞真正成为"反映着战斗生活与群众要求的舞"。①

华北联合大学文工团团长丁里则从秧歌舞在"群众文艺运动"中起到的重要作用入手，在《解放日报》刊文指出：秧歌舞已经成为广泛发动陕甘宁边区民众"参与政治斗争，社会活动的利器"，而在"服务于抗战和新文化建设"的前提下，秧歌舞必须摆脱"千篇一律"的"公式化"形式，避免"表现强大的内容和政治意义的标语口号化"倾向，通过选取表现延安军民革命和抗战斗争生活的题材，紧密配合当前的政治任务，在形式上促使秧歌舞"由男扮女装的男女情爱的粗犷卑俗的戏弄而变为统一战线，团结抗战的群舞"，在内容上促使秧歌舞"力求反映现实和不断的丰富以新内容，而逐渐向完美的前途发展"，进而推动新秧歌舞成为"充分表现现实生活新民主主义的新舞蹈"。②

显然，秧歌舞在内容和形式上存在一定程度的脱离群众、脱离现实问题。对此，《晋察冀日报》一篇社论对秧歌舞的化装和表演问题作了严厉批评，称无论是广大农村还是前线部队，秧歌舞活动存在"许多不正常的现象"，诸如化装时"穿上旧戏中花旦用的彩衣艳服，紧箍箍地包在棉军装外面，配上脸上的'怪'相，不管人看着是不是会呕吐"。有的秧歌舞被强行植入抗日元素，整个表演"好像是成了一套公式似的"，导致观众看了之后置疑道："这算什么呢？日本鬼子怎么也跟咱中

---

① 康濯：《秧歌舞——零碎想起的一些意见》，《晋察冀日报》1941年5月7日，第4版；康濯：《秧歌舞——零碎想起的一些意见》，孙晓忠、高明编：《延安乡村建设资料》第4册，上海大学出版社2012年版，第580—583页。
② 丁里：《秧歌舞简论》，《解放日报》1942年9月23日，第4版；丁里：《秧歌舞简论》（续），《解放日报》1942年9月24日，第4版。

国人一齐跳舞呢?"演出现场颇令人尴尬。① 无独有偶,边区文协文学顾问委员会主任周而复注意到:一些地方性剧团"扭起单调的秧歌舞来,确是舞态婀娜,身轻曼妙","再配上那喧闹的锣鼓,实在噪得人头痛,进而催人呕吐",这种表演"只能给人以肉麻之感,丝毫没有半点革命战斗的气息"。正是基于上述原因,延安文艺界人士对秧歌舞兴趣索然,甚至反对编演秧歌舞。针对这种现象,周而复在《秧歌剧发展的道路》一文中指出,由于历史和现实的双重原因,秧歌舞中保留了旧秧歌的封建迷信和色情内容,这无疑会招致延安文艺界人士的尖锐批评,但秧歌作为农村条件下的产物,是农民独特的一种艺术形式,其艺术价值和社会价值不应被轻易否定,而那些轻视改造和利用秧歌舞者,大多"存在着一个思想问题",换言之,由于他们出身于"小资产阶级的智识份子,作品里所表现的主要是小资产阶级的生活、思想、感情","在理论上,他们承认文艺要和大众结合;在实际上,他们的创作活动大部分是脱离人民大众的"。②

　　针对秧歌舞存在的上述问题,鲁迅艺术学院戏剧系主任张庚进一步指出,以民众剧团为代表的延安各剧团虽然在各地表演秧歌舞,但并未"造成一个运动"。而秧歌舞内容和形式上存在的种种问题,严重影响到其在民众中的普及程度。加之延安文艺工作者"以为普及工作就是把工作做得简单一些,马虎一些,粗糙一些",这使得延安文化界人士轻视对秧歌的认真研究,他们"对于必须向民间学习这点是没有什么认识或

---

① 　更石:《秧歌舞的化装》,《晋察冀日报》1942 年 5 月 13 日,第 4 版。另注:孙晓忠、高明合编的《延安乡村建设资料》认为,《秧歌舞的化装》一文载于 1942 年 5 月 30 日出版的《晋察冀日报》,其关于时间的表述有误。(参见孙晓忠、高明编:《延安乡村建设资料》第 4 册,上海大学出版社 2012 年版,第 584—586 页。)

② 　周而复:《秧歌剧发展的道路》,《延安乡村建设资料》第 4 册,上海大学出版社 2012 年版,第 713 页。

者认识很少"。可以说,正是因为不能虚心地"向老百姓学习",反而主观认为"老百姓那里根本没有什么可学的",导致秧歌运动难以普遍开展起来。①

其次,关于延安"大戏热"问题,延安文化社团通过对抗战以来文艺实践的深入研讨与总结,深刻揭示了"大戏热"背后的教条主义、主观主义问题,并且根据文艺为工农兵服务、为抗战服务、为党的政治服务的宗旨,提出"创造新的大众的戏剧"的主张。抗战进入新阶段后,延安文化社团在中国共产党领导下表现出走进基层、走近民众的良好倾向。其中,陕甘宁边区抗战剧团在制定 1941 年 9 月至 11 月工作计划时,明确提出"话剧地方化"和"地方戏剧现代化"的主张,并强调这是今后"剧团工作方向"。在工作内容上,边区抗战剧团根据抗战宣传和民众发动的实际需要,大力举办群众性活动,并且通过播放电影、举办展览、张贴标语、派发报纸、撰写街头诗和进行口头宣传等方式,使宣传内容与"政治斗争实际问题相结合",进而实现走进基层、走近民众的目标。② 需要指出的是,边区抗战剧团的民众化趋向并非个案。1942 年 1 月 17 日,鲁艺实习工作团 90 余人从延安出发,奔赴陇东、关中、三边、绥德、安塞等地,他们此行的目的是到陕甘宁边区的广大农村地区下乡学习,并且组织音乐工作团等流动性工作团体,深入各工厂、部队进行文艺大众化实践。

陕甘宁边区抗战剧团和鲁艺实习工作团的大众化实践,彰显了延安文化社团在中国共产党领导下不断走向民众的实践路径。然而,由于历史和现实的双重原因,这一实践路径存在着诸多问题和不足,其

---

① 张庚:《谈秧歌运动的概况》,《群众》1946 年 6 月 30 日,第 11 卷第 9 期。
② 《"陕甘宁边区抗战剧团"一九四一年九月至十一月工作计划》(1941 年 8 月 15 日),《延安文艺档案·延安戏剧:延安戏剧组织》第 4 册,太白文艺出版社 2015 年版,第 70 页。

中"演大戏"问题即是一个典型案例。鲁艺实验剧团理事沙可夫在《回顾一九四一年展望一九四二年边区文艺》一文中称，1941 年以来陕甘宁边区的文艺工作存在一些缺点和不足，甚至出现了一些错误。受此影响，1942 年初为庆祝晋察冀边区政府成立三周年，苏联文学家高尔基创作的《母亲》、俄国批判主义作家果戈里创作的《婚事》、曹禺创作的大型戏剧《日出》等纷纷上演，于是"发生了所谓'演大戏'问题"。随着演大戏问题的出现，延安"个别剧团老是'演大戏'"，"甚至有些剧团或剧人非演大戏不过瘾"，逐渐形成"大家都演其'大戏'"的不良风气。针对这一情况，边区剧协召开座谈会，专题研讨"演大戏"问题的性质和危害，旨在探索如何防止和"克服'演大戏'的倾向"。一方面，与会者认为国外戏剧《母亲》《婚事》《钦差大臣》等表现出"不通俗"的特点，对于边区民众而言难以理解和欣赏；而诸如《日出》等反映城市社会生活的戏剧，也因为与农村生活存在巨大差异而令普通民众难以理解，观众兴趣索然。这两类戏剧在边区均"不能普及"，如果强行上演将"势必大大影响边区戏剧大众化的工作，使戏剧活动限止于狭小的圈子里面脱离了广大群众"。另一方面，与会者提出要从"提高与普及两方面"来克服大戏热问题，即在注意防止演大戏倾向的同时，大量创作"反映边区斗争与生活的大众化的剧本"，大力推动"戏剧深入群众的工作"。①

　　值得注意的是，沙可夫在上文中指出，提高与普及的紧密结合是今后戏剧工作者努力的方向。无独有偶，《解放日报》一篇报道也从"剧运方向"问题角度，生动记录了陕甘宁边区政府文化工作委员会于1942 年 5 月 13 日举办的一场戏剧座谈会的情况。此次座谈会由边区戏

---

① 沙可夫：《回顾一九四一年展望一九四二年边区文艺》，《抗日战争时期延安及各抗日民主根据地文学运动资料（中）》，山西人民出版社 1983 年版，第 89—94 页。

剧工作委员会主席塞克主持，与会者有延安戏作家、戏评家、知名导演和演员以及部分剧运工作者，共 40 余人。会议伊始，大家就"尖锐的批评了从上演《日出》以后，近一两年来延安'大戏热'的偏向，并指出了忽视（或不够重视）广大民众和士兵观众的错误倾向，由而导出了剧运的普及和提高问题"。与会者指出："大戏热"表面上是通过"强调技术"来提高延安剧运工作水平，却把观众局限于延安机关干部、知识分子和青年学生的狭小范围，忽视了文艺为工农兵服务的根本宗旨；尤其是在抗战建国背景下，"新的政治形势给与了艺术家这样更现实的任务"，广大戏剧工作者应当坚持"新民主主义新现实主义的方向"，在中共中央"统一领导和统一指挥"下行动起来，"更多和更好的发挥艺术对政治服务的积极效能"。[①]

如果说与会者上述关于延安"大戏热"问题的研讨，深刻阐述了普及与提高、文艺与政治的辩证关系问题，那么张庚在《解放日报》发表的社论则从马克思主义话语权构建角度，明确指出延安"大戏热"问题的基本性质、社会影响和改造路径。一是关于延安"大戏热"问题的性质，张庚认为由于那些所谓的"大戏"，乃是外国名戏以及一部分"并非反映当时当地具体情况和政治任务的戏"，其本质上是"脱离现实内容，脱离实际政治任务来谈技术的"。二是关于延安"大戏热"的影响，张庚指出延安"大戏热"的影响范围波及各根据地，直接威胁到剧团的生存、抗战的前途乃至国家的命运。特别是随着延安"大戏"演出渐成风气，广大民众能看懂的戏剧越来越少，一些剧团却陷入因缺少合适的剧本而面临工作停顿的尴尬境地。与此同时，"大戏热"不良风气从延安传播开来后，"在陕甘宁边区和各根据地里不仅仅存在于主要剧团里，

---

① 唯木：《当前的剧运方向和戏剧界的团结》，《解放日报》1942 年 5 月 19 日，第 4 版。

甚至某些直接做地方工作，连队工作的剧团也受了若干影响"，使得"演大戏的风气"愈演愈烈，这既与文艺"为政权服务，为部队服务，为具体的任务而战斗"的宗旨相违背，也与"创造新的大众的戏剧"的目标背道而驰。三是关于"大戏热"问题的改造路径，张庚从马克思主义话语权构建的角度深刻指出：演大戏的文艺发展路径，从根本上来说是一条"脱离大众来提高技术的道路"，这一做法"把马恩列斯对于接受遗产的理论教条式的运用了"，证明广大文艺工作者"没有了解马恩列斯关于现实主义的学说，只是搬弄了他们的一些字句而已"，因此他们犯了"教条主义"和"主观主义"的错误。而"这种非马恩列斯的对于技术和遗产的态度，并不是偶然的，乃是一种小资产阶级的爱好"，必须从马克思主义意识形态建设的高度，根本扭转文艺发展的不良倾向，彻底解决"大戏热"问题。①

正当延安"大戏热"问题愈演愈烈之际，1941 年夏秋之交延安美术界人士发生了一场争论。据陕甘宁边区美术工作者协会江丰称，当时有几名鲁艺西山美术研究室成员"醉心于马蒂斯、毕加索为代表现代派绘画"，主张"新美术应该学习和仿效现代派绘画"。由于意识到这种"为资产阶级艺术思想所迷惑的情况"与普通的个人爱好性质不同，江丰、胡蛮等人对此表示"坚决反对"，认为这既不符合抗战宣传和民众发动的实际需要，也与广大民众的欣赏习惯格格不入。他们强调："这种脱

---

① 张庚：《论边区剧运和戏剧的技术教育》，《解放日报》1942 年 9 月 11 日，第 4 版；张庚：《论边区剧运和戏剧的技术教育（续完）》，《解放日报》1942 年 9 月 12 日，第 4 版。需要补充的是，延安"大戏热"盛行之时，"名戏热"问题也日益凸显，两者产生的原因颇为相似，即：均由于戏剧工作中存在"某种程度地脱离实际的偏向"所致。而改变这种文艺"脱离实际的偏向"，使文艺与党的"政治领导"和"具体的革命任务"相结合，则是纠正这一问题的根本举措。（参见刘增杰、赵明、王文金等编：《抗日战争时期延安及各抗日民主根据地文学运动资料》上册，山西人民出版社 1983 年版，第 243 页。）

离生活、脱离人民、歪曲形象并专在艺术形式上做功夫的所谓现代绘画"形式，无法表现人民群众的抗战形象和革命生活。为正确引导那些从大城市来延安"热情参加革命的美术青年"，使他们摆脱"资产阶级艺术思想的侵蚀"，延安美术界人士围绕这场争论所涉及的议题，以墙报的形式将各方意见公开展示出来，结果大多数人表示支持美术服务政治、服务抗战的主张，并且"否定了模仿西欧现代派绘画的主张"，从而坚持了"美术的正确方向"。①

　　值得一提的是，江丰作为陕甘宁边区美术工作者协会成员，亲自参与并深刻剖析了这场争论的实质。他认为，争论之所以产生、问题之所以形成，主要原因是文化"为什么人服务的这个首要问题还未解决"，即：没有深刻认识到文化为抗战服务、为政治服务的根本宗旨。对此，江丰借用毛泽东的话语称："之所以出现这种论调也并不奇怪，正如毛泽东同志所指出：还没有站在无产阶级立场上的小资产阶级文艺家，是不可能真正的、全心全意地为革命的工农兵群众服务的，他们的兴趣，主要是放在少数小资产阶级知识分子上面。"② 显然，延安文化界存在的问题是多方面、多领域的，美术界亦不例外，而"为什么人服务"问题无疑是一个关乎文化发展方向的重要问题。

　　延安美术界争论的产生并非偶然，而是延安文化界人士思想交锋、路线斗争的典型反映。事实上，"为什么人服务"问题从根本上来说是没有真正把文艺同工农兵结合起来，由此导致一些更为严重情况的出现。据鲁艺美术系学生李槐之称，当时延安"文艺战线两条路线斗争是

① 江丰：《温故拾零——回忆延安美术活动散记及由此所感》，《延安文艺档案·延安美术：延安美术家（二）》第47册，太白文艺出版社2015年版，第543、544页。
② 江丰：《温故拾零——回忆延安美术活动散记及由此所感》，《延安文艺档案·延安美术：延安美术家（二）》第47册，太白文艺出版社2015年版，第543、544页。

十分尖锐的，资产阶级的艺术观公开向无产阶级挑战"。其中，文学界出现《三八节有感》《野百合花》等文章，美术界形成"成天关起门来搞素描、透视学、解剖学、美术史"的不良风气，戏剧界大演诸如《钦差大臣》《吝啬人》等外国剧本，音乐界演奏普通民众难以理解和欣赏的外国交响乐，甚至在鲁艺这所培养党的文艺干部的摇篮中，其教学上也"存在着脱离政治、脱离实际、脱离群众，追求名、洋、古的倾向"，这些不良风气和错误倾向在某种意义上折射出"三风"问题给延安文化社团带来的新问题与新挑战。①

三、文艺界整风与文化社团的新动向

整顿"三风"开始后，毛泽东本着对调查研究工作的一贯重视，酝酿和筹备针对延安文艺界有关问题的调研工作。其中，延安文化社团是毛泽东调研的工作重心之一。1941 年 8 月 11 日晚，毛泽东步行至中华全国文艺界抗敌协会延安分会，此行目的是向该会成员萧军、艾青、罗烽、白朗、舒群等了解延安文艺界存在的问题。由于此访罗烽、舒群二人均不得见，故次日清晨，毛泽东函告萧军，请他邀集罗、舒等人早饭后面谈。随即，萧军、罗烽、舒群，以及艾青、王德芬、韦嫈等人赴约，来到毛泽东住处，与在场的中共中央组织部部长陈云、宣传部副部长凯丰等人一起，"畅谈有关文艺和文艺界方面的许多问题"。②

毛泽东、陈云、凯丰、萧军、艾青等人所谈问题，涉及延安文化工

---

① 李槐之：《红太阳照亮桥儿沟——回忆延安文艺生活片断》，《延安文艺档案·延安美术：延安美术家（二）》第 47 册，太白文艺出版社 2015 年版，第 615 页。

② 中共中央文献研究室编：《毛泽东年谱（1893—1949）》中卷，中央文献出版社 2013 年版，第 320 页。

作的性质、内容与发展方向，其中延安文艺界人士存在的主观主义、宗派主义和党八股风气，无疑是与会者讨论的焦点。针对延安"各文化团体的工作不能依据边区的需要和边区的具体情形给与有计划的推动"问题，1942年1月5日，中共中央成立陕甘宁边区文化工作委员会，推举吴玉章为主任，罗烽为秘书长，林伯渠、周扬等为委员。边区文化工作委员会成立后，边区文协等文化组织和社团均归其领导。1942年3月25日，《解放日报》社论以"把文化工作推进一步"为主题，明确指出延安文化工作中"还有很多的缺点"，具体表现为文化界的"主观主义、宗派主义、党八股的歪风"，"文化人士的狭隘的简单政治尺度的看法"以及"对于文化工作的特点的忽视"。对此，该社论提出，边区文化工作委员会"必须掌握着新民主主义文化运动的方针"，并通过对"边区的文化人士"和"文化团体等加以研究和理解"，"来领导边区的文化工作"。[1]

显然，在中共中央的集中领导下，以及在延安有关机构、陕甘宁边区政府的共同推动下，边区文化工作委员会与延安文化社团正在形成一种上下联动的工作机制。在此背景下，毛泽东进一步开展对延安文化界的调查研究工作，他与萧军、艾青、欧阳山、草明、舒群等关于延安文艺界情况的讨论，即是这一工作的重要内容。尤其是萧军，受毛泽东委托收集关于延安文艺界情况的材料，并以信件方式陆续送毛泽东审阅。1942年4月4日，毛泽东结合有关材料情况，写信邀请萧军来住处商谈。当天，萧军应约前来，他们"接连两天谈了有关党的文艺方针政策等问题"[2]。

---

[1] 《社论：把文化工作推进一步》，《解放日报》1942年3月25日，第1版。

[2] 中共中央文献研究室编：《毛泽东年谱（1893—1949）》中卷，中央文献出版社2013年版，第373页。

　　与此同时，毛泽东为全面了解有关延安文艺界人士的思想状况，与艾青面谈"有关文艺方针政策等问题"，并且委托艾青"代为收集反面的意见"。① 据艾青回忆称，当时他收到毛泽东信件即应邀前往。见面后，毛泽东当即表示："现在延安文艺界有很多问题"。于是，他们就延安文艺工作方针等问题进行深入交谈。两天后，艾青收到毛泽东的第二封信，内容即为请艾青收集有关延安文艺界人士的反面的意见。值得一提的是，毛泽东在信函"'反面的'三个字上面打了三个圈"，以示强调，这表明毛泽东对延安文艺界持不同意见者的关注和重视。②

　　尽管艾青因故并未收集有关延安文艺界人士的"反面"意见，但仍然把他所了解到的一些情况和有关意见以信件形式呈报给毛泽东。数天之后，毛泽东安排人马接艾青来住处商谈。见面后，他们围绕"歌颂和暴露的问题"，对延安文艺发展方向作了深入交流，而摆在谈话桌上的艾青寄送的材料，"在第一页的上面空白的地方有几个政治局同志传阅的字样"，同时毛泽东手持撰写相关意见的纸张，可见毛泽东对延安文艺界调研工作的高度重视。③

　　经过此次深入交谈，艾青对延安文艺界存在的问题有了更为深刻的认识。在此基础上，他以《我对目前文艺工作的意见》为标题在《解放日报》刊发社论。社论从整顿文艺"三风"问题角度，对文艺和政治的关系、文艺工作者的立场和态度、文艺发展的路径与方向等问题作了深刻阐述，这在某种意义上反映了他通过马克思主义话语权的构建推动党

---

① 中共中央文献研究室编：《毛泽东年谱（1893—1949）》中卷，中央文献出版社 2013 年版，第 373 页。
② 艾青：《漫忆四十年前的诗歌运动》，《艾青选集》第 3 卷，四川文艺出版社 1986 年版，第 488—491 页。
③ 艾青：《漫忆四十年前的诗歌运动》，《艾青选集》第 3 卷，四川文艺出版社 1986 年版，第 488—491 页。

对文艺工作领导的历史场景。首先，关于文艺和政治的关系问题。艾青指出：从文艺"表现一定时期的人民大众的利害和要求"来看，文艺和政治"是殊途同归的"。这主要包含两个方面的内容，即：一方面，在全民族抗战背景下，文艺作为抗战宣传和民众发动的重要力量，承担起以政治术语和政治口号"组织人民大众"的作用，从这个意义上来说，"文艺应该（有时甚至必须）服务政治"；另一方面，"文艺并不就是政治的附庸物，或者是政治的留声机和播音器"，而是与一定时代的进步政治方向相一致的产物，是特定时代背景下社会矛盾和现实问题的真实反映。其次，关于文艺工作者的立场和态度问题，艾青认为，一名文艺工作者的立场和态度，是与"生活的时代的政治方向"相适应的。基于"抗日民族统一战线的立场"，中国文艺工作者应当在文艺创作实践中秉持这样一种态度，即："联合一切被日本法西斯所残害的阶级和民族，以反抗日本法西斯的、民族统一战线的态度"。最后，关于文艺发展的路径与方向问题，艾青提出：延安文艺界存在一定程度的"三风"问题，尤其是在文艺作品的形式方面，表现出"各式各样的公式主义""洋八股"倾向，这种不良倾向往往导致延安作家群体产生"主观主义"和"宗派主义"问题，严重影响到延安文艺工作者的团结以及延安文艺的发展。事实上，文艺发展的路径与方向问题集中体现在文艺工作者在创作中究竟"写什么"和"怎样写"两个问题。与此相对应，延安文艺界存在着"写光明"和"写黑暗"两种意见互歧的群体。对此，艾青观点鲜明地指出：延安文艺界人士无疑需要进行自我批评和自我教育，但更需要鼓励、进步和团结，因此广大文艺工作者要从语言表达、形式创造、题材选择方面着手，重点写延安"集体主义的抬头，写广大人民的觉醒与抬头，写新民主主义的抬头"，以及"写这时代的新的英雄——群众"，只有这样，才能以"革命的理论"为基础，实现"从思想上去影响人朝向革命"的目标，促进马克思主义革命思想传播，推动全民族抗战，进而巩固和加强党对文艺工作的领导。①

需要指出的是，毛泽东本着全面、深入了解延安文艺界所存在的问题的宗旨，不仅通过信函、座谈等方式与萧军、艾青等进行反复交流，而且委托欧阳山、艾青、舒群、草明等人广泛搜集有关文艺政策和发展方向的意见，并强调"正反两面都盼搜集，最好能给我一个简明的说明书"，尤其是关于"文艺界的反面意见"，需要重点收集。② 尽管上述诸人收集和呈送的资料数量有别，但均从不同角度真实地反映了延安文艺界存在的各种问题。

作为延安文艺干部培养的摇篮，鲁迅艺术文学院根据中共中央整顿"三风"的要求，制定了鲁艺整顿"三风"工作方案，旨在通过一场全院师生整顿"三风"运动，推动意识形态话语权建设。4月3日，院长周扬向鲁艺师生"作整顿三风的报告"。他针对鲁艺师生中存在与民众脱离、与抗战需要脱节的不良倾向，严肃地指出这种"陷于空虚""空想培养"观念的弊端及危害，号召全院师生"不要轻视工农份子，并向他们虚心学习"。7日，鲁艺召开扩大会议，成立"整顿三风总检查委员会"，周扬等7人担任委员，由此全院上下正式部署"整顿三风及检查工作"。这项工作的基本方案是根据中共中央整顿"三风"的指示，结合毛泽东"整顿三风的报告"精神，"以实事求是的态度"，从鲁艺教育方针、教学计划、工作条例、课程设置、文艺作品等各个方面，"彻底清查工作中存在着的不正作风"。次日上午，鲁艺召开整顿"三风"总检查委员会第一次会议，与会者经过热烈讨论，决定先深入研究中共

---

① 艾青：《我对于目前文艺上几个问题的意见》，《解放日报》1942年5月15日，第4版。
② 中共中央文献研究室编：《毛泽东年谱（1893—1949）》中卷，中央文献出版社2013年版，第374、375页。

中央关于整顿"三风"的文件精神，然后开始全面检查工作。[①]11 日，鲁艺举行成立四周年纪念活动。此次纪念活动的主题是"讨论三风"问题。在当天的纪念晚会上，周扬从鲁艺教育方针、教育目的与教育宗旨三个方面，深刻总结了鲁艺的各项工作。他指出：鲁艺以致力于"新民主主义的文学艺术事业"为基本教育方针，重在"培养适合于抗战建国需要的文学艺术之理论、创作"人才，并将"组织有某种技术专长及具有历史知识与艺术理论修养的人材"视为一项重要工作，在教育教学和科学研究上提供"学术自由"，鼓励"自由讲学"，旨在谋求长远发展。[②]

　　鲁艺整风运动的开展，以及各类座谈会、纪念会等活动的举行，反映了全院师生对整顿"三风"工作的高度重视，揭示出延安文化界提升思想状况和转变工作作风的紧迫性。麦新在《是改变工作作风的时候了》一文中，明确指出延安一些部门"在工作作风上发生了相当严重的偏向"，出现"无原则的合唱主义和脱离群众的提高"问题。尤其是以戏剧团体为代表的延安文化社团，表现出盲目追求大戏、名戏和外国戏剧的倾向，甚至"在一个旅部的剧团的音乐小组内，仅有一个女声，能读简谱者仅占三分之一，而他们也在唱着复杂艰难的四部和三部合唱，可是属于这一旅部下的各个连队的战士们却饥饿着、叫嚷着要求唱歌，像沙漠上的旅行者渴望着水一样"。可以说，延安文艺界人士"唱必四部，演必大戏"的不良倾向，导致出现"大戏热""名戏热"等问题，这在一定程度上反映了延安文艺界日益严峻的"三风"问题，流风所及，影响颇为恶劣。[③] 针对上述弊病，何其芳以鲁艺文学系为例撰文，深入分析延安文艺界"三风"问题产生的

---

① 《整顿三风运动展开》，《解放日报》1942 年 4 月 8 日，第 2 版。
② 《鲁艺举行四周年纪念》，《解放日报》1942 年 4 月 12 日，第 2 版。
③ 麦新：《是改变工作作风的时候了》，《延安文艺档案·延安音乐：延安音乐组织》第 15 册，太白文艺出版社 2015 年版，第 335 页。

主要原因，旨在揭示"掌握马列主义"对于克服"小资产阶级意识"的重要作用。在文中，他不仅提出教育目的"必须明确而具体地服从政治的要求"，还强调遵循"马列主义的文艺理论原则"的重要意义。[①]而在《改造自己，改造艺术》一文中，何其芳借用中共中央宣传部副部长凯丰关于工作创新问题的阐述，指出延安文艺作品出现"内容上的小资产阶级的思想情感与形式上的欧化"问题，其根本原因在于文艺工作者没有真正学习和掌握马克思主义，这导致文化界人士"只有朦胧的为抗战服务的观念，缺乏明确的为工农兵并如何去为他们的认识"。只有"文艺工作者与实际结合以后，与工农兵结合以后，才能解决这个问题"。[②]无独有偶，鲁艺文学系教员兼《解放日报》文艺副刊主编周立波在《后悔与前瞻》一文中，将延安文化界脱离大众、脱离现实问题比喻为"拖着小资产阶级的尾巴"，认为这种与群众"保持着距离"的心态其实是一种"病态"，严重阻碍了新民主主义文化的发展，而只有深入群众、深入实际，"成为群众一分子"，真正"掌握了马列主义"，才能写出"伟大的场面和英雄的人物"。[③]显然，上述诸人在讨论中不约而同地提及掌握马克思主义的重要性。在具体阐述中，他们将其与改变思想状况、转变工作作风对接起来，这彰显出马克思主义话语权构建背景下文艺服务抗战、服务政治、服务大众的内在逻辑。毋庸置疑，鲁艺整风运动是延安文艺界人士思想转变的一个缩影，也是延安文艺座谈会召开的先声。

---

① 何其芳：《论文学教育》，《延安文艺档案·延安美术：延安文论家（二）》第39册，太白文艺出版社2015年版，第762—763页。

② 何其芳：《改造自己，改造艺术》，《解放日报》1943年4月3日，第4版；何其芳：《改造自己，改造艺术》，《抗日战争时期延安及各抗日民主根据地文学运动资料》上册，山西人民出版社1983年版，第263—266页。

③ 立波：《后悔与前瞻》，《解放日报》1943年4月3日，第4版；周立波：《后悔与前瞻》，《抗日战争时期延安及各抗日民主根据地文学运动资料》上册，山西人民出版社1983年版，第266—268页。

第二节　延安文艺座谈会与文艺话语权的构建

一、马克思主义文艺话语的表达与传播

延安文艺界人士在思想上和实践中存在的诸多问题，要求中国共产党必须通过一场广泛而深入的座谈会，研讨问题产生的原因，形成解决问题的办法，进而达成文艺理论发展方向上的共识。随着毛泽东关于延安文艺状况调查研究的不断深入，尤其是艾青、萧军等人在与毛泽东交流时，不约而同地建议举办文艺界人士座谈会，这为延安文艺座谈会的召开奠定了思想基础和群众基础。在此背景下，中共中央书记处于 4 月 10 日召开会议，由毛泽东提议，准备"以毛泽东、秦邦宪、何凯丰的名义召集延安文艺界座谈会"，届时将针对"作家立场、文艺政策、文体与作风、文艺对象、文艺题材等问题"进行广泛研讨和深入交流。中共中央书记处会议是延安文艺座谈会召开的先声。27 日，毛泽东根据中央书记处会议决定，与凯丰联名向延安文艺工作者及有关负责人发出一百余份邀请函，旨在与大家共同研讨和"交换对于目前文艺运动各方面问题的意见"。[1]

5 月 2 日，延安文艺座谈会第一次会议正式召开，毛泽东出席大会并发表重要讲话。[2] 毛泽东在讲话时指出：此次会议的主要目的在于与

---

[1] 中共中央文献研究室编：《毛泽东年谱（1893—1949）》中卷，中央文献出版社 2013 年版，第 373、377 页。

[2] 据刘岘回忆称，出席延安文艺座谈会第一次会议的中共中央领导人有毛泽东、博古、张闻天、任弼时、邓发等。会上，萧军作为文艺界代表首先发言。当天，与会的文艺界人士虽不多，但是会场气氛热烈，代表们争相发言，会议足足开了一整天。（参见刘岘：《琐事纪实》，《延安文艺档案·延安美术：延安美术家（二）》第 47 册，太白文艺出版社 2015 年版，第 764 页。）

文艺界人士"交换意见",即共同研究文艺与革命的关系问题,以推动"革命文艺的正确发展,求得革命文艺对其他革命工作的更好的协助",最终"使文艺很好地成为整个革命机器的一个组成部分"。他强调,实现这一目标的根本前提是解决文艺工作者的立场问题、态度问题、工作对象问题、学习问题。其中立场问题就是能否"站在无产阶级的和人民大众的立场"问题,工作对象问题则是能否解决"文艺作品给谁看的问题"。值得注意的是,毛泽东在会上提出建设一支文化军队的要求,称革命道路上有"文武两个战线",即"文化战线"和"军事战线"。学习并掌握了"马克思列宁主义"的"文化的军队",是战胜敌人并取得革命胜利"必不可少的一支军队"。[①] 毛泽东关于建设一支文化军队概念的提出,无疑具有重要的理论意义和实践意义,而中国共产党领导下的延安文化社团则是这支文化军队的核心力量。

继延安文艺座谈会第一次会议后,16 日第二次会议在杨家岭中共中央办公厅会议室召开。[②] 与第一次会议所不同的是,此次会议在毛泽东的提议下,与会者畅所欲言、各抒己见。毛泽东则作为一名聆听者,广泛听取大家"对文艺问题发表的各种意见"[③]。需要强调的是,延安文艺座谈会前后召开了三次,会上发表的一项重要成果,是毛泽东《在延安文艺座谈会上的讲话》。作为马克思主义文艺理论中国化的一项标志性成果,《在延安文艺座谈会上的讲话》正式发表无疑具有重要意义。

---

① 中共中央文献研究室编:《毛泽东年谱(1893—1949)》中卷,中央文献出版社 2013 年版,第 377、378 页。

② 第二次座谈会召开之时,正值国民党胡宗南部向陕甘宁边区进攻,时局颇为紧张。毛泽东针对当时的情况,在会上提出"整风学习,不违农时,精兵简政,多余迁徙"的十六字方针。(参见刘岘:《琐事纪实》,《延安文艺档案·延安美术:延安美术家(二)》第 47 册,太白文艺出版社 2015 年版,第 765 页。)

③ 中共中央文献研究室编:《毛泽东年谱(1893—1949)》中卷,中央文献出版社 2013 年版,第 380 页。

而在第三次会议召开前，21日中共中央召开政治局会议，专题讨论"关于延安文艺座谈会的结论问题"。毛泽东在会议讲话中指出，延安文艺界存在的"小资产阶级自由主义"倾向，已深刻体现在许多文艺作品之中，这与党的文艺政策背道而驰，因此必须从"普及与提高"两个方面加强对文艺界的整顿。他强调，"党的文艺政策的基本方针是为群众和如何为群众的问题"，该问题包括两个方面，一是"加强党对文艺界整风运动的领导"，巩固和发展中国共产党的文艺领导权；二是通过延安文艺界整风运动促进"文艺与群众结合"，推动马克思主义文艺中国化大众化。①

5月23日，延安文艺座谈会第三次（即最后一次）会议正式召开。会上，朱德首先发言。随后，毛泽东以"文艺运动中的一些根本方向问题"为主题作总结讲话。首先，关于文艺为什么人的问题，毛泽东通过阐述"为群众的问题"和"如何为群众的问题"，引导广大文艺工作者发展"为工农兵的文艺"，进而构建"真正无产阶级的文艺"。针对延安文艺界存在"某种程度的轻视工农兵、脱离群众的倾向"，他指出马克思主义文艺是为人民大众的文艺、是为工农兵的文艺，并强调"一定要把立足点移过来，一定要在深入工农兵群众、深入实际斗争的过程中，在学习马克思主义和学习社会的过程中，逐渐地移过来，移到工农兵这方面来，移到无产阶级这方面来"。其次，关于如何为工农兵服务问题，毛泽东发出"到群众中去"的号召，并通过阐述"源"和"流"的问题，引导广大文艺工作者走群众路线。他指出，广大人民群众丰富的生活是"唯一的最广大最丰富的源泉"，文艺工作者只有践行群众路线，"观察、体验、研究、分析一切人，一切阶级，一切群众，一切生动的生活形式

---

① 中共中央文献研究室编：《毛泽东年谱（1893—1949）》中卷，中央文献出版社2013年版，第380、381页。

和斗争形式，一切文学和艺术的原始材料，然后才有可能进入创作过程"，才能产生既源于生活而又高于生活的文艺作品。此外，毛泽东从意识形态话语权构建的角度，阐述了文艺与政治的关系。一方面，他指出文艺是革命事业的重要组成部分，在推动革命任务的完成，以及促进党内外的团结上起着重要作用；另一方面，他强调在文艺实践过程中必须注意"政治和艺术的统一"、内容和形式的统一，尤其是后者，由于文艺被赋予浓厚的"革命"色彩，因此确切地说是"革命的政治内容和尽可能完美的艺术形式的统一"。①

毛泽东在第三次座谈会上的总结讲话，即《在延安文艺座谈会上的讲话》（以下简称《讲话》），深刻指出延安文艺界存在的教条主义、轻视实践和脱离群众问题，明确提出文艺为工农兵服务的方针，这为文艺界人士真正转变思想以及不断走向工农兵群众，提供了方向指引。延安文艺座谈会的召开，以及《讲话》所阐发的文艺理论与工作实践，有力推动了马克思主义文艺理论的中国化时代化大众化，为构建马克思主义文艺话语权奠定了重要基础。关于延安文艺座谈会以及《讲话》对于文艺界风气转变的重要意义，从刘岘、李琦、麦新、何其芳、力群、蔡若虹、胡一川、古元、华君武、江丰、林默涵、李槐之、李群等参加座谈会的延安文艺界人士的回忆文章中可见一斑。

作为延安文艺座谈会三次会议的亲历者，鲁艺木刻工作团刘岘对毛泽东在会议上的重要讲话印象深刻。尤其是在第三次座谈会上，毛泽东所发表的"震动全国的指导革命文艺的讲话"，"解决了文艺多年来未解决的问题，推动了新的文学艺术的前进，指明了无产阶级的文艺要为民族解放，要为广大的工农兵服务的方向"，具有深远影响和划时代的意

---

① 中共中央文献研究室编：《毛泽东年谱（1893—1949）》中卷，中央文献出版社 2013 年版，第 381、382 页。

义。① 抗战剧团成员李琦直言不讳地表示：如果有人问《讲话》给你的"最深刻的教育是什么"，我的回答是："文艺是'武器'，文艺是要为人民服务的。"需要指出的是，李琦之所以对座谈会后延安文艺界的转向感触颇深，是因为他所在的抗战剧团"常年深入农村、部队，还挺进到国统区宣传抗日。因为要起到立竿见影的宣传效果，这就必然要大量地采用群众喜闻乐见的文艺形式"。事实上，抗战剧团就是美国记者"斯诺在《西行漫记》中记述的那个红军剧社"，剧团通过深入工厂、农村、部队，深入贯彻文艺"为工农兵而创作""为工农兵所利用"的宗旨，并在抗战宣传和群众发动工作中生动诠释了"文艺是革命的武器"这一重要理念。可以说，在李琦看来，抗战剧团不仅"在大众化方面已经走在前头"，而且传承和发扬了"革命文艺"，是践行文艺为工农兵服务宗旨的典型代表。②

延安文艺座谈会召开后文艺界风气的转向，生动地体现为文艺界人士工作作风的转变。鲁艺音乐工作团麦新在题为《是改变工作作风的时候了》一文中明确指出，"新文艺运动的主要对象必须是工农兵"，这是毛泽东在延安文艺座谈会上发出的重要指示，也是对列宁关于艺术"属于民众"和"应当深深地扎根于劳苦群众"观点的继承与发展。基于创作《大刀进行曲》《咱们的游击队》《毛泽东歌》《保卫边区》等群众喜爱歌曲的成功经验，麦新深刻认识到：应当要求所有音乐工作者"面向着工农兵，一切为了工农兵而工作，一切为了工农兵的接受、了解和喜爱而工作——到工农兵中间去生活，去改造自己；去汲取创作题材，

---

① 刘岘：《琐事纪实》，《延安文艺档案·延安美术：延安美术家（二）》第 47 册，太白文艺出版社 2015 年版，第 765 页。
② 李琦：《〈讲话〉哺育我成长》，《延安文艺档案·延安美术：延安美术家（二）》第 47 册，太白文艺出版社 2015 年版，第 630、631 页。

写他们所喜听乐唱的作品；到工农兵中间去演奏，去提高他们的音乐水平，到工农兵中间去教歌和培养大批新的工农兵音乐干部"，只有切实"改变工作作风"，才能推动革命音乐运动的新发展。①

延安文艺座谈会召开后文艺界风气的转向，还突出地表现在文艺界人士思想观念的根本转变之上。何其芳参加座谈会并聆听毛泽东在第三次会议上的总结讲话，深刻认识到这是一个"对中国的文艺运动有着历史意义的结论"，认为结论针对延安文艺界尤其是文学界人士在工作中"没有同革命实际更紧密地结合起来，即还没有真正做到为工农兵"服务的问题，真正解决了"培养什么人才并如何培养"问题，这使包括鲁艺文学系在内的广大文化界人士改变了"对待文学的态度"，由此促进了思想观念的根本转变。②

显然，延安文艺座谈会召开后，文艺界人士的精神面貌发生了重要转变，而走向民众、走进农村和部队，文艺为政治服务、为工农兵服务，逐渐成为时人的共识。对此，鲁艺美术系教师力群将延安文艺座谈会和毛泽东《在延安文艺座谈会上的讲话》视为"延安文艺发展的一个分水岭"，指出延安文艺座谈会"加强了文艺工作者的群众观点、劳动观点，重视了文艺的普及工作，纠正了过去脱离实际、脱离群众、关门提高等不正之风"，逐渐形成了文艺界人士积极向群众学习的热潮，由此使中国共产党领导下的延安文艺界迈向新阶段。③

---

① 麦新：《是改变工作作风的时候了》，《延安文艺档案·延安音乐：延安音乐组织》第 15 册，太白文艺出版社 2015 年版，第 335 页。

② 何其芳：《论文学教育》，《延安文艺档案·延安美术：延安文论家（二）》第 39 册，太白文艺出版社 2015 年版，第 762—773 页；何其芳：《论文学教育》，《解放日报》1942 年 10 月 16 日，第 4 版。

③ 力群：《鲁艺六年》，《延安文艺档案·延安美术：延安美术家（二）》第 47 册，太白文艺出版社 2015 年版，第 688 页。

　　无独有偶，与力群上述关于延安文艺发展"分水岭"的说法相似，参加座谈会的蔡若虹也认为座谈会召开前后俨然"是两个历史时代"，甚至是"两个完全不同的历史时代"。尤其是当毛泽东在讲话中提到"同志们很多是从上海亭子间来的；从亭子间到革命根据地，不但是经历了两种地区，而且是经历了两个历史时代"的时候，蔡若虹意识到延安文艺界已经"走进新的群众的时代了"。① 需要说明的是，力群和蔡若虹均在延安从事美术工作，他们作为参会者在座谈会上聆听了毛泽东的讲话，深刻体会到"延安文艺座谈会是一个令人心潮起伏的会"，从此以一种更加奋发有为的姿态投入到为工农兵服务的革命的美术事业之中。而参加延安文艺座谈会的美术工作者胡一川、古元等人，则在文艺为工农兵服务的实践中取得了更为突出的成绩。其中，胡一川及其领导的木刻工作团，作品中的农民形象更加的丰富、鲜活，充满了革命精神和战斗气息。特别是工作团所创作的木刻和年画，"不但是工农群众的写照，而且是工农群众的良师益友了"，被广大群众纷纷置于家中显要地方。② 古元作为延安文艺座谈会的众多参会者之一，其后来的创作"风格有了显著的变化"，这反映出毛泽东的讲话"对他的创作生涯有着极大的影响"。这种影响深刻地体现在座谈会前后古元版画作品《离婚诉》的两次创作之中，即：第一次创作是在延安文艺座谈会之前，由于受了德国版画家凯绥·珂勒惠支（Kathe Kollwitz）的影响，古元采用了阴刻手法，结果创作的版画并不被群众所喜爱。座谈会召开后，古元深入延安

---

① 《解放日报》记者黄钢称：毛泽东《在延安文艺座谈会上的讲话》展现了中国共产党改造思想文化的坚定信念，展现出与传统观念"最彻底决裂的巨大力量"，并且"宣告了一个新的群众时代早已来临"。（参见黄钢：《难忘的延安之夜——纪念毛主席〈在延安文艺座谈会上的讲话〉三十五周年》，《解放军报》1977 年 5 月 21 日。）
② 蔡若虹：《岁月峥嵘五十年——胡一川同志五十五年艺术活动小记》，《延安文艺档案·延安美术：延安美术家（一）》第 46 册，太白文艺出版社 2015 年版，第 442 页。

群众、深入基层民众生活，开始了第二次创作。此次他主动"脱离外国影响"，根据"群众对于版画作品的欣赏趣味和要求"，调整创作的手法和风格，由此使他的作品成为"从生活出发"，而并非"从政治出发的作品"。循着这一创作路径，古元转而采取线条明快的阳线刻法，先后创作了《离婚诉》《结婚登记》《区政府办公室》等群众喜闻乐见的木刻版画。这些作品生动地反映了"在中国共产党领导之下的陕甘宁边区，经济是繁荣昌盛的，劳动人民过着安居乐业的幸福生活"场景，不仅"具有民族风味"，而且富含"巨大的政治意义"。①

延安漫画家华君武则从思想观念的转变入手，指出毛泽东《在延安文艺座谈会上的讲话》"给了一大批延安文艺工作者的世界观以转折性的影响"。具体而言，《讲话》使延安文艺界人士"在文艺观上解决了文艺为什么人的基本问题"。尤其是座谈会后，毛泽东通过《延安日报》副刊主编舒群的联络，召集华君武、蔡若虹、张谔等人面谈。谈话时，毛泽东以华氏创作的漫画《延安植树》为例，生动的阐释了"个别与一般的关系""局部和全局的关系"等问题，阐明"漫画为人民服务""为工农兵服务"的宗旨。在延安文艺座谈会的洗礼以及毛泽东谈话的启迪下，华君武的思想发生重要变化，他主张"中国的文学艺术必须有民族特色，也就是毛主席在《新民主主义论》上说的民族化问题"。从此，华氏在漫画创作中坚决摒弃"外国影响"，将发展"为中国老百姓所喜闻乐见"的文艺作为追求的方向和目标。② 值得注意的是，无论是古元版画作品的"民族风格"，还是华君武漫画作品的"民族特色"，均反映

---

① 力群：《谈版画家古元》，《延安文艺档案·延安美术：延安美术家（一）》第46册，太白文艺出版社2015年版，第317、318页。
② 华君武：《漫画问答》，《延安文艺档案·延安美术：延安美术家（一）》第46册，太白文艺出版社2015年版，第465、466页。

了延安"艺术形式日趋民族化"的发展趋势，揭示出延安文艺界人士"在党的文艺为工农兵服务的方针引导和鼓舞下，深入农村，深入部队，同农民、战士交朋友，和他们生活、工作在一起"的革命精神和战斗面貌。对此，延安木刻家江丰在《回忆延安木刻运动》一文中称："延安木刻民族化的探索，有明确的目的，是以群众化为前提，促进木刻作品适应工农兵群众的欣赏习惯，更好地成为激发他们革命觉悟的精神食粮。"特别是毛泽东《在延安文艺座谈会上的讲话》发表后，鲁艺木刻工作团全体成员积极响应毛泽东关于"利用民间的文艺形式，把文艺更有效地普及到工农兵群众中去的号召"，广泛利用民间年画形式，充实和扩大新年画的内容，"配合当时的各种政治任务"，并把"政治性"和"真实性"相一致的要求作为创作新年画的基本原则，获得广大群众的热烈欢迎，从而以实际行动深刻诠释了文艺与政治的内在统一性。[①]

从上述关于延安文艺座谈会和毛泽东《在延安文艺座谈会上的讲话》的阐述，可见延安文艺界人士思想转变的深刻程度以及所产生的巨大影响。对此，参加座谈会的林默涵在接受采访时直言不讳地表示，毛泽东《讲话》为他的人生道路提供了重要指引。在他看来，"《讲话》不只是文艺问题，是讲整个世界观问题，干部和群众的关系，如何为人民服务的问题"。[②] 林氏这一论断并非虚言。事实上，就在延安文艺座谈会结束5天后，毛泽东在延安高级学习组的报告中，结合"延安文艺界问题"深刻指出，之所以召开延安文艺座谈会，原因是来自各地的知识分子不

①　江丰：《回忆延安木刻运动》，《延安文艺档案·延安美术：延安美术家（二）》第47册，太白文艺出版社2015年版，第533—535页。
②　张素华、边彦军、吴晓梅：《毛泽东三篇著作对我人生道路的影响——访林默涵》，《延安文艺档案·延安美术：延安文论家（三）》第39册，太白文艺出版社2015年版，第819页；江丰：《回忆延安木刻运动》，《延安文艺档案·延安美术：延安美术家（二）》第47册，太白文艺出版社2015年版，第533—535页。

同程度地受到"资产阶级、小资产阶级思想的影响",会议的目的是"解决文学家、艺术家、文艺工作者和我们党的结合问题,和工人农民结合的问题,和军队结合的问题",而只有克服资产阶级、小资产阶级思想,使广大文艺工作者转变为"无产阶级思想",才能"在思想上与无产阶级、与工农大众相结合",进而推动形成为工农兵服务的革命文化。[①]

5月30日,即延安高级学习组会议结束两天后,毛泽东前往鲁迅艺术文学院,向全体师生发表讲话。他指出,鲁艺是培养党的文艺干部的摇篮,广大文艺工作者既要认识到"提高"与"普及"的辩证关系,又要坚持文艺水平的"提高要以普及为基础"。毛泽东强调,校园只是"小鲁艺",工农兵群众进行革命斗争与生产生活的社会舞台才是"大鲁艺"。他鼓励广大师生到工农兵群众中去,将文艺创作的立足点转移到工农兵上来,并且要拜广大劳动人民为师,认真地向他们学习;只有在社会生活的"大鲁艺"中改造自己的思想,才能成为一名"真正的革命文艺工作者"。[②]值得一提的是,当时在鲁艺学习的李槐之聆听了毛泽东的上述报告。据李氏称,毛泽东在讲话中呼吁广大师生积极转变思想、转移"立足点",要"从小鲁艺走到大鲁艺中去",尤其是来自上海、武汉等大城市的知识人士,"要向本地干部和群众学习"。[③]鲁艺音乐系李群则指出,毛泽东在讲话中要求广大师生从小鲁艺走向大鲁艺,"当然就是要我们到群众中去,到生活中去,向群众学习,跟群众结合",而这种思想上的转变和行动上的转向,从根本上来说就是"改造我们自己

---

① 中共中央文献研究室编:《毛泽东年谱(1893—1949)》中卷,中央文献出版社2013年版,第383、384页。

② 中共中央文献研究室编:《毛泽东年谱(1893—1949)》中卷,中央文献出版社2013年版,第384页。

③ 李槐之:《红太阳照亮桥儿沟——回忆延安文艺生活片断》,《延安文艺档案·延安美术:延安美术家(二)》第47册,太白文艺出版社2015年版,第615页。

的感情、世界观"。①

延安文艺界人士在思想观念上的重要转变，反映了马克思主义意识形态话语权构建背景下延安文艺发展的新趋向，揭示出马克思主义文艺话语表达与传播的基本路径。曾向毛泽东建议召开文艺座谈会并且在第一次会议上首先发言的萧军，于座谈会后在《解放日报》刊发文章，他从马克思主义意识形态话语权构建的角度指出，我们应当"建立正确的、马列主义的文艺批评作风"；而制定党的"文艺政策"，促使文艺界深刻认识"共产党目前文艺方向，以及和其他党派作家的明确关系"，无疑是一个重要前提。②

何其芳在聆听毛泽东在第一次座谈会上的讲话（即《引言》）后，也深刻认识到延安文艺工作者必须深入"学习马克思列宁主义"，并且应当按照"为工农兵服务的文艺方向"，深入工农兵群众中去向他们学习，借以改造自己的思想观念。值得注意的是，何其芳在《记延安文艺座谈会》一文中，不仅阐述了第一次座谈会上毛泽东讲话的重要意义，而且将其与第三次座谈会上毛泽东的讲话（即《结论》）进行对比，认为这是一个"异常丰富、异常深刻、异常重要的《结论》。它对马克思列宁主义的理论做了巨大的创造性的发展"，尤其是关于文艺为工农兵群众服务的阐述，"从战无不胜的马克思列宁主义的理论高度，系统地彻底地解决了革命文艺运动、革命文艺工作中的根本问题、原则问题、方向问题，规定了完整的无产阶级的革命文艺路线，周密细致的完全正确的党的政策"。而毛泽东在《结论》中关于"从实际出发"的阐述，

---

① 《毛主席给我们鼓掌，说好啊，好啊》，《延安文艺档案·延安音乐：延安音乐组织》第15 册，太白文艺出版社 2015 年版，第 581 页。

② 萧军：《对于当前文艺诸问题底我见》，《解放日报》1942 年 5 月 14 日，第 4 版。另注：该文原为萧军应中华全国文艺界抗敌协会延安分会主办的《谷雨》杂志而作，《解放日报》编辑在征得《谷雨》编委会同意后，于 5 月 14 日提前发表。

则深刻揭示了"马克思主义的学风问题",促使文艺工作者抛弃"违反马克思主义的教条主义的讨论问题研究问题的方法",有力推动了延安文艺界人士马克思主义学风的根本转变。①

黄钢曾以《解放日报》记者的身份参加座谈会,他在聆听毛泽东关于文艺为工农兵服务、为无产阶级服务的讲话后深刻指出:"这是自从无产阶级文艺运动以来,马克思列宁主义第一次解决无产阶级文艺家和他们服务对象之间关系的科学的规定",这一规定不仅促使文艺工作者"在深入工农兵群众、深入实际斗争的过程中,在学习马克思主义和学习社会的过程中,把立足点移到无产阶级这方面来",而且指明了革命文艺的发展方向。换言之,广大文艺工作者从毛泽东《讲话》中获得了取得革命胜利的"崭新的武器",因此,可以说这一方向就是"毛泽东同志的方向,就是中国共产党的方向"。②

马克思主义文艺话语的表达与传播,推动了文艺话语权的构建。而在马克思主义文艺话语权构建过程中,毛泽东既是话语的表达者,也是马克思主义文艺话语传播的重要推动者。延安文艺座谈会结束后,作家艾青投身于为工农群众服务的实践之中。5 月底,毛泽东收到艾青要求上前线的信函后,立即回信表示赞成,但建议艾青先在延安"学习一下马列主义",然后再去前方开展实地研究。③ 尽管艾青并未留在延安,而是随一个运盐队到定边、安边、靖边等地进行实地考察,但他仍然根据毛泽东的建议,"大量读了马克思主义和辩证唯物论"等理

---

① 何其芳:《记延安文艺座谈会》,《延安文艺档案·延安美术:延安文论家(二)》第 39 册,太白文艺出版社 2015 年版,第 773—778 页。

② 黄钢:《难忘的延安之夜——纪念毛主席〈在延安文艺座谈会上的讲话〉三十五周年》,《解放军报》1977 年 5 月 21 日。

③ 中共中央文献研究室编:《毛泽东年谱(1893—1949)》中卷,中央文献出版社 2013 年版,第 384 页。

论著作。① 正如艾青在学习贯彻《讲话》精神的过程中走上前线、走进工农兵群众一样，通过深入学习马克思主义理论，艾青的文艺创作态度、立场和思想发生了重大转变，由此他深刻认识到《在延安文艺座谈会上的讲话》不但"把马克思主义的文艺理论大大地发展与丰富了"，而且从辩证法的角度深刻阐述了文艺与政治、歌颂与暴露、普及与提高的关系问题，这对于延安文艺界来说，堪称"一次思想的大解放"。②6月12日，毛泽东在阅读陕甘宁边区政府文化工作委员会委员兼秘书长罗烽的文章后回函称，建议他"用马克思主义的观点将自己的作品检查一番"，并强调这种自我审查对于自身文学水平的提高大有裨益。③

综览延安文艺座谈会前后马克思主义文艺话语表达与传播的基本路径，毛泽东在阐释和推动马克思主义文艺话语传播的过程中，不但深入延安文艺界广泛开展调查研究，并且通过会议研讨、发表演讲、互致函电等方式，促使文艺界人士深入学习和运用马克思主义，有力推动了马克思主义意识形态话语权的构建。

二、马克思主义文艺话语的丰富与发展

延安文艺座谈会期间，艾思奇围绕延安文艺工作者的立场、态度和任务，对毛泽东《在延安文艺座谈会上的讲话》的主旨与内涵做了深刻阐述。首先，艾思奇基于"马克思列宁主义的立场"，指出延安文艺工

① 朱子奇：《献给艾青同志》，汤洛等主编：《延安诗人》，陕西人民教育出版社 1992 年版，第 85 页。
② 艾青：《漫忆四十年前的诗歌运动》，《艾青选集》第 3 卷，四川文艺出版社 1986 年版，第 488—491 页。
③ 《致罗烽》（1942 年 6 月 12 日），《毛泽东书信选集》，中央文献出版社 2003 年版，第 177 页。

作者应当成为"中国的马克思列宁主义者"。尤其是在抗战建国的时局下，文艺工作者应当摒弃资产阶级的"自私自利和个人主义意识"，坚持和发扬"马克思列宁主义的集体主义思想"，在马克思主义文艺实践中描写和刻画抗战中民众的英勇斗争，来激发广大民众"最大的民族战斗热情"，为争取中国抗战的胜利，以及"建设新民主主义社会"贡献力量。其次，艾思奇基于构建"中国马克思主义党"的考虑，呼吁延安文艺工作者要用科学的态度对待马克思主义。他指出，延安文艺工作者应当保持正确的思想意识，须知"生活的体验，自然也是非常重要的条件，然而体验生活的深入过程，和思想意识的锻炼过程是分不开的"。可以说，文艺工作者应当以科学的态度对待马克思主义，这既是"对于中国民族斗争事实的科学的概括"，也是构建中国的马克思主义政党的根本要求。最后，艾思奇围绕毛泽东《在延安文艺座谈会上的讲话》主旨和基本内涵，对文艺工作者面临的形势与任务做了阐发，指出革命文艺应当"成为知识分子与工农劳动群众互相了解的桥梁"，广大文艺工作者的基本任务就是"为人民大众服务""为革命的政治的服务"。①

艾思奇关于成为"中国的马克思主义者"要求的提出，反映了延安文艺座谈会召开后文艺工作者立场、态度和观点的转变，即：坚持"马克思列宁主义的立场"，培养马克思主义思想意识，以及构建马克思主义政党，三者逐渐成为时人共识。在此背景下，延安文艺界人士纷纷走上前线、走向农村，以此表达他们向马克思主义文艺工作者转变的立场与决心，这在某种意义上推动了马克思主义文艺话语权的构建。在座谈

---

① 艾思奇：《谈延安文艺工作的立场、态度和任务》，《谷雨》1942 年 6 月 15 日，第 1 卷第 5 期。另注：高杰《延安文艺座谈会纪实》一书指出：艾思奇该文写于延安文艺座谈会召开期间，而文章的"主体内容是在《讲话·引言》启发下形成的，是对《讲话·引言》的阐发与回应"。（参见高杰：《延安文艺座谈会纪实》，陕西人民出版社 2013 年版，第 298 页。）

会召开前，何其芳作为鲁艺文学系教员，曾获邀与毛泽东进行面谈。谈话中，毛泽东针对当时延安文艺界"反映抗日战争的作品感人的比较少"的情况，指出尽管当时存在一些不尽如人意的地方，但这与赞扬群众、鼓舞抗战、"歌颂光明"等主旋律并不冲突，即使是"写当前的斗争也可以写得很好"，《解放日报》发表的黄钢的作品《雨》就是一个典型例子。①

受毛泽东鼓励，特别是经过延安文艺座谈会的洗礼后，何其芳在"思想上发生一个突变，一个飞跃"，即从"新月派诗人"发展成为一名马克思文艺理论家。据陈荒煤回忆称，当时何其芳在思想上"变化很大"，可以说是延安众多文艺界人士中思想变化最为突出者。当时，何其芳"认真地以毛主席的《讲话》精神来检查教学工作，检查他的创作、思想、情感"，由此深入贯彻落实毛泽东关于"政治标准第一，艺术标准第二的指示"。② 思想转变后的何其芳不仅坚信文艺工作者必须是一个"在政治上正确而且坚强的人"，还明确表示要以"马克思主义文艺理论"为指导，在中国革命文艺创作实践中"丰富和发展马克思主义文艺理论"。对此，鲁迅艺术学院文学院院长周扬在《认真勤奋的何其芳》一文中称赞道：如果说文艺理论只有在民族的基础上才能得到很好的发展，那么"马克思主义文艺理论不但要和我国当前文艺运动实践结合起来，而且要和我国悠久的文化传统结合起来"，何其芳则"在这一方面做出了自己的努力和贡献"。③ 何其芳在思想上的巨大转变，在某种意

---

① 中共中央文献研究室编：《毛泽东年谱（1893—1949）》中卷，中央文献出版社 2013 年版，第 377 页。

② 荒煤：《忆何其芳》，汤洛等主编：《延安诗人》，陕西人民教育出版社 1992 年版，第 187、188 页。

③ 周扬：《认真勤奋的何其芳》，汤洛等主编：《延安诗人》，陕西人民教育出版社 1992 年版，第 183、184 页。

义上反映了延安文艺界人士在中国共产党领导下发展成为"中国的马克思列宁主义者"的基本路径。而这一路径形成的一个重要前提，无疑是将思想观念转变到马克思主义立场上来。

随着延安文艺座谈会的召开，以及毛泽东《在延安文艺座谈会上的讲话》的公开发表，培养"共产党员的作家"和"马克思主义者的作家"，逐渐成为延安文艺界的一项共识。丁玲在中华全国文艺界抗敌协会延安分会主办的刊物《谷雨》上发表《关于立场问题我见》一文，借以表达对这一共识的看法。在文中，她直言延安文艺界存在着"写光明"与"写黑暗"的对立问题，问题之根源则在于文艺工作者是否坚持马克思主义立场、观点和方法。换言之，"假如我们有坚定而明确的立场，和马列主义的方法，即使我们说是写黑暗也不会成问题的"。需要指出的是，丁玲在提出培养"共产党员的作家，马克思主义者的作家"，以及坚定"无产阶级的立场，党的立场，中央的立场"的观点之时，指出了实现这一目标的基本路径，即：在深入群众的过程中开展"马列主义的学习"。她强调，学习和掌握马克思主义理论，并非是"粗枝大叶地去浏览一些马列的著作"，而是要"认真地、实事求是地、按部就班地把唯物辩证法等书籍好好地读它，把中国革命的问题好好地弄清楚，力戒不求甚解，自以为是的态度"。[①] 显然，丁玲基于参加延安文艺工作的实践经验，以及结合对毛泽东《在延安文艺座谈会上的讲话》精神的深入理解，就坚持马克思主义立场、观点和方法，加强马克思主义理论学习等问题做了深刻阐发。尤其是关于"写光明"与"写黑暗"问题的观点，不仅为毛泽东有关延安文艺界应当坚持"歌颂光明"主旋律的阐述

---

① 丁玲：《关于立场问题我见》，《谷雨》1942 年 6 月 15 日，第 1 卷第 5 期；丁玲：《关于立场问题我见》(1942 年 6 月 15 日)，《抗日战争时期延安及各抗日民主根据地文学运动资料》上册，山西人民出版社 1983 年版，第 453、454 页。

做了一个很好的注解，还在某种意义上揭示出中国共产党通过坚持和弘扬马克思主义立场、观点和方法，将延安文艺工作者培养成为"中国的马克思列宁主义者"的实践路径。

　　无独有偶，刘白羽也在《谷雨》同一期发文，阐述文艺工作者坚持和发扬马克思主义立场、观点和方法的重要意义。在该文中，刘白羽基于"党在文艺工作的领导"的现实需要，深刻阐发了"文艺和政治"的关系，以及坚持马克思主义立场、观点和方法的重要意义。一方面，刘白羽从革命文艺基本属性以及抗战动员的客观需要出发，指出"政治与文艺应当是统一的溶合的"，这种统一性要求文艺工作者不能把文艺简单等同于宣传口号，而是应当"站在无产阶级立场"，实现革命文艺"改造人的目的"，从而"彻底改造人的意识"，实现"以文艺的手段达到政治的目的"。另一方面，刘白羽从延安文艺座谈会的精神以及毛泽东《在延安文艺座谈会上的讲话》的基本要求出发，指出"一个真正的马列主义（不是主观的、朦胧的，而是真正掌握马列主义的立场、观点、方法，与现实革命斗争结合的）的作家，共产党员的作家，当然，他的立场是马列主义的立场——无产阶级立场，党的立场"。可以说，坚持马克思主义立场、观点和方法，"清除旧的，批判旧的文艺理论创作上的非马列主义，非唯物辩证法的根深蒂固的影响"，不仅是加强"党在文艺工作的领导"的基本要求，而且形象地反映了中国共产党"理解并掌握这整个革命斗争事业"的根本宗旨。①

　　诚然，丁玲和刘白羽上述观点在某种意义上反映了延安文艺座谈会后文化界人士思想观念的重要转变，但这一转变的过程却具有一定的曲

---

① 刘白羽：《对当前文艺上诸问题的意见》，《刘白羽文集》第 5 册，华艺出版社 1995 年版，第 4 页；刘白羽：《对当前文艺上诸问题的意见》，《抗日战争时期延安及各抗日民主根据地文学运动资料》上册，山西人民出版社 1983 年版，第 453、454 页。

折性、复杂性和长期性。对此，塞克在延安青年剧院学习总结会上谈到
"小资产阶级的转变问题"时，将其形象地比喻为"橡皮球坐跷跷板"，
借以表达对一些文艺工作者在思想观点转变中存在"脚不挨地"问题的
批评。同时，塞克以"建立新的艺术观"为宗旨，指出文艺工作者必须
以树立革命的"人生观"和转变"工作作风"为立足点，促使革命文艺
"紧密地结合当时的政治任务"，才能真正实现马克思主义立场、观点和
方法的转变。① 艾思奇则以《谈延安文艺工作的立场、态度和任务》为
标题撰文指出："前进的文艺，是革命的政治事业之一部分"，因此"文
艺服从于政治"是发展进步文艺的必然要求；这就要求"前进的文艺家"
积极参与到革命的政治事业之中，通过发展革命的文艺，来为"革命的
政治目的服务"。根据这一认识，艾思奇进一步提出，延安文艺工作者
应当"站在马克思列宁主义的立场"，以"为人民大众服务"为宗旨，
完成"马克思列宁主义者"所需要承担的任务。具体而言，就是要用"我
们的文艺反映抗战中民众的英勇光辉的斗争，来鼓舞最大的民族战斗热
情，来争取胜利"。②

　　与上述诸人关注延安文艺界人士自身思想的转变不同，何其芳在
《解放日报》刊文指出：延安文艺界人士除了"改造自己"之外，还承
担了"改造艺术"之责。一方面，座谈会召开前，延安文艺界人士"改
造自己的观念"较为淡薄，他们对自身存在的小资产阶级思想缺乏清醒
的认识，当遇到"个人利益"与"集体利益"出现矛盾的情况，"则不
是公开抗拒革命的组织，也至少心里要不舒服很久"。座谈会后，尤其
是经过整风运动的洗礼，延安文艺工作者"才知道自己急需改造"，才

---

① 塞克：《在青年剧院学习总结会上的讲演》，《解放日报》1942 年 6 月 30 日，第 4 版。
② 艾思奇：《谈延安文艺工作的立场、态度和任务》，《谷雨》1942 年 6 月 15 日，第 1 卷第
　　5 期。

意识到这个改造需要"到实际里去，到工农兵中间去，才能完成"。另
一方面，延安文艺工作者承担着"改造艺术的责任"，需要在文艺创作
过程中摒弃"内容上的小资产阶级的思想情感与形式上的欧化"倾向，
而这一改造的本质，就是"使文艺从小资产阶级的变为工农兵的，从欧
化的变为民族形式的"。需要指出的是，何其芳在探讨"改造自己"与
"改造艺术"之间的关联时，认为两者共同推动了"中国新文艺"的发展，
而实现这一发展的着眼点在于为工农兵服务，立足点是走向工厂、农村
和部队、走近工农兵群众，关键则在于使革命文艺始终保持"在党的领
导之下"①。

　　值得注意的是，何其芳在上文中提出通过"下乡"活动实现文艺为
工农兵服务的建议，并将其视为延安文艺工作者改造自己与改造艺术
的重要路径。1943 年 3 月 10 日，中共中央文委与中央组织部联合召开
"党的文艺工作者会议"，凯丰在会上作题为《关于文艺工作者下乡的问
题》的讲话时，针对文艺工作者为什么下乡以及怎样下乡问题作了深入
阐述，指出放低身段、放下文化人的架子是下乡工作的前提，而下乡的
根本目的，则是使"文艺真正为工农兵服务"。② 陈云在会上作题为《关
于党的文艺工作者的两个倾向问题》的报告时，告诫文艺工作者在下乡
过程中必须避免出现自以为与众不同的"特殊"情绪，以及避免出现不
切实际的盲目"自大"倾向，勉励大家在下乡开展文艺工作之时，不断
"学习马克思列宁主义""学习实际的政治"。③4 月 3 日，周立波在《解

---

① 何其芳：《改造自己，改造艺术》，《解放日报》1943 年 4 月 3 日，第 4 版。
② 何克全：《关于文艺工作者下乡的问题》（1943 年 3 月 10 日），中共中央文献研究室、中
　央档案馆编：《建党以来重要文献选编（1921—1949）》第 20 册，中央文献出版社 2011
　年版，第 137 页。
③ 陈云：《关于党的文艺工作者的两个倾向问题》（1943 年 3 月 29 日），《陈云文选》第 1 卷，
　人民出版社 1995 年版，第 273、277 页。

放日报》刊文称，"党的文艺工作者会议"是将毛泽东在延安文艺座谈会上关于"新的文艺运动的方针向前推进的一个重要会议"。凯丰在会议讲话时提出"党的作家在组织上的问题"，指出"下乡的办法"与实践路径；陈云的发言则为延安文艺工作者做了"下乡运动的思想上的准备"。可以说，会议的召开有助于促使延安文艺工作者"彻底的改造自己"，从而"真正的为工农兵服务"。①

从提出文艺为工农兵服务到开展下乡运动，延安文艺界人士不仅在立场、观点与方法上发生重要转变，而且实现了从"思想方法转变"到"实践转变"的巨大飞跃。对此，萧三在《解放日报》刊发题为《可喜的转变》的评论，他通过对座谈会召开以来延安文学、戏剧、音乐、美术等各界人士实践的全面考察，指出"文艺创作的方向"和"文艺界工作的态度"出现了可喜转变，这些变化均反映出人们"思想上的转变"。与此同时，延安文艺工作者"依据毛主席文艺座谈会的引言和结论中所提出的'文艺为工农兵服务，面向工农兵，与工农兵结合'的口号，更深刻认识文艺为抗战，为革命，为政治服务"，通过走向民众、走向乡村，"甘心作群众的小学生"，在推动革命文艺向大众普及的同时实现自身文艺水平的提高，在"改造"与"提高"的反复实践中促进革命文艺的发展，生动地诠释了毛泽东在延安文艺座谈会上关于"普及"与"提高"辩证关系的重要阐述。②

诚然，思想是行动的先导。毛泽东《在延安文艺座谈会上的讲话》所彰显的马克思主义文艺理论与中国革命实际相结合的思想内涵，无疑是延安文艺界人士服务工农兵、服务政治、服务抗战的先导。对于这场延安文艺界人士思想上的洗礼，《解放日报》记者黄钢以"平静早已过

---

① 立波：《后悔与前瞻》，《解放日报》1943 年 4 月 3 日，第 4 版。
② 萧三：《可喜的转变》，《解放日报》1943 年 4 月 11 日，第 4 版。

去了"这一鲜明主题，将鲁迅艺术文学院作为个案，生动地记录了华君武、麦新、吕骥、张水华等围绕学风整顿开展的大辩论，借以阐述在这场大学习、大讨论中表现出来的民主作风与实事求是的精神，揭示出延安文艺座谈会后，鲁艺师生坚决贯彻党的文艺路线、坚定不移地走为工农兵服务道路的历史趋向。[①] 尤其是毛泽东在座谈会结束后亲自到鲁艺，向全院师生阐述《讲话》的基本精神，这有力鼓舞了鲁艺师生投身于革命文艺事业的热情，激发他们以更加积极向上的精神面貌迎接马克思主义文艺的新发展。

针对黄钢关于鲁艺师生围绕学风整顿问题的大讨论，周扬在鲁艺作整顿学风的总结报告时指出：黄钢文中所述的平静，"主要地应当是指思想上的'平静'"，即过去延安文艺工作者"没有十分认识在艺术教育中主观主义教条主义的严重的毛病"，对轻视"马列主义理论的学习"问题安之若素，座谈会后大家才真正"从客观实际出发"，通过"整风学习"深刻领会和把握"实践是测量理论之正确与否的唯一可信的准绳"，开始走向工厂、农村和部队，走近工农兵群众，根除"教条主义，宗派主义与洋八股的毛病"，防止"理论与实际，所学与所用的脱节"，避免"提高与普及，艺术性与革命性的分离"，从而在革命文艺的发展中构建"老百姓所喜闻乐见的新鲜活泼的中国作风和中国气派"。值得一提的是，周扬在报告中进行了批评与自我批评，旨在通过这一方式促使鲁艺师生建立"马克思主义的世界观"，推动包括戏剧团体在内的延安文化社团"更主动地有计划地服务于当前的实际政治的斗争"。与此同时，他针对文艺工作者是否"学习马列主义"以及如何学习问题作了深入阐述，指出文艺工作者加强"马列主义的学习"既是研究和解决革命实际

---

① 黄钢：《平静早已过去了！——延安鲁艺整顿学风的辩论》，《解放日报》1942 年 8 月 4 日，第 2 版。

问题的需要，也是"建立马列主义的艺术科学"的根本要求，因此是"一个具有重大意义的问题"。他还强调，"反对教条主义地学习马列主义，不但不是反对学习马列主义，而正是为了更好地，正确地学习它"，文艺工作者"只有克服教条主义的学习方法，以研究客观实际为出发点，这个工作才能有收获（不管大小）的希望"。① 可以说，周扬关于开展马列主义学习问题的阐述，既是基于培养"中国的马克思列宁主义者"的考虑，也是延安文艺座谈会后文艺界人士思想改造的重要基础。

需要指出的是，延安文艺界人士思想改造的过程是与整风运动的进程同步进行的，这一情况在鲁艺表现得尤为突出。早在 1942 年 4 月 10 日，鲁艺在建院四周年纪念会上就宣布成立"整风学习委员会"，何其芳为主任，周立波、严文井、葛洛为委员，委员会下设秘书、研究、材料、墙报四个小组。② 22 日，鲁艺整风学习委员会研究如何学习中共中央宣传部制定的 22 个整风文件问题。延安文艺座谈会后，委员会于 6 月 16 日成立参观团，分赴中央党校、中央研究院等地参观学习；活动

---

① 周扬：《艺术教育的改造问题——鲁艺学风总结报告之理论部分：对鲁艺教育的一个检讨与自我批评》，《解放日报》1942 年 9 月 9 日，第 4 版。

② 关于鲁艺整风学习委员会的情况，各方文献记载不一，主要区别在于委员会的名称、成立时间和主要成员方面。《延安文艺大事编年》称，"鲁艺整风委员会"成立的时间是 1942 年 4 月 3 日，即在鲁艺召开的扩大院务会议上成立。（参见孙国林编：《延安文艺大事编年》，陕西师范大学出版社 2016 年版，第 394 页。）《周立波评传》则称，"鲁艺整风委员会"是在 4 月 10 日鲁艺建院四周年纪念会上成立的，委员会主要领导人为周扬、宋侃夫，同时文学、戏剧、音乐、美术等各部成立了整风领导组织，其中"文学部整风学习委员会"成员有何其芳、周立波、严文井、葛洛等。（参见胡光凡：《周立波评传》，湖南文艺出版社 2018 年版，第 127 页。）《传记文学》关于"周立波"的记载表示，1942 年 5 月延安文艺座谈会后鲁艺成立"整风学习委员会"。（参见刘绍唐主编：《民国人物小传》第 6 册，上海三联书店 2015 年版，第 132 页。）《中共党史人物传》也认为，鲁艺"整风学习委员会"成立于延安文艺座谈会结束后，何其芳为主任，周立波、严文井、葛洛等为委员。（参见中国中共党史人物研究会编：《中共党史人物传》第 14 册，中共党史出版社 2010 年版，第 286 页。）

结束后，委员会设立办公处，并印发列宁《论党的组织与党的文学》供鲁艺师生学习。7月4日，鲁艺整风学习委员会召开全院小组长会议，中共中央委派胡乔木参会。与会者提出当前委员会存在对基本情况了解不够、工作效率不高、检查帮助不够切实等问题，周扬则针对相关问题提出整改方案。①

7月28日，正当鲁艺师生紧张筹备"八一"公演之际，一场关于鲁艺教学、创作实践和教育总方针的大辩论在全院范围内迅速展开。②早在一个月前，鲁艺学委会就计划发动这场大辩论，经过筹备和实施，辩论会顺利召开并持续数日。8月4日，周扬在大会上鼓励大家继续发表不同意见。当天，《解放日报》对此次辩论的热烈情况作了专题报道，称与会者根据中共中央有关整风运动的文件精神来审视"实际问题"，由此进一步掌握了"文件的精神和实质"，并结合鲁艺教育方针、实施方案中的"主观主义"问题、"教学活动与实际脱节"问题、"革命性与艺术性之联系"缺乏问题等进行了公开的、深入的辩论，从而"真正把理论和实际联系"起来。③需要补充的是，当天《解放日报》社论高度评价了鲁艺的这场辩论会，指出辩论会取得的一个"重大收获"，是让全院师生乃至整个文艺界人士深刻认识到"怎样才是与实践不可分离的理论，怎样便是空而无用的条文"，并且"使大家得到了革命的艺术工作者和它的教育集团，必须在每一个活动上与实际密切联系的正确认识"。④

从1942年7月底大辩论开始，到是年11月中旬鲁艺开展有关中共

---

① 《鲁艺改进学委工作》，《解放日报》1942年7月4日，第2版。
② 《鲁艺部艺筹备"八一"公演》，《解放日报》1942年7月29日，第2版。
③ 《鲁艺全院展开热烈辩论》，《解放日报》1942年8月4日，第2版。
④ 《"提高"离开现实变成了空架子!》，《解放日报》1942年8月4日，第2版。

中央关于整顿党风文件的大学习活动，全院各部门的学习热情不断高涨，并且逐渐"掀起了热烈的浪潮"。在此过程中，中共中央宣传部、教育部等有关领导人多次参加活动，并且在鲁艺召开的讨论会、辩论会、学习会等各种整风活动上作报告，借以指导整风运动的深入开展。在中共中央领导人以及有关文件精神的指导下，1941 年 11 月 9 日，鲁艺文学院副院长周扬就该院"党风文件学习第一阶段"的情况做总结报告。在报告中，周扬从鲁艺的组织机构、工作制度、领导作风、干部政策、团结问题等各方面进行了深刻的自我反省与批评，称长期以来鲁艺在思想和组织上存在着"主观主义"问题，领导作风上存在着"官僚主义"问题，干部政策上存在"自由主义"思想，工作制度上存在任务分配时的"本位主义"倾向，团结问题上存在"宗派主义"倾向，为此周扬呼吁鲁艺师生以及全党同志开展自由民主论战，"以达到政治上、艺术上、组织上来掌握马列主义的思想和政策"的目的。①

周扬的上述总结报告，以及鲁艺通过大学习、大辩论的方式开展整风运动，集中反映了延安这场自上而下的整风运动对文艺界的深刻影响，这不仅反映在鲁艺师生的思想转变上，还体现在文艺为工农兵群众服务的实际行动上。鲁艺宣传队的成立及其活动，即是一系列行动的重要组成部分。据《解放日报》记者黄钢的报道，鲁艺宣传队约 150 余人，自成立后即奔赴各地演出，至 1943 年 2 月宣传队演出 40 余场，观众累计约 2 万人。宣传队的装备齐全，除了锣鼓、铜钹与笛子外，还有七把小提琴，被群众形象地称为"洋琴"，演出时经常配合着两条装饰着华丽色彩的"旱船"，"旱船"摇荡着，人们便跟随乐队一起歌唱。宣传队演唱的内容有效结合了党的政治纲领、拥军政策、团结抗战、革命道理

---

① 《鲁艺党风学习第一阶段已告结束》，《解放日报》1942 年 11 月 18 日，第 2 版。

等。例如：宣传队唱道："猪呀、羊呀。送到哪里去？"老百姓们就能接着唱道："送给那英勇的八路军。"随着鲁艺宣传队与各地群众热情的互动，"宣传队的歌曲，很快就成为群众的歌曲"。对此，黄钢以"皆大欢喜"四个字来形容这一场景，借以表达宣传队受到群众热烈欢迎的场景。黄钢注意到，群众纷纷表示"以前鲁艺的戏看不懂"，而现在鲁艺宣传队演唱的歌曲和表演的戏剧，既看得懂也更愿意看了，因此群众愿意热忱地接待宣传队员们，把他们看作自家人。对此，群众还打了一个形象的比喻，称"歌和舞蹈，好像老百姓的闺女，嫁给外边有知识的人了，现在又按着新打扮回娘家来，说着新鲜的、容易懂得的话——内容是新的，但仍旧是乡音"。可以说，群众是怀着一种"娘家人的欣喜"之情来观看鲁艺宣传队的表演，而鲁艺宣传队通过群众喜闻乐见的艺术形式来表达革命的政治内容，来反映人民的现实生活和斗争，这进一步表明这支"经过整风之后开始踏上道路"的队伍，是"向着新的艺术活动方向的新的开始，新的出发"。[1]

　　为深入贯彻延安整风文件要求和毛泽东《在延安文艺座谈会上的讲话》精神，鲁艺戏剧部、音乐部、延安剧作者协会、业余星期音乐社等文化社团先后开展了形式多样、内容丰富的活动。其中，延安剧作者协会组织各艺术部门开展的革命文艺"创作运动"，同时围绕抗战主题广泛开展剧本、图书、诗歌、小说等的"征稿运动"，旨在"响应文艺座谈会上毛主席的号召"，运动成效颇丰，被称为"文艺界思想转变并企图创造新作风的努力的开始"。与此同时，延安文艺界涌现出一大批群众喜闻乐见的革命文艺和抗战文艺作品，音乐方面有鲁艺音乐部突击创作的大合唱《好日子》、民歌合唱《七月里在边区》以及《抗战五周年

---

[1]　《皆大欢喜》，《解放日报》1943 年 2 月 21 日，第 4 版。

进行曲》《毛泽东同志进行曲》《追悼左权同志》等，鲁艺音乐部和业余
星期音乐社、业余合唱团还组织了一场音乐晚会，所表演的民歌《三绣
英雄》在内容和形式上均有创新，获得观众的热烈欢迎；戏剧方面有陈
荒煤《我们的指挥部》、姚时晓《民兵》、舒非《军民之间》以及鲁艺戏
剧部全体人员利用七天时间突击创作的活报《反扫荡》，尤其是鲁艺部
队艺术学校（简称"部艺"）演出的五幕活报《保卫边区》，生动地反映
了边区民众的革命斗争生活，演出效果颇为感人。其中，《开辟南泥湾》
和《胜利的秋收》两幕，内容"切合现实"，给观众留下了深刻印象，
表现出"创作方向之新的可喜的转变"。①

如前所述，1943 年 3 月 10 日，中共中央文委与中央组织部联合召
开"党的文艺工作者会议"，凯丰、陈云在大会讲话时阐述了为什么下
乡以及怎样下乡问题，由此为延安文艺界人士从行动上为工农兵服务指
明了方向。在此背景下，鲁艺各部门积极响应中央文委的号召，深入开
展下乡活动。其中，戏剧部学生于 4 月初跟随战斗剧社进行文艺实践，
文学部则组织学习了"凯丰、陈云同志的两篇文章，通过深入学习和实
践，大家更明确的认识到只有到实际工作中去，成为群众的一份子，将
来才可能写出工农兵的作品"。基于这一认识，鲁艺组织 30 余名学生前
往乡村、部队以及教育机关，组织开展革命文艺工作。出发前，鲁艺全
院师生在延安大礼堂召开欢送会，"会议在一种严肃和诚恳的空气中进
行着，要走的同志差不多都讲了话，他们都宣称一定要把在学校里整风
的精神贯彻到工作中去，把工作搞好"。文学部主任何其芳、严文井在
讲话中勉励大家发扬"革命者应有的作风"，下乡后积极主动向当地干
部群众学习，并强调要把重心放在"从工作中学习，从实际中学习"。②

---

① 萧三：《可喜的转变》，《解放日报》1943 年 4 月 11 日，第 4 版。
② 《响应中央文委号召　鲁艺部份同学下乡工作》，《解放日报》1943 年 4 月 6 日，第 2 版。

需要指出的是，鲁艺师生分批下乡，时间持续长达一年左右，他们所到之处，革命文艺演出精彩纷呈，演出将党的政治纲领、抗战建国政策、民主自由方针以群众喜闻乐见的方式传递给广大群众，受到各地群众的热烈欢迎。与此同时，他们通过下乡工作，在服务工农兵群众的实践中"更进一步的了解了党中央和毛主席提出的，只有面向工农兵，配合当前的政治任务，才能为群众所接受，才能起了实际的作用的这个道理"，这在某种意义上促进了革命文艺思想的确立，推动了马克思主义文艺话语的丰富和发展。①

总之，延安文艺座谈会的召开以及《关于在延安文艺座谈会上的讲话》精神的贯彻落实，为延安文艺的发展指明了方向，这使延安文艺界人士真正解决了文艺为谁服务的问题，使广大文艺界工作者能够自觉地根据延安革命斗争生活的需要开展文艺活动，这反映了延安文化社团构建马克思主义文艺话语权的生动场面，揭示出文艺为工农兵群众服务、为党的政治服务的根本宗旨。

第三节　马克思主义话语权的形成与发展

一、秧歌社团与马克思主义话语权的构建

太平洋战争爆发后，英美等国与中国组成同盟国，共同对抗日、德等法西斯国家组成的轴心国。基于共同抗敌的考虑，英美两国主动提出废除与中国缔结的不平等条约，中美、中英新约的签约仪式于 1943 年

---

① 《延大鲁艺工作团在乡下》，《解放日报》1944 年 1 月 14 日，第 4 版。

1月11日正式举行。为庆祝这一具有里程碑意义的事件，延安文艺界人士举行了盛大的"庆祝废除不平等条约的宣传活动"，并且逐渐酝酿形成一场具有抗战动员性质的群众运动。其中由鲁艺组织的秧歌队，成为这场"热火朝天的群众运动"最为引人注目的团体之一。据钟敬之的《延安鲁迅艺术学院》一文称，鲁艺秧歌队的出现，反映了鲁艺在实践"文艺新方向"过程中取得的进步。而鲁艺秧歌队所创作的反映群众革命斗争生活场面的新节目，"在延安人民中产生强烈反应"，这些深受广大群众喜爱的新秧歌，被形象地称为"斗争秧歌"。[1]

据曾在延安从事部队文艺宣传工作的李槐之称，鲁艺秧歌队深受民众喜爱的场景令其终生难以忘怀。尤其是秧歌队在延安各机关、学校、部队以及农村地区开展巡回演出时，广大军民热切期盼、夹道欢迎。而在欢迎队伍当中，出现了陕甘宁和晋绥联防军司令员贺龙的身影，贺龙还向秧歌队全体成员作了一次鼓舞人心的讲话。在讲话中，贺龙自称曾多次观看鲁艺秧歌队的表演，认为秧歌队之所以深受广大群众的喜爱，根本原因是为工农兵服务的发展"方向对了"，他还勉励道："希望我们按照主席的教导去做，为工农兵多做工作"。贺龙的讲话不仅给予鲁艺秧歌队"很大的鼓舞"，而且进一步指明了文艺发展的基本方向和根本路径。[2]

延安文艺发展方向与根本路径的形成，无疑是一个与群众的斗争生活、思想感情和基本需要不断结合的过程。对此，周而复在《秧歌剧发展的道路》一文中进一步指出：文艺工作者思想上的转变，得益于延安

---

① 钟敬之：《延安鲁迅艺术学院》，《延安文艺档案·延安戏剧：延安戏剧组织》第4册，太白文艺出版社2015年版，第237页。

② 李槐之：《红太阳照亮桥儿沟——回忆延安文艺生活片断》，《延安文艺档案·延安美术：延安美术家（二）》第47册，太白文艺出版社2015年版，第616页。

文艺座谈会召开后"为工农兵服务"宗旨的确立。根据这一宗旨，延安文艺工作者进一步明确了文艺"创作的方向"，即采用"反映群众的斗争生活，群众的思想感情，和群众所需要的以及今天群众所能接受的艺术形式"，创作广大群众喜闻乐见的文艺作品。值得注意的是，周而复在文中结合新秧歌剧迅速发展状况，对延安文艺发展方向与基本路径的形成原因作了深入剖析，指出以新秧歌剧发展为代表的延安文艺的转变，"体现了毛泽东同志的文艺方向"，彰显出延安文艺座谈会后"文艺和群众结合"的基本路径，以及文艺工作者"为群众服务"的根本宗旨。[①]

　　值得注意的是，以新秧歌剧为代表的延安文艺发展方向的转变经历了一个较为长期的过程，这一过程主要表现为文艺作品内容和形式的改变，以及文艺工作者思想观念的转变。一方面，关于文艺作品的内容和形式，新秧歌剧的主题和内容由抗战故事代替爱情言说，演出道具由镰刀、斧头代替雨伞、花灯，剧情主角由人民群众代替以"调情为主的男女"，这反映了抗战宣传和民众动员工作深入开展以来"人民大众在新社会的地位"的提高，展现出抗战时期革命斗争生活场景中"人与人之间的新的关系和他们的要求"。另一方面，关于文艺工作者的思想和观念，延安文艺座谈会以及整风运动开展后，文艺工作者基于"向群众学习"和"为群众服务"的理念，主动地从工作室走出去，积极地"走向群众当中去"；尤其是秧歌剧创作者，他们深入群众的生活，注意倾听群众的声音，深切感受群众的思想和感情，由此促使"他们把自己的力量集中在努力创作群众所需要的作品上"，使新创作的秧歌剧"内容上有所反映的是群众的生活思想感情；形式上是群众所熟习的"。秧歌剧内容和形式的改变，以及文艺工作者思想和观念的转变，共同推动了延

---

① 　周而复：《秧歌剧发展的道路》，《中原》1945 年 10 月，第 2 卷第 2 期。

安"群众艺术运动"的发展，秧歌舞由此成为"新的群众的歌舞剧"，其所展现的是"群众的斗争生活"，所运用的是群众的"语言"，所反映的是群众的"思想感情"。可以说，秧歌剧来源于群众、反映群众、服务群众，这与毛泽东《在延安文艺座谈会上的讲话》关于文艺为工农兵群众服务的宗旨不谋而合，反映了延安文艺座谈会前后文艺虽然"从旧有基础上出发"，但"既不是全般肯定了旧有歌曲，也不是一味搬弄西洋教条"，而是在党的文艺政策指导下开辟了一条创新发展的新路径。①

需要指出的是，以秧歌运动为代表的延安文艺创新发展新路径的形成，得益于延安整风运动以来文艺工作者思想上的重大转变。以鲁艺工作团团长张庚为例，作为延安戏剧工作的重要推动者，他在延安文艺座谈会之后即率队到农村地区开展秧歌运动。而结合秧歌运动开展实践，张庚在《谈秧歌运动的概况》一文中指出：秧歌作为一种新兴的艺术形式，其出现并非偶然，而是与延安中共的领导有着重要关联。尤其是在"整风以后，毛泽东同志指示我们，先要做老百姓的学生，然后才能够做他们的先生；教我们放下臭架子，甘当小学生。这样大多数戏剧工作者才渐渐醒悟过来，开始严肃地注意到陕北民间流行的艺术，秧歌上面来了"。可以说，正是中国共产党领导开展的延安整风运动，使广大文艺工作者的思想和观念发生了重大转变，他们逐渐意识到中国"老百姓绝不是没有高尚艺术趣味和现实主义艺术观点"，而是"很有艺术天才"；可以说，"中国的人民中间，埋藏着丰富的艺术矿产"，蕴藏着宝贵的文化资源，这些艺术矿产和文化资源无疑是文化创新发展的源泉与动力。②

毛泽东作为延安整风运动的发起者和推动者，在促使文艺工作者思

① 周而复：《秧歌剧发展的道路》，《中原》1945 年 10 月，第 2 卷第 2 期。
② 张庚：《谈秧歌运动的概况》，《群众》1946 年 6 月 30 日，第 11 卷第 9 期。

想观念的转变上也不遗余力，新秧歌剧《兄妹开荒》的创作和演出即是一个典型案例。1943 年 2 月 5 日，正值农历正月初一，延安各机关、学校、部队以及广大农村地区的群众敲锣打鼓，扭着秧歌，迎接新年的到来。当天，毛泽东、朱德等中国共产党领导人兴致勃勃地观看了新编秧歌剧《兄妹开荒》。这部由鲁艺音乐、戏剧、文学三个部门联合创作的秧歌剧，从酝酿到完成历时不到一个月，全部剧本文字不足 300 字，却生动地反映了延安大生产运动时期崭新的社会生活。毛泽东在观看这部演出时，称赞其体现了"为工农兵大众服务"的宗旨。而据该剧的主要创作者王大化称，当时创作这部新秧歌剧的初衷是借助秧歌这一延安军民喜闻乐见的艺术形式，"表现那种边区人民跃动而愉快的民主自由生活"，以及延安大生产运动中"人民对生产的热情"。在谈及创作缘由时，王大化直言不讳地表示，正是因为"文艺座谈会上毛主席提出了面向工农兵的文艺方向，最近又特别指出这是文艺工作者唯一应当走的路"，这为创作一部群众喜闻乐见的新编秧歌剧提供了重要启示。而《兄妹开荒》作为一部反映延安民众革命生活的新编秧歌剧，无疑是这个"新的方向的开始"。[①]

新编秧歌剧《兄妹开荒》自 1943 年农历新年举行首场演出后，曾在延安上演了许多场次，受到各界群众的热烈欢迎。需要指出的是，《兄妹开荒》是鲁艺开展的延安群众性艺术系列活动的内容之一。当时，鲁艺秧歌队根据延安庆祝废约、慰问部队官兵等工作的需要，尝试性地开展了一场历时 50 余天的"群众性艺术活动"。这场活动从 1943 年 2 月 1 日开始，至 3 月 30 日结束，共演出 60 场，产生了广泛的社会影响。3 月 29 日，即这场延安群众性艺术活动结束前夕，曾参与《兄妹开荒》

---

① 王大化：《从〈兄妹开荒〉的演出谈起——一个演员创作经过的片断》，《解放日报》1943年 4 月 26 日，第 4 版。

编曲工作的鲁艺音乐系教师安波，在《解放日报》刊发一篇关于秧歌发展方向问题的评论，指出：《兄妹开荒》这部新编秧歌剧的出现及其获得广大群众的热烈欢迎并非偶然，而是在毛泽东《在延安文艺座谈会上的讲话》发表后，延安掀起的轰轰烈烈的秧歌运动中涌现出来的，也是在中国共产党文艺政策指导下产生的一部具有创新性的作品。而在这场群众性艺术活动中，延安文艺工作者得到了"很多实际的教育，进一步认识了毛主席指示的正确"，由此坚决摒弃思想观念中的"教条主义"，坚信"唯有我们面向工农兵，工农兵才能面向我们的艺术"。①

萧三在谈及延安文艺界人士思想观念的转变时，也以一种"欢喜"的心情表示：1943 年春节期间，延安各界开展的宣传活动、秧歌运动等群众性文艺活动，"观众和艺术工作者'皆大欢喜'"，这有力推动了"艺术大众化、艺术真正面向工农兵"目标的实现。尤其是在庆祝废约大会上，鲁艺、青年剧院、文工团、中央党校、自然科学院、延安抗日军政大学等自发组织了秧歌队，这些秧歌队虽然表现为"民间艺术形式"，但其剧本和剧情均是展现广大群众革命斗争生活的"新内容"。随着春节期间延安街头人潮涌动，秧歌队所到之处，人们争相追随、热情欢迎。而当鲁艺秧歌队表演《兄妹开荒》等新秧歌剧时，现场"人山人海"，观众"人人高兴，个个拍手"。显然，鲁艺秧歌队的演出获得了成功，而其成功的"秘诀"不外乎两个方面，即：一方面是延安文艺工作者"思想上起了革命的结果"；尤其是经过"整风学习"，文艺工作者深入学习毛泽东《在延安文艺座谈会上的讲话》，深刻领会了《讲话》的内涵和精神实质，由此"想通了许多过去糊涂或认识矛盾的问题"，并在"想通了之后立即大胆创造、实践"，从而在思想与行动上实现了"提

---

① 安波：《由鲁艺的秧歌创作谈到秧歌的前途》，《解放日报》1943 年 4 月 12 日，第 4 版。

高"的目标。另一方面是中国共产党对文艺发展方向进行正确指导的结果；特别是毛泽东在延安文艺座谈会上提出，文艺要"面向工农兵大众"、要"为工农兵服务"、要"与工农兵结合"，这不仅深刻阐述了文艺作品的内容和表现形式既"生根于大众"又应当"为大众所懂得、所爱好"的本质要求，而且揭示出文艺的发展方向与前途，为延安文艺工作者从"思想方法转变"进一步发展到"实践的转变"提供了思想动力，甚至在某种意义上来说是实现了一场"思想的革命"。①

　　诚然，延安文艺工作者"思想的革命"反映了延安文艺座谈会前后文艺发展宗旨和方向的转变，揭示出中国共产党文艺话语的重要影响。3 月 10 日，中共中央文委与中央组织部联合召开文艺工作座谈会。刘少奇、陈云、凯丰等先后在会上做动员讲话，他们鼓励延安文艺工作者走进工厂、走向农村和部队，将文艺工作与为工农兵服务的宗旨结合起来。12 日，鲁艺组织 80 余人的工作团赴南泥湾开展"劳军"活动。伴随着各机构、部门的秧歌队、宣传队等文艺团体活动的开展，"抗战建国的大道理"逐渐深入人心。尤其是在以拥军、拥政、爱民为主题，以及为动员生产、庆祝废约、庆祝红军节等开展的各类群众性文艺活动上，党的政治话语进一步向广大民众传播，这主要体现在：第一，关于拥军和拥政，群众观看秧歌剧后，"在拥军、响应政府号召上表现了很高的热情"；第二，关于爱民，广大群众深刻认识到"边区是人民的边区，边区党政军民是一个整体，居住在边区是最幸福的"，一些"初到边区来的群众特别赞叹边区实在好"；第三，关于动员生产，群众在观看各类文艺演出后，不仅"把劳动英雄的名字印入到各个人的心里"，还在文艺团体的熏陶下"感觉到劳动生产的光荣"，由此进一步提高

---

①　萧三：《可喜的转变》，《解放日报》1943 年 4 月 11 日，第 4 版。

了"生产的热忱",有力促进了大生产运动的深入开展。值得注意的是,《解放日报》在一篇题为《漫谈春节宣传工作》的报道中,对延安军民思想观念上的巨大转变做了深入剖析,指出这种转变应当与"整风运动的伟大力量"有关。具体而言,整风运动提高了延安文艺工作者的"责任心"和"积极性","许多青年知识份子改变了过去从群众分离开来的观点,实际的去参加群众工作","大家雷厉风行的执行党关于拥军拥政爱民的号召",这些情况的发生"不能不是整风的结果"。①

　　在 1943 年春节期间延安开展的群众性文艺活动中,秧歌剧无疑是最受群众欢迎的艺术形式,而鲁艺秧歌队则被公认为是延安文艺团体中最具影响力者。周立波作为延安文艺运动的亲历者,在《秧歌的艺术性》一文中明确表示:各机关、团体组织的秧歌队伍之多、规模之大,盛况空前,这使得延安的秧歌剧活动已经发展成为一场"群众性的运动"。在此背景下,"所有的秧歌,都能正确的宣扬党的政策,对于群众的影响之大,超过了过去所有的文艺活动",这无疑有利于党的文艺话语的进一步传播。②钟敬之则根据秧歌剧的内容和表现形式,并通过对延安军民文化生活的深入调研,发现群众将这种反映革命斗争生活的秧歌形象地称为"斗争秧歌",认为这是以鲁艺秧歌队为代表的延安文艺团体在"实践文艺新方向的一个新的跃进"。③

　　"斗争秧歌"的广泛开展得益于鲁艺文艺工作者的大力推动。尤其是 1943 年 11 月,鲁艺根据中共中央的要求成立工作团,并且开展巡回演出,深入推动秧歌运动的发展。据鲁艺戏剧系主任张庚称,鲁艺工作

---

① 《漫谈春节宣传工作》,《解放日报》1943 年 4 月 9 日,第 4 版。
② 立波:《秧歌的艺术性》,《解放日报》1944 年 3 月 2 日,第 4 版。
③ 钟敬之:《延安鲁迅艺术学院》,《延安文艺档案·延安戏剧:延安戏剧组织》第 4 册,太白文艺出版社 2015 年版,第 237 页。

团成立后，立即开展了一场历时近半年的巡回演出。此次巡回演出的时间是从 1943 年 12 月 2 日开始，至 1944 年 4 月 9 日结束，这期间工作团分别在延安、绥德、米脂、子洲、葭县、吴堡等地进行演出和宣传活动，共计演出 25 场，观众约 5 万人。在谈及此次巡回演出对"斗争秧歌"普及的意义时，张庚直言不讳地表示：当工作团在绥德进行演出后，前来观看的群众因"秧歌都是新的内容而自豪"，并纷纷称赞道："以后旧的秧歌都要打垮，一个旧的也不要了，现在要'斗争秧歌'"。一些看惯了旧戏的群众更是难掩欣喜之情，称旧戏演出的都是"古朝代的事，要念书人闲书看得多了才解得下，我们解不下"，"你们的戏，一满都是实事。我们解得下，越看越热！"群众的积极反馈进一步鼓舞了鲁艺工作团的热情，他们越来越深刻地意识到，"农民只爱看旧戏的说法"是站不住脚的，相反群众更愿意观看反映军民抗战新生活的"斗争秧歌"。[①]为此，他们在演出期间加大了剧本的创作力度，不仅改编了《血泪仇》这部脍炙人口的抗战剧本，而且创作了 6 个新剧本，修改了《毛驴》《小车》两个剧本，文艺工作成果颇为丰硕。

在秧歌剧的创作和改编工作中，鲁艺工作团一边收集材料、构思剧本、刻画典型，一边根据群众的需要或结合地方特色开展文艺活动，旨在通过运用群众的语言进行演出，实现秧歌剧语言的"工农兵化"。尤其是那些"能够充分表现老百姓生活和感情的语言"，进一步丰富了人物的形象、增强了现场感染力、拉近了演员与观众的距离。[②]与此同时，鲁艺工作团从文艺形式上加以改进，使演出的服装、道具等均符合抗战时期革命斗争的实际情况，甚至还从细节入手，在演出现场的灯笼上粘贴"鲁艺送给劳动英雄们的木刻首长像"，从而将中共领导人的形象、

---

① 《鲁艺工作团经验》，《解放日报》1944 年 3 月 15 日，第 4 版。

② 张庚：《鲁艺工作团对于秧歌的一些经验》，《解放日报》1944 年 5 月 15 日，第 4 版。

革命斗争的内容、抗战建国的号召等元素，巧妙地融入到演出的全过程，生动刻画了延安党、政、军、民"一起闹秧歌"的热闹景象。①

随着鲁艺工作团巡回演出的深入开展，延安民众的思想观念也逐渐产生新的变化。张庚作为鲁艺工作团的成员，在见证了广大群众的这种变化时不禁感叹道："来到乡下，任何时候，任何地点，我们看到的是光明，是新的典型的人民；我们还看到从延安回来的劳动英雄们，他们都快乐极了，他们说：'和毛主席结下朋友啦'，毛主席和他们握手，拉话，招待他们，他们要好好组织生产，把光景过好，要保卫边区。群众听了英雄们的讲话后，他们说：'看人家光荣成啥样子了！咱们也要好好生产，明年到延安去见毛主席去！'是的，他们看到了劳动人民在边区的地位，毛主席是为穷人谋虑的。"②

为进一步推动秧歌运动的开展，促使延安文艺界真正步入"表现新的群众的时代"，鲁艺文学院院长周扬在《解放日报》刊发社论，对延安秧歌运动的主要特点和意义、不足之处和解决办法等，做了全面、深入的总结。一方面，关于延安秧歌运动的主要特点和意义，周扬通过对延安 27 支秧歌队所开展的演出情况的深入考察，指出这些秧歌队既有专业的戏剧团体，也有业余性质的团体，但以非职业团体居多。各秧歌队的演出内容丰富、形式多样、风格新颖。从收集到的 56 份秧歌剧本来看，其中描写"生产劳动"的剧本有 26 篇，描写"军民关系"的有 17 篇，"自卫防奸"10 篇，"敌后斗争"2 篇，还有一篇描写"减租减息"的剧本。这些剧本"以新的秧歌必须表现'新的群众的时代'"为宗旨，不仅具有区别于旧秧歌的"新的内容，反映了边区的实际生活，反映了生产和战斗"，而且使"劳动"这一主题"取得了它在新艺术中

---

① 《鲁艺工作团经验》，《解放日报》1944 年 3 月 15 日，第 4 版。

② 《鲁艺工作团经验》，《解放日报》1944 年 3 月 15 日，第 4 版。

应有的地位"。可以说，正是因为新秧歌"反映人民大众的现实生活和斗争与历史的革命内容"，所以能够得到各界群众的热烈欢迎。鲁艺秧歌队、鲁艺工作团等延安文艺团体的成功，无疑是"实践了毛主席的文艺方针的初步成果"，而延安秧歌运动迅速发展成为一项"广泛而热烈的群众的艺术运动"，这令周扬备受鼓舞，对此他满怀信心地表示：延安文艺的新发展"完全证明了毛主席在文艺座谈会讲话中所指示的文艺新方向的绝对正确"，彰显出文艺为工农兵服务这一文艺发展方向的重要意义。①

　　另一方面，关于延安秧歌运动存在的不足和解决办法，周扬从秧歌剧的剧本内容、表现形式和演出效果三个维度，指出新秧歌并未完全"大众化"，尤其是"秧歌中的群众观点、群众语言、群众感情、群众作风还不够"。例如，新秧歌剧在演绎"军民关系"时，"把共产党八路军表现为一种超乎群众之上的力量，他从上而下的来爱护着群众，他所给与群众的常较群众所与他的为多"，由此出现诸如"共产党是咱们的命根，他是咱的亲爹娘"的语句，这类语句表达了"老百姓与共产党八路军的血肉相联"，以及"他们对于共产党八路军的衷心的爱和感激"，但作为"党与群众的全部正确关系"来表达就显然不正确了。又例如，在一次"拥政爱民"主题会上，一名八路军班长向广大官兵说："我们是边区人民的子弟兵，就象是人民的儿子一样，我们不好，老百姓当然不高兴，我们要做个好子弟兵，做个孝顺儿子，老百姓就会喜欢我们了。"群众听闻此言，交口称赞，纷纷表示"军队离不开老百姓，老百姓也离不开军队，迭个谁也离不开革命"。显然，上述两则案例所产生的效果截然不同，这反映了新秧歌在"运用群众语言，表现群众感情、群众作

---

① 周扬：《表现新的群众的时代——看了春节秧歌以后》，《解放日报》1944 年 3 月 21 日，第 4 版。

风"方面的不足。而如何克服"公式化"的演绎模式，避免给人一种"千篇一律的感觉"，进而表达"真正的群众观点"，成为新秧歌剧实现"群众性"和"艺术性"相统一的重要前提。对此，周扬提出推动文艺团体进乡村、加强新秧歌剧创作、吸收工农兵到文艺队伍，以及发动文艺批评等举措，旨在推动"文艺工作者与工农兵结合，工农兵与文艺结合，新文艺与民间形式结合"，彰显出"新的群众的时代"的新面貌和新特点。①

　　周扬的上述观点得到毛泽东的肯定。在 1944 年 3 月 22 日召开的中共中央宣传工作会议上毛泽东指出："《解放日报》昨天登了周扬的文章，这篇文章是谈秧歌的，值得一看。"同时，毛泽东结合抗战建国的客观实际，深刻阐述了新秧歌在表现延安"新政治"和"新经济"等方面的重要意义，认为延安文化社团对党的政治话语的表达与传播，广大群众对党的政治话语的认可与接受，彰显出一种"文化的力量"。这种文化力量之所以不断得以彰显，正是因为延安文化界人士"开了文艺座谈会以后，去年搞了一年，他们慢慢地摸到了边，一经摸到了边，就受到广大群众的欢迎。所谓摸到了边，就是反映了群众的生活，真正地反映了边区的政治、经济，这就能够起指导作用"。值得注意的是，毛泽东在谈及延安秧歌队与文艺发展方向问题时，从社团发展和制度构建层面加以阐述，指出应当顺应群众的需求，广泛组织秧歌队和发展新秧歌运动，并认为"新秧歌队一个乡可以搞他一个，搞新的内容，一个区搞一个、两个、三个、四个，不加限制"。他还要求制定学习制度，号召大家按照制度有计划地到各地"做群众工作"，去"帮助群众演秧歌"，向

---

① 　周扬:《表现新的群众的时代——看了春节秧歌以后》,《解放日报》1944 年 3 月 21 日,第 4 版。

群众"真正学习本领",并强调"每年都可以实行这个制度"。①

　　毛泽东上述关于新秧歌与延安文艺发展问题的讲话,反映了中共中央对"文化建设"的高度重视。事实上,中国共产党成立后,其政治建设和军事建设历经曲折但成效显著;延安土地革命和大生产运动的开展,使中国共产党的经济建设取得长足进步;而在抗战建国的新形式下,"文化建设"无疑将成为一项重要工作。尤其是随着中国抗战逐渐步入战略反攻的新阶段,中国共产党将面临由延安局部执政走向领导全国人民抗战建国的新任务,"文化建设"的必要性和紧迫性日益彰显。对此,毛泽东一针见血地指出:"如果文化建设取得伟大的成就,那我们就又学会了一项很大的本领,陕甘宁边区就可以在全国成为更好的模范"。显然,这一模范的形成具有重要的价值与意义,质言之,党的政治话语表达与传播的范围将从延安向全国扩散,构建中国马克思主义话语权的目标也将取得里程碑式的进步。②

　　正是基于推动"文化建设"和彰显"文化的力量"的双重目标,延安文化社团在中国共产党的领导下逐渐联合起来。1944 年 6 月,中央党校秧歌队与鲁艺工作团联合举行文艺会演,这是两个文艺团体的首次合作,引起了延安各界群众的强烈反响。大家纷纷前往演出现场,很快便被现场响起的"反对法西斯的新歌"所触动,更被以民间形式表演的舞蹈所吸引;尽管"会场群众过于拥挤",但现场观众的心情"欣欣畅快"。而在中央党校秧歌队表演期间,延安青年诗人艾青忙于编练队形、安排服装、排演节目的身影,引起了大家的注意。据艾克恩在《艾青闹

---

① 毛泽东:《关于陕甘宁边区的文化教育问题》(1944 年 3 月 22 日),《毛泽东文集》第 3 卷,人民出版社 1996 年版,第 106—120 页。

② 毛泽东:《关于陕甘宁边区的文化教育问题》(1944 年 3 月 22 日),《毛泽东文集》第 3 卷,人民出版社 1996 年版,第 106—120 页。

秧歌》一文中称，延安文艺座谈会召开后，艾青"越发渴望与工农兵结合，为工农兵服务"，尤其是经历了 1943 年春节期间的延安"大秧歌运动"，艾青被秧歌队欢快的舞蹈和响亮的歌唱所吸引，更被鲁艺公开演出《兄妹开荒》和《花鼓》两部秧歌剧后，"成千成万的观众狂热地欢迎场面"所"深深地感动"，于是他"主动承担了中央党校秧歌队副队长的任务"。他所编导的首场秧歌剧《牛永贵负伤》举行试演，结果"一炮打响，影响甚大"。从此诗人艾青以一名艺术家的崭新形象，"率领一百多人的秧歌队"，在杨家岭、王家坪、桥儿沟、南泥湾等地开展巡回演出。①

随着中央党校秧歌队赴各地巡回演出的开展，广大群众争先恐后地前往观看。对此《解放日报》刊发评论，称赞中央党校秧歌队的"节目特别精彩，给群众印象至深"，中共中央有关部门也予以嘉奖。其中，中共中央办公厅特地拨款 5000 元，奖励秧歌队在"艺术工农化"和"提高大众艺术"方面取得的突出成绩。②1944 年 6 月 28 日，艾青根据他在中央党校编导秧歌剧的实践经验，在《解放日报》刊发《秧歌剧的形式》一文，认为秧歌剧体现了"和群众结合"这一毛泽东所指引的文艺发展方向，其"内容表现群众的生活和斗争"，"形式为群众所熟悉、所欢迎"，既"歌颂人民，歌颂劳动，歌颂革命战争"，也鼓舞"军政民团结""增加生产""破除迷信""提倡卫生"；特别是在秧歌剧里，"工农兵群众都成了主角"，为促进党的政治路线、方针、政策的贯彻落实发挥了重要作用，堪称是"最好的宣传工具之一，是真正为老百姓所喜闻乐见的、新鲜活泼的文艺形式"。从现实意义上来看，秧歌剧作为一种

---

① 艾克恩：《艾青闹秧歌》，汤洛等主编：《延安诗人》，陕西人民教育出版社 1992 年版，第 92、93 页。

② 《党校秧歌队受奖》，《解放日报》1943 年 3 月 15 日，第 2 版。

"群众的喜剧",真正"表现人的普遍觉醒和抬头,表现人民斗争的力量,表现人民的胜利的新的喜剧,是和中国革命现实,和新民主主义的社会生活完全相合适的"。① 可以说,艾青上述关于秧歌剧在传播党的政治话语,以及提升群众思想觉悟的论述,与周扬关于"新的群众的时代"的阐述颇为一致。

毛泽东在阅读艾青上文之后,于1944年5月27日向秘书胡乔木致函称,艾青的《秧歌剧的形式》一文"写得很切实、生动,反映了与具体解决了年来秧歌剧的情况和问题"。同时,毛泽东就文章的一些观点提出商榷意见,并认为该文"可印成小册",作为"教本"组织党内外人士加以学习。② 在毛泽东的鼓励、中共中央办公厅的嘉奖以及广大群众的热烈追捧下,艾青的工作热情更加高涨,甚至几乎将全部精力投入到秧歌剧的创作和导演之中。艾青领导的秧歌队不仅轰动了延安,而且在国统区产生重要影响。重庆诗人徐迟闻知此事后,特地委托周恩来写信给艾青,要求参加秧歌队,并说"我干不了什么,到你那儿打锣吧!"艾青全身心地投入秧歌剧工作,自然影响了诗歌创作,国民党却趁机大造舆论,称艾青在延安"生活困苦",诗歌创作工作全面停滞,目前已陷入"极度失望"之中。艾青闻讯后"甚为恼火",遂借延安文化界接待中外记者团来访之机,郑重宣读了《我的声明》,公开宣称他在延安"生活得很愉快","近来为什么没有发表作品,这是因为在参加组织秧歌队。秧歌是群众喜闻乐见的好形式,我很高兴把我的时间和劳动放在这个工作里"。③

① 艾青:《秧歌剧的形式》,《解放日报》1944年6月28日,第4版。
② 《致胡乔木》(1944年5月27日),《毛泽东书信选集》,中央文献出版社2003年版,第210页。
③ 艾克恩:《艾青闹秧歌》,汤洛等主编:《延安诗人》,陕西人民教育出版社1992年版,第92、93页。

作为对中央党校秧歌队工作的全面总结，艾青继发表《秧歌剧的形式》一文后，又以"论秧歌剧的创作和演出"为主题探讨秧歌工作开展的必要前提与实践路径，称：一方面，研究和掌握政治是开展秧歌工作的必要前提。秧歌剧作者在创作前，首先要熟悉当前的"革命政策"，其中包括土地政策、经济政策、文化政策和对各民族的政策等；在创作时则应当注意，每一个剧本都要"以它所触及的那个问题的政策为核心"，通过秧歌剧的音乐、歌词和舞蹈，"向群众宣传和解释革命的政策"；而在演出时，不仅要适合当时当地的具体需要，还要符合革命的"政治任务"的要求。只有这样，秧歌剧才可能是"现实主义的作品"，才可能"收到革命事业所要求于它的宣传教育"的效果。另一方面，"群众路线"是创作和演出秧歌剧的重要路径。艾青主张"集体创作"原则，认为"和群众合作，向群众学习，尊重群众，倾听群众意见，对群众负责，对革命负责"是新秧歌发展道路上坚持"群众路线"的重要内容。[①]可以说，艾青关于秧歌剧创作必要前提与实践路径的探讨，反映了延安文艺座谈会后文艺为工农兵服务的根本宗旨，折射出中国共产党通过构建延安文艺话语来掌握马克思主义话语权的基本路径。

二、延安文化社团与马克思主义话语权的形成

鲁艺秧歌队、鲁艺工作团、中央党校秧歌队等以"表现新的群众的时代"为目的开展新秧歌运动，无疑是延安文艺座谈会后各文化社团构建马克思主义话语权的一个缩影。然而，与秧歌剧蓬勃发展的情况相比，曾经在延安盛行的话剧却逐渐销声匿迹，一些话剧演员目睹"观众

---

① 艾青：《论秧歌剧的创作和演出》，《艾青全集》第5卷，花山文艺出版社1991年版，第422、426页。

对话剧的冷落"，顿感"失望灰心"，于是纷纷"改行转业"，一些农村剧团被迫改组或解散。① 其中以话剧演出为主要活动的人民抗日剧社，因抗战爆发而改名为"抗战剧团"，经历了短暂的兴盛后，却于1942年5月宣告解散，其兴衰历程无疑是话剧在边区命运的真实写照。② 据陕甘宁边区抗战剧团副团长程秀山称，话剧在边区之所以陷入如此尴尬的境地，主要原因在于其表演过程中的"形式主义"和"刻板法"，具体表现是话剧团体往往"把延安上演的所谓话剧，原原套套地流入农村去，就是开展了农村话剧工作"，这一问题反映了延安文艺界存在一定程度的"主观主义"和"教条主义"倾向，折射出贯彻落实中国共产党关于文艺为工农兵服务根本宗旨的紧迫性和必要性。③

　　与人民抗日剧社由盛转衰的命运所不同的是，八路军一二○师政治部下属的战斗剧社，在社长欧阳山尊、副社长朱丹、剧作家成荫等的主持下，结合延安军民生动而丰富的革命斗争生活，创作并表演了《晋察冀的乡村》《荒村之夜》《自家人认自家人》《求雨》等许多脍炙人口的新剧，得到广大群众的热烈欢迎。1942年11月23日，毛泽东复函战斗剧社欧阳山尊、朱丹、成荫时称："你们的剧我以为是好的，延安及边区正需看反映敌后斗争生活的戏剧"；他还鼓励剧社今后要"多演一些这类的戏"。④ 毛泽东与延安文艺工作者互致信函，这反映了中共中央对延安文化社团推动马克思主义话语传播作用的高度重视，折射出文艺为

① 程秀山：《论开展边区农村话剧工作》，《解放日报》1942年10月1日，第4版。
② 《抗战剧团结束启事》，《解放日报》1942年5月23日，第1版。另据《抗战剧团结束启事》称："本团业经奉令结束，所有服装用具等团产，俱已移交边区艺术干部学校收管。"可见，抗战剧团奉令终止剧团工作，其相关工作移交陕甘宁边区艺术干部学校。
③ 程秀山：《论开展边区农村话剧工作》，《解放日报》1942年10月1日，第4版。
④ 中共中央文献研究室编：《毛泽东年谱（1893—1949）》中卷，中央文献出版社2013年版，第414页。

工农兵服务的根本宗旨的正确性和必要性。

1943 年 3 月 10 日，中共中央文委和中央组织部联合召开文艺工作者会议。由于与会的文艺工作者"即将到基层参加实际工作"，刘少奇、陈云、凯丰等先后在会上讲话，旨在推动文艺工作者深入贯彻毛泽东在延安文艺座谈会上提出的"文艺为工农兵服务的方向"。① 刘少奇在讲话中批评了延安文艺界存在一定程度的主观主义和经验主义倾向，指出"文艺工作者学习的基本方法，是直接向实际学习，直接从改造实际中学习"。显然，刘少奇的讲话旨在使即将赴基层工作的文艺工作者"进一步了解党的文艺政策"，进而解决"如何到群众中去工作等问题"。②

陈云在会上作题为《关于党的文艺工作者的两个倾向问题》的讲话时，也批评了延安文艺界存在的两个不良倾向，即"特殊"和"自大"。他指出：一些文化工作者常常认为"文化工作比别的工作高一等"，却不知道"凡是对群众、对革命有必要的工作，都同样有价值"。陈云认为，这两种不良倾向具体表现为"受党的教育比较少，和工农兵的结合也很差，因此在思想意识上不免产生一些弱点"。而"学习马克思列宁主义，学习实际的政治"无疑有助于纠正上述不良倾向，以及克服思想意识上的弱点。需要指出的是，长期以来，延安文化界人士对要不要学习马克思主义或政治理论问题，存在不同看法，其中"写光明写黑暗的问题"即是典型的案例。换言之，一些文化界人士以学习马克思主义和政治理论"妨碍文艺"为由，根本"否认文艺要服务于政

---

① 中共中央文献研究室编：《毛泽东年谱（1893—1949）》中卷，中央文献出版社 2013 年版，第 428 页。

② 高新民、张树军：《文艺界整风独辟蹊径》，《延安文艺档案·延安文论：延安文论作品》第 40 册，太白文艺出版社 2015 年版，第 429、430 页。

治、服务于群众的意见"。对此，陈云深刻分析了列宁《党的组织和党的文学》《中国共产党党章》以及毛泽东《在延安文艺座谈会上的讲话》等重要文献，明确提出开展"革命的文艺工作"的要求，并强调"任何文艺工作都是脱离不了政治的"，而"要判断我们的文艺工作究竟是不是革命的，合不合群众的需要"，"除了学习革命的理论和革命的实际"，别无他法。①

　　凯丰则结合延安文化界人士开展整风运动的情况，指出延安文艺工作者虽然"经过文艺座谈会，在思想上的确得了许多东西"，尤其是通过深入学习"毛主席对文艺运动的指示"，进一步确立了文艺为工农兵服务、为政治服务的宗旨。诚然，思想上的转变需要经历一个较为长期的过程，才能真正落实到发展"新文艺运动"的实际行动之中。就此而言，"如果没有整风运动，文艺座谈会的方针是不能深刻了解的，思想上的进步是没有今天这样大的。"而通过延安文艺座谈会和整风运动，广大文艺工作者"有了进步，有了改变"，这种改变主要体现在为工农兵服务的实践上。诸如"许多作家已经开始去访问老百姓、劳动英雄，写他们的事业。小说、诗歌、戏剧、木刻等，都在向着接近群众这一方向走。所有这些就是表现延安文艺界向着新的发展方向的开始，向着为工农兵服务的方向的开始"。与此同时，包括鲁艺秧歌队、延安文抗、中央研究院等机构或团体的文化工作者，他们的政治水平有了显著提升，"对党的关系也有了新的认识"，"对文艺与政治的关系，对文艺与群众的关系"有了新的认识，这反映了"党员文艺工作者在为实现党的新的文艺运动方针中，党员自己也有了进步"。因此，可以说，"了解党的政府的一切具体政策"，是开展文艺工作的重要前提，也是真正推动

---

① 陈云：《关于党的文艺工作者的两个倾向问题》（1943 年 3 月 10 日），《陈云文选》第 1 卷，人民出版社 1995 年版，第 273—281 页。

"文艺工作者与实际结合"以及使"文艺与工农兵结合"的必要举措。①

　　文艺工作者会议的召开，以及刘少奇、陈云、凯丰等中国共产党领导人关于文艺工作与党的政治相结合等问题的阐述，无疑为延安文化社团进一步发挥马克思主义话语表达与传播的载体作用指明了方向。文艺工作者会议结束后，3月22日，中共中央文委组织召开戏剧运动工作会议，专题研讨"戏剧运动方针问题"。凯丰、吴玉章、徐特立、李卓然、肖向荣等人与会。会议确定了陕甘宁边区和抗日根据地的戏剧运动总方针，即："为战争、生产及教育服务"。凯丰在会议讲话时指出，"现在一切戏剧运动的出发点"是全面围绕抗战、全面服务于抗战，这就要求戏剧的内容是"抗战所需要的"，形式是"群众所了解的"。他还强调，一切符合这一要求的戏剧都是值得鼓励的，反之则应当坚决予以摒弃。为加强对延安各剧团工作的领导，进一步推动各剧团在马克思主义话语权构建中发挥重要作用，会议决定由中共中央文委与西北局文委联合成立"戏剧工作委员会"，周扬、柯仲平分别担任正副主任，张庚、王震之等为委员，钟敬之担任秘书。戏剧委员会一经成立，便计划召开陕甘宁边区戏剧工作会议，以深入总结"抗战以来边区戏剧工作经验"。委员会还通知延安各党、政、军系统和有关部门，"系统地检查和总结过去工作"，并要求组织人员围绕"为战争、生产及教育服务"的剧运总方针，开展专门研究。②

　　需要指出的是，延安戏剧运动工作会议的召开，一方面是基于戏剧在抗战宣传和民众动员中发挥了重要作用，另一方面是出于推动文艺工作与工农兵相结合、与党的政治相结合的考虑。尤其是根据中共中央推

---

① 凯丰：《关于文艺工作者下乡的问题——在党的文艺工作者会议上的讲话》，《解放日报》1943年3月28日，第4版。

② 《中央文委确定剧运方针　为战争生产教育服务》，《解放日报》1943年3月27日，第1版。

动"文化建设"和发挥"文化的力量"的重要指示,延安文化社团纷纷走进工厂、农村和部队,通过开展形式多样的文化活动,推动构建文艺面向工农兵的新路径。以延安戏剧运动为例,战斗剧社上演的《晋察冀乡村》,民众剧团编演的《查路条》《十二把镰刀》,青年剧团演出的《农村曲》,鲁艺、西北战地服务团等联合创作的《突击》《棋局未终》《佃户》等话剧,"因为内容与抗战、生产、教育的任务有密切的联系,艺术上也达到一定水平,尤受群众欢迎",这充分体现了毛泽东《在延安文艺座谈会上的讲话》所指示的文艺发展方向,彰显出延安文艺界"贯彻面向群众、面向实际,为战争生产教育服务的路线"的积极成效。[1]

可以说,延安文化社团坚持以为工农兵服务为宗旨,深入开展文艺下乡、文艺进部队、文艺上前线等活动,有力推动了中国共产党抗战建国的方针、政策和基本路线向工农兵群众的传播,为构建马克思主义话语权发挥了重要作用。萧三在《可喜的转变》中通过对延安文化社团实践活动的考察,发现广大文化界人士在"文艺的立场、态度、学习、对象、方法"等方面都有了"新的可喜的转变"。其中,1943 年春节期间青年剧院上演的《流动医疗队》《刘家父子》《贵娃》等,均为讲述抗战英勇故事的新剧,"所有这些创作的水准与效果虽有不同,但全部是有一个总的倾向,即反映现实,反映目前国内、国际斗争与生活",因此受到广大军民的热烈欢迎。青年剧团演出的《生产大合唱》《生产舞》等反映延安群众热火朝天的生产场景,极大鼓舞了广大群众进行生产的热情,进一步推动了陕甘宁边区大生产运动的深入开展。与此同时,战斗剧社、游击剧团、西北文工团等编演的反映中国军队英勇抗击日本侵略者的戏剧,表现出"很精炼、很现实、富创造性"的特点,诸如《红

---

[1] 刘增杰、赵明、王文金等编:《抗日战争时期延安及各抗日民主根据地文学运动资料》上册,山西人民出版社 1983 年版,第 241—243 页。

军万岁》《警备队长》《自家人》等短剧"给了观众颇深的印象",各剧团的演出也取得较为理想的效果,这促使广大文化工作者"更加懂得面向工农兵之重要",纷纷表示"面向工农兵大众""为工农兵服务""与工农兵结合"才是"文艺之唯一的出路与发展前途"。①

延安文化界人士思想上的巨大转变,反映了延安文艺座谈会召开后,"文艺界开始向着新的方向转变",尤其是经过延安文艺界的整风运动,文化工作者纠正了"脱离实际、脱离群众的小资产阶级自由主义的倾向",逐渐使"为工农大众服务的方向,成为众所归趋的道路"。1943年春节期间延安文化社团的春节宣传活动,可谓是一次文艺界统一思想和行动的大巡演,也是文艺发展新方向确立后马克思主义文艺话语表达与传播的"一个检阅式",配合这次巡演的是中国共产党领导的庆祝废除不平等条约活动、庆祝红军胜利活动、拥军运动、拥政运动、爱民运动和大生产运动等。而在这样一个史无前例的"检阅式"上,鲁艺、西北文工团、青年剧院、中央党校等分别组织秧歌队,古元等组织木刻工作团,他们与战斗剧社、民众剧团先后开展了形式多样、内容丰富的文艺活动。特别是鲁艺的秧歌剧,由于采用了群众喜闻乐见的新形式和新内容,不仅获得延安党政军各界人士的广泛称赞,而且通过前往南泥湾、金盆湾等地开展部队慰问演出,"受到了空前的欢喜与赞叹";鲁艺秧歌队所演唱的歌曲,也被群众广为传唱。因此,此次春节宣传活动作为延安文化社团构建马克思主义话语权的"一个检阅式",在某种意义上"说明我们的文艺界已经得了第一步的成功"。②

1943年4月25日,艾思奇在《解放日报》刊发题为《从春节宣传看文艺的新方向》的社论。该社论从文艺与政治的关系问题、文艺

---

① 萧三:《可喜的转变》,《解放日报》1943年4月11日,第4版。
② 《社论:从春节宣传看文艺的新方向》,《解放日报》1943年4月25日,第1版。

工作者面向群众问题、文艺的普及与提高问题入手，对春节宣传活动中延安文化社团所展现的新面貌作了较为全面的总结，进一步揭示了延安文化社团构建马克思主义文艺话语权的历史面相。首先，关于文艺与政治的关系问题，艾思奇在社论中指出：经过1943年春节宣传活动的洗礼，延安文化社团发扬了"党所领导的革命文艺运动的光荣传统"，推动了"文艺与政治的结合"，这一方面使延安文艺工作者摆脱了"小资产阶级知识分子出身"的束缚，抛弃了"自由主义的思想"，纠正了"对于外国和旧时代的文艺作品的偏爱"，由此从根本上扭转了文艺工作"脱离实际政治斗争的偏向"；另一方面促使文艺工作者"根据现实的政治任务来创造新的文艺作品"，推动他们主动"把抗战、生产、教育的问题作为创作的主题"，在演出时注意把有关"抗战、生产、教育的具体运动反映出来"，从而使"文艺工作充满着革命斗争的内容"。[1]

其次，关于文艺工作者面向群众问题。艾思奇指出，文艺工作者面向群众问题，说到底就是使"文艺走向工农大众"问题，而这本来也是一项"党所领导的文艺运动的传统"。通过对中国共产党领导下的红军、八路军、新四军的部队文艺工作情况的分析，以及结合对陕甘宁边区民众剧团等各根据地文艺工作团体活动的考察，艾思奇认为文艺工作者及其思想深刻地反映在其作品当中。具体而言，一些从大城市涌入延安的青年文艺工作者，出身于"小资产阶级知识分子"，他们的作品往往"表现着同一阶层的思想和感情"，这实际上是与群众相脱离，因此不能创作出老百姓所喜闻乐见的作品。然而经过延安文艺座谈会和整风运动之

---

[1]　艾思奇：《从春节宣传看文艺的新方向》，《解放日报》1943年4月25日，第1版；艾思奇：《从春节宣传看文艺的新方向》（1943年4月），《艾思奇全书》第3卷，人民出版社2006年版，第393—398页。

后，尤其是春节宣传活动中文化社团的表现，"表明这种错误的思想开始被纠正"，文艺工作者"从知识分子的小圈子走向工农群众"，文艺作品或活动也有了新的改观，即："在内容上力求反映群众的生活和要求，在形式上力求能为群众所接受"。这一时期，广大文艺工作者不仅思想上发生了根本转变，而且"在实际行动上开始表现他们的群众观点，他们认识到文艺工作的正确道路是为群众服务并向群众学习"，因此真正解决了文艺工作者面向群众问题。①

再次，关于文艺的普及和提高问题。普及和提高是文艺工作者在抗战时期面临的一个看似互相矛盾实际上却相辅相成的问题。一方面，文艺创作和演绎能力的提高是文艺工作者永恒的追求；另一方面，抗战宣传和民众动员的客观需要促使文艺工作者以"大众化"为目标广泛开展普及工作。毛泽东在延安文艺座谈会上所述"在普及基础上的提高，在提高指导下的普及"，无疑是马克思主义方法论在文艺理论上的科学运用。② 正是根据这一指导思想，延安文艺界创作了许多"新鲜活泼，有生命力，有感召力的作品"。这些作品"反映了群众的现实生活、实际斗争、反映了群众的思想感情"，其"表现形式符合于群众的实际，语汇语法是群众的语汇语法，容貌服饰是群众的容貌服饰，腔调姿势是群众的腔调姿势"。可以说，文艺作品的表现形式、语汇语法、容貌服饰、

---

① 艾思奇：《从春节宣传看文艺的新方向》，《解放日报》1943 年 4 月 25 日，第 1 版；艾思奇：《从春节宣传看文艺的新方向》（1943 年 4 月），《艾思奇全书》第 3 卷，人民出版社 2006 年版，第 393—398 页。

② 周扬在《〈马克思主义与文艺〉序言》中表示：毛泽东把普及和提高"有机地联结起来"，提出"在普及基础上的提高，在提高指导下的普及"这一科学论断，由此"从工农兵出发解决了普及和提高的关系"，这有力驳斥了"把普及和提高机械分开"的错误观点，堪称"马克思主义方法论在文艺理论上的最杰出的应用"。(参见周扬：《〈马克思主义与文艺〉序言》，《延安文艺档案·延安美术：延安文论家（二）》第 38 册，太白文艺出版社 2015 年版，第 486—498 页。)

腔调姿势等均具有鲜明的群众特征。①

　　艾思奇关于文艺与政治的关系、文艺工作者面向群众、文艺的普及与提高三个问题的阐述，可以说是对毛泽东关于文艺为工农兵服务发展方向的生动诠释。值得注意的是，该文提及 1943 年 3 月 10 日中共中央文委与中央组织部联合召开的文艺工作者会议，认为此次座谈会上凯丰所发出的"文艺与实际结合、工农兵结合"的号召，从某种意义上来说"就是使文艺运动照着毛泽东同志的方向更进一步发展"。②10 月 19 日，毛泽东《在延安文艺座谈会上的讲话》在中共中央机关报《解放日报》全文刊发。次日，中共中央总学委发出关于学习《讲话》的通知，指出《讲话》作为"中国共产党在思想建设理论建设的事业上最重要的文献之一，是毛泽东同志用通俗语言所写成的马列主义中国化的教科书"。通知强调：《讲话》"决不是单纯的文艺理论问题，而是马列主义普遍真理的具体化，是每个共产党员对待任何事物应具有的阶级立场，与解决任何问题应具有的辩证唯物主义历史唯物主义思想的典型示范"。③

　　毛泽东《在延安文艺座谈会上的讲话》正式发表后，迅速成为各党政军干部的必读文献。《讲话》被印成小册子在延安各学校、文艺团体以及知识界广泛发行，整个延安的学习氛围空前高涨。在此背景下，中共中央于 1943 年 11 月 7 日发出《关于执行党的文艺政策的决定》，由此掀起了"学习和实践文艺新方向的高潮"。11 月 21 日，中共中央西

---

① 艾思奇：《从春节宣传看文艺的新方向》，《解放日报》1943 年 4 月 25 日，第 1 版；艾思奇：《从春节宣传看文艺的新方向》（1943 年 4 月），《艾思奇全书》第 3 卷，人民出版社 2006 年版，第 393—398 页。

② 艾思奇：《从春节宣传看文艺的新方向》，《解放日报》1943 年 4 月 25 日，第 1 版；艾思奇：《从春节宣传看文艺的新方向》（1943 年 4 月），《艾思奇全书》第 3 卷，人民出版社 2006 年版，第 393—398 页。

③ 中共中央文献研究室编：《毛泽东年谱（1893—1949）》中卷，中央文献出版社 2013 年版，第 477 页。

北局宣传部召开会议，动员各学校和文艺团体"立即分头下乡"，并且制定了内容丰富的下乡活动计划。① 其中，鲁艺工作团赴绥德，民众剧团赴关中，西北文艺工作团赴陇东，青年艺术剧院和陕甘宁边区八路军留守兵团部队艺术学校（简称"部艺"）赴三边，平剧院赴延安下属各县。随着下乡动员工作的深入推进，12 月 2 日，鲁艺组成一支 42 人的鲁艺工作团，由团长张庚率领，前往绥德开展文艺下乡工作。而在鲁艺工作团正式出发的前一天，青年艺术剧院和部艺共同组成了"陕甘宁晋绥五省联防军政治部宣传队（简称"联政宣传队"），准备开展下乡宣传工作。3 日，西北文艺工作团、民众剧团、群众报社联合组成"陕甘宁边区文协工作团"，赴陇东开展文艺宣传工作。

延安文化社团大规模开展下乡活动，既是毛泽东在延安文艺座谈会上提出"文艺为工农兵服务"宗旨的生动实践，也是各文化社团深入推动马克思主义话语权构建的真实写照。需要指出的是，各文化社团下乡后，广泛开展文艺宣传和民众动员工作，成效颇丰。如鲁艺工作团从 1943 年 12 月 2 日开始下乡，至 1944 年 5 月返回延安，历时近半年，足迹遍布绥德、米脂、佳县、吴旗、子洲等地，这期间开展文艺演出 86 次，进行社会调查 66 次。与此同时，工作团成员注意从农村广阔天地以及农民丰富的革命斗争生活中汲取创作的源泉，他们收集了民间歌曲和剧本 400 个、民间剪纸 160 幅，并且以此为基础创作了 16 个剧本、7 首歌曲。鲁艺工作团贺敬之、王大化等还在当地群众的协助下，利用所收集到的素材，创作了新歌剧《惯匪周子山》，"颇得观众好评"。②

---

① 钟敬之：《延安鲁迅艺术学院》，《延安文艺档案·延安戏剧：延安戏剧组织》第 4 册，太白文艺出版社 2015 年版，第 237 页。

② 钟敬之：《延安鲁迅艺术学院》，《延安文艺档案·延安戏剧：延安戏剧组织》第 4 册，太白文艺出版社 2015 年版，第 237 页。

　　鲁艺工作团深入开展文艺下乡工作并非个案，关中八一剧团也根据"西北局宣传部对剧运工作的新方向"开展戏剧下乡活动，在思想观念的转变以及新文艺运动的开展上成效显著。一方面，八一剧团成员在深入学习和研究毛泽东《在延安文艺座谈会上的讲话》的基础上，以《讲话》精神"检查个人的思想，并在团员中彻底检讨爱旧剧不爱新剧，爱古装不爱时装，宣传的对象着重干部，轻视工农兵的错误思想。经过这次的思想大检查后，干部和团员的思想才有了基本的转变"。另一方面，八一剧团通过"配合党的政策及每个时期的中心工作进行宣传"，"把握住新文艺方向进行宣传活动"，为此剧团创作和演出《赵富贵自新》《拥护八路军》《拥护共产党》《农村生产八大标准》《组织起来》《兄妹开荒》《防奸秧歌》等新剧，这些新剧分别以拥军、拥政、爱民、生产动员等为主题，"完全配合了党政军当时的中心工作任务"，"在群众中起了很大的宣传鼓动与组织的作用"。八一剧团宣传抗战和动员民众的作用之所以得到彰显，无疑是"因为他们所演的戏剧或秧歌舞的内容，与群众的生活有密切的连系，才获得群众这样的爱好、拥护和帮助"。而经过思想观念的转变，以及结合在关中农村地区开展新文艺运动实践，八一剧团对毛泽东在延安文艺座谈会上提出的文艺工作与工农兵相结合、与党的政治相结合的要求有了更深刻的体会，由此一些剧团成员情不自禁地表示"照着毛主席指示的方向前进，保管得到老百姓的拥护!"①

　　与此同时，由柯仲平率领的西北文艺工作团赴陇东之行也收获颇丰。值得一提的是，在下乡前柯仲平欣喜地接到毛泽东邀请到延安枣园面谈的通知。当时一同获邀的还有抗战剧团团长杨醉乡、陕甘宁边区民众剧团团长马健翎。当三人应邀到达毛泽东的住处时，毛泽东风趣地

① 　高仰云:《八一剧团的转变和收获》，《解放日报》1944 年 5 月 24 日，第 4 版。

称：今天"请来'三贤'，有两位美髯公，一位'佘太君'。你们是苏区文艺的先驱。一个抗战剧团，一个民众剧团，好像两个深受群众欢迎的播种机，走到那里，就将抗日的种子撒到那里"。[1] 毛泽东诙谐而富有深意的语言，生动描述了延安文化社团在抗战动员工作中作出的巨大成效。事实上，正是在毛泽东等中国共产党领导人的鼓励下，柯仲平率领西北文艺工作团赴陇东开展文艺下乡活动。而利用下乡的契机，柯仲平"联系陇东实际"，创作了大型歌剧《马渠游击小组》、大型诗剧《孙万福回来了》等剧本，并且通过编排后在陇东地区正式上演，这为动员民众抗战起到了"立竿见影的作用"。[2]

1944 年 4 月前后，持续数月之久的文艺下乡活动告一段落，各文化社团陆续返回延安。为迎接各文化社团的胜利归来，以及总结此次下乡的实践经验，中共西北局文委于 4 月 28 日、5 月 2 日先后召开会议，鲁艺工作团、边区文协工作团、民众剧团、西北文工团等下乡宣传团体的负责人与会，中共中央宣传部部长李卓然主持会议，周扬、艾青、柳湜、马健翎、杨醉乡、张庚、柯仲平、王震之等延安文化社团负责人，先后报告下乡工作的情况。周扬在发言时指出：此次下乡工作既"表现了工农兵，又由工农兵参加创作"，使"艺术服从政治"问题得到了有效解决。柯仲平则根据西北文艺工作团的下乡宣传经验，指出"服从当时当地政治任务的临时创作"的重要性。李卓然在会议总结讲话时表示：各文化社团的下乡宣传工作是朝着"我们的文艺，第一是为着工农兵"的具体实践，这一工作实践的内容"反映了党的政策与扩大群众运动相结合的现实"，揭示了毛泽东《在延安文艺座谈会上讲话》的"巨大历

---

[1] 刘锦满：《柯仲平与边区剧运——抗日战争时期柯仲平在陕甘宁边区轶事偶拾》，《新文学史料》1989 年第 4 期。

[2] 柯仲平著，王琳编：《柯仲平诗文集》，文化艺术出版社 1984 年版，第 254 页。

史意义"。需要强调的是，此次会议还史无前例地对新创作的剧本开展评奖工作。评奖的首要标准是文艺作品的内容"与当前政策任务结合的程度"，即"政治标准"。根据陕甘宁边区文协主任赵伯平的提议，以及结合与会同志的意见，共有31个剧本获奖。其中马健翎（民众剧团）编导的《血泪仇》，杨绍萱、齐燕铭（延安平剧院）编导的《逼上梁山》，丁洪、吴雪（青年艺术剧院）等编导的《抓壮丁》，贺敬之（鲁艺工作团）等编导的《惯匪周子山》等剧本获得了一等奖。①

　　总之，从1943年春节前后延安各文化社团举行春节宣传活动，至1944年前后开展的文化社团下乡运动，延安文化工作者得到毛泽东《在延安文艺座谈会上的讲话》的指引，又经历了整风运动的洗礼，已经就文艺为工农兵服务、为党的政治服务的宗旨形成了共识，他们在开展以抗战宣传和民众动员为目的的文艺实践中，深入推动文艺工作与工农兵相结合、文艺工作与党的政治相结合。可以说，思想观念的统一为文艺实践的步调一致奠定了基础，延安文化社团在文艺为工农兵服务的生动实践中获得了广大群众的欢迎和认可，在文艺与政治相结合的工作实践中提高了自身水平，这不仅推动了马克思主义话语权的构建，还为抗战建国新形势到来时承担新的任务和使命做好了准备。②

---

① 《西北局文委召集会议　总结剧团下乡经验奖励优秀剧作》，《解放日报》1944年5月15日，第1版。

② 事实上，延安文艺走向全国的号召早在抗战中期就发出了。1941年4月28日，时任中共中央宣传部副部长李维汉在鲁艺第二次工作检查总结大会上讲话时，呼吁鲁艺师生既要"帮助延安的文艺活动，同时要作为团结全国文艺人的中心"，并强调大家要在文艺战线上做"长期打算，一俟将来形势好转，分发出去，这一大批有相当修养的文艺干部将是掌握全国文艺活动最宝贵的资本"。[参见李维汉：《在鲁艺第二次工作检查总结大会上的讲话》（1941年4月28日），《延安文艺档案·延安文论：延安文论作品》第40册，太白文艺出版社2015年版，第127页。]

三、延安文化社团与马克思主义话语权在全国的发展

中国人民抗击日本帝国主义侵略的战争，是世界反法西斯战争的重要组成部分。随着世界反法西斯战争局势的演进，尤其是盟军在太平洋战场上转入反攻，中国也开展了针对日本法西斯的一系列反攻，至1944 年初抗战形势迅速向战略反攻阶段过渡。毛泽东敏锐地分析了抗战形势的重大变化，并就新形势下中国共产党面临的新任务作出重要判断，认为应当抓住战略先机，为"夺取抗日战争的全面胜利"以及抗战胜利后"领导全国人民"做好充分准备。他强调，准备工作不仅涉及政治、经济、军事方面，而且包括为政治建设和经济发展服务的文化方面。值得一提的是，早在 1943 年秋，毛泽东在邀请西北文艺工作团团长柯仲平、抗战剧团团长杨醉乡、陕甘宁边区民众剧团团长马健翎来延安枣园面谈时，明确指出"抗战进入了新的时期"；而在谈话即将结束时，毛泽东语重心长地表示："共产党不仅要领导全国人民夺取抗日战争的全面胜利，而且要建设一个新社会和新国家。在这个新社会、新国家中，不但要有新政治、新经济，而且有新文化。什么是新文化？作为观念形态上反映新的政治力量和新的经济力量并为它们服务的东西，就是新文化"。①

毛泽东上述谈话反映了他对文化建设在抗战建国中重要作用的认识，揭示出中国共产党构建马克思主义话语权的新形势与新任务。为贯彻执行毛泽东关于构建中国新文化的要求，1943 年 11 月 7 日，中共中央宣传部发出《关于执行党的文艺政策的决定》，指出毛泽东《在延安文艺座谈会上的讲话》"规定了党对于现阶段中国文艺运动的基本方针"，要求

---

① 杨醉乡：《金子般的记忆（节录）》，刘锦满、王琳编：《柯仲平研究资料》，陕西人民出版社 1988 年版，第 231、232 页。

全党同志加强对《讲话》内容和精神的研究，"以便对于文艺的理论与实际问题获得一致的正确的认识"，从而解决文化发展中具有"普遍原则性"的问题，培养和造就"真正属于人民群众的文艺与文艺家"。《决定》强调：毛泽东《讲话》尽管是针对文艺政策的，但其"全部精神，同样适用于一切文化部门"，换言之，《讲话》不仅是一份"解决文艺观文化观问题的教育材料"，还是一份"解决人生观与方法论问题的教育材料"。①

在中共中央宣传部的推动下，延安各界人士开展了学习和研究毛泽东《在延安文艺座谈会上的讲话》的热潮。在此背景下，1944 年初周扬编著的《马克思主义与文艺》在延安出版。该书辑录了马克思、恩格斯、列宁、斯大林、鲁迅、毛泽东等有关文艺的评论和意见。在该书《序言》中，周扬明确指出：毛泽东《在延安文艺座谈会上的讲话》"给革命文艺指示了新方向，这个讲话是中国革命文学史、思想史上的一个划时代的文献，是马克思主义文艺科学与文艺政策的最通俗化、具体化的一个概括，因此又是马克思主义文艺科学与文艺政策的最好的课本"，而本书就是"根据这个讲话精神来编纂的"。②

需要指出的是，周扬在该书《序言》中不仅阐述了《讲话》的精神内涵与时代价值，而且指出毛泽东文艺思想是对马克思主义文艺思想的继承、创新与发展，这在某种意义上揭示了其在马克思主义话语权构建中的重要意义。一方面，周扬在《序言》中提出：毛泽东《讲话》的中心思想是"文艺从群众中来必须到群众中去"，这一中心思想体现了中国共产党在长期革命斗争中形成的根本工作路线，丰富和发

---

① 《中共中央宣传部关于执行党的文艺政策的决定》（1943 年 11 月 7 日），《建党以来重要文献选编（1921—1949）》第 20 册，中央文献出版社 2011 年版，第 632—634 页。

② 周扬：《〈马克思主义与文艺〉序言》，《延安文艺档案·延安美术：延安文论家（二）》第 38 册，太白文艺出版社 2015 年版，第 486 页。

展了马克思主义文艺理论，可以说是"最正确、最深刻、最完全地从根本上解决了文艺为群众与如何为群众的问题"，实现了马克思主义文艺思想的中国化。另一方面，周扬在《序言》中指出：毛泽东《讲话》为文艺"大众化"概念赋予了新的内涵，要求"文艺工作者的思想感情和工农兵大众的思想感情打成一片"，这进一步指明了文艺发展的基本方向，由此使广大文艺工作者认识到"人民的语汇是很丰富的，生动活泼的，表现实际生活的"，促进他们在马克思主义话语权构建过程中积极"学习人民语言特别是工农兵语言"，并将其视为开展文艺工作的前提和基础。同时，周扬指出"学习群众语言就是革命文艺工作者的一个最中心最根本的任务"，广大文艺工作者要在革命生活和工作实践中"进一步地更彻底地改变我们的情感，使得我们的思想情感真正地做到与工农兵的思想感情打成一片，这样才能完成文艺大众化的任务"。① 可以说，周扬此语在某种意义上揭示了马克思主义话语权构建的新形式与新任务。

周扬上述关于毛泽东《在延安文艺座谈会上的讲话》的精神内涵与时代价值的阐述，揭示了毛泽东文艺思想与马克思主义文艺理论既一脉相承又与时俱进的基本逻辑。1944 年 4 月 8 日，《马克思主义与文艺》的序言在《解放日报》全文刊发。而在公开发表前，周扬将《序言》呈送毛泽东审阅。4 月 2 日，毛泽东在阅读《序言》后立即给周扬写信。尽管毛泽东在回信中并不认同周扬把《讲话》编入马克思主义经典作家文献的做法，但仍不无称赞地表示："此篇看了，写得很好。你把文艺理论上几个主要问题作了一个简明的历史叙述，借以证实我们今天的方针是正确的"。同时，毛泽东从"提高"与"普及"的辩证关系角度，

---

① 周扬：《〈马克思主义与文艺〉序言》，《延安文艺档案·延安美术：延安文论家（二）》第38 册，太白文艺出版社 2015 年版，第 486—495 页。

对《序言》中"艺术应该将群众的感情、思想、意志联合起来"的表述提出修改意见，称这一源于列宁的语句"不但是指创作时'集中'起来，而且是指拿这些创作到群众中去，使那些被经济的、政治的、地域的、民族的原因而分散了的（社会主义国家没有了政治原因，但其他原因仍在）'群众的感情、思想、意志'，能借文艺的传播而'联合起来'，或者列宁这话的主要意思是在这里，这就是普及工作。然后在这个基础上'把他们提高起来'"。①

　　从某种意义上来说，毛泽东上述关于"'群众的感情、思想、意志'，能借文艺的传播而'联合起来'"的阐述，为中国共产党借助延安文化社团构建马克思主义话语权的实践路径做了一个很好的注解。② 尤其是在抗战进入战略反攻阶段的新形势下，毛泽东根据抗战建国以及掌握全国马克思主义话语权的客观需要，在不同场合作出关于文艺发展新形势与新任务的指示。1944 年 1 月 9 日，毛泽东在观看由中央党校俱乐部演出的平剧《逼上梁山》后，给该剧编导杨绍萱、齐燕铭写信，称这部剧一改旧戏"一切离开人民"的弊端，能够以人民为中心，使"旧剧开了新生面"，"这个开端将是旧剧革命的划时期的开端"，具有重要的历史意义；特别是在抗战建国的新形势下，文艺工作者面临新的任务，"希

---

① 《致周扬》(1944 年 4 月 2 日)，《毛泽东书信选集》，中央文献出版社 2003 年版，第 206 页。另注：周扬在《序言》中引用列宁的这段话，是列宁与蔡特金关于艺术与人民群众关系问题的谈话，周扬所引用的译文是："艺术是属于人民的。它的最深的根源，应该是出自广大劳动群众的最底层。它应该是为这些群众所了解和为他们所挚爱的。它应该将这些群众的感情、思想和意志联合起来，并把他们提高起来。"而在 1957 年出版的蔡特金所著《回忆列宁》一书中，译文为："艺术是属于人民的。它必须在广大劳动群众的底层有其最深厚的根基。它必须为这些群众所了解和爱好。它必须结合这些群众的感情、思想和意志，并提高他们。"(参见中共中央文献研究室编：《毛泽东年谱（1893—1949）》中卷，中央文献出版社 2013 年版，第 504 页。)
② 《致周扬》(1944 年 4 月 2 日)，《毛泽东书信选集》，中央文献出版社 2003 年版，第 206 页。

望你们多编多演，蔚成风气，推向全国去！"①7 月 1 日，毛泽东致函丁玲、欧阳山称，昨晚一口气看完了他们分别撰写的《田保霖》《活在新社会里》两篇文章，文中所彰显的"新写作作风"尤其值得称赞。当天下午，丁玲、欧阳山还应邀到延安枣园与毛泽东面谈。②

1944 年 10 月 30 日，陕甘宁边区文化教育工作者会议在延安召开。为教育和引导文化工作者紧密联系群众，使文化教育工作者具有"为人民服务的高度的热忱"，进而推动构建"人民的文化"，毛泽东在会议讲话时重点阐述了新民主主义文化运动中的统一战线方针，指出"没有文化的军队是愚蠢的军队，而愚蠢的军队是不能战胜敌人的"。而在抗战建国背景下构建"人民的文化"，就必须"在教育工作、艺术工作、医药工作方面，都要实行统一战线的方针"。因此，"我们的任务是联合一切可用的旧知识分子、旧艺人、旧医生，而帮助、感化和改造他们"。③毛泽东的发言引起与会的文化和教育工作者的共鸣，大家经过一致表决，会议通过了《关于发展群众艺术的决定》（以下简称《决定》）。《决定》以毛泽东的讲话为依据，以"加强对于艺术工作的领导，团结一切艺术工作者"为目的，指出延安各文化社团作为"指导普及工作的支柱"，不仅要在加强自身"政治的、艺术的与实际生活的学习"中承担"群众教育与干部教育的双重任务"，而且要在下乡活动中通过不断地深

---

① 《给杨绍萱、齐燕铭的信》（1944 年 1 月 9 日），《毛泽东文集》第 3 卷，人民出版社 1996 年版，第 88 页。另注：由中央党校俱乐部杨绍萱、齐燕铭编导的《逼上梁山》于 1944 年 1 月 2 日正式彩排。9 日，毛泽东、朱德、陈云、李富春、凯丰、任弼时、谢觉哉等中共中央领导人在延安中央大礼堂观看了演出，并且给予高度评价。受此鼓舞，延安平剧研究院曾推动该剧在各地演出 50 余场，深受观众好评。（参见孙国林编：《延安文艺大事编年》，陕西师范大学出版社 2016 年版，第 578 页。）

② 中共中央文献研究室编：《毛泽东年谱（1893—1949）》中卷，中央文献出版社 2013 年版，第 524 页。

③ 《文化工作中的统一战线》（1944 年 10 月 30 日），《毛泽东选集》第 3 卷，人民出版社 1991 年版，第 1011、1012 页。

入群众、了解群众、服务群众来向群众学习，即"一面教育他们，一面向他们学习"。① 可以说，边区文化教育工作者会议的召开及其通过的《决定》，与毛泽东《在延安文艺座谈会上的讲话》的宗旨是一脉相承的，两者共同推动了延安文化社团与广大群众的结合，彰显出文艺为工农兵服务的根本宗旨。

　　从全国抗战和文化发展形式来看，延安文化的蓬勃发展与国统区、沦陷区的衰败形成了鲜明对比。对此，边区文协常委萧三在《解放日报》刊发社论称，陕甘宁边区既是全国抗日民主根据地的"模范"，也是全国各解放区的"排头"，而边区首府延安，则是"新民主主义政治、军事、经济、文化的策源地"。延安文艺座谈会召开后，在文艺为工农兵服务宗旨的指导下，广大文化工作者坚持"群众路线"的原则，通过组织文化社团下乡来深入群众，不断推动文化"与实际结合"，这不仅使文艺工作者的"思想搞通了""作风也改变了"，还拉近了与广大群众的距离。对此，萧三在社论中讲述了一则关于陕甘宁边区第一次劳动英雄大会的报道，称：毛泽东接见与会的劳动群众时，一位来自陇东的农民孙万福，走到毛泽东面前激动地说"大翻身啦！有了吃，有了穿，帐也还了，地也赎了，牛羊也有了"，"毛主席！这都是你给的。没有你，我们这些穷汉，爬在地下一辈子也站不起来哩！"尽管这则报道来源于报纸，但萧三"读了这段动人的新闻，想像这幅动人的图画"，由此深刻感受到延安文艺座谈会后群众思想观念的巨大转变，而这也从一个侧面说明了马克思主义话语权构建的深刻影响。②

① 《关于发展群众艺术的决议》，《解放日报》1945 年 1 月 12 日，第 4 版；《关于发展群众艺术的决议》（1944 年 11 月 16 日），《抗日战争时期延安及各抗日民主根据地文学运动资料》（上），山西人民出版社 1983 年版，第 328、329 页。
② 萧三：《第一步——从参加边区参议会及劳模大会归来》，《解放日报》1945 年 2 月 20 日，第 4 版。

　　值得注意的是，萧三以"第一步"作为上述社论的标题，其中既寓意着延安文化社团与群众的结合迈出了第一步，也在某种意义上表明马克思主义话语权在延安的构建是实现全国话语权构建的第一步。毛泽东在阅读《解放日报》的这篇社论后，于 1945 年 2 月 22 日致信萧三，高兴地称："你的《第一步》，写得很好。你的态度，大不同于初到延安那几年了，文章诚实，恳切，生动有力。"① 无独有偶，艾思奇在《解放日报》社论中亦表示，"要说和实际和群众相结合，正如萧三同志所说，这还只是工作的'第一步'"，为此艾思奇发出"文艺工作者到前方去"的强烈呼吁，并指出：延安文艺工作者走出延安去前方，其重要意义在于"我们文艺工作者已经经过几年来的整风并已实际上找到了自己的方向"，这个方向就是"文艺为工农兵、文艺工作者和工农兵结合的方向"。②

　　1945 年 8 月 15 日，日本帝国主义宣告无条件投降，中国人民抗日战争由此取得决定性胜利。而在两天前，即 8 月 13 日，毛泽东在延安干部会议上作题为《抗日战争胜利后的时局和我们的方针》的讲话时，深刻地分析了战后时局走向以及中国共产党将面临的新形势、新任务。他指出，"我们马克思主义者是革命的现实主义者"，面对新的现实，包括文化教育干部在内的延安广大干部，要走出延安，走向全国，"广泛地进行宣传教育工作"。③ 抗战胜利后，中共中央迅速作出战略调整，以

---

① 中共中央文献研究室编：《毛泽东年谱（1893—1949）》中卷，中央文献出版社 2013 年版，第 582 页。

② 艾思奇：《文艺工作者到前方去》（1945 年 9 月），《艾思奇全书》第 3 卷，人民出版社 2006 年版，第 521 页；艾思奇：《文艺工作者到前方去》，《解放日报》1945 年 9 月 22 日，第 4 版。

③ 《抗日战争胜利后的时局和我们的方针》（1945 年 8 月 13 日），《建党以来重要文献选编（1921—1949）》第 22 册，中央文献出版社 2011 年版，第 618 页。

和平、民主、团结的新姿态展现在世人面前，并且公开发表《中共中央对目前时局宣言》，呼吁当前"新的和平建设时期开始了！我们必须坚持和平、民主团结，为独立、自由与富强的新中国而奋斗！"①29 日，中共中央作出"迅速进入东北控制广大乡村和中小城市的指示"，并制定了详细的行动方案：部队"进入东三省后开始亦不必坐火车进占大城市，可走小路，控制广大乡村和（苏联）红军未曾驻扎之中小城市，建立我之地方政权及地方部队，大大的放手发展，在我军不能进入的大城市，亦须尽可能派干部去工作"。②

显然，随着革命形势的迅速发展，各根据地和新解放区亟须向全国各地派出大量干部。在此背景下，包括鲁艺在内的延安文化社团积极承担使命，"当时鲁艺的大部分人员即分头出发奔赴各地接受新的任务"，他们先集中组织了两个文艺工作团，即：由舒群率领的、由 40 余人组成的东北文艺工作团，由艾青率领的、由 50 余人组成的华北文艺工作团，他们"受命分头去东北和华北地区开展工作"。③而在工作团出发前，刘少奇于 10 月 1 日代表中共中央向即将赴东北的文化干部作了题为《对出发东北的同志的报告》。他首先以马克思、恩格斯、列宁、斯大林是"干什么的"为问题导向，旗帜鲜明地指出他们都是"为了解放全人类而战斗的！"其次，刘少奇从马克思主义理论出发，指出："按照马克思学说，无产阶级只有解放全人类，才能最后解放他们自己。你们这次到东北去，同时也是自己解放自己！"为阐释赴东北开展文化工作的重要

① 《中共中央对目前时局宣言》（1945 年 8 月 25 日），《建党以来重要文献选编（1921—1949）》第 22 册，中央文献出版社 2011 年版，第 657 页。
② 《中共中央关于迅速进入东北控制广大乡村和中小城市的指示》（1945 年 8 月 29 日），《建党以来重要文献选编（1921—1949）》第 22 册，中央文献出版社 2011 年版，第 665、666 页。
③ 钟敬之：《延安鲁迅艺术学院》，《延安文艺档案·延安戏剧：延安戏剧组织》第 4 册，太白文艺出版社 2015 年版，第 238 页。

意义，刘少奇向工作团全体成员呼吁："你们要用自己的两条腿，去重新画地图；用你们自己的两支手，去插上我们新解放区的旗帜！"他强调，我们的文艺干部工作团去东北，既没有"美式大炮，没有飞机，没有坦克，没有装甲车和汽车，暂时还没有铁道线和火车，你们就是有一条——这一条他们手里就没有：你们就是紧紧地依靠马克思主义，紧密地依靠东北当地的人民。只要你们永远牢牢地记着，马克思是干什么的，那，同志们，胜利就一定是属于我们大家的！"刘少奇生动而富有激情的演讲赢得大家的热烈掌声，这在某种意义上揭示了文化社团向全国各地传播马克思主义话语的新使命。而在报告的第二天，文化干部工作团就"整队步行出发"，他们走出延安、走向东北，通过广泛发动群众和推动马克思主义话语权的构建，建立巩固的东北根据地。①

10月21日，周恩来在中华全国文艺界协会召开的会议上发表讲话，指出延安文化社团在抗战时期"从城里走到乡村，走到广大的农民中去，并且生活在他们中间，因此发现了浓厚的民间艺术源泉"，创作了以秧歌为代表的"中国新歌剧"，为传播马克思主义话语发挥了重要作用。抗战胜利后，"现在又是一个新的时期到了，延安的作家，又大批地到收复区去，去深入生活"，不久前"就送走了一百多位文艺工作者，其中有作家、诗人、木刻家、音乐家、演员等等"，他们承担了构建全国马克思主义话语权的新使命，将要为中国共产党赢得在全国的执政地位进行更为丰富和生动的实践。②

随着蒋介石撕毁停战协定，重庆谈判的破裂，全面内战由此爆发。

---

① 黄钢：《"马克思是干什么的呢？"——回忆刘少奇同志的一次演讲》，《缅怀刘少奇》，中央文献出版社1988年版，第178—181页。
② 周恩来：《延安的文艺活动》（1945年10月21日），中共中央文献研究室编：《周恩来文化文选》，中央文献出版社1998年版，第86、87页。

至 1947 年初，蒋介石在全面进攻解放区的计划破产之后，转而向中共中央所在地延安发起了疯狂进攻。3 月 18 日晚，毛泽东、周恩来等率领中共中央机关撤离延安。而在撤离延安前，毛泽东接见了参加保卫延安的人民解放军部分领导干部，并对他们说："我军打仗，不在一城一地的得失，而在于消灭敌人的有生力量。存人失地，人地皆存；存地失人，人地皆失。敌人进延安是握着拳头的，他到了延安，就要把指头伸开，这样就便于我们一个一个地切掉它。要告诉同志们：少则一年，多则二年，我们就要回来，我们要以一个延安换取全中国。"① 诚如毛泽东所言，中共中央撤离延安后不到一年时间，就取得了在东北、华北、华中、华东、华南等各条战线上的初步胜利，其中在 1948 年 3 月 15 日胜利结束的东北冬季攻势，解放军歼灭国民党军八个师，歼敌 15 万余人，收复 18 座城市，使国民党在东北的军队陷入长春、沈阳、锦州三个孤立地区，从而为取得辽沈战役乃至中国人民解放战争的胜利奠定了重要基础。

诚然，解放战争的打响，使延安文化社团走出延安、走向全国，他们由此肩负起了构建全国马克思主义话语权的新使命。这正如 1948 年 11 月贺龙在晋绥地区对文化工作者的讲话所指出的："现在全国各地人民解放军打大胜仗。西北人民解放军也打得很好，枪杆子已表现力量，枪杆子要求我们笔杆子也要表现力量。"尤其是随着解放战争的节节胜利，"新解放区和大城市的工厂、学校、戏院到处都在等待着你们去工作，新区知识分子和旧艺人会有几十几百个问题问到你们身上。你们能满意答复他们的问题和要求，并且会团结他们，帮助他们进步，与他们

---

①　中共中央文献研究室编：《毛泽东年谱（1893—1949）》下册，人民出版社 1993 年版，第 176 页。

一道很好工作，你们才能算是成功。我们的目的是要解放全中国。"① 贺龙的讲话在某种意义上揭示了延安文化社团在中国共产党领导下走向全国的重要意义。事实上，在人民解放军战斗胜利之时，从延安走向全国各地的文化社团，犹如星星之火，点燃了革命文化的熊熊火焰，这有力推动了马克思主义话语权在全国的构建，并为中国共产党掌握在全国的执政地位，起到了重要作用。

---

① 《贺司令员对文化工作者的讲话——在晋绥边区文化界鲁迅纪念会上讲》，《群众文艺》
1948 年 11 月 15 日，第 1 卷第 4 期；贺龙：《对文化工作者的讲话》，《延安文艺丛书（第
1 卷，文艺理论卷）》，湖南人民出版社 1984 年版，第 188 页。

结　语

延安时期是中国共产党构建马克思主义话语权的历史进程中的一个重要时期，文化社团为表达和传播马克思主义话语起到了重要作用。延安文化社团的创建，起源于中国共产党在文化领域建立马克思主义话语权的根本宗旨，其理论基础为马克思主义经典作家关于意识形态话语权的重要阐述。伴随着马克思主义理论进入中国，马克思主义话语权的构建历程也由此开启，话语方式的创新、话语内涵的扩展、话语能力的提升即是这一历史进程的重要表征。以中国革命发展和抗战局势演变为线索，延安文化社团大致经历了抗战全面爆发前后的兴起、战略相持阶段的发展兴盛、战略反攻阶段及战后的转变三个时期。文化社团数量庞大，流派众多、影响广泛，其中文学社团、戏剧社团、音乐社团、美术社团、电影社团、科技社团是延安文化社团的主体，承担了抗战宣传和民众动员工作，在党的"政治话语"的表达和传播中发挥了话语载体作用。

综观延安文化社团在中国共产党领导下构建马克思主义话语权的历史过程可以发现，话语权构建的紧迫性、复杂性、长期性，与话语表达方式的创造性、通俗性、多样性，话语传播路径的群众性、曲折性、创新性，话语内涵建构的广泛性、丰富性、发展性，话语效果彰显的时代性、逻辑性、规律性之间，形成了辩证统一关系，这揭示出延安时期马克思主义话语权构建理论与实践相互促进的历史场景，折射出中国共产党从延安局部执政向全国执政演进的话语逻辑。总体而言，表现出以下几个值得注意的历史面相。

其一，抗战宣传和民众动员工作的客观需要，是延安文化社团构建马克思主义话语权的历史逻辑。九一八事变爆发后，抗日救亡日益成为时代主题。至 1937 年 7 月 7 日卢沟桥事变爆发之时，延安各文化社团在中国共产党的领导和发动下，将工作重心转向揭露侵华日军残暴行径，以及宣传中国共产党抗日民族统一战线政策，旨在推动形成团结抗战、一致对外的局面，并通过提出抗战话语主题、表达抗战话语内容、传播抗战话语观念来不断扩大话语的影响力。尤其是人民抗日剧社、抗战剧团、战歌社、烽火剧团、抗战文艺工作团、西北战地服务团、陕甘宁边区文化界抗日救亡协会、边区音乐界救亡协会、边区抗敌电影社、边区文艺界抗战联合会、边区国防科学社、中华全国戏剧界抗敌协会陕甘宁边区分会、中华全国文艺界抗敌协会延安分会等直接以抗战命名的文化团体，有力推动了文化社团在抗战宣传和民众动员方面功能的发挥，促进了中国共产党对抗战文化领导权的掌握。

1938 年 3 月，中华全国文艺界抗敌协会正式成立，这标志着政治意义上的抗日民族统一战线的形成。而当抗战文化成为延安文化的主流，文化本身便承担了宣传抗战和发动群众的双重使命，"文化大众化"的历史命题由此应运而生。一方面，全民族抗战的迫切需要催生了"文化大众化"；另一方面，"文化大众化"有力推动了抗战时期民族革命思想的传播，促进了抗战文艺的发展及其宣传、动员功能的发挥。随着延安文化社团规模和队伍发展壮大，以抗战为主题的文艺活动相继开展，尤其是抗战戏剧的剧本和演出活动，已经成为延安文艺界的主流与特色，得到中国共产党领导人的高度称赞以及延安军民的热烈欢迎。抗战文艺队伍的壮大、延安文艺事业的蓬勃发展则进一步推动了抗战宣传与民众动员工作的深入开展。

其二，根据时势转换和现实需求提出不同的话语主题，是中国共产党领导下延安文化社团构建马克思主义话语权的现实逻辑。全面抗战爆发后，中华民族面临生死存亡的考验，如何通过话语权的构建转"危"为"机"，成为中国共产党亟待解决的重要问题。由于这一时期抗战话语向广大民众传播的必要性，与抗战时期局势变动不居的客观性形成剧烈矛盾，中国共产党以延安文化社团为话语载体，推动"大众化话语"的构建。随着抗战全面爆发后延安文化运动的广泛开展，人民抗日剧社、抗战剧团、战歌社、新文字促进会、世界语学会、民众娱乐改进会、抗战文艺工作团、边区文协、边区国防科学社、鲁艺及其下属文艺团体等，逐渐掀起以抗战动员为主旨的诗歌大众化、朗诵大众化、戏剧大众化、国防科学知识大众化等"文化大众化"运动，这不仅使中国共产党迎来了化生死存亡挑战为话语权构建的新契机，还促进了大众化话语与抗战话语的融合，从而为中国共产党掌握抗战话语权奠定了重要基础。

随着抗战向战略相持阶段过渡，以毛泽东同志为主要代表的中国共产党人根据新形势与新任务，并基于马克思主义与中国具体实际相结合的理论基础和现实需要，在 1938 年 10 月召开的中共六届六中全会上正式提出"马克思主义中国化"话语主题。与此同时，毛泽东等中国共产党领导人从改革鲁艺教育方针和解决文化发展方向问题入手，推动延安文化社团的中国化运动实践。各文化社团在文艺"中国化"的过程中，努力形成中国作风和中国气派，进而创造抗战的民族大众的文艺。冼星海先后创作《军民进行曲》《生产运动大合唱》《黄河大合唱》，即是在实现音乐艺术"中国化"的追求中"建立中国新音乐"的真实写照。伴随着以实验剧团为代表的戏剧中国化运动、以鲁艺为代表的音乐中国化运动、以鲁艺木刻工作团为代表的美术中国化运动在中国共产党领导下的深入开展，马克思主义中国化话语对延安文化社团的宗旨、理念及实践的深刻影响不断彰显。而在文艺中国化运动过程中，延安文化社团为解决外来形式与中国民族形式之间的矛盾冲突，逐渐形成以构建中国化、大众化、民族化的文艺新形式为目标的发展趋向和基本路径，这反映了马克思主义中国化话语影响下延安文化社团沟通中西与新旧的努力，折射出中国共产党通过马克思主义中国化话语的表达与传播，实现马克思主义话语权逐步构建的历史面相。

1940 年 1 月 9 日，毛泽东在陕甘宁边区文协第一次代表大会讲话时，不仅从中国革命面临的形势与基本任务出发，阐释了新民主主义文化的内在逻辑，而且根据马克思主义话语权建构的基本路径，深刻阐述了新民主主义话语传播与中国革命领导权构建的内在关联，在此基础上正式提出新民主主义话语。可以说，新民主主义话语植根于中国共产党领导中国革命斗争的实践，内蕴着民族、科学、大众三个重要话语因素，既是马克思主义理论运用于中国具体实际的高度理论概括，也是以毛泽东同志为主要代表的中国共产党人对中国革命性质、任务等问题艰辛探索的理论成果，它为延安文化社团深入开展马克思主义话语权构建工作提供了重要遵循。需要指出的是，新民主主义话语在作为延安文化社团中心的边区文协大会上正式提出后，又反过来指导延安文化社团开展新民主主义话语传播实践，由此使话语理论与建构实践形成相互演进的历史格局。在此背景下，边区文协、边区新文字协会、延安作曲者协会、延安平剧团、抗大文艺小组，以及鲁艺下属的实验剧团、文工团、音工团、美术工场等掀起了轰轰烈烈的新民主主义文化运动，这进一步深化了新民主主义话语的基本内涵，促使新民主主义话语不断向基层民众渗透，从而有力推动了马克思主义话语权的构建。

随着中国抗战与革命形势的不断演进，尤其是战略反攻阶段到来之时，"抗战建国"已经成为时代主题，毛泽东适时地提出建设为政治、经济和军事服务的新文化的要求，这反映出中共中央对文化建设在抗战建国中重要作用的深刻认识，揭示出新形势下马克思主义话语权建构面临的新任务。抗战胜利后，中国共产党及时调整战略部署，向各界发出建设一个独立、自由与富强的新中国的强烈号召。而在重庆谈判破裂后，随着人民军队开赴东北、华北等地，延安文化社团也走出延安、走向全国，他们在中国共产党的领导下以领导全国人民为目标，由此开启了构建全国马克思主义话语权的新征程。

其三，中国共产党政治话语表达与传播的现实需要，是发挥延安文化社团话语载体功能的基本动因。中国共产党根据中国革命和抗日战争的客观需要，旗帜鲜明地提出文艺为党的政治服务的要求，领导和推动延安文化社团围绕中国革命和政治动员的现实需要开展各类文化活动，由此诞生了以《血泪仇》为代表的抗战戏剧、以《黄河大合唱》为代表的抗战音乐、以《兄妹开荒》为代表的斗争秧歌、以《七月的延安》为代表的新诗歌、以《保家卫国》为代表的木刻新年画、以《南泥湾》为代表的新平剧、以《白毛女》为代表的新歌剧。与此同时，毛泽东、周恩来、李维汉、张闻天、周扬等中国共产党领导人大力推动延安文化社团的创建，广泛组织延安文化社团开展文艺座谈会，深入推动文艺工作与政治建设的结合，并且通过开展政治教育和设立政治顾问等举措，不断加强对文化社团的政治领导，推动意识形态话语权构建工作与中共政治理念的对接。

随着抗战局势的演进，中国共产党不断加强对文化社团的政治领导与组织领导，文艺被赋予抗战宣传和民众动员的"政治使命"，延安文化社团也由此承载了党的意识形态话语表达和传播的"政治任务"。1938 年，毛泽东《论持久战》运用马克思主义理论深入分析中国抗战的基本特点和发展趋势，对持久战背景下开展"政治动员"的必要性、紧迫性和可行性作了全面阐述，这为领导和推动包括延安文化社团在内的各界人士进行抗战宣传和民众动员工作提供了重要指引。1940 年，毛泽东在《新民主主义的政治与新民主主义的文化》中不仅正式提出"新民主主义"话语主题，而且深刻揭示了新民主主义文化发展对于新民主主义政治建设的重要意义，由此为延安文化社团提供了"政治思想上的武装"。① 在此前后，延安文化界人士掀起了关于文化与政治关系问题的理论探讨。其中，赖少其《艺术与政治》、徐懋庸《论艺术与政治的关系》、艾青《论秧歌剧的创作和演出》等文章，生动阐述了延安文化社团在党的领导下构建马克思主义话语权的实践与成效，深刻揭示了抗战文艺、革命文艺、大众文艺必须为党的政治服务的本质特征。在此背景下，作为中国共产党培养文艺干部的摇篮，鲁艺及其下属文艺团体主动从"小鲁艺"走向"大鲁艺"，新民主主义文化的表现形式也由"旧形式"向群众喜闻乐见的"民族形式"转变。随着新民主主义文化运动的深入开展，延安文化社团的话语载体功能进一步得到发挥，党的政治话语也不断向广大民众延伸。在此过程中，新民主主义话语的政治属性不断彰显，其话语内涵也得以丰富和扩展。

延安整风运动的开展以及毛泽东《在延安文艺座谈会上的讲话》的发表，直接推动了延安文化界人士思想观念的转变，包括鲁艺师生在内的延安文艺工作者以克服"三风"问题为导向，坚持以文艺为工农兵服

---

① 《民众剧团的成立及初期活动情况》（1940 年 1 月），《延安文艺档案·延安音乐：延安音乐组织》第 15 册，太白文艺出版社 2015 年版，第 398 页。

务、为党的政治服务、为抗战服务为宗旨，他们结合大生产运动、庆祝
废约运动、劳动表彰活动等政治议题，深入开展广大人民群众喜闻乐见
的文艺活动，并且创作出大量反映拥政、拥军、爱民等政治题材的文艺
作品。需要指出的是，中国革命发展与抗战形势的演变，是中国共产党
领导延安文化社团开展话语权构建工作的重要前提，伴随着中国抗战的
胜利结束以及国共内战的一触即发，延安文化社团构建中国共产党在全
国的话语权成为新的政治任务，这反映了话语权构建与中国革命形势发
展的内在逻辑。循着这一逻辑，不难理解毛泽东提出构建一支"文化的
军队"以及建设"人民的文化"的政治意义。可以说，正是依托于延安
文化社团对党的政治话语的表达和传播，才逐步建立了中国共产党在文
化领域的马克思主义话语权的主导地位。

其四，开展诸如马克思主义学习运动、思想政治教育运动、整风运
动等大规模运动，是中国共产党领导延安文化社团构建马克思主义话语
权的重要举措。以新哲学会为例，在1940年陕甘宁边区各界开展马克
思主义学习运动的背景下，该会以"为抗战建国而服务"为口号，广泛
组织了延安各机关、学校、团体中的哲学研究小组，并通过编著各类哲
学著作、进行学术研讨、举办学术讲演等方式，推动延安各级党员干部
将理论与工作实际相结合，促使延安文化界人士围绕党的政治任务开展
文化工作，逐渐形成了马克思主义理论学习与革命实践相结合的良好风
气。毛泽东、朱德、张闻天、艾思奇等中共领导人参与新哲学会的相关
活动。青年哲学家和培元则根据马克思主义意识形态话语权构建理论，
以"马克思主义理论与中国具体实际相结合"为根本原则，在梳理新哲
学特性的实践中，系统阐述了"新哲学的中国化"观点，并通过对新哲
学中国化本质问题的深入探索，实现了马克思主义中国化与新民主主义
的理论对接，从而构建起抗战建国、马克思主义中国化、新民主主义的

内在逻辑与理论系谱。①

　　作为一场广泛而又深刻的马克思主义教育运动，延安整风运动自1941 年 5 月启动后，就在整个文艺界形成了思想政治观念的革新浪潮。延安文化社团则根据中共中央有关文件要求，大力开展整顿"三风"运动，旨在解决文化"为什么人服务的这个首要问题"，彻底解决文化脱离大众、脱离现实的弊端，真正确立文艺为工农兵服务、为党的政治服务的宗旨。1942 年整风运动进入第二阶段，延安文化社团以"整顿三风"为抓手，掀起以马克思主义话语权建构为目标的学习热潮。尤其是鲁迅艺术学院文学院及其下属文艺团体，根据中共中央整顿"三风"的要求，制定了鲁艺整顿"三风"工作方案，旨在通过一场全面而深刻的整顿"三风"运动，逐渐形成以"实事求是"为核心的话语主体，进而推动马克思主义意识形态话语权的构建。1943 年 10 月整风运动进入第三阶段，延安文化社团以"思想改造"为核心，以话语模式建设为根本任务，深入促进其与工农兵相结合、与党的政治建设相结合，借以推动马克思主义话语权构建以及巩固党的意识形态话语权。

　　其五，将党的"群众路线"原则应用于话语权构建实践，是中国共产党领导延安文化社团构建马克思主义话语权的基本路径。作为党的根本工作路线，群众路线是中国共产党长期革命和建设经验的总结，是毛泽东思想活的灵魂。延安时期，基于全民族抗战背景下群众发动工作的客观需要，中国共产党在领导和推动延安文化社团开展话语权构建工作之时，将"群众路线"运用于话语表达与传播的实践之中，由此推动民众剧团、西北战地服务团、人民抗日剧社、鲁艺木刻工作团、鲁艺实验剧团、鲁艺工作团等，举行了旨在走进工农兵群众的巡回演出、大型展

----

①　和培元：《论新哲学的特性与新哲学的中国化——为延安新哲学会三周年纪念作》，《中国文化》1941 年 8 月 20 日，第 3 卷第 2、3 期合刊。

览、文艺宣传等活动。其中，1937 年丁玲率领西北战地服务团赴抗战前线，开展历时 5 个多月的文艺宣传工作，服务团的足迹遍布 16 座县城、60 余个村镇，演出 113 场，观众达 20 余万；1938 年杨醉乡率领的人民抗日剧社在陕北各地的巡回演出，仅在安定县就表演了 3 次，延川县表演 4 次，剧社还利用休息时间教当地妇女、儿童唱革命歌曲，使革命思想和抗战理念在广大群众中间广泛传播；同年底，胡一川率领的鲁艺木刻工作团深入农村和抗战前线举行木刻展览会，此次巡回展览历时近一年，这期间举办了 7 次专题展览，召开 4 次座谈会，而基于推动木刻中国化的宗旨与考虑，工作团从民族化、中国化的角度加以创新，力求摆脱长期以来西洋美术对中国的影响，旨在形成广大群众所喜闻乐见的中国作风与中国气派；无独有偶，1939 年柯仲平率领的民众剧团也以展现“中国气派”和“中国作风”为旗帜开展下乡演出活动，剧团此次活动历时 4 个多月，行程 2500 余里，途经 10 余个县（镇），得到中共有关部门以及边区民众的广泛称赞，此次长途下乡演出还被人们形象地称为“小长征”；此外，鲁艺实验剧团、八路军军委政治部抗敌演剧队、烽火剧团等文艺团体纷纷以“文化下乡”“文化入伍”为号召，展开了内容丰富、精彩纷呈的文艺宣传活动。尤其是鲁艺实验剧团，自 1938 年成立至 1940 年初，共举办演出 143 场，上演节目 47 个，观众达 93600 余人。由此可见，“一切为了群众，一切依靠群众”和“从群众中来，到群众中去”的群众路线宗旨和要求，已经在延安文化社团构建马克思主义话语权的实践中得到生动体现和广泛运用，而以毛泽东同志为主要代表的中国共产党人提出文艺为工农兵群众服务、文艺工作与广大群众相结合的要求，既是基于抗战宣传和民众动员的客观需要，也是中国共产党领导延安文化社团构建马克思主义话语权的基本路径。

　　总之，延安文化社团作为中国共产党表达和传播马克思主义话语的重要载体，经历了全面抗战初期的兴起、战略相持阶段的发展与兴盛、整风运动前后的转变，有力推动了马克思主义话语权构建的历史进程。在此过程中，中国共产党领导和推动各社团围绕党的中心任务开展话语权构建工作，并且从文化发展方向上加以引导，促使各社团成员的思想观念发生根本转变，其服务宗旨和基本理念也发生巨大改变。诚然，在中国共产党领导延安文化社团构建马克思主义话语权的过程中，话语调适在话语表达与传播中呈现出多维复杂面相，而话语理论与实践则形成了相互演进的历史格局，这在某种意义上彰显了中国共产党构建马克思主义话语权的内在逻辑与基本规律，对于当前发展和完善党的执政话语，以及提升党的执政能力与执政水平，具有一定的启示意义与借鉴价值。

马克思在《〈黑格尔法哲学批判〉导言》中指出："理论一经掌握群众，也会变成物质力量。理论只要说服人，就能掌握群众；而理论只要彻底，就能说服人。"同时，"理论在一个国家实现的程度，总是取决于理论满足这个国家的需要的程度"。[①] 可以说，马克思主义经典作家关于意识形态话语权建设的理论，为中国共产党领导和推动延安文化社团构建马克思主义话语权提供了重要指导，而延安文化社团构建马克思主义话语权的生动实践，进一步丰富和发展了马克思主义话语权构建理论。从这个意义上来说，中国共产党领导和推动延安文化社团开展马克思主义话语权构建的历史进程，不仅为中国共产党获得广大人民的支持以及赢得政治合法性做了一个很好的注解，而且为构建具有新时代中国特色的马克思主义话语体系，提供了重要的历史借鉴。

---

① 马克思：《〈黑格尔法哲学批判〉导言》（1843 年），《马克思恩格斯选集》第 1 卷，人民出版社 2012 年版，第 9—11 页。

参考文献

一、文集

《马克思恩格斯选集》第 1—4 卷，人民出版社 1995 年版。

《马克思恩格斯文集》第 1—10 卷，人民出版社 2009 年版。

《毛泽东选集》第 1—4 卷，人民出版社 1991 年版。

中共中央文献研究室编：《毛泽东文集》第 1—8 卷，人民出版社 1993—1999 年版。

中共中央文献研究室编：《毛泽东书信选集》，中央文献出版社 2003 年版。

中共中央文献研究室编：《毛泽东文艺论集》，中央文献出版社 2002 年版。

《毛泽东新闻工作文选》，新华出版社 1983 年版。

蒋建农主编：《毛泽东全书》第 6 卷，河北人民出版社 1998 年版。

中国李大钊研究会编注：《李大钊全集》第 1—5 卷，人民出版社 2006 年版。

《陈独秀文集》第 1—4 卷，人民出版社 2013 年版。

任建树主编：《陈独秀著作选编》第 1—6 卷，上海人民出版社 2009 年版。

中共中央文献研究室编：《刘少奇选集》上卷，人民出版社 1981 年版。

中共中央文献研究室编：《周恩来文化文选》，中央文献出版社 1998 年版。

中共中央文献编辑委员会编：《朱德选集》，人民出版社 1983 年版。

《陈云文选》第 1—3 卷，人民出版社 1995 年版。

汪信砚主编：《李达全集》第 1—20 卷，人民出版社 2016 年版。

《董必武选集》，人民出版社 1985 年版。

《邓中夏全集》，人民出版社 2014 年版。

《蔡和森文集》，人民出版社 2013 年版。

《彭湃文集》，人民出版社 2013 年版。

《恽代英全集》，人民出版社 2014 年版。

《艾青全集》第 5 卷，花山文艺出版社 1991 年版。

《艾青选集》第 3 卷，四川文艺出版社 1986 年版。

《艾思奇全书》第 1—8 卷，人民出版社 2006 年版。

冯雪峰：《雪峰文集》第 2 卷，人民文学出版社 1983 年版。

广东省社会科学院历史研究所编：《孙中山全集》第 9 卷，中华书局 1986 年版。

《胡乔木文集》第 1 卷，人民出版社 2012 年版。

湖南省长沙师范学校编：《徐特立文集》，湖南人民出版社 1980 年版。

柯仲平著，王琳编：《柯仲平诗文集》，文化艺术出版社 1984 年版。

柯仲平著，赵金主编：《柯仲平文集》第 3 册（文论卷），云南人民出版社 2002 年版。

《李维汉选集》，人民出版社 1987 年版。

李镇主编：《郑君里全集》第 8 集，上海文化出版社 2016 年版。

《刘青戈文集》第 10 卷，上海音乐出版社 2013 年版。

孙中山著，邱捷等编：《孙中山全集续编》第 2 卷（1914—1920），中华书局 2017 年版。

《冼星海全集》第 1 卷，广东高等教育出版社 1989 年版。

《萧军全集》第 18 卷，华夏出版社 2008 年版。

张庚：《张庚文录：补遗卷》，湖南文艺出版社 2014 年版。

《张闻天文集》第 1—3 卷，中共党史出版社 1990 年版。

《张闻天选集》，人民出版社 1985 年版。

《赵毅敏纪念文集》，2004 年。

《周扬文集》第 1 卷，人民文学出版社 1984 年版。

二、各类专题资料

复旦大学历史系中国近代史教研组编：《中国近代对外关系史资料选辑（1840—1949）下》第 2 册，上海人民出版社 1977 年版。

《红旗飘飘画丛》第 3 册，天津人民美术出版社 1991 年版。

《红色档案——延安时期文献档案汇编》第 1—60 卷，陕西人民出版社 2013 年版。

江西省文化厅革命文化史料征集工作委员会、福建省文化厅革命文化史料征集工作委员会编:《中央苏区革命文化史料汇编》,江西人民出版社 1994 年版。

柯华主编:《中央苏区宣传工作史料选编》,中国发展出版社 2018 年版。

林志浩、李葆琰主编:《中国新文艺大系(1937—1949,评论集)》,中国文联出版公司 1998 年版。

刘增杰、赵明、王文金等编:《抗日战争时期延安及各抗日民主根据地文学运动资料》上册,山西人民出版社 1983 年版。

鲁平编:《生活在延安》,新华书社 1938 年版。

[苏] 米汀:《辩证唯物论与历史唯物论》上册,沈志远译,商务印书馆 1936 年版。

《缅怀刘少奇》,中央文献出版社 1988 年版。

任葆琦主编:《戏剧改革发展史》上册,中央文献出版社 2016 年版。

任文主编:《延安时期的社团活动》,陕西师范大学出版总社有限公司 2014 年版。

任文主编:《永远的鲁艺》下册,陕西师范大学出版社 2014 年版。

任一鸣主编:《延安文艺大系 27 文艺史料卷》上册,湖南文艺出版社 2015 年版。

陕西省档案馆、陕西省社会科学院编:《陕甘宁边区政府文件选编》第 1—10 辑,陕西人民教育出版社 2013—2015 年版。

孙国林、曹桂芳编著:《毛泽东文艺思想指引下的延安文艺》,花山文艺出版社 1992 年版。

孙家骅、刘云主编:《江西苏区文化研究》,江西省文化厅革命文化史料征集工作委员会办公室 2001 年版。

孙晓忠、高明编:《延安乡村建设资料》第 4 册,上海大学出版社 2012 年版。

汤洛等主编:《延安诗人》,陕西人民教育出版社 1992 年版。

汪木兰、邓家琪编:《苏区文艺运动资料》,上海文艺出版社 1985 年版。

西洛可夫、爱森堡等著:《辩证法唯物论教程》,李达、雷仲坚译,笔耕堂书店 1935 年版。

徐迺翔主编:《中国新文艺大系(1937—1949,理论史料集)》,中国文联出版公司 1998 年版。

延安市政协文史与学习委员会编:《延安岁月》上册,2006 年。

延安市政协文史资料委员会编:《延安文史资料》(第 7 辑),2004 年。

《延安文艺丛书(第 1 卷,文艺理论卷)》,湖南人民出版社 1984 年版。

《延安文艺档案·延安戏剧:延安戏剧家(二)》第 2 册,太白文艺出版社

2015 年版。

《延安文艺档案·延安戏剧：延安戏剧组织》第 4 册，太白文艺出版社 2015 年版。

《延安文艺档案·延安音乐：延安音乐组织》第 15 册，太白文艺出版社 2015 年版。

《延安文艺档案·延安文学：延安文学组织》第 31 册，太白文艺出版社 2015 年版。

《延安文艺档案·延安美术：延安文论家（一）》第 37 册，太白文艺出版社 2015 年版。

《延安文艺档案·延安美术：延安文论家（二）》第 38 册，太白文艺出版社 2015 年版。

《延安文艺档案·延安美术：延安文论家（三）》第 39 册，太白文艺出版社 2015 年版。

《延安文艺档案·延安文论：延安文论作品》第 40 册，太白文艺出版社 2014 年版。

《延安文艺档案·延安美术：延安美术家（一）》第 46 册，太白文艺出版社 2015 年版。

《延安文艺档案·延安美术：延安美术家（二）》第 47 册，太白文艺出版社 2015 年版。

《延安文艺档案·延安美术：延安美术家（三）》第 48 册，太白文艺出版社 2015 年版。

《延安文艺档案·延安美术：延安美术组织（一）》第 50 册，太白文艺出版社 2015 年版。

《延安文艺档案·延安美术：延安美术组织（二）》第 51 册，太白文艺出版社 2015 年版。

袁永生、姚晶晶主编：《红星闪烁长征路》，电子科技大学出版社 2016 年版。

张友南、肖居孝、罗庆宏编著：《中央苏区的红色文化》，中国发展出版社 2015 年版。

政协五华县文史研究委员会、五华县地方志编纂委员会办公室编：《五华人物》，2019 年。

中共江西省委党史研究室编：《中央革命根据地历史资料文库·军事系统》第 9 册，中央文献出版社、江西人民出版社 2015 年版。

中共一大会址纪念馆编：《中共一大代表早期文稿选编（1917.11—1923.7）》

上、下册，上海人民出版社 2011 年版。

中共中央党史研究室、中央档案馆编：《中国共产党第一次全国代表大会档案文献选编》，中共党史出版社 2015 年版。

中共中央党史研究室第一研究部编：《共产国际、联共（布）与中国革命文献资料选辑：1938—1943》第 21 卷，中共党史出版社 2012 年版。

中共中央文献研究室、中央档案馆编：《建党以来重要文献选编（1921—1949)》第 1—26 册，中央文献出版社 2011 年版。

中共中央宣传部办公厅、中央档案馆编研部编：《中国共产党宣传工作文献选编：1915—1937》，学习出版社 1996 年版。

中国第二历史档案馆编：《中华民国史档案资料汇编》第 5 辑第 2 编《文化》（一），江苏古籍出版社 1998 年版。

中国第二历史档案馆编：《中华民国史档案资料汇编》第 5 辑第 2 编《文化》（二），江苏古籍出版社 1998 年版。

中国人民政治协商会议陕西省委员会文史资料研究委员会编：《陕西文史资料选辑》第 14 辑，陕西人民出版社 1984 年版。

中国人民政治协商会议陕西省委员会文史资料研究委员会编：《陕西文史资料》第 12 辑，陕西人民出版社 1982 年版。

中国人民政治协商会议榆林县委员会文史资料委员会编：《榆林文史资料》第 8 辑，榆林报社印刷厂 1988 年版。

中国社会科学院文学研究所现代文学研究室编：《"两个口号"论争资料选编》上册，人民文学出版社 1982 年版。

中国延安精神研究会编：《中共中央在延安十三年资料》（中），中央文献出版社 2017 年版。

中央档案馆编：《中共中央文件选集》第 1—18 册，中共中央党校出版社 1989—1992 年版。

《中央苏区文艺史料集》，长江文艺出版社 2017 年版。

钟敬之、金紫光主编：《延安文艺丛书（第 16 卷，文艺史料卷)》，湖南文艺出版社 1987 年版。

三、报纸杂志

《边区文化》（1938 年）。

《大众文艺》（1940 年）。

《歌曲旬刊》（1941 年）。

《工商日报》（西安，1938 年）。

《谷雨》（1942 年）。

《广东群报》（1921 年）。

《国风日报》（1938 年）。

《红色中华》（1933—1937 年）。

《江淮》（1941 年）。

《解放》（1938 年）。

《解放军报》（1977 年）。

《解放日报》（1941—1945 年）。

《解放周刊》（1937 年）。

《晋察冀日报》（1941 年）。

《抗战文艺》（1938 年）。

《抗战戏剧》（1937—1946 年）。

《七月》（1938 年）。

《群众》（1937—1946 年）。

《群众文艺》（1948 年）。

《特区文艺》（1937 年）。

《文学月报》（1940 年）。

《文艺突击》（1938 年）。

《文艺战线》（1939 年）。

《文艺阵地》（1938 年）。

《西北文化日报》（1938 年）。

《西线》（1939 年）。

《新华日报》（1938—1940 年）。

《新疆日报》（1939 年）。

《新生》（1939 年）。

《新中华报》（1937—1940 年）。

《战地》（1937 年）。

《战斗美术》（1939 年）。

《战线》（1938 年）。

《中国文化》（1940—1941 年）。

《中苏文化》（1939 年）。

《中央日报》（1937 年）。

《中原》（1945 年）。

《自由中国》（1938 年）。

四、年谱、日记、回忆录

陈树发主编：《陈毅年谱》，人民出版社 1995 年版。

陈锡祺主编：《孙中山年谱长编》下册，中华书局 1991 年版。

何长工：《何长工回忆录》，解放军出版社 1987 年版。

《徐特立年谱》，人民出版社 2017 年版。

杨尚昆：《杨尚昆回忆录》，中央文献出版社 2007 年版。

张国焘：《我的回忆》，东方出版社 1991 年版。

张培森主编：《张闻天年谱》上卷，中共党史出版社 2010 年版。

中共中央党史研究室编：《杨尚昆年谱（1907—1998）》上卷，中共党史出版社 2007 年版。

中共中央文献研究室编：《毛泽东年谱（1893—1949）》上、中卷，中央文献出版社 2013 年版。

中共中央文献研究室编：《周恩来年谱（1898—1949）》（修订本），中央文献出版社 1998 年版。

周国全、郭德宏编：《王明年谱》，安徽人民出版社 1991 年版。

五、专著

[美] 埃德加·斯诺：《西行漫记》，董乐山译，生活·读书·新知三联书店 1979 年版。

陈金龙：《马克思主义中国化进程中的话语建构》，中山大学出版社 2020 年版。

陈学昭：《延安访问记》，中国国际广播出版社 2013 年版。

房世刚：《抗战时期国共两党对三民主义认知与践行的研究》，中共党史出版社 2018 年版。

费孝通：《乡土中国》（修订版），上海人民出版社 2013 年版。

龚国基：《毛泽东与中国现代诗人》，中央文献出版社 2014 年版。

龚育之、逄先知：《毛泽东的读书生活》，生活·读书·新知三联书店 2009 年版。

何平主编：《毛泽东大辞典》，中国国际广播出版社 1992 年版。

胡光凡：《周立波评传》（修订本），湖南文艺出版社 2018 年版。

胡天虹、吴厚兴主编：《沈阳音乐学院校史 1938—2007》，春风文艺出版社 2008 年版。

黄道炫：《张力与限界：中央苏区的革命（1933—1934）》，社会科学文献出版社 2011 年版。

梁星亮等编：《陕甘宁边区史纲》，陕西人民出版社 2012 年版。

廖盖隆等编：《毛泽东百科全书》，光明日报出版社 1993 年版。

刘绍唐主编：《民国人物小传》第 6 册，上海三联书店 2015 年版。

卢周来主编：《抗大亲历者》，国防大学出版社 2014 年版。

罗银胜：《周扬传》，文化艺术出版社 2009 年版。

孟艾芳：《军事思想与国防建设》，山西教育出版社 2013 年版。

荣敬本、罗燕明、叶道猛：《论延安的民主模式：话语模式和体制的比较研究》，西北大学出版社 2004 年版。

申文杰：《马克思主义意识形态话语权理论阐释与实践探索》，人民出版社 2017 年版。

孙国林编：《延安文艺大事编年》，陕西师范大学出版社 2016 年版。

王海军：《真理的追求——延安时期知识分子群体与马克思主义中国化研究》，人民出版社 2013 年版。

王虹：《鲁艺美术之路（1938—1958）》，人民出版社 2019 年版。

王纪刚编著：《延安大学校》，世界图书出版公司 2016 年版。

徐海波：《意识形态与大众文化》，人民出版社 2009 年版。

张子申：《毛泽东和杨成武》，解放军文艺出版社 2014 年版。

中国中共党史人物研究会编：《中共党史人物传》第 14 册，中共党史出版社 2010 年版。

中共中央文献研究室编：《毛泽东哲学批注集》，中央文献出版社 1988 年版。

钟敬之：《延安鲁艺》，文物出版社 1981 年版。

Benjamin I. Schwartz, "Marx and Lenin in China", *Far Eastern Survey*, Jul. 27, 1949.

John Bryan Starr, *Continuing the Revolution: The Political Thought of Mao*, Princeton: Princeton University Press, 1979.

John King Fairbank, Merle Goldman, *China: A New History*, Harvard: Harvard University Press, 1992.

Stuart R.Schram, *Political Leaders of the Twentieth Century: Mao Tse-tung*, Harmondsworth: Penguin Books Inc.

六、论文

包天强：《新媒体时代马克思主义意识形态话语权实现方式》，《思想政治教育研究》2017 年第 4 期。

陈红娟：《〈共产党宣言〉在中国的翻译与传播》，《马克思主义研究》2018 年第 4 期。

陈红娟：《译介、争竞与创新：马克思主义中国化话语表达史研究》，《社会主义研究》2015 年第 1 期。

陈锡喜、温美平：《毛泽东与马克思主义话语体系的中国化转化》，《毛泽东邓小平理论研究》2010 年第 8 期。

陈先初、李野：《1940 年代中国共产党人的思想批判和新民主主义话语权的确立》，《江汉论坛》2017 年第 10 期。

邓纯东：《努力构建以马克思主义为指导的哲学社会科学话语体系》，《马克思主义研究》2014 年第 6 期。

戈士国：《合理性与合法性：意识形态的现代走向——兼论马克思主义话语权的当代重建》，《理论与改革》2005 年第 3 期。

郭若平：《概念史与中共党史研究的新视野》，《中共党史研究》2013 年第 5 期。

侯惠勤：《意识形态话语权初探》，《马克思主义研究》2014 年第 12 期。

胡刚：《当代中国马克思主义意识形态话语权的审视与建构》，《社会主义研究》2016 年第 5 期。

蒋积伟：《抗战时期新民主主义话语的建构》，《党的文献》2015 年第 4 期。

李江静：《新形势下建构马克思主义意识形态话语权的着力点》，《马克思主义研究》2017 年第 1 期。

李亚彬：《马克思主义中国化中的话语和话语权问题——以两次飞跃为例》，《哲学研究》2015 年第 6 期。

李永进：《国共三民主义之争与新民主主义革命话语的构建（1938—1940）》，《中共中央党校学报》2016 年第 4 期。

吕峰：《网络空间马克思主义话语权的生成逻辑》，《思想教育研究》2020 年第 7 期。

满新颖：《冼星海的"中国气派"歌剧——对〈军民进行曲〉的再认识》，《音乐研究》2009 年第 5 期。

欧祝平：《论马克思主义意识形态优势话语权的重建》，《求索》2014 年第 7 期。

邱捷：《1912 年广州〈民生日报〉刊载的〈共产党宣言〉译文》，《中山大学学报》（社会科学版）2011 年第 6 期。

石川祯浩：《〈红星照耀中国〉各国版本考略》，《中共党史研究》2016 年第 5 期。

石川祯浩：《〈红星照耀中国〉各国版本考略（续）》，《中共党史研究》2016 年第 6 期。

孙国林：《延安鲁艺——革命文艺的摇篮》，《党史博采》2004 年第 8 期。

孙国林：《延安时期的文学社团》，《河北师范大学学报》1986 年第 3 期。

孙旭红、鞠琳：《毛泽东与新民主主义“革命”话语的形成》，《西部学刊》2020 年第 1 期。

王习胜：《意识形态及其话语权审思》，《马克思主义研究》2007 年第 4 期。

王悦：《毛泽东新民主主义话语体系建构及当代启示》，《毛泽东思想研究》2019 年第 6 期。

谢晓娟、刘世昱：《当代中国马克思主义意识形态话语权构建的国际视角》，《河南师范大学学报》（哲学社会科学版）2016 年第 2 期。

杨洪：《延安时期文化社团的马克思主义话语权建构》，《西北大学学报》（哲学社会科学版）2018 年第 4 期。

杨天石：《师其意不用其法——孙中山与马克思主义二题》，《广东社会科学》2011 年第 5 期。

曾鹿平：《延安大学在中国现代高等教育史上的地位和作用》，《延安大学学报》（社会科学版）2008 年第 4 期。

张富文：《延安时期马克思主义意识形态的构建——以马克思主义学习运动为中心的考察》，《科学社会主义》2012 年第 5 期。

张杨乐：《马克思主义话语权考辨及其实践路向》，《南京师大学报》（社会科学版）2016 年第 1 期。

甄红菊：《马克思主义话语权理论内涵与实现路径探析——基于意识形态视角》，《中国特色社会主义研究》2015 年第 2 期。

周连顺：《中国共产党构建马克思主义话语权的实践与经验》，《马克思主义研究》2021 年第 5 期。

索　引

后　记

　　本书是我主持的国家社科基金项目的结项成果。2019年底课题正式立项后，尚未开展研究，即遭遇到2020年初突如其来的新冠疫情。随后经历了终日核酸检测、居家隔离、网上授课的艰难岁月。所幸的是，大数据时代，足不出户即可坐拥书城。而居家办公的好处，是可以避免外界干扰。难得又能潜心"坐冷板凳"，简直是做研究的天赐良机。一部近三十万字的书稿竟然在一年之内完成，课题由此顺利提交结项。

　　延安时期中国共产党话语权的构建，主要有对内和对外两条路径。本书从对内的角度作了考察，主要探讨中国共产党以延安文化社团为话语传播载体，通过表达和传播抗战话语、马克思主义中国化话语、新民主主义话语等的历史过程，揭示中国共产党通过话语权构建掌握全国执政权的历史场景。与此同时，延安时期中国共产党采取多样化对外话语叙事策略，传播多层面进步革命话语主题，向外界讲好"中国共产党故事"，借以打破国民党污化宣传，澄清国际社会的猜疑，进而争取对外话语权，实现对外话语体系的构建。可以说，考察延安时期中国共产党对外话语体系构建的历程与经验，对于推动中国话语国际传播以及构建新时代中国对外话语体系，具有一定的借鉴价值和指导意义。基于上述考虑，本人于2023年以"延安时期中国共产党对外话语体系构建研究"

为选题，申报了国家社科基金项目，并如愿获得重点项目立项，这为开展新的研究奠定了重要基础。

本书的部分内容曾以单篇论文的形式在《文艺理论研究》《党的文献》《现代哲学》《民族文学研究》《毛泽东思想研究》《社会科学论坛》《中国社会科学报》《社会科学报》等学术报刊公开发表，部分论文被人大报刊复印资料等全文转载，感谢上述学术报刊给予的宝贵支持。本书的相关内容也曾以会议论文的形式参加第十三届全国"毛泽东论坛"、第十四届全国马克思主义青年学者论坛、"中国共产党百年历程与马克思主义中国化"学术研讨会等，一些论文获评优秀并颁发了证书，衷心感谢与会专家学者的宝贵指导。

学术之旅是一场艰难的修行，需要有披荆斩棘的勇气与毅力，所幸在我前进道路上有诸多师友的帮助与鼓励。感谢桑兵、王海光、左双文三位授业恩师，是他们引领我走进学术殿堂，并鼓励我要勇于攀登一座又一座学术高峰。感谢华南师范大学马克思主义学院陈金龙教授、北京大学历史系王奇生教授、北京师范大学中共党史党建研究院王柄林教授、南京师范大学马克思主义学院王永贵教授、中央党校（国家行政学院）党史教研部张太原教授、中国人民大学中共党史党建研究院王海军教授、湘潭大学毛泽东思想研究中心李佑新教授、北京大学马克思主义学院陈培永教授、复旦大学哲学系马拥军教授，他们提供了宝贵的学术指导和建议。感谢人民出版社曹春编审，她为成果的出版付出了大量心血。感谢广东外语外贸大学的领导、老师和同事，他们给予了温暖的关心和帮助。我的研究生刘演杭、李卫芬参与了书稿的校对，在此一并致谢。

感谢我的妻子曾沁涵女士。人生难得一知己，她不仅是课题组成员，参与文献资料的收集与整理、课题书稿的撰写与修改等工作，而且在课题立结项期间，孕育了一男一女两个可爱的宝宝，人生由此变得更加美好，她却为此放弃了深造的机会。纸短情长，岁月如歌，唯愿余生多多指教。感谢我的父母和岳父母，他们终日操持家务，替我们精心照顾孩子，是我们最坚强的后盾。

过去已去，未来已来。新课题新任务新征程即将启动，今后唯有奋力拼搏、勇往直前，争取早日拿出一部富有创新价值与意义的学术成果，方能不负时代、不负韶华。

曾　荣

癸卯秋于昌州

责任编辑：曹　春

封面设计：汪　莹

图书在版编目（CIP）数据

延安文化社团与马克思主义话语权构建 / 曾荣 著 . — 北京：人民出版社，
　2024.8（2025.8 重印）

ISBN 978 - 7 - 01 - 026277 - 2

I.①延… 　II.①曾… 　III.①马克思主义 - 传播 - 研究 - 中国 　IV.① D61

中国国家版本馆 CIP 数据核字（2024）第 026408 号

延安文化社团与马克思主义话语权构建

YAN'AN WENHUA SHETUAN YU MAKESIZHUYI HUAYUQUAN GOUJIAN

曾　荣　著

人民出版社 出版发行

（100706　北京市东城区隆福寺街 99 号）

北京建宏印刷有限公司印刷　新华书店经销

2024 年 8 月第 1 版　2025 年 8 月北京第 2 次印刷

开本：710 毫米 ×1000 毫米 1/16　印张：29.75

字数：365 千字

ISBN 978 - 7 - 01 - 026277 - 2　定价：158.00 元

邮购地址 100706　北京市东城区隆福寺街 99 号

人民东方图书销售中心　电话（010）65250042　65289539